“十二五”
国家重点图书出版规划项目

学术中国 · 院士系列

未来网络创新技术研究系列

信息系统安全等级化保护原理与实践

■ 沈昌祥　张鹏　李挥　刘敦伟　赵林欣　刘京京　刘冶　编著

Principles and Practices of Classified Protection of Information System Security

人民邮电出版社

北京

图书在版编目（CIP）数据

信息系统安全等级化保护原理与实践 / 沈昌祥等编著. -- 北京 : 人民邮电出版社, 2017.3
（学术中国. 院士系列. 未来网络创新技术研究系列）
ISBN 978-7-115-45012-8

Ⅰ. ①信… Ⅱ. ①沈… Ⅲ. ①信息系统－系统安全性－研究 Ⅳ. ①G202

中国版本图书馆CIP数据核字(2017)第075493号

内 容 提 要

本书从等级化管理的历史出发，描述了等级化保护的现状以及今后的发展方向：随后从等级化安全保障体系和等级保护对象两个角度分别进行阐述。具体解析了等级化安全保障体系的结构以及框架，探讨了等级保护安全体系设计的方法原则，并详细介绍了安全组织体系设计；同时，对保护对象的分类和如何保护进行了详细说明；接着，从等级保护的策略体系、技术体系以及运作体系 3 个方面分别着手，介绍了 3 种体系的主要内容、设计方法以及具体流程。

◆ 编　著　沈昌祥　张　鹏　李　挥　刘敦伟
　　　　　赵林欣　刘京京　刘　治
责任编辑　代晓丽
责任印制　彭志环

◆ 人民邮电出版社出版发行　北京市丰台区成寿寺路 11 号
邮编　100164　电子邮件　315@ptpress.com.cn
网址　http://www.ptpress.com.cn

◆ 开本：700×1000　1/16
印张：22.5　2017 年 3 月第 1 版
字数：441 千字　2017 年 3 月河北第 1 次印刷

定价：128.00 元

读者服务热线：(010)81055488　印装质量热线：(010)81055316
反盗版热线：(010)81055315

前 言

为什么要写这本书？

随着通信技术、计算机技术和网络的发展，网络用户与日俱增，且全球数据量呈现爆炸式增长。而信息化蓬勃发展的同时信息安全问题也越来越严重。在信息全球化的世界，信息安全已经成为国家安全的一个非常重要的组成部分，并占有举足轻重的战略地位，对国家经济安全、金融安全、国防安全、政治安全和文化安全都起到了重要作用。

等级保护是国家信息安全保障体系中的一项基础性、制度性工作。自《国家信息化领导小组关于加强信息安全保障工作的意见》明确提出“实行信息安全等级保护”制度以来，国家主管部门陆续发布了一系列相关政策法规，推进信息安全等级保护工作的落实。

但是，等级保护的概念自20世纪90年代被提出以后，一直未能得到有效实行。其中的一个主要原因是等级保护的概念和安全要求复杂，如果没有专业的安全知识和能力，用户很难将其执行，这就造成了等级保护存在很高的技术门槛，难以在普通用户中推广实现。

在传统的安全保障体系设计中，重点强调两个方面：一是强调安全保障的深度；二是强调安全保障过程的完整性。依据这两种模型所构建的安全保障体系都能够实现对信息系统的保护，但是这些模型都存在一个重要问题，就是安全保障体系的设计仅针对防护措施构建，而没有考虑到保护对象对安全措施的需求，重要信息系统和一般信息系统在安全保障上如何区别实现。那么怎样才能将这两点与等级保护更好地结合在一起呢？如果等级保护和这两个模型不能有机地结合，不但不能做到安全的差异性和针对性保护，实现安全的精细化管理，反而会给网络信息资源和信息安全带来巨大的灾难。

信息系统的差异性，使其安全要求的属性和强度存在较大差异性；又出于经济性的考虑，需要考虑信息安全要求与资金人力投入的平衡。设计安全保障措施时不能“一刀切”，必须考虑差异性和经济性。一个信息系统需要安全措施的强度，与该系统所承担的业务职能和系统的重要性有关。因此，将保护对象的重要程度纳入安全保障体系设计，通过定义信息系统的安全等级、相应安全措施的等级，构建等级化安全体系，是完善信息安全保障体系设计的一种有效方法。

在等级化信息安全保障体系中，依据等级保护方法给信息系统划分系统安全等级，再根据安全等级确定适当等级的安全措施，达到适度安全，才能真正做到合理的安全防护。这里面，分级分类是等级保护中的关键，如果分级分类不科学，就不可能采取适度安全的保障措施，有可能盲目地浪费资源，也有可能达不到目的。等级保护体系又是一个循环的过程，在建立起一个有效的、持续性的验证方法后，确保信息系统在不断发展的同时保障安全等级要求，并且通过进行不断检查，反复验证安全的可靠性。

当前，到了信息安全等级保护 2.0 的时代，等级保护理论和实践有了重大突破和进展，特别是云计算和大数据的兴起对等级保护的实施提出了新的要求和挑战，我们要进一步了解网络空间的新特点和新趋势，从而更好地做好信息系统的等级保护工作。

作为一名信息安全领域的专家，一直希望能为信息安全等级保护的实施做些有意义的工作，为贯彻落实等级化保护制度提供一些理论方面的分析和实践方面的指导。

这本书到底写了什么？

本书内容从等级化管理的历史出发，描述了等级化保护的现状以及今后的发展方向，说明了等级保护已经从一种专门用于军事领域的技术思想发展为现在几乎贯穿了信息安全保障方方面面的制度。随后从等级化安全保障体系和等级保护对象两个角度分别进行阐述，具体解析了等级化安全保障体系的结构以及框架，探讨了等级保护安全体系设计的方法原则，并详细介绍了安全组织体系设计，同时也对保护对象的分类和如何保护进行了详细说明。接着，本书从等级保护的策略体系、技术体系以及运作体系 3 个方面分别着手，介绍了 3 种体系的主要内容、设计方法以及具体流程。

等级化保护要立足于需求和现状来实现。于是本书从国家对信息安全等级保护的基本要求和规范着手，详细解读了国家在这方面的要求，帮助读者更好地理解国家信息安全等级保护策略。接着研究了综合评价指标体系建立的基本原则和一般流程，结合了定性定量两种方法，把各种要素有机融合，给出了一个系统定级量化计算方法。

接着对信息安全等级保护风险分与评估的各方面内容进行了分析，结合《信息安全技术信息系统安全等级保护基本要求》(GBT 22239-2008)、《信息安全技术信息系统安全等级保护测评要求》、《信息安全技术信息系统安全等级保护测评过程指南》等指南对测评指标体系进行了进一步的延伸和优化。然后介绍了等级化管理实施的基本流程，并对各个阶段进行了深入探讨。

从理论上具体论述了等级化保护之后，本书提供了一个实例。通过运用前文提出的测评指标体系与综合评价方法，对一个省级电信计费系统的安全等级值进行了计算，从而验证了本书定级方法的可行性与有效性。

随后本书针对当前的新形势，对等级保护进行了创新与发展，提出了一个三重保护结构，又对云计算下的等级保护进行了一个较为直观和全面的介绍，并将其纳入了等级保护体系的保护范围内。

对于如何落实等级保护的实施，本书最后提出设计一个等级化安全管理支撑平台的方法来具体落实，并从设计目标、架构等方面来介绍平台的组成和功能以及系统的设计。

作　者

2016 年 12 月

目 录

第1章 网络与信息安全概述

1.1 引 言

随着通信技术、计算机技术和网络的发展以及进一步走向实用化，网络用户与日俱增，网络应用将无处不在，人们对网络的要求与期望亦将越来越高。2015 年 2 月 3 日，中国互联网络信息中心（CNNIC）发布《第 35 次中国互联网络发展状况统计报告》，截至 2014 年 12 月，中国网民规模达 6.49 亿，全年共计新增网民 3 117 万人，增幅明显收窄。互联网普及率为 47.9%，较 2013 年底提升了 2.1 个百分点。我国手机网民规模达 5.57 亿，较 2013 年增加 5 672 万人。网民中使用手机上网的人群占比由 2013 年的 81.0%提升至 85.8%。我国网络购物用户规模达到 3.61 亿，较 2013 年底增加 5 953 万人，增长率为 19.7%；我国网民使用网络购物的比例从 48.9%提升至 55.7%。2014 年，全国信息消费规模达到 2.8 万亿元，同比增长 18%[1]。可以说互联网已经遍布国民日常生活的每一个角落。

在网络用户大幅增加的同时，随着移动互联网、物联网、三网融合等 IT 与通信技术的迅猛发展，以及视频监控、智能终端、应用商店等快速普及，全球数据量出现爆炸式增长。即使在遭遇金融危机的 2009 年，全球信息量也比 2008 年增长 62%，达到 80 万 PB（1 015 B），2010 年增至 120 万 PB[2]。据 IDC 预测，至 2020 年全球以电子式形存储的数据量将达 32 ZB（1 021 B）。以 120 万 PB 数据为例，如果将其刻录在 DVD 上，再将这些盘片堆叠起来，可从地球到月球垒一个来回。据统计，2010 年以互联网为基础所产生的数据比之前所有年份的总和还要多。而且在数据量的激增的同时，数据结构也在演变。Gartner

预计，2012 年半结构和非结构化的数据，诸如文档、表格、网页、音频、图像和视频等将占全球网络数据量的 85%左右，而且，整个网络体系架构也将面临革命性改变[3]。

与此同时，人们所面临的网络安全方面的任务和挑战也日益复杂，网络安全事件频频发生。近年来，全球网络空间格局持续发生深刻变化。“云时代”初露曙光，“大数据”汹涌澎湃，既蕴含着推动社会生产力实现指数级跃升的巨大能量，也潜藏着难以预估的安全隐患。随着移动智能终端的日益普及以及无线网络的大规模部署，全球网络攻击的重心，正经历“从软件向硬件、从有线向无线、从 PC 向非传统计算领域”的迁移。

作为互联网的发源地、全球信息技术的龙头，美国也始终宣称自己是全世界遭受网络攻击最为严重的国家，其公布的一项统计显示：全世界每天有 6 万多个全新或变形的恶意软件产生，美国政府的计算机系统平均 8 秒就会遭到一次攻击。作为美国军事指挥的中枢，美国国防部拥有超过 700 万台设备，通过分布全球 65 个国家、1 500 多个基地的 15 000 个网络、21 个卫星和 20 000 个商业线路，传输非密、秘密和机密的信息。因此，军方和国家信息设施之间的联系紧密，包括 Internet、电子通信网、计算机系统等，正是由于这种网络结构的特殊性与网络应用的广泛性，使美军承受着比其他国家军用网络更多的网络安全威胁。据美国国防部披露，其国防系统每小时可能受到 25 万次非授权探测，每天达 600 万次，有 100 多家外国情报机构曾尝试入侵美军的网络。

2012 年 7 月，雅虎服务器被黑，45.3 万份用户信息遭泄露；2013 年 3 月 20 日，韩国 3.2 万台终端 MBR 被删除，3 家电视台、2 家银行系统瘫痪；2013 年 7 月，Java Struts 2 报高危漏洞，据传某著名电商被拖库，超 5 亿用户信息被盗；2013 年 10 月，慧达驿站软件漏洞导致连锁酒店数据库被拖库，2 000 万条开房记录泄露。

根据英国《简氏战略报告》和其他网络组织对各国信息防护能力的评估，我国被列入防护能力最低的国家之一[4]，目前 95%与互联网相连的网络管理中心都遭受过境内外黑客的攻击或侵入，其中银行、金融和证券机构是黑客攻击的重点。仅 2013 年 11 月，境外木马或僵尸程序控制境内服务器就接近 90 万个主机 IP，侵犯个人隐私、损害公民合法权益等违法行为时有发生。

因此，可以说信息化蓬勃发展的同时，网络与信息安全问题也越来越严重。我国巨大的网络使用需求、薄弱的网络安全防范水平、频发的信息安全事件，使得加快网络与信息安全领域的研究成为了当务之急。尤其当前各国纷纷加强网络战力量建设，信息技术被用做干涉他国政治的工具，网络战已经逐步成为关注的焦点，网络空间已成为各国情报机构的主要战场。网络信息安全领域的研究已经关系到国家的安全、社会的稳定。如何解决网络与信息安全问题既具有挑战性，又具有重要的意义。

1.2 网络与信息安全的内涵、特性和历史

在信息时代，网络与信息安全可理解为保障信息的机密性、完整性、可用性、真实性、可控性，以及防御和对抗在信息域影响国家政治、经济、文化等安全的威胁时，而采取有效策略的过程。网络与信息安全不仅关系信息自身的安全，更是对于国家安全来说具有重大战略价值[5]。网络与信息安全的 3 个基本方面包括机密性、完整性和可用性。机密性是指保证信息为授权者享用而不泄漏给未经授权者；完整性包含数据完整性和系统完整性，分别指数据未被授权篡改或者损坏和系统未被非授权操纵且按既定的功能运行。

网络与信息安全在技术发展和应用的过程中，必然表现出 4 个特性。① 必然性：归根结底，安全威胁的 3 个主要方面是信息系统的复杂性、信息系统的开放性以及人的因素。② 相对性：资源毕竟是有限的，不可能无限制地用到安全上。③ 配角特性：安全的应用是先导，说到底安全的从属地位不可更改，即使勉强做到也会喧宾夺主。④ 动态性：安全是变化和发展的，安全本身是一个过程。

网络与信息安全是随着信息技术的发展而发展，总体来说大致经历了 4 个时期。

第一个时期是通信安全时期，其主要标志是 1949 年香农发表的《保密通信的信息理论》。这个时期通信技术还不发达，电脑只是零散地位于不同的地点，信息系统的安全仅限于保证电脑的物理安全以及通过密码解决通信安全的保密问题，密码技术获得发展，欧美国家有了网络与信息安全产业的萌芽。

第二个时期为计算机安全时期，以 20 世纪 70～80 年代《可信计算机评估准则》（TCSEC）为标志。半导体和集成电路技术的飞速发展推动了计算机软/硬件的发展，计算机和网络技术的应用进入了实用化和规模化阶段。人们对安全的关注已经逐渐扩展为以保密性、完整性和可用性为目标，中国网络与信息安全开始起步，关注物理安全、计算机病毒防护等。

第三个时期是在 20 世纪 90 年代兴起的网络时代。由于互联网技术的飞速发展，信息无论是企业内部还是外部都得到了极大的开放，而网络与信息安全的焦点已经从传统的保密性、完整性和可用性 3 个原则衍生为诸如可控性、抗抵赖性、真实性等其他原则和目标。中国安全企业研发的防火墙、入侵检测、安全评估、安全审计、身份认证与管理等产品与服务百花齐放，百家争鸣。

第四个时期是进入 21 世纪的网络与信息安全保障时代，其主要标志是《信息保障技术框架》（IATF）。面向业务的安全防护已经从被动走向主动，安全保障理念从风险承受模式走向安全保障模式。不断出现的安全体系与标准、安全产品

与技术带动网络与信息安全行业形成规模，入侵防御、下一代防火墙、APT 攻击检测、MSS/SaaS 服务等新技术、新产品、新模式走上舞台。

总体来说，中国网络与信息安全市场与成熟的欧美市场相比，从安全体系与标准，到安全产品与技术，还有一定差距，当前国家重视、资本追逐为中国安全企业提供一个很好的追赶国际领先企业的机会[6]。

1.3 网络与信息安全在国家安全中的重要作用和战略地位

网络与信息技术革命的迅猛发展和信息网络技术的广泛应用，引起了国家安全领域的革命性变革。网络与信息安全已经成为国家安全一个非常重要的组成部分，同时它也渗透到了国家安全的其他领域。没有网络与信息安全，也就没有国家的整体安全。2016 年 4 月 19 日上午，习近平在主持召开网络安全和信息化工作座谈会时强调："没有网络安全就没有国家安全[7]。"信息时代的到来，将传统的国家安全框架打破。网络与信息安全的重要性和紧迫性无需过分强调，其对国家经济安全、金融安全、国防安全、政治安全和文化安全都起到了重要影响。这也决定了网络与信息安全在国家安全中占有举足轻重的战略地位。

① 信息是最重要的战略资源，是国家社会发展的核心要素。在信息网络时代，一个国家在信息匮乏、信息流失和信息不安全的状况下，难以想象其能迅速发展。

② 信息化已成为世界主要国家当今及今后整体发展战略最优先的方面之一。当今世界绝大多数国家把国内的关键性部门、产业和领域正在用信息网络连成一体，形成信息化国家关键性基础设施，它包括政府系统、电力、交通、能源、通讯、航空、金融、传媒、军事等运作、计划、清算、支付、交换的信息系统。信息化已成为世界主要国家当今及今后整体发展战略最优先的方面之一[8]。

③ 鉴于发达国家占据着信息优势和信息技术的垄断地位以及当今世界各国信息技术发展不平衡、不对称的状况，美国等西方国家提出的"全球信息基础设施"计划的推进，既给其他国家信息化发展带来了机遇，也给它们维护本国的信息主权与网络与信息安全造成了巨大的压力。

④ 西方学者将目前对人类安全威胁最大的战争手段分为"A、B、C、D"4 种武器，即原子武器、生物武器、化学武器和数字武器[8]。其中，数字武器即信息武器具有对政治、经济、军事、外交、文化、社会和意识形态极强的穿透力和攻击力，其危险性、破坏力最大，且难以做到对之真正的全面防范。而其他武器的杀伤破坏范围和穿透力都比较有限。

⑤ 信息网络的发展和信息战的出现正在模糊原有的界限，如国内与国外、前方与后方、团体与个人、军人与平民、外交与内政、军事与非军事、局部与全局等，使得判断事件的性质、辨认发动攻击的来源、事先预警和防范变得更为困难[9]。

⑥ 目前信息网络系统仍存在着诸多脆弱性，一旦遭受攻击，则易导致局部性甚至是全局性的系统瘫痪。据美国国防部估计，世界上已有 120 多个国家具有计算机攻击的能力。在今天的网络世界里，计算机网络黑客（Hacker）到处流窜进行攻击和破坏，电脑病毒、电子邮件炸弹更是花样翻新、肆虐全球，给受害个人、机构和国家造成巨大的有形与无形损失[8]。

党的十六届四中全会，把网络与信息安全和政治安全、经济安全、文化安全、国防安全并列为国家安全的五大范畴之一，网络与信息安全的重要性被提升到一个空前的战略高度。可以说，网络与信息安全在国家安全中占有前所未有的战略地位，已成为国家安全的基石[10]。

1.3.1　网络与信息安全对国家政治的影响

政治安全是国家安全最重要的领域，是主权国家存续的根本因素，主要以主权独立、领土完整、政权巩固、社会稳定等形式表现出来。政治安全作为国家的传统安全领域，随着信息网络技术的发展和广泛应用，也发生了很大变化，出现了信息网络时代的政治安全。所谓信息网络时代的政治安全，就是在信息网络迅猛发展的新环境下，一个主权国家有效防范来自外部的政治干预、压力和颠覆以及内部敌对势力的破坏活动，确保国家政治制度的安全、稳定，维护国家主权和领土完整[10]，增强国际地位的正常运行状态。相对于传统的政治安全来说，信息网络时代的政治安全呈现出许多新的特点：第一，内涵发生了变化，不再是传统意义上的政治安全，而是基于信息网络的安全，信息网络安全成为政治安全中最核心的因素和重中之重；第二，外延扩展了，不仅包括传统的领土疆界安全、领空疆界安全、领海疆界安全，还包括信息这一虚拟的疆界安全；第三，防范的难度更大了，信息网络的影响和渗透，不仅使关系政治安全的许多信息不再是秘密，“处处是前线”，而且使对政治安全构成威胁的因素逐渐增多，政治安全面临瞬间威胁的可能性大大增加了；第四，信息网络将纵横交错的不同层次的社会各部门连接起来，形成错综复杂的社会网络，这种关系越复杂越易受攻击，并且破坏性后果越严重；第五，防范措施主要是靠提高信息网络技术。由此可以看出，在信息网络技术广泛应用的时代，一个国家的网络与信息安全得不到保障，必然会损害它的政治安全。网络与信息安全对政治安全的影响主要表现在以下几个方面。

1. 维护国家主权增加了新的领域，国家主权的维护更加困难

国家主权是指一个国家独立自主地处理对内对外事务的最高权力[11]。国家主

权的内容和范围不是一成不变的，随着科技进步和国家活动领域的拓展，国家主权的内容也不断丰富。在信息技术革命迅猛发展和信息网络技术广泛应用的背景下，信息主权已成为国家主权新的重要组成部分。信息主权是指国家对信息必然享有的保护、管理和控制的权力，是国家主权在信息活动中的体现。信息主权对内表现为，国家对于所辖信息疆域内任何信息的制造、传播和交易活动，以及相关的组织和制度拥有最高权力；对外表现为，国家有权决定采取何种方式，以什么样的程序参与国际信息活动，并且有权在信息利益受到他国侵犯时采取必要措施进行保护[10]。但是，由于各国的信息网络技术基础不同，信息网络技术水平存在很大差距，所以各国凭借信息网络技术行使主权的空间范围和能力也不相同。信息网络技术发达的国家，操纵着全球大部分越境信息流的流向和分布，从而能够拓展主权行使的空间和内容；而信息网络技术落后的国家，主权行使依然集中在传统概念上的领土、领海、领空范围，难以对全球范围内的信息流动施加影响。这造成了不同国家间信息主权享有的严重不平衡。更为严重的是，许多落后国家的信息主权处于缺失状态，遭受别国任意侵犯而又无可奈何。在信息网络时代，无论是卫星传播还是Internet传输都不可能以国界为限。任何个人、组织、国家，无论在地球的什么位置，都可以借助廉价的工具将高质量的敌对信息昼夜不断地传输给某一国家的民众。如美国创立的“自由亚洲之声”和“美国之音”就连续不断地、经年累月地向包括中国在内的许多国家发送这些国家并不需要甚至是有害的各种政治信息，但是这些国家却束手无策，不能像抵挡军事入侵一样把这些信息拒之国门之外。再如，拥有先进的卫星制造、发射、管理能力的国家，能探测到别国境内的露天目标甚至是部分隐蔽目标，实际上是对这些国家主权的一种软侵犯。信息主权享有的不平衡和信息主权的缺失是国家主权与国家安全的重大潜在威胁，随着全球化的深入发展和新经济产业结构的逐步确立，这种威胁将越来越严重。未来国家间的侵略不会仅限于单一物质财富的掠夺，必将更多地指向对信息的侵占和控制。从这种意义上说，谁没有信息的独立和主权，谁就没有国家的独立和主权，国家安全也就无从谈起。

2. 难以控制的网上“政治动员”，挑战政府权威，危害社会政治稳定

利用以互联网为主的信息网络，任何组织和个人都有可能进行发布号召、筹集资金、施加舆论影响和组织动员政治活动等工作。这使得在现实世界中很难实现的政治目的或无法进行的政治活动，可以通过信息网络比较容易地实现，为网络时代那些具有“网络头脑”的政治活动家提供了大展拳脚的好时机，也让一些非法组织及其政治活动有机可乘。网络上的政治活动虽然无形，但其产生的影响和传播速度却是惊人的。随着信息技术的发达和信息网络的普及，这种影响只会变得越来越深远。例如，墨西哥的萨帕塔民族解放军从来没有真正形成气候，在1994年元旦举行暴动之后的一周内，他们同意停火，从此一直躲藏在墨西哥南部

的山区丛林中。然而在网络空间，萨帕塔游击队却比以往任何时候都活跃。在由世界各地支持者设立的数十个网站上，可以看到叛军领袖强烈要求墨西哥城遵守1996 年许下的给予恰帕斯州土著居民自治地位的承诺。利用互联网，萨帕塔游击队筹集了数十万美元的捐款，让国外的同情者包围墨西哥驻外领事馆，并且帮助召集了由来自拉美、欧洲及北美反对自由市场改革的基层团体参加的大型会议[10]。

再者，信息网络技术的发达，千百万人或成千上万的小群体已有可能构成先前只有政党、社会团体和工会之类大规模组织才有的那种广泛的联系网络，从而出现了一种新型的社会现象，即虚拟社群。这种社群没有严密的组织体系，却能使素未谋面的人紧密团结。当需要举行政治活动时，它更是起到了快速召集的作用。1999 年 11 月底，在美国西雅图召开的世界贸易组织第三次部长级会议开幕式，由于受到了近 3 万人的游行示威和大规模骚乱而被迫延迟了 5 个多小时。抗议的发起者是美国的一些劳工、人权和环保组织。示威者们相隔千里、互不相识且具有不同的信仰。然而，他们能够在短短的时间里万众一心地聚集在西雅图，完全得益于费用低廉且传播迅速的互联网络。早在 1999 年 3 月，游行发起者就通过互联网上的新闻组来组织这次抗议集会，随着世贸组织会议的临近，示威者们建立了众多的网站来进行宣传鼓动，进行各种信息的交流，对这次游行示威进行了周密策划和安排，甚至连示威者在西雅图住什么饭店、抽什么烟、喝什么酒等，发起者都在互联网上做了精心调查和安排。各国政府对通过信息网络组织政治活动的过程很难发现，即使发现了也难以控制。“法轮功”邪教组织在 1999 年就被取缔，但是它仍然通过互联网络宣传其“教义”，指挥和组织“学员”串联，开展非法活动，对我国的政治社会稳定带来了极大隐患。

3. “颠覆性宣传”防不胜防，直接威胁国家政权

千方百计地对不同社会制度的国家政府，特别是对弱小国家的政府进行颠覆性活动，一直是美国和某些资本主义国家国际政治战略的重要组成部分。他们所用的颠覆性手段，有军事援助、经济援助、代理人政变、秘密情报战和直接军事干预等。然而，随着卫星通信技术和计算机互联网络技术的发展和应用，美国等国家获得了干涉别国内政、进行颠覆活动的新手段——覆盖全球的信息网络。美国著名国际战略专家约瑟夫·奈（Joseph Nye）就曾提醒美国政府：“信息优势将和美国外交、美国的软实力——美国民主和自由市场的吸引力一样，成为美国重要的力量放大器……信息机构应作为比以前更强大、更高效、更灵活的工具来发挥作用。”这句话的实质就是，为了推行其政治制度、价值观念、民主思想、意识形态等，美国和某些国家会运用信息网络，通过信息空间，在目标国家组织煽动性、颠覆性宣传[10]。这种颠覆性宣传，轻则造成人民对政府的不满，重则导致国家政权的崩溃。1989 年的罗马尼亚事件，就是失去网络与信息安全保障而失去国家政权的典型案例。当时，西方国家以计算机合成技术，把英国医院太平间的死

尸照片，伪造成所谓“罗马尼亚国家安全部队”大肆屠杀群众、“死难者尸体难以计数”的电视画面，利用互联网和广播电视网络不间断地向罗马尼亚境内播放，从而激化了罗马尼亚国内矛盾，导致齐奥塞斯库政权垮台。中国作为世界上现存最大的社会主义国家，以美国为首的一些西方国家从来都没有停止对我国的“颠覆性宣传”，在信息网络覆盖全球的时代，更是变本加厉。他们在互联网上举办各种政治性论坛，发表大量对我国执政党和政府不满的言论，转贴反党、反社会主义的谣言；肆意诋毁和歪曲我国的社会主义制度，恶意炒作我国政治建设中存在的一些问题，煽动不明真相的人闹事；散布政治偏见，宣扬民族仇恨，鼓动地区分裂等。例如，在美国反华势力支持下，刊登所谓有关中国民主和经济发展状况文章的《VIP 参考》的编辑就曾对我国进行“颠覆性宣传”。他从华盛顿把电子时事通信通过电子邮件发送给我国的民众。这些颠覆性宣传，严重威胁着我国国家政权的稳定，我国政治安全遭到重大损害。

4. 国家形象更易遭受攻击和歪曲

国家形象是指一个国家的政体、外交、领导人、人民、历史、文化、宗教等在国际社会中受到的综合评价和影响力。国家形象是国家一种重要的软力量，也是综合国力不可忽视的一部分。国家形象影响到一个国家在国际社会中的政治地位，而且也影响到其国际经济活动的参与能力、与他国和国际组织的关系以及在其他国际领域纵横捭阖的能力。从传统上看，国家形象主要是依靠自身的实力与行为来树立的。但是在信息网络技术迅速发展和广泛应用的时代，国家形象在很大程度上是信息传播的结果，是国家与外部世界在信息传播领域不断博弈的结果。即使是最强大的国家也不例外。美国凭借其强大的国家实力，在国际社会中具有不错的国家形象。但驻伊美军士兵虐待俘虏事件经《新闻周刊》报道之后，立刻在世界上引起了轩然大波。通过卫星电视和广播以及互联网络，几乎所有国家的人民都看到了美国士兵虐待伊拉克战俘的照片甚至是录像，美国的国家形象大受影响。当然这是美国自食其果。可怕的是，国内外一些别有用心的国家、组织、团体甚至个人，利用信息网络技术制造和传播别国的不实信息，肆意歪曲和破坏他国形象，以达到自己的罪恶目的[10]。如近年来，一些西方国家，尤其是美国和日本，利用其先进的信息网络技术，肆意宣传所谓的“黄祸论”“中国威胁论”“中国崩溃论”等，用极其卑劣的手段攻击中国领导人，不断“妖魔化”中国。这严重破坏了我国的国家形象，影响了我国国际地位的提升，大大损害了我国的政治安全。

1.3.2 网络与信息安全对国家经济的影响

在国家安全中，经济安全占有非常重要的地位。从内涵看，经济安全主要是指维护国家经济的持续、稳定、健康发展和国家经济利益，不受内外界的干扰、侵犯和破坏。从外延看，经济安全主要包括国家经济生存和发展所面临的国际国内环境的安全，经济发展和经济运行安全，经济利益和经济主权安全，资源供给安全、金融安全、产业安全、经济活动的过程和各方面的安全等。随着信息网络技术的发展，利用信息网络进行的经济活动日益广泛和频繁。在我国，经过多年的努力，已经建立起了经济、科技、统计、银行、海关、铁路、民航等12个大系统的信息网络基础设施[10]。但是，由于很多无法克服的技术漏洞和安全缺陷，再加上许多人为的破坏，在短短十几年的发展中，网络信息系统暴露出极大的安全隐患，很大程度上增加了社会经济的不安全因素。如果这12个大信息网络系统中的任何一个系统发生问题，都将影响我国的经济安全。网络与信息安全对经济安全的影响主要表现在以下几个方面。

1. 网络与信息安全关乎国家经济安全的全局

当今世界，信息已成为人类社会最宝贵的战略资源，经济社会的发展对信息资源和信息技术的依赖程度日益提高。一方面，随着信息技术革命的发展和整体信息化的深入，社会经济形态也将发生根本的变化，逐步从工业经济向知识经济转变；另一方面，世界经济全球一体化的趋势，迫使各国在开放的大环境中增强与其他国家的经济联系和交流，经济信息已成为国家经济活动中不可缺少的纽带。因此，经济网络与信息安全便自然成为经济安全的核心，它保证着产业结构、就业人员结构和产品结构等的合理改造和优化组合，保护着工业、农业、商业、科技中的秘密以及金融、外贸和经济战略的安全，从而保障着国民经济健康有序的发展。一旦一个国家的机密经济建设信息被泄露或破坏，那么其经济安全也将遭到威胁，国家安全也就随之受到损害。更严重的是，通过计算机网络破坏信息资源中的经济信息体系（如金融信息体系）可直接威胁到经济安全，甚至能置一个国家于死地。因网络与信息安全出问题而威胁经济安全的案件屡见不鲜。美国因计算机犯罪平均每年损失上百亿美元。2004年，黑客利用“特洛伊木马”病毒攻击英国多家银行，盗取客户存款约10亿英镑。在我国，因网络与信息安全事故而遭受巨大经济损失的事件也常常发生。首都机场曾因计算机系统故障，6 000多人滞留机场，150多架飞机延误；南京火车站电脑售票系统突然发生死机故障，整个车站售票处于瘫痪状态；广东工商银行因系统故障，全线停业一个半小时等。这些事件不仅是信息系统瘫痪的问题，其直接后果是造成了巨大的经济损失，也造成了不良的社会影响。可见，信息不安全，经济安全也就得不到保障，网络与信息安全关乎国家经济安全的全局。

2. 信息产业发展状况令人担忧，国家经济安全遭受直接损失

信息技术革命的蓬勃发展，不仅为经济持续稳定增长提供了强大的物质技术基础和手段，而且造就了经济发展的新增长点——信息产业。信息产业具有强大的带动性、关联性、渗透性和扩散性，它的健康快速增长，会带动整个国民经济

的持续稳定发展。只有信息产业安全，信息才能安全，我国的国民经济才能安全运行，国家安全才有保障。但是，我国信息产业的发展状况令人十分担忧。目前，我国信息产业的自主开发能力还很低，许多核心部件仍为原始设备制造商所垄断，关键部位几乎完全处于受制于人的地步。国家信息产业部有关人员介绍，目前，美国微软公司的视窗操作系统和办公软件系统已在我国占据了 90%的份额，国产中文办公软件受到严重打击。这就意味着目前我国绝大多数的电脑用户在日常工作、生产及生活中都将离不开微软的视窗操作系统和办公软件，一旦失去这一操作平台，国产的大部分软件都将无法工作。此外，外国公司为抢占和控制我国的信息产业市场，采取各种手段，高薪雇用我国有关人员，充当他们打开市场之门的先锋，在激烈的竞争中抢占有利地位。更危险的是，他们已经把发财的欲望投入到有关网络与信息安全的领域，这是关系国家安全、民族存亡的极为重要的领域。最为可怕的是，对发达国家或跨国公司提供的关键装备中可能事先做的手脚无从检测和排除，这将造成既花费了大量资金又买来了经济运行中的隐患、买来国家不安全的严重后果[12]。如某些进口软/硬件中留有“后门”，在需要时，通过网络发送指令启动“后门”，就可以随便侵入国家或企业的经济信息系统，收集经济情报，破解商业秘密。可见，在目前我国信息产业发展水平较低且受制于人的情况下，信息产业自身的安全无法保障，网络与信息安全岌岌可危，整个国家的经济安全也存在巨大隐患。

3. 网络经济犯罪严重威胁国家经济安全

信息技术的发展，促进了电子商务的突飞猛进，使得小到企业、银行，大到整个国家的经济业务实现了网络化，世界经济正在进入网络经济时代。但是，信息网络是一把双刃剑，它在为人类带来巨大经济效益的同时，也让违法犯罪分子谋取巨大非法经济利益的行为有机可乘，网络经济犯罪应运而生。网络经济犯罪主要是指行为人以网络为载体，以计算机软件、硬件及其信息网络为侵害对象，通过信息采集、发布、反馈等活动，实施的危害国家经济制度，扰乱市场经济秩序，侵犯国家、集体及他人合法财产安全的行为。网络经济犯罪的形式多种多样，防不胜防：有的以冒充合法用户身份或破译密码口令的方式侵入银行金融信息网络，实施虚增存款、网上购物、非法转账；有的通过网络将非法程序，如间谍软件安装到他人的计算机系统中，收集和获取商业秘密；有的利用计算机信息网络，虚构事实或者隐瞒真相，以欺诈手段骗取国家或他人合法财产，目前以网上传销、网上非法集资及非法证券交易等活动最为猖獗；有的以非法复制、出版、传播等形式，侵犯他人知识产权，目前以国际互联网上对文学著作、音乐、录像制品的非法复制传播最为典型；有的通过国际网上贸易进行洗钱活动，将其非法收入合法化[10]；有的还通过互联网络进行赌博活动。犯罪手段的专业化、智能化，犯罪空间的虚拟化、拓展化，犯罪行为的隐蔽化，犯罪结果的扩散化等特点让网络经济犯罪的危害大大增强。网络经济犯罪已经成为危害国家经济安全的严重问题。《普华永道 2003 年度经济犯罪调查报告》显示：过去两年间亚太地区有 16%的企业表示曾遭遇过网络经济犯罪，38%的企业认为网络经济犯罪是未来 5 年内它们最为担忧的问题。近年来，我国的网络经济犯罪也甚嚣尘上。2005 年 3 月 17 日，福建省厦门市公安局破获陈毅伟开设网站提供“六合彩”赌博信息案，缴获用于赌博的电脑 1 台、手机 8 部、IC 卡 6 张及大量存折、银行卡等。经查，自 2004 年 12 月以来，陈毅伟伙同他人开设 6 个“六合彩”网站，专门提供“六合彩”等赌博信息，发展会员百余人，遍布广东、江西、浙江等 8 个省，涉案赌资达 120 万元。2002 年 3 月，在广西壮族自治区桂林市公安局破获的一起侵犯知识产权案中，犯罪嫌疑人通过互联网络共向全国出售非法刻录的光盘 1 万多张，非法收入达 54 万多元。公安局还缴获非法光盘母盘 82 张，已制作好的光盘 248 张。日益猖獗的网络经济犯罪，扰乱了我国市场经济秩序，破坏了国民经济的健康运行的外部环境，给银行、企业、个人的财产造成了重大损失，最终严重威胁着国家的经济安全。

4. 金融安全面临更大挑战

金融是现代经济的核心，金融安全是国家经济安全十分重要的方面。随着国民经济和社会信息化进程的全面加快，信息技术在金融领域得到了广泛应用，网络与信息系统的作用日益增强，已经成为金融业的关键基础设施。一方面极大地提高了金融市场的运作效率和覆盖面，给广大客户提供了更为便捷的金融服务，也给金融业的发展带来了重大机遇；另一方面，金融安全更易受到攻击，比以往任何时候更脆弱。对我国金融系统的安全现状，专家们有一些形象的比喻：使用不加锁的储柜存放资金；使用公共汽车运送钞票；使用邮寄托寄的方式传送资金；使用平信邮寄机密信息等。从实际情况来看，我国金融安全所受的威胁主要来自以下几个方面。

第一，由计算机软/硬件系统的不安全带来的威胁。由于目前我国自己的计算机硬件设施、系统软件、加密技术和密钥管理技术及数字签名技术相对落后于金融电子化发展的需要，因此我国所用的计算机软/硬件设施及技术主要依靠从美国公司进口。但是，近年来不断有报道指出从国外进口的软/硬件设施及其技术都有明显的秘密通道，在需要时，他们可以通过远程操作，利用秘密通道窃取我国的金融信息。

第二，内部人员的威胁与破坏。这主要表现为金融系统内部人员利用职权之便，改动系统数据为己谋利。2004 年，某银行重庆永川支行下街子分理处主办会计张云，利用自己熟练微机操作技术，伪造存款凭证，在该行的微机磁盘中虚增联行资金占用额，并将虚增部分划入自提账户，套现贪污 93 万元。

第三，外部入侵。外部入侵是一种经常性的威胁，既可以来自黑客，也可以来自犯罪分子。2003 年 5 月至 10 月，罪犯利用计算机网络非法登录甘肃省临洮、榆中、永登及兰州市区等地的多个邮政储蓄微机网络，并秘密窃取上述储蓄网点的相关密码，盗取 1 000 多万元的储蓄资金。

第四，网上金融欺诈。网上欺诈的手法是多样的，网络钓鱼最为常见。比如有的犯罪分子设立虚假的网络银行网站，这些虚假网站的网址与真正的网络银行网址只有极其细微的差别网络界面则惊人的相似，当用户通过虚假网络银行进行交易时，自己的账号和密码则被犯罪分子轻而易举地窃取。

第五，国际游资与非法资本的威胁。随着中国金融创新的发展和网上金融业务范围的逐步扩大，大量的国际游资和非法资本很可能通过网络进入证券市场或其他资本市场，伺机而动。这些巨额资金的不规则跨国流动，成为冲击我国金融和整个国民经济的一种巨大力量。据披露，在东南亚金融危机之后，一些国内外汇市交易市场上的游资炒手蠢蠢欲动，希望在中国掀起像东南亚那样的投机狂潮，从中大捞一把。

1.3.3 网络与信息安全对国家文化安全的影响

"文化"一词有广义和狭义之分。广义的文化是指人类在社会生活中所创造的一切，包括物质生产和精神生产的全部内容及其成果；狭义的文化是指精神文化，包括科学、教育、文学、艺术、意识形态、道德、信仰、宗教、风俗、习惯等。不同的国家和民族在特定的地域范围内，经过长期的历史发展，形成了各具特色的文化。这些文化在凝聚国家力量、构建民族认同中发挥着不可替代的作用，是一个国家、民族生存和发展的根基，也是与其他国家和民族相区别的标志。

最初，一个国家或民族的文化是在一个相对封闭的范围内独立成长的，随着生产力水平的提高，特别是交通工具和通信工具的发展，不同国家和民族之间的文化交流也越来越普遍。在向信息化社会迈进的过程中，信息化的发展一方面大大推进了不同文化之间的交流，使全人类的共同文化财富和共同的价值观念比以往任何时代都多；另一方面，信息化发展的不平衡所带来的信息位势差，使得在文化交流过程中，不同文化的地位有很大差别。尤其是夹杂在交流过程中的一些文化霸权主义、文化帝国主义、文化中心主义的观念和行为，使得弱势文化逐渐被强势文化所同化，价值观念混乱，民族和国家认同也不断削弱。这直接威胁到了一个国家的文化安全乃至国家安全，不得不引起人们的反思。

文化安全是国家安全的一个重要领域，是指国家防止异质文化对本民族文化生活的渗透和侵蚀，保护本国人民的民族传统文化、意识形态、价值观念、行为方式、风俗习惯等不被重塑和同化的安全。文化安全是相对于文化渗透、文化控制而言，是一种相应的反渗透、反控制、反同化的文化战略。信息网络技术的高速发展及其在文化领域的广泛应用，对一个国家的文化安全产生了重大影响[13]，主要表现在以下几个方面。

1. 网络文化帝国主义等严重危害他国文化安全

阿尔温·托夫勒在《权力的转移》中说："世界已经离开了依靠金钱与暴力控制的时代，而未来世界政治的魔方，将控制在信息强权的人手里，他们会使用手中所掌握的网络控制权、信息发布权，利用强大的语言文化优势，达到暴力与金钱无法征服的目的。"尼葛洛庞帝在其《数字化生存》中说："现在互联网络上绝大部分的信息的提供者是欧美国家，而且网络系统从硬件到软件到各种标准，都是由发达国家来制造和控制的，无形之中落后的不发达国家就会受到种种的控制。"国际关系现实主义理论大师摩根索在《国际政治学》中指出："我们所谓的文化帝国主义，是所有帝国主义方法中最灵巧、最成功的帝国主义……它的目的不在于领土的征服，也不在于控制经济命脉，而在于征服并控制人们的心灵，借以改变两国间的权力关系。假若我们能够设想甲国的文化，尤其是甲国的政治思想连同其一切具体的帝国主义目标，征服了一国所有决策人物的心灵的话，那么甲国将已赢得了一项较之任何军事征服者或经济征服可能赢得者更完全的胜利，同时甲国的优越地位也将建立在更稳定的基础上。甲国将无需施以军事威胁或使用武力或经济压力，以完成其目的；因为那种目的——是乙国服从甲国的意志——由于甲国优越文化的说服力以及更具有吸引力的政治哲学，将早已实现了。"这 3 段话是对文化霸权主义、文化帝国主义、文化殖民主义及其危害所做的最恰当解释。在信息网络技术高速发展和广泛应用的背景下，借助于卫星电视和广播、互联网络等现代信息传播媒介，世界各国的信息可以频繁地进行无国界的流动，使文化的传播和发展进入一个全新的时代。但是这并不意味着异质文化之间可以平等的对话，反而为文化霸权主义、文化帝国主义、文化殖民主义的泛滥提供了更好的土壤，使文化传播和发展的不平衡状况更加严重。尤其是在互联网上，西方文化覆盖全球，英语是主导性语言，绝大部分信息是用英语发布的，网上内容英语占 90%，法语占 5%，其他世界众多的语言只占 5%。"只要你一进入交互网络（即国际互联网），你的电脑屏幕上显示的是英语，你进入的讨论组大多数是美国人发起的，讨论的题目是他们想出来的，你看的广告几乎全是美国产品的广告。一句话，进入交互网络，就是进入了美国文化的万花筒。"一方面，这种状况使得以美国文化为首的西方文化占据了文化的霸权地位，主导着世界文化的发展模式和趋向；另一方面，令弱势文化的拥有者感到恐惧，弱者无法利用第四媒体向外传播自己的文化种子，甚至在被受到诸如落后愚昧的攻击时也无法进行反驳。比这更可怕的是一个国家或民族文化的内核可能被强行改变，文化的独立自主性被大大削弱。外来文化对原生文化具有排斥作用，一旦渗透侵蚀到原生文化的内核，原生文化主体原有的思维模式、行为方式、道德观念、价值观念、风俗习惯等的延续机制就会遭到破坏，文化继承力也会受到抑制。由此可见，一个国家在无力维护自己网络与信息安全的情况下，文化安全必然也无从保障，整个国家安全也处于一种长期的威胁之中。

2. 国家民族传统文化的继承与发扬遭到挑战

在快速发展的互联网上，随着电子图书馆、电子出版物、远程教育等手段和工具的发展与应用，各国文化之间的相互影响也迅速扩大。一方面促进了各民族文化的相互交融和发展；另一方面，对于以信息接收为主的发展中国家包括处于信息弱势地位的中国来说，互联网的发展又造成了对本国传统民族文化的冲击和挑战，如不采取相应的措施，有些语言和文化甚至有可能消失。如西方文化借助语言优势，在信息网络所及范围内，疯狂地侵入世界每个角落，到处宣扬自己民族文化的无比优越性，对不同于他们的异质文化横加鞭挞，迫使别人接受他们的文化信仰，从而对众多国家的民族传统文化在互联网上的发展和繁荣造成了严重的威胁。同时，发展中国家西方文化的受动者也慢慢地由抵制西方文化到接受再到喜爱，甚至开始厌恶自己国家的民族传统文化，对国家和民族的认同感不断弱化。20 世纪美国的流行文化是以麦当劳和肯德基、好莱坞电影和肥皂剧、麦克尔·杰克逊与麦当娜、《花花公子》和可口可乐为标志的庞大集合体。这个文化集合体在国际互联网上，以或明或暗的方式渗透到其他民族文化之中，使多样化的民族文化逐步趋向于美国文化。但这里并不是说美国文化无可取之处。任何一个民族的文化都有精华和糟粕，在美国流行的文化中亦有许多向上、具有生命力的东西，可这并不意味着它可以成为其他民族文化的基础。如果是这样的话，全世界都使用一种语言，人人都认识那几位好莱坞明星，吃着麦当劳和肯德基炸鸡，穿着统一服饰，势必失去本民族的特色。更何况美国文化中还有对其他国家和其他民族文化来说是十分有害的东西[14]。再对比一下周围的世界：八月十五中秋节是中国人一个非常重要的传统节日，圣诞节是西方国家一个重要的节日。但是，中秋节时，在包括互联网在内的媒体上看到的有关这一节日的内容却不如圣诞节时关于圣诞节的内容丰富和精彩。反映在现实生活中，中秋节远没有圣诞节的气氛那样热烈。本土节日比不过外来洋节，传统文化遭受重大挑战。因此，在西方强势文化占据主导地位的互联网上，如何使我国的民族传统文化发扬光大，成为一个十分迫切而又不容回避的问题。

3. 社会主义意识形态遭受重大威胁

信息网络的最大特点在于它的极度自由，而这种自由是超越国界的。西方发达国家凭借其雄厚的技术和经济优势，利用信息网络带来的一切便利大肆散布各种政治偏见，利用计算机技术制造、歪曲事实，而由于互联网络的结构及其技术的特殊性，国家和政府很难控制这种行为。与此同时，由于网络信息的跨国传递不受任何传统控制形式的约束，对意识形态的影响将超过至今为止任何一种传统媒体。在不平衡的信息流动中，信息输出大国通过在网上推行新的政治、文化的殖民扩张政策，加强对我国社会主义意识形态的渗透。一些别有用心的敌对国家，甚至在网上肆意诋毁和歪曲我国的社会主义政治经济制度和党的路线、方针、政策，对我国进行所谓民主、人权的讨伐，竭力标榜资本主义政治制度的合理性，意欲通过政治理念的渗透实现其对我进行西化和分化的图谋[15]。国内一些非法组织和敌对分子也利用信息网络发布危害国家安全的信息，如“法轮功”邪教组织就通过建立自己的网站和向众多民众发送电子邮件来诋毁社会主义的民主、党和国家领导人，甚至还通过其设在台湾的发射设备来干扰我国的鑫诺卫星等。由于我国政府长久以来对意识形态的控制力主要集中于传统媒体领域，对互联网这种意识形态斗争的新领域还缺乏足够的经验，使得我们在国际意识形态斗争中处于非常不利的地位。

4. 社会主义价值观念和道德规范遭受冲击

就一般意义来讲，社会主义价值观念是一种与资本主义价值取向相对立的、以实现共产主义为最高价值目标、以最广大人民群众的最大利益为价值标准、由一整套以集体主义为核心的价值规范体系构成、为社会主义国家广大群众身体力行的价值观念[16]。社会主义的道德规范由忠于共产主义事业的集体主义道德原则，全心全意为人民服务、共产主义劳动态度、爱护公共财物、热爱科学和坚持真理、爱国主义和国际主义 5 条道德规范，义务、良心、荣誉、幸福 4 个道德范畴及婚姻家庭道德、职业道德、社会主义人道主义 3 个特殊领域的道德要求所构成。这是我国屹立于世界民族之林和进行社会主义现代化建设的精神支柱。但是，由于西方发达国家在信息网络世界占据着十分明显的优势，它们借助电影、电视节目、音乐、书籍、电脑游戏软件等通过互联网大肆传播本国的价值观念，个人主义、利己主义、功利主义、实用主义等不良思想泛滥成灾，种族主义、民族歧视、宗教仇恨、军国主义与法西斯思潮、侮辱性言论等不良信息在网上畅通无阻，从而会自觉或不自觉地渗透到我国每一个网民的思想意识中，影响他们的价值取向，势必对社会主义价值观和思想道德观造成不容忽视的冲击[17]。

1.3.4　网络与信息安全对国家军事的影响

所谓军事安全，是指国家运用军事力量捍卫国家安全，维护国家主权完整和长治久安，保卫人民生命财产，为国家发展和人民生活提供一个相对稳定的内部和外部环境。信息技术革命的迅猛发展引起了军事领域的巨大变革，军事安全面临着许多新的问题和挑战。信息技术革命的蓬勃发展和信息网络的广泛应用，把军事活动扩展到整个世界乃至宇宙的同时，也消除了诸如海洋、大山、距离等国家的安全屏障。先进的互联网系统已把军队和整个社会连接在一起。军队和社会肌体各个部分的组合运转，都要依靠互联网。军用设备和民用设施联系紧密，相互兼容。在网络世界里，每个芯片都是一种潜在的武器，每台计算机都有可能成为一个有效的作战单元，每一位平民百姓都可能编制出实施信息战的计划[10]，并付诸实施。在这种情形下，军事领域面临史无前例的挑战，军事安全的责任日益繁重，网络与信息安全已成为军事安全的重要保障。

1. 信息威慑对军事安全的影响不容忽视

威慑是指以综合实力为依托，通过力量、决心和可信度的展示，造成一种战略上的对敌高压态势，使敌方因虑及难以承受的后果而放弃对抗的斗争策略。它是人类社会普遍存在的一种斗争形式，存在于政治、经济、军事、外交、文化等领域中，以军事威慑最为典型。有效的威慑，可以最小的代价获得胜利，因此古往今来的政治家和军事家都十分重视发挥威慑的作用。随着人类向信息时代迈进，信息网络已遍布全球每个角落，渗透于包括军事领域在内的各个领域。由于网络的攻击手段多、破坏性大、效费比高，所以信息威慑已引起各国高度重视。信息威慑是以信息技术及其设施为物质载体，以敌方的作战意志，特别是决策层和指挥层的决策、指挥意志为作用对象，凭借强大的信息作战能力，影响对方的指挥与控制，从而达到不战而屈人之兵或小战而屈人之兵的目的。信息威慑的形式主要有：通过新闻媒体、军事演习等宣扬高技术信息兵器的技术效能和杀伤威力，以震慑敌方心理，征服其意志；通过先进电子侦察手段，全方位掌控电磁频谱权，使战场对一方单向透明，另一方则不了解战场动态，从而在心理上放弃抵抗；在国际社会中展开全方位的宣传，宣扬己方进行战争的正义性，使对手陷入失道寡助、众叛亲离或群起攻之的绝地，从而主动放弃战争等。美国在战争中多次运用信息威慑。一个典型的案例是，美军在海地进行的一场初级信息战，通过信息威慑击垮了海地的军人政权。美军向拥有个人计算机的领导集团成员，发送预兆不祥的电子邮件。同时，利用卫星电视透露入侵部队的规模和部队从海空同时推进的情况，瓦解了军人集团的斗志。通过全方位的信息威慑，最终使海地军人政权垮台[10]。

不可否认，我军也承受着信息威慑的巨大压力。在近年来世界发生的几场局部战争中，以美、英为代表的西方国家大肆宣扬高技术信息兵器巨大的作战效能，使武器装备各种优良性能透明化，以此产生威慑效果；进行各种军事演习，展示高技术武器装备的作战威力，极度宣扬高技术兵器不可战胜的神话，并且利用太空和新概念武器优势等，对作战对象国家的人民实施心理恐吓；宣传情报侦察能力和计算机网络技术所形成的综合信息优势在战争中的作用，威胁对方指挥控制系统[10]，直接影响指挥者的信念，力争实现“不战而屈人之兵”。这一切同样会对我军官兵产生深刻的影响，一些官兵对我军能否打得赢产生了怀疑。这已经引起了国家领导人的重视，2016 年 4 月 19 日上午，习近平在主持召开网络安全和信息化工作座谈会时提出："要树立正确的网络安全观，加快构建关键信息基础设施安全保障体系，全天候全方位感知网络安全态势，增强网络安全防御能力和威慑能力。"他强调："网络安全的本质在对抗，对抗的本质在攻防两端能力较量。要落实网络安全责任制，制定网络安全标准，明确保护对象、保护层级、保护措施。哪些方面要重兵把守、严防死守，哪些方面由地方政府保障、适度防范，哪些方面由市场力量防护，都要有本清清楚楚的账。人家用的是飞机大炮，我们这里还用大刀长矛，那是不行的，攻防力量要对等。要以技术对技术，以技术管技术，做到魔高一尺、道高一丈[7]。"

2. 神秘莫测的网络信息战，威胁国家军事安全

信息战有多种形式，主要有网络战、电子战、心理战 3 种，其中网络战是信息战的主体，简称网络信息战。广义上，网络信息战涉及政治、经济、军事等国家生活的各个领域，既包括平时，也包括战时。这里所说的网络信息战是指战时军事领域或与战争有关的网络战，即指敌对双方通过民用或军用网络，主要利用计算机技术侦察、获取、干扰、破坏对方指挥系统、武器系统及人事、组织、后勤等系统中的重要信息，从而达到影响、加速甚至决定战争进程的行为。网络信息战直接威胁到交战双方的安全，关系到战争的胜负，是战争在网络信息空间的延伸和表现，是战争行为的一部分。网络信息战主要通过以下手段实现：窃取国家最高决策层或军事要害部门的机密文件、敏感数据、网络口令等，获取可靠情报；直接侵入保密信息的存放地址，销毁或修改网络上的机密信息资源，达到破坏信息资源和扰乱指挥系统的目的；阻塞敌方信息流，使敌方指挥系统无法收集信息，无法下达军令，中枢控制系统"耳、目"闭塞；污染敌方信息流，释放欺敌信息，使敌方指挥系统收到的信息真假难辨，无法决策，或做出错误决策；集中攻击敌方信息系统关键节点，撕裂、肢解敌方统一的信息网，破坏敌方的信息集成；深入敌方网络内部，安置木马、病毒、逻辑炸弹，或通过电子间谍源源不断地向一方提供对方的信息情报，或在战机成熟时引爆病毒，使敌方指挥控制中心瘫痪[18]。

网络信息战在海湾战争中第一次被成功运用，随后在阿富汗战争、科索沃战争和伊拉克战争中大显身手。例如，在海湾战争爆发前夕，美国中央情报局获悉，伊拉克从法国采购了供防空系统使用的新型打印机，准备通过约旦首都安曼偷运到巴格达，随即派特工在安曼机场偷偷用一块固化病毒芯片（一种逻辑炸弹）与打印机中的同类芯片调了包。美军在战略空袭发起前，以遥控手段激活病毒，使其从打印机窜入主机，造成伊拉克防空指挥中心主计算机系统程序发生错乱、工作失灵[19]，致使防空系统中的预警和 C^3I 系统瘫痪，为美军顺利实施空袭创造了有利条件，伊拉克军队则遭受重创。在 1999 年的科索沃战争中，南联盟使用多种

计算机病毒，实施网络攻击，使北约军队的一些网站被垃圾信息阻塞，北约的一些计算机网络系统曾一度瘫痪。北约一方面强化网络防护措施，另一方面实施了网络反击战。美国中央情报局利用因特网彻底干扰了南联盟的军、警和秘密警察通信网，南联盟的指挥系统一片紊乱，米洛舍维奇在紧要关头无法有效地指挥军警；中央情报局还精心设计了一种被称为“AF-99”的计算机病毒[18]，由塞浦路斯进入贝尔格莱德，直接侵入米洛舍维奇的电脑系统，修改相关数据使之完全瘫痪；北约还将大量病毒和欺骗性信息注入南联盟军队计算机网络系统，致使南联盟军队防空系统陷于瘫痪。

3. 黑客攻击与军事泄密，危及军事安全

随着信息网络深入到社会生活的方方面面，军用网络和民用网络的界限越来越模糊，且相互依赖，这给黑客以更大的发挥作用空间。在平时，黑客不仅攻击、瘫痪民用系统，破坏国民经济，而且还通过民用系统对军事系统进行致命地打击。美国国防部国防信息系统局认为，目前美军 95%的军用通信要依赖民用通信系统。这表明，破坏其军队的数字化通信网络，既可通过军用通信网络直接实施，也可借助民用通信网络间接实施。打击力量会来自敌对国家的武装力量、有组织的非武装力量、非政府组织和个人。事实正是如此，以至于五角大楼的高级专家曾呼吁：请电脑黑客停止向五角大楼的恶意攻击。大量黑客无休止的攻击给美国的军事安全带来了巨大危害。据统计，1999 年美国国防部的网站共遭到 22 144 次黑客的攻击，而 1998 年只遭到 5 844 次黑客的攻击。仅 2000 年上半年，黑客已经攻击了国防部 13 998 次。黑客攻击包括对网站的入侵、扫描、植入病毒及破坏。要在技术上完全拦截黑客的攻击，几乎不可能[10]，谁也不能保证自己的网络系统不存在任何安全漏洞，正所谓“道高一尺，魔高一丈”。实际上最保密、保护措施最完备的系统也可能遭到黑客的攻击。一个典型的案例是，1995-1996 年，一个来自阿根廷的黑客利用网际网络进入了美国一所大学的计算机系统，并由此进入了美国海军研究实验室及其他国防设施、宇航局和洛斯阿拉莫斯国家实验室的计算机网络。这些计算机系统中有飞机设计、雷达技术、卫星工程、核武器研制等敏感研究信息。海军无法确定哪些信息被泄露以及损失究竟有多大。1999 年，美国一名 16 岁少年，因为入侵美国宇航局维持国际太空站的电脑被判坐牢 6 个月。这名少年还承认他曾经非法侵入五角大楼的电脑系统，截取了 3 300 份电子邮件并窃取密码。

在战时，黑客出于自己的政治信仰、良心、爱国主义情感或其他原因，往往会对战争中的某方发动比平时更为猛烈的攻击。他们虽然不能决定战争的胜负，但足可以在一定的时空范围内给敌方造成很大的损失，其作用不容低估。在科索沃战争中，北约计算机系统频频遭到黑客攻击，损失惨重；1999 年 3 月 29 日，俄罗斯黑客入侵美国白宫网站，造成该网站无法工作；这一天，英国和西班牙的多处官方网站也遭到破坏，北约轰炸行动中最依赖的英国气象局网站损失惨重；3月31日，北约的互联网址和电子邮件系统遭到南联盟黑客的袭击，其电子邮件服务器被阻塞；4月4日，在南联盟黑客的攻击下，“爸爸”“梅利莎”“疯牛”等病毒使北约的通信系统陷入瘫痪，美国海军陆战队所有作战单元的电子邮件均被病毒阻塞。在伊拉克战争中，半岛电视台成为世界许多国家了解战争状况和伊拉克人民心声的重要渠道，但是美国黑客对其英文网站发动攻击，并给其造成了重大损失。

4. 制信息权对战争胜负意义重大

古往今来，战争各方总是希望在占有充分、完备信息的情况下进行决策，“知己知彼，百战不殆”是对这种思想的经典概括。可见，信息对战争进程和结局具有重大影响，谁具有信息优势，谁就能在军事对抗中占据有利地位。在信息技术广泛应用于军事领域的情况下，信息的重要性更加突出，信息对于军队就像血液对于人体一样重要。可以说，战争的结果已不再主要取决于战争各方投入的资源、人力的多少，而是主要取决于谁在整个战争中对信息掌握得更多、更准确，谁对信息利用得更好，即取决于制信息权在谁手里。所谓制信息权，就是能够收集、处理和分发不间断的信息流，同时让对方无法精确获取、处理、传递信息的能力。夺取制信息权，就是夺取信息的获取权、控制权和使用权。能否夺取制信息权，将成为战争胜败的关键。制信息权在战争中的作用表现在以下几个方面。一是通过夺取并保持信息优势，能为指挥员提供准确、实时的战场信息，使指挥控制与战场实际相融合；能使己方的信息在战场上大量和及时流通，极大地促进各方作战力量的纵向和横向联系；能使战场各种物质和能量在信息的支配下，得到合理配置和有效利用，以释放出最大的作战效能。二是通过对敌方进行信息压制，使敌方丧失战场主动权，加速敌方失败。在伊拉克战争中，美英联军不到一个月就占领了伊拉克。战争速战速决，除了作战双方综合实力的巨大差距外，美英联军始终掌握着制信息权是重要原因。美英联军在空间部署了数十颗军用卫星，并征用了多颗商业卫星，还在空中部署了“全球鹰”“捕食者”等多种无人侦察机、E-3和E-8预警机，从而形成了空天一体的信息优势。其卫星上的高分辨率合成孔径雷达能克服各种自然条件的限制，实现全天候、全天时的侦察[10]。美英联军通过这些军用设施能辨识到伊拉克地面15 cm的物品，可将伊拉克军队的布防、调动、配属状况一览无余，再通过全球定位系统精确探明位置，随后利用互联网将信息送往地面美军指挥部，并引导精密炸弹对伊军进行精确轰炸。反观伊拉克军队，在美英联军的打击下，只能靠骑马或骑自行车的士兵传递信息。伊拉克指挥部不要说对美英联军的进展难以了解，甚至对本方军队的情况也无法把握，还在给已遭美英联军击溃、建制已不存在的军队下达命令。

1.4 网络与信息安全新态势

当前，全球网络空间面临的威胁进一步加剧，网络空间安全问题愈加凸显，主要表现在：国家与国家之间的网络空间安全冲突不断升级；针对政府部门的大规模网络攻击事件持续增多；军队频繁遭受网络攻击；基础设施领域持续遭受网络攻击；工控领域网络威胁持续不断[20]。

1.4.1 国家与国家之间的网络空间安全冲突不断升级

2016 年，国家与国家之间的冲突行为持续升级。以美国为代表的西方发达国家控制网络空间领域的意图非常明显，美俄之间的网络冲突达到白热化，美国逐步在网络空间安全领域行使制约权，网络空间的军事化趋势已不可避免。

（1）美国对俄罗斯间谍活动实施冷战以来的最大报复

在美国 2016 年总统选举期间，俄罗斯黑客入侵民主党国家委员会网站，对美国政府和网络系统进行了侵略性的骚扰。之后，美国政府发布了一份 FBI 与国土安全部对这些网络攻击的详细评估，包括新近解密的入侵细节，如攻击者使用的恶意软件签名列表和相关的 IP 地址。美国政府已经批准制裁俄罗斯两大情报机构、4 名军事情报官员，并正在驱逐 35 名俄罗斯外交官。对俄罗斯两大情报机构（军情局和联邦情报）的制裁，基于最初于 2015 年 4 月签发的总统令 13964。该令赋予美国总统还击对美国关键基础设施入侵、大规模的拒绝服务或是经济入侵的权力，但没有包括竞选相关的系统。2016 年新扩展的总统令，将其包含在内“对竞选机构或进程，带有干涉目的或产生干涉效果的，影响、改变或是导致信息的不准确。”

（2）美国对“伊斯兰国”发动网络战

为了加快对抗“伊斯兰国”的数字战争进程，美国网络司令部的指挥官迈克尔 • 罗杰斯在 2016 年 5 月成立了由爱德华 • 卡登中将领导的部门，该部门肩负的职责是开发出由恶意软件等网络工具改造而成的数字化武器，旨在加快破坏和摧毁“伊斯兰国”的网络、计算机和手机。该部门被称为联合特遣部队阿瑞斯（Joint Task Force Ares），目前正与主导“伊斯兰国”对抗战的美国中央司令部展开更加密切的协调与合作。

新近成立的联合特遣部门执行的网络攻击或将破坏支付系统、识别并搞垮“伊斯兰国”成员使用的通信平台，或者捣毁“伊斯兰国”的在线宣传杂志《达比克》。

联合特遣部门的任务并不包括识别可作为空袭打击对象的个人。从本质上而言，“伊斯兰国”并不像一个国家或政府那样拥有易受攻击的庞大机构或基础设施，因此在网络攻击中要将之纳为袭击对象具有挑战性。

针对“伊斯兰国”的网络战争让美国国防部面临着一些挑战。如果实施破坏某处网络的行动，情报部门就可能失去监视此处网络通信的机会。因此，网络安全官员在选择攻击对象、策划攻击行动时须与情报人员更深入地合作。

（3）美国网攻伊朗计划曝光

2016 年 2 月，美国制订计划，准备在外交途径无法解决伊朗核问题时对伊朗核以及军用和民用设施发动网络攻击。美国军方和情报部门分别拟订了打击计划，其中军方行动的代号名为“宙斯一触即发”，目的是使伊朗防空、通信系统和关键电网陷入瘫痪。根据美国五角大楼的说法，“宙斯一触即发”行动预计耗资数千万美元，将由数千名美国军事人员参加，试图在伊朗电脑网络系统中植入电子设备。这套计划的目的是，一旦伊朗核问题谈判失败，美国总统奥巴马能够有其他选择而不必发动常规战争。

美国情报部门也制定了一个更为细化的秘密网络打击计划，旨在使伊朗的福尔多铀浓缩工厂陷入瘫痪。按照计划，美国情报部门将植入蠕虫病毒破坏核设施内的电脑网络系统，以达到拖延甚至彻底破坏这一设施的铀浓缩活动。

（4）英特种部队对 IS 发动电子战

2016 年 5 月，英国特种部队对利比亚境内的“伊斯兰国”组织（IS）恐怖分子发动了一场极具破坏性的电子战攻击。

这场尖端的“干扰打击”令该组织位于苏尔特的大本营周边的通信网络瘫痪。“黑色行动”是由英国皇家空军的一架侦察机负责的。英国皇家空军的无线电专家找到了敌方最经常使用的频率，侦察机上的工作人员之后利用飞机上的高功率发报机在同一波段发出干扰，从而压过敌方的对话。与此同时，在海外，英国政府通信总部的一个网络战小队通过监控“伊斯兰国”组织领导人在网络上的对话，对干扰打击的结果做出了评估。

1.4.2　针对政府部门的大规模网络攻击事件持续增多

2016 年，全球网络空间安全有组织的攻击事件增多，几乎天天都能听到一些公司或政府实体遭受入侵或攻击的报道。这些发生的网络攻击事件，都显示了攻击者所拥有的网络攻击能力，其攻击范围更广，手段愈发复杂。下面是近一年来网络空间安全领域发生的几起具有代表性的重大攻击事件。

（1）爱尔兰政府网站因遭网络攻击而瘫痪

2016 年 1 月 22 日上午 11 点，爱尔兰卫生安全管理局（HSE）、中央统计局（Central Statistics Office）、司法部（Department of Justice）、法院服务部（Courts Service）和国防部（Department of Defence）等多个部门和机构的网站遭受到来自

第三方的分布式拒绝服务（DDoS）攻击。爱尔兰政府网络遭受不断的网络攻击，对公民和公共服务造成大规模破坏。

（2）俄罗斯政府部门遭受恶意攻击

俄罗斯联邦安全局在2016年7月30日的一份声明中说，俄罗斯约20个政府部门的电脑网络被恶意植入了间谍软件。这些中毒电脑均属于国家重点要害部门，包括国家权力机关、科研单位、军事部门及军工企业等。联邦安全局称，这批间谍软件是根据每一台入侵电脑自身性能区别对待的，通过发送恶意植入病毒的电子邮件完成目标攻击。病毒被植入后，恶意软件就会自动加载，然后就能截获网络信息、实现监听、进行屏幕截图，还可以自动开通录制功能、开启移动设置以及捕捉按键信息。

（3）美国国家安全局遭到黑客攻击

2016年8月，一个之前从未见过的组织宣布它拥有由美国国家安全局（NSA）精英黑客组织所开发的恶意软件库，随后专业安全研究人员就开始展开工作，试图确定该小组公布的代码是否真由美国国家安全局所开发。在检查完自称“影子中间人”的黑客组织所发布的代码中的痕迹后，研究人员推断情况属实，不过新的文档似乎直接从源头证实了代码的出处。根据爱德华·斯诺登所提供的国家安全局的文件并对其拦截审查后，所公布代码中的几个要素与该机构所拥有的手册和资料的详细信息相一致。由于黑客工具从始至终都参与其中，因此该工具允许国家安全局执行拦截网络流量的“中间人”攻击。

（4）日本多个部门网站因遭到网络攻击而瘫痪

日本厚生劳动省和财务省等部门的网站1月31日出现瘫痪，无法阅览，疑似受到了DDoS攻击，日本财务省和众议院的网站也出现了瘫痪。日本金融厅网站主页1月31日深夜起陷入了难以浏览的状况。该厅发现自称是国际黑客组织“匿名者”的人物在网上发布了暗示网络攻击的声明。

（5）韩国军方情报中枢疑遭朝鲜黑客入侵

韩国国会国防委所属的共同民主党金振构议员办公室收到的国防部报告资料显示，被推测为朝鲜方面的黑客攻击了韩国国防情报网集结的位于京畿道龙仁的国防整合数据中心（DIDC）服务器。DIDC于2015年2月创立，是对军队各网页和内部网等军方所有IT服务进行整合与管理的地方，统管全国几十个军方电算所的情报系统，这意味着韩国军方的情报“神经中枢”被敌军侵入。据韩国国防部披露，共有3 200多台电脑在此次黑客攻击中感染恶意代码，其中有2 500多台外网电脑和700台内网电脑。

1.4.3 军队频繁遭受网络攻击

在网络空间安全领域，2016年军队成为网络空间安全的重灾区，成为黑客攻击重点目标的同时，一些军队也可以利用网络空间武器攻击他国网络系统。

（1）美海军利用潜艇攻击他国网络系统

2016 年 8 月，美国政府被发现曾利用潜艇切断了俄罗斯海岸的水下通信电缆、录下前苏联军队之间传递的消息。如今，美国一些潜艇则安装了先进的天线，它们可以用于拦截、操控他人的通信流量，特别是对于微弱或未加密的网络。而在 2015 年解密了斯诺登曝光文件的 Adam Weinstein 和 William Arkin 指出，美国首屈一指的黑客潜艇——USSAnnapolis 被发现跟美国极为广泛的网络监控相关。

斯诺登曝光的其中一份幻灯片显示，美海军展开的数次所谓的“计算机网络开发”其中许多都是潜艇攻击的后果。不过比起海军的下一个目标，上面的都只能算是小儿科。美海军的新一个目标就把潜艇变成水下无人机的母舰，这样即便是在离海岸比较近的地方也能操控潜艇，或对离潜艇比较远的地方也能展开网络干扰或网络攻击。

（2）韩空军官网遭黑客攻击

2016 年 5 月，韩国空军官网主页遭受黑客攻击，已经连续 13 天无法正常使用。韩国军方已经对恶意代码进行了分析。

韩国军方透露，空军主页主要为现役军人使用，黑客欲通过恶意代码使军人电脑成为“僵尸电脑”，此后可传播恶意代码。由于韩国军方核心网络国防网直接与作战指挥等相连接，因此黑客可能是为进入国防网而攻击空军主页。

（3）乌克兰军队操纵榴弹炮的 APP 被种木马

2016 年 12 月，与俄罗斯支持的叛军作战的乌克兰军方，其士兵的安卓手机被埋藏着木马的 APP 入侵，而这个 APP 正是军队指挥官鼓励士兵在战场中使用安装的。

俄罗斯军方情报部门或是乌克兰叛军，可通过这个 APP 跟踪乌克兰炮兵部队的部署，将其暴露在反攻打击的目标之下。网络安全公司 CrowdStrike 公布了由“Fancy Bear”黑客小组实施的这一入侵行为，而“Fancy Bear”正是 2016 年入侵美国民主党国家委员会的黑客小组，其幕后支持者被业内安全专家认为是俄罗斯政府。同时 CrowdStrike 公司认为“Fancy Bear”与俄罗斯军方情报机构有关联，并在东乌克兰和俄罗斯边境紧密与俄罗斯军方合作。

1.4.4　基础设施领域持续遭受网络攻击

2016 年，针对能源、医疗、银行金融系统和供应链等关键基础设施的网络攻击甚为活跃，攻击的复杂性与频度持续升高。关键信息基础设施面临较大风险隐患，网络安全防护能力弱，难以应对高精度的网络攻击。一旦受到攻击，可能产生重大网络安全事件，甚至引发交通中断、金融紊乱、电力瘫痪，严重威胁经济社会乃至国家安全。

（1）银行系统遭受网络连续攻击

2016 年 6 月，黑客入侵了俄罗斯央行，并从该行的代理商行窃取了 20 亿卢布（约合 3 100 万美元）；12 月，俄罗斯国有银行 VTB 银行（俄罗斯外贸银行）证实称，其网站已经受到网络攻击侵扰。这也是最近曝光的最新攻击活动。

2016 年 11 月，俄罗斯 5 家主流大型银行遭遇长达两天的 DDoS 攻击。来自 30 个国家或地区、2.4 万台计算机构成的僵尸网络持续不间断发动强大的 DDoS 攻击。

卡巴斯基实验室提供的分析表明，超过 50%的僵尸网络位于以色列、中国台湾、印度和美国。每波攻击持续至少 1 个小时，最长的不间断持续超过 12 个小时，攻击的强度达到每秒发送 66 万次请求。卡巴斯基实验室还指出，有些银行反复遭受攻击。

（2）电信领域遭受持续攻击

2016 年 10 月，新加坡电信运营商星和宣布，该公司遭受蓄意网络攻击，造成其部分家庭宽带用户在 10 月 22 日和 24 日断网。星和公司表示，已经分析了断网事故的网络日志，发现其域名服务器（DNS）遭到了蓄意攻击，有可能是恶意的 DDoS 攻击。DDoS 攻击利用来自多个系统的海量信息“淹没”服务器来攻击网站，让其无法回应用户的正当访问。

2016 年 11 月，德国电信遭遇了一次大范围的网络故障，受影响用户达 90 万，也是继 2016 年 10 月的美国网络大规模瘫痪事件后的又一大规模 DDoS 攻击。

自德国电信遭到攻击后，英国赫尔地区的宽带用户，又被网络攻击切断了网络连接。赫尔地区的电信运营商表示，黑客针对自己部署特定型号的路由器发动了网络攻击，攻击持续了一段时间，导致大量用户无法访问互联网。问题出现在了合勤科技的 AMG1302-T10B 路由器上，这款路由器被黑客发现了漏洞。

（3）互联网领域遭受大规模攻击

2016 年 10 月，在美国提供动态 DNS 服务的 Dyn DNS 遭到了大规模 DDoS 攻击，攻击主要影响其位于美国东区的服务。此次攻击导致许多使用 Dyn DNS 服务的网站遭遇访问问题，其中包括 GitHub、Twitter、Airbnb、Reddit、Freshbooks、Heroku、SoundCloud、Spotify 和 Shopify。攻击导致这些网站一度瘫痪，Twitter 甚至出现了近 24 小时零访问的局面。

攻击者在实战场地上向我们演示了新的攻击武器，对于网络安全从业者而言，这毫无疑问是个坏消息。在可预见的未来，还会有更多的新型 DDoS 攻击手段被开发出来，2017 年这个领域的攻防还会继续对抗下去。

1.4.5　工控领域网络威胁持续不断

工控领域逐渐成为网络攻击的重点，全年工业控制网络设备漏洞数量仍居高位，工控安全事件逐年增加。

（1）乌克兰电力供应网络系统遭到黑客攻击

2015 年 12 月，乌克兰电力公司的网络系统遭到黑客攻击，导致西部地区大规模停电。乌克兰官员指出，这是由俄罗斯黑客发起的攻击。同时，为了让电力公司的维修部门无法正常工作，黑客利用恶意软件定时打电话，让维修人员一直保持忙碌。俄罗斯方面则拒绝承认，认为乌克兰官员只是希望借此引起国际媒体的注意。

乌克兰的国家安全局（SBU）表示，俄罗斯的特工在乌克兰的国家电网中植入了恶意软件，导致发电站意外关闭。现在，乌克兰国家安全局声称他们已经在其电力网络中发现了这个恶意软件，并成功地将其从电网中移除了。乌克兰地区的多家电力公司同样也遭受到了拒绝服务攻击，这使得各大电力公司的呼叫支持中心不堪重负。

这些针对乌克兰的网络攻击也暴露出了美国电力系统的设计缺陷。例如 Energetic Bear 和 Dragonfly 等安全威胁，外界广泛认为这些攻击事件是由俄罗斯政府在背后进行操作的。

（2）德国核电系统遭受严重网络攻击

2016 年 4 月，德国 Gundremmingen 核电站的计算机系统，在常规安全检测中发现了恶意程序。此恶意程序是在核电站负责燃料装卸系统的 Block B IT 网络中发现的。

据说该恶意程序仅感染了计算机的 IT 系统，而没有涉及与核燃料交互的 ICS/SCADA 设备。核电站表示，此设施的角色是装载和卸下核电站 Block B 的核燃料，随后将旧燃料转至存储池。

该 IT 系统并未连接至互联网，所以应该是有人通过 USB 驱动设备意外将恶意程序带进来的，可能是从家中或者核电站内的计算机中。他们并没有公布该恶意程序的名字，只是说并不严重，并将整个事故分级为“N”（表示 Normal）。

（3）中东国家遭到定向网络入侵

2016 年 8 月，卡巴斯基实验室揭露了针对工控行业的“食尸鬼”网络攻击活动，攻击通过伪装阿联酋国家银行电邮，使用鱼叉式钓鱼邮件，对中东和其他国家的工控组织发起了定向网络入侵。攻击使用键盘记录程序 HawKey 收集受害系统相关信息。“食尸鬼”攻击行动使用了商业现成的恶意软件，虽然没有创新，但是其结合了社会工程学中人的因素，针对目标机构特定人员进行了成功的定向入侵渗透。

1.5 网络与信息安全面临的挑战

尽管当前网络与信息安全技术得到了很大的发展，但是，信息技术和应用的不断发展变化也给其带来了巨大挑战，总体来说，网络与信息安全技术面临以下几个新问题和挑战。

1. 通用计算设备的计算能力越来越强带来的挑战

由于当前通用计算设备的计算能力不断增强，对密码技术的安全性带来了巨大挑战。例如，DNA 软件系统可以联合、协调多台空闲的普通计算机，对文件加密口令和密钥进行穷搜并且已经能够以正常的代价成功实施多类攻击；又如量子计算机的不断发展向主要依赖数论的公钥密码算法带来了挑战，而新型的替代密码算法尚不成熟。

2. 计算环境日益复杂多样带来的挑战

随着网络高速化、无线化、移动化和设备小开支化的发展，密码技术的计算环境可能附加越来越多的制约往往约束了常用方法的实施，而实用化的新方法往往又受到质疑。例如，传感器网络由于其潜在的军事用途，常常需要比较高的安全性，但由于节点的计算能力、功耗和尺寸均受到制约，因此难以实施通用的安全方法。当前，所谓轻量级密码的研究正试图寻找安全和计算环境之间合理的平衡手段，然而尚有待于发展。

3. 云计算服务给密码保护造成的新挑战

随着云计算时代的到来，网民在互联网上面临的云计算安全问题越来越严峻，云计算的程度越高，网络安全将越显得重要。使用云计算服务来替代大量服务器，显然对节省企业的成本有利。不过现在看来从云计算服务中受惠最大的恐怕是黑客等群体。

不久以前，安全专家还对 102 位的 RSA 密码长度感到放心。但随着电脑技术的发展，现在愿意使用 2 048 位密码长度的安全专家数量也越来越多。而现在云计算也开始加入到为密码破解技术提供服务的阵营中去，传统的安全措施面临强大的挑战。

4. 大数据技术带来的安全隐患

很多时候人们有意识地将自己的行为隐藏起来，试图达到隐私保护的目的。但是互联网尤其是社交网络的出现，使得人们在不同的地点产生越来越多的数据足迹。这种数据具有累积性和关联性，单个地点的信息可能不会暴露用户的隐私，但是如果有办法将某个人的很多行为从不同的独立地点聚集在一起时，他的隐私就很可能会暴露，因为有关他的信息已经足够多，这种隐性的数据暴露往往是个人无法预知和控制的。从技术层面来说，可以通过数据抽取和集成来实现用户隐私的获取。而在现实中通过所谓的“人肉搜索”方式往往能更快速、准确地得到结果，这种人肉搜索的方式实质就是众包。大数据时代的隐私保护面临着技术和人力层面的双重考验。

5. 网络融合新技术带来安全新的挑战和威胁

当前各种新技术、新机制层出不穷，诸如多核和云计算等，新的通信协议和新的病毒技术不断涌现，使得信息系统开始面对分布式、容错、并发等很多新的技术和新的挑战。

传统的电信网络，如固定电话网或 GSM 电话网，是一个封闭的环境，外部的攻击者很难进入系统进行攻击。在封闭性不被打破的条件下，传统电信网是安全、可信任的网络。随着下一代网络的演进和发展，封闭的环境将被打开。一方面，这种开放性使得外部的攻击者有了可乘之机；另一方面，某些被封闭环境掩盖起来设计上的缺陷，在相对开放的环境下就有可能显现出来。

蜂窝移动网络、自组网、无线局域网等无线网络将和有线网络融合起来，为用户提供永远在线、尽可能高速的传输速率以及动态的网络接入等功能。这是移动通信技术发展的必然趋势，同时也带来一系列的安全问题。融合后的网络不仅融合了各种网络的优点，也必然会将各种网络的缺点带进融合后的网络中。而且，融合后的网络还将面临一系列新的安全风险，如网间信息的安全交互、密钥和证书的传输等。

6. 恶意代码层出不穷，病毒传播途径多样化，网络攻击日益趋利化

近年来，新电脑病毒的种类和数量呈几何级数增长，2008 年所收集到的新病毒样本几乎是 2007 年的 10 倍。其次是病毒传播渠道发生了变化，2008 年所收集到的新病毒样本基本上都是木马类的病毒，病毒的制造和编写目的和病毒研制水平也发生了根本性的改变，新的恶意代码层出不穷。

传统的黑客攻击网站、窃取信息通常只是为了炫耀技术、恶作剧或者仇视破坏，但随着互联网经济的发展，网络攻击的目的已转变为追求经济利益，并正在形成黑色产业链。网络攻击者为了实现各种利益需求来获取情报的威胁日益增加，给网络与信息安全的防护带来了挑战。

7. 世界大国都将网络与信息安全问题上升为国家战略问题

当前，世界各国都将网络与信息安全问题上升为国家战略问题，加剧了网络与信息安全的竞争。2008 年 3 月，美国进行了“网络风暴II”网络安全反恐演习，目的是检验美国政府的网络安全防护和应急能力、高层决策与跨部门协调能力、信息共享与快速沟通能力以及敏感信息的安全共享方式，并计划于 2010 年进行“网络风暴III”网络安全反恐演习。

2009 年 2 月 9 日，美国奥巴马总统组织了一个 60 天的部委联合研讨会，进行网络与信息安全发展战略的评估以确定网络安全保障的战略框架，加强 CNCI 作用和各部门之间，各部门与国会，各部门与产业界之间的协作与沟通。

欧盟于 2007 年 3 月颁布了《信息社会安全战略》以期全面建立网络与信息安全保障机制。

日本提出《防卫力量配备计划》，防止信息武器的突袭和对国内信息网络的突发事件保持警觉。

俄罗斯发表《国家信息安全学说》，成立国家信息安全与信息对抗领导机构，组建特种信息战部队。

加拿大国防部开展针对黑客攻击的防卫技术研究，模拟制造计算机病毒，有针对性地设计网络安全防护措施。

同世界上许多国家一样，我国高度重视网络与信息安全问题，2015 年制定了大量的方针、政策，并且更是在 2014 年初成立了中央网络安全和信息化领导小组，进一步完善国家网络与信息安全体制和工作机制。尽管如此，我国的网络与信息安全保障能力和信息化的快速发展还是不能相适应，与确保国家网络与信息安全的要求还有相当大的差距，特别是基础信息网络与重要信息系统的安全防护能力、自主研发能力亟待提高。

目前，经济社会各个方面对于网络和信息系统的依赖程度已经很高，一旦发生重大网络与信息安全事故，那么对国民的生产生活会造成重大影响。我们有理由相信，没有网络与信息安全，就没有国家安全，网络与信息安全已经上升为国家战略，而这一战略目标的实现，最根本的立足点就是自主可控。

8. 网络战已成为各国竞相发展的核心安全力量

当前，世界各国纷纷加强网络战力量建设，信息技术被用做干涉他国政治的工具，网络战已经逐步成为关注的焦点，网络空间已成为各国情报机构的主要战场。2009 年美国正式成立网络战司令部，日本、韩国、俄罗斯等国也纷纷加强了网络战力量建设，美国现有网络战力量近 9 万人。

国家安全、情报等敏感技术研发长期以来是美国政府支持的重点，2006 年占到全国科研经费的 63%；2009 年 8 月，美国发布国家情报战略，明确指出网络空间的情报工作是其六大重点内容之一。很多事实证明，各国的情报工作已经从军事、外交等传统领域扩展到了经济、技术等多个方面，技术创新被视为网络与信息安全对抗的制胜法宝。这使得我国网络与信息安全的外部风险大幅增强，信息系统面临着巨大的威胁。

1.6 我国网络与信息安全存在的不足

新技术的出现、网络攻击技术水平的提高以及国际上网络战、信息战形势的发展，对系统网络与信息安全提出了新的挑战，使我国网络与信息安全面临着巨大的风险，同时信息化的发展，对网络与信息安全提出了新的要求，现有的安全防护措施和技术已不能满足当前的网络与信息安全需求，主要体现在以下几个方面。

① 对信息安全的重要性和紧迫性缺乏全面准确的认识；对以计算机网络为主

体的信息系统存在的安全漏洞和隐患认识不清；对涉密信息可能遭到多途径、多手段的持续攻击的严重性认识和准备不足；特别是对当前国际网络战和信息战大环境下组织实施信息安全保障工作的艰巨性、复杂性认识还不够到位。

② 对信息安全的底数不清，有多少软件、硬件的信息资源需要防护，各个信息资源的安全问题和根源在什么地方，针对得个信息资源的安全防护措施是什么，现有安全防护手段和措施有多少，能够达到什么样的防护能力等，都是一笔糊涂账。

③ 没有意识到信息安全是高层领导管理中一项极其重要的工作，尚没有对信息安全予以足够的关注和重视。高层领导的信息安全策略是信息安全管理计划的核心和基础。该策略是所有信息安全策略、过程和标准的起点和基础。信息安全不仅是一个技术问题，而且是一个管理问题。信息安全问题仅靠技术手段是不能解决的，管理部门越早发现问题，就能越快引起重视。然而遗憾的是，管理人员往往认为用技术手段就足以解决问题了，因此将出现的问题授权或降级给技术部门处理，而后就再也不闻不问。所以，没有一个全面的、科学的、持续的安全管理体系，再好的技术也难以解决信息安全问题。

④ 国际网络与信息安全形势的发展，客观上要求在顶层必须有一个强有力的重要安全保障机构，来实施组织领导和统一协调，以集中方方面面的有效力量。中共中央网络安全和信息化领导小组办公室（简称“网信办”）的成立改变了我国的网络与信息安全工作没有权威领导机构的状况，但是各自为政、多头管理的情况没有改变，严重制约了网络与信息安全工作的整体推进与发展。由于职责不明、关系不顺、缺乏统一的组织领导和筹划协调，使得网络与信息安全缺乏统一的顶层安全防护思想，安全管理目标与安全建设不一致。

⑤ 信息安全建设缺乏效能评估的基础。信息安全建设必须建立在效能评估的基础上，信息安全的目的是降低信息资源面临的风险，但如果不清楚已有的安全基础设施效能如何，自己存在哪些潜在的威胁，那么就会无的放矢，就会造成无谓的浪费。

⑥ 没有意识到信息安全管理在整个信息安全保障体系中的地位与作用。信息资源须预防哪些风险？针对这些风险，应采取哪些应对措施？这些都是信息安全管理人员最需要了解和掌握的。

⑦ 实施等级化的安全管理措施远未到位。信息安全等级化就是根据信息基础的重要性将信息基础设施和信息资源划分成不同等级，然后根据不同等级实施不同的防护，做到“重点资产重点保护”，提高保护效率。

⑧ 没有意识到信息安全策略的执行和监督是网络信息安全过程中不可缺少的方法和手段。仅有一个良好的信息安全策略和完整的支撑策略是不够的，如果它们没有得到有效的遵守和执行，那么一切都是空谈，得不到正确执行的策略是

无用的。网络信息安全管理人员应被授权用技术或非技术手段来监督策略的遵守和执行，发现异常情况应及时进行处理。

⑨ 网络信息安全制度不健全，责任不落实，管理不到位，缺乏统一的建设规范与标准，安全建设与安全需求不一致。信息安全系统建设客观上要求，要从政策指导上规定信息安全保障的举措，从行政手段上制定一套完整、严密的信息安全管理制度，这是信息安全系统建设与发展的重要保障。

⑩ 防护技术和理念相对落后，目前主要还是以“防护”为基础的安全理念，以为买点安全产品部署上去就高枕无忧了，而不是对信息资源采取积极“防御”的思想，技术上也缺乏以安全“保障”为目的的第二代网络安全防护技术。第二代网络安全防护技术以检测技术为核心，以恢复技术为后盾，融合了保护、检测、响应、恢复等技术。通过检测和恢复技术，发现网络系统中异常的用户行为，根据事件的严重性，进而采取相应的措施。

⑪ 基础设施离安全需求差距甚远：出于配置上的方便和转发效率的考虑，很多单位的防火墙规则设置的粒度比较粗，只指定了端对端通信的 IP 地址，并没有指定端对端通信的协议、端口号等较细的内容；入侵监测系统针对性不强，系统监测网络上的非法网络攻击的能力已经大打折扣；内外网互联监控系统部署情况并不理想，一些单位并未部署该系统或未在全部终端上部署，存在监控的死角；对信息安全产品的采购和使用没有强制性的政策和规定，缺乏有效地检测和监督。目前用于涉密信息系统的安全设备，不少是从国外进口的，其操作系统、芯片等核心技术几乎是清一色的“舶来品”，其中有意预设或无意产生的后门、漏洞数不胜数，存在着严重的安全隐患。

⑫ 避灾、减损、应急响应方面还缺乏手段，主要问题表现为以下几个方面。

- 网络中部署的各种安全产品各自为战，并认为部署了安全设备就搞好了安全，不能在统一安全体系下运作，面对各种情况的网络安全问题时，无法协调配合应对。
- 缺乏避灾、减损措施，网络攻击是不可避免且具有创造性的，无数的网络安全事件告诉我们，网络的安全仅依靠“堵”和“防”是不够的，一旦危险发生，安全系统应能够通过检测到局部系统的失效或估计到系统被攻击，而加快反应时间，调整系统结构，重新分配资源，使信息保障上升到一种在攻击发生的情况下能够继续工作的系统。
- 缺乏反击手段，在发现系统有异常时，安全系统应能够根据系统安全策略快速做出应急响应及主被动协同防护等措施，并追踪、定位攻击源，从而达到保护系统安全的目的。

⑬ 安全防护不成体系，没有科学的可操作标准，安全防护只是集成到基础架构中，与信息应用系统成烟囱状，没有嵌入到应用系统的基础架构中，只有将核

心的信息安全控制嵌入到虚拟基础架构，防护体系与应用系统融为一体才能帮助组织降低风险，提高整体信息安全状况。

⑭ 防护力量远远不够，安全防护力量的组织建立不健全，形不成有效的作战能力，此外，信息安全人才的数量和质量远不能适应信息安全保障工作和信息化发展的需求，特别是高层次信息安全技术与管理人才严重缺乏，人才培养任务艰巨，任重道远。

⑮ 没有应对大规模信息作战安全防护的方案和策略，很难应对网络信息作战。

上述分析表明，建立网络信息安全防护体系是一项十分紧迫的任务。必须抓紧建立健全网络信息安全组织机构，加强对网络信息安全产品的研制和管理，及时发现、追踪和查处通过计算机信息网络进行的违法和违规行为，尽快建立网络信息安全应急响应和灾难恢复体系，为信息化建设保驾护航。

1.7　网络与信息安全研究的重要价值和意义

网络与信息安全问题与公民的权益息息相关，受到人们普遍的关注，也是影响信息社会健康发展、令管理者深感棘手的社会矛盾。如此看来，网络与信息安全的价值和意义并不仅限与其技术层面，更多的它关系到一个国家，一个社会的文化安全、政治安全、经济安全。“没有网络安全就没有国家安全，没有信息化就没有现代化。”2014 年 2 月 27 日，习近平在中央网络安全和信息化领导小组第一次会议上强调。这一论述，把网络安全上升到了国家安全的层面，列于和国家信息化同等重要的位置。习近平将之形象地比喻为“网络安全和信息化是一体之两翼、驱动之双轮”。全面阐述了网络信息安全的价值与意义，能够为我们建设网络强国提供正确的理论作指导[20]。

（1）政治意义

随着信息技术的发展以及信息战的广泛应用，信息安全作为夺取战略制高点的关键因素越来越被各国政府重视。在这一背景下，危害我国政治安全的信息安全风险，首先来自敌对势力从信息空间发动的政治进攻，主要表现为网络政治动员和信息恐怖主义两种方式。虽然敌对势力经网络对我国的政治进攻行为，迄今在总体上还是可控的，但这类政治进攻已在某种程度上危害到了我国的政治安全[21]。

（2）经济意义

信息或信息化对于我国产业竞争能力的提升具有战略价值。这不仅在于信息产业已成为重要的支柱产业，更在于信息或信息化已经成为产业总体竞争力提升的基础性手段和核心标志。当代工业和农业，要在激烈的竞争中立于不败之地，必须从整体上实现信息化。由于信息技术的开放性与经济主体利益的冲突性并存，现实的信息系统同样存在着安全风险。信息或信息化有可能对我国的经济安全水平造成严重的冲击，蕴藏着巨大的风险。确保信息安全有助于规避经济安全风险或最大限度地减少这类风险。

（3）文化意义

信息技术的快速发展，使社会文化活动对信息或信息化的依赖性空前增强，成为社会文化活动时代性的鲜明特征。国家的文化安全对信息或信息化的依赖性随之大大增强。从这个意义上看，信息安全风险必将威胁文化安全。敌对势力可以凭借信息技术，明目张胆地在社会文化活动中肆意传播反对、敌视我国文化价值观的信息，直接威胁我国的文化安全。显然，只有确保信息安全，才能确保文化安全。

1.8 网络与信息安全的新兴技术发展特点

当前，国际网络信息安全的发展仍延续了以往迅猛的势头，在网络信息安全的战略政策、力量建设、技术产品等方面取得了很大进展，世界各国都在各个层面不断适应新形势，积极出台和适时调整国家战略部署，维护网络信息安全，网络信息安全技术发展形势呈现出以下几个方面特点。

1. 可信计算平台及其安全关键技术

在可信化的发展趋势下，需要重点研究可信计算平台的理论与技术，形成多样化的可信计算硬件平台（包括可信 PC、可信服务器以及可信移动终端等）、支持可信计算的安全操作系统和应用软件；以电子政务和电子商务为突破口，基于可信计算平台和相关协议构建安全、高效的应用。

2. 网络与信息安全新技术开发与安全测试评估的模型和工具

为了弥补理论、技术与需求之间的差异，需要研究各类网络与信息安全新技术开发所需的模型，研制一批网络与信息安全技术开发所需的基础工具，包括高性能安全芯片开发模型和工具、网络与信息安全算法研制原形工具、安全协议开发和分析工具等。还需要研究面向信息系统的安全测试评估，研制基础性的测试评估工具，包括网络与信息安全产品及其安全性的测试评估方法和工具、信息系统安全测试评估工具、网络信息系统安全态势与预测系统等[22]。

3. 网络监控、应急响应与安全管理关键技术

为加强信息网络的可控性和自主防御能力，需要研究国家网络与信息安全监控和应急响应所需要的关键技术，研制新一代安全监控、应急响应与管理系统，需要重点研究的具体领域包括网络安全分析、网络行为分析、内窜识别与过滤、大流量安全处理、网络攻击预警技术、网络安全危机控制与应急支援、主动实时防护模型和技术、入侵容忍和主动攻击技术、数据恢复与备份、安全管理技术等。

4. 网络信任保障的理论、技术和体系

为在更大的范围实现授权和认证，需要研究新一代网络信任保障的理论、技术和体系，突破一批网络信任核心理论和技术，开发新一代网络信任保障原形系统。重点需要研究的领域包括可信网络环境支撑技术、新一代认证授权、访问控制与责任认定技术、新型安全审计技术、可信和权限管理技术、高保障可证明安全的原形系统和体系结构等。

5. 密码与安全协议的新理论与新方法

应对通用计算设备的计算能力越来越强、安全计算环境日益复杂多样以及网络带宽不断增长的挑战，需要重点研究密码与安全协议的新机制、新设计和新的分析方法，研究高速、低功耗密码运算模块的设计、分析和实现技术，研究非常规的密码和协议设计方法，也包括研究各类环境下的安全协议设计等。

6. 网络可生存性理论和技术

为进一步加强网络及其服务在安全异常情况下的可用性，需要重点研究网络可生存性系统和体系结构、设计原理和关键技术，以及研究基于关键服务的可生存性系统的模型和实现方法，也需要获得网络可生存性的分析和评测方法。

7. 逆向分析与可控性技术

为加强对平台系统和软件系统本身的保护，需要重点研究操作系统、网络设备系统和软件系统的自我保护技术。而从相反的方向，为了实现对网络与信息安全相关产品的控制，需要研究逆向分析的原理和技术。

8. 网络病毒与垃圾信息防范技术

为了实现对网络病毒和垃圾邮件的管理和清除，需要研究网络病毒的传播机理、模型、预警机制和综合防治技术，并研究垃圾信息的产生、分类、识别、传播与阻隔的机理和技术。

9. 新型网络、计算和应用下的网络与信息安全技术

可以预见，随着信息处理下一代网络技术的进展，新型的网络组织、计算环境和电子事务模式还会出现，这将继续为网络与信息安全提出新的问题。因此，在这些应用的推动下，网络与信息安全在这一领域仍将会有快速的发展。

10. 主动实时防护模型和技术

亟须研究保障网络和信息系统安全的主动实时防护模型和关键技术，开发主动实时防护原型工具和系统，突破一批主动实时防护关键技术。应重点研究支撑构建高柔性免受攻击的网络与信息系统的安全关键技术和方法、故障容忍和弹性原型系统、攻击与攻击防护模型和关键技术、可组合与可升级的安全技术和原型系统以及主动实时防护的新模型、新技术和新方法等[22]。

11. 人工智能将在防御性和主动性网络策略方面扮演愈发重要的角色

2016 年，AlphaGo 与世界顶级围棋高手人机世纪对战，把全球推上了人工智

能浪潮的新高，人工智能成为各方关注的焦点，各发达国家纷纷制订发展计划，不惜花重金谋划抢占新一轮科技变革的先机。

如今，人工智能在网络安全领域已经得到许多应用，未来将在防御性和主动性网络策略方面扮演越发重要的角色。比如，使用多种高度仿真的机器学习算法来判断一个文件是否可信，并通过对文件执行前后的全生命周期过程使用机器学习技术进行双重检测，迅速探测不断变化的威胁并做出响应。人工智能将从 5 个方面颠覆现有信息安全产业：侦测和清除僵尸物联网设备、阻止恶意软件/文件执行、提高安全运营中心运营效率、量化风险评估、移动恶意软件侦测。

2015 年底，以色列开展的 Deep Instinct 项目就为用户展示了人工智能技术给恶意程序检测与防御领域带来的惊人进展。Deep Instinct 项目旨在研究基于深度学习的恶意程序识别与防御技术。尤其对零日恶意程序、恶意程序变种、新型恶意程序和复杂 APT 攻击实现了极高的检测精度和实时性，是一种颠覆性的、针对系统全域终端基础设施的、已知/未知威胁的实时检测和防御技术。

2016 年 3 月，美国情报高级研究计划局（IARPA）推出了一个为期 4 年的“奥丁”项目，旨在开发人工智能，检测欺骗性的指纹、面部图像和虹膜。研究的目标是机器不仅能发现收费等已识别欺诈行为中的假指纹与图像，还将学会预测前所未见的攻击。

2016 年 5 月，ffiM 宣布将人工智能系统“沃森”（Watson）将在网络安全领域大展身手，打击网络犯罪。这是 IBM 首次将认知计算技术应用于网络安全领域。此前 IBM 沃森已经在医疗、金融和客服等多个领域得到应用，相比这些规则明确、信息透明的常规应用领域，信息安全领域的挑战要大得多。

2016 年 6 月，美国 Cylanee 公司募集资金 1 亿美元 D 轮融资，跻身“独角兽”俱乐部，即估值达到 10 亿美元及以上的公司。Cylance 系统试图利用机器学习和人工智能来达到“像网络黑客一样思考”的目的。Cylance 的系统（Cylance PROTECT）可以预测恶意软件、“零日漏洞”攻击和其他网络威胁如何入侵电脑网络，然后帮助他们将这些威胁消除在萌芽状态。

2016 年 10 月，谷歌 Brain 团队完成了一项新的研究成果叫做《用对抗神经密码术学习安全通信》，创造出了 2 个能够自行演进出加密算法的人工智能，是避免其沟通信息被第三个在自我演进破解算法的人工智能侦听——这是全世界从零开始学会安全通信的头两个 AI。

2016 年 10 月，美国国家科技委连续发布了两个重要战略文件《为人工智能的未来做好准备》和《国家人工智能研究与发展战略规划》，将人工智能上升到了国家战略层面，为美国人工智能的发展制定了宏伟计划和发展蓝图。据此，五角大楼已将人工智能置于维持其主导全球军事大国地位的战略核心。

2016 年 11 月，人工智能信息安全公司 RisklQ 顺利完成第三轮 3 000 万美元融资，标志着风险资本正在快速涌入这个全新的市场。RisklQ 是将机器学习这种热门人工智能应用于风险评估、威胁情报等信息安全服务领域的众多公司之一，它通过机器学习技术处理安全大数据，包括用户数据、攻击数据和各种威胁情报数据，持续优化提升平台的智能化和功能性。

2016 年 5 月，日本文部科学省也确定了“人工智能/大数据/物联网/网络安全综合项目”（AIP 项目）2016 年度战略目标。AIP 项目 2016 年的战略目标是，利用快速发展与日益复杂的人工智能技术，开发出能利用多样化海量信息的综合性技术。

12. 探索区块链在军事网络安全领域的应用

区块链是比特币的底层技术，像一个数据库账本，记载所有的交易记录。这项技术也因其安全、便捷的特性逐渐得到了银行与金融业的关注。存储在区块链上的交易信息是公开的，但是账户身份信息是高度加密的，只有在数据拥有者授权的情况下才能访问到，从而保证了数据的安全和个人的隐私。

如果美国国防部能够部署区块链这个新型的数据管理技术，近几年数据攻击产生的破坏力也会减小，作战人员手中数据的真实性也能因此得到保障。区块链技术的重要性主要表现在两个方面：避免潜在风险和提高作战优势。下行风险的存在意味着作战人员必须在数据真实性不明的情况下尽可能地降低操作风险和失误，而区块链则能有效避免敌方对军事数据的篡改及泄露。从上述两种优势来看，第一种优势的重要性是无可比拟的，而第二种优势则将彻底改变战争领域的游戏规则。

区块链能够赋予数据保卫战全新的定义。区块链的数据加密标准确保了向后的发送方内容篡改成为不可能。区块链是一个数据网，它对数据的分散化处理——数据分布在各个区块中，导致向后的内容篡改成为不可能。

非金融领域的区块链应用速度很慢，但是它在军事领域的应用却可能十分宝贵。DARPA 正投入资金研究区块链是否可以保护高度机密数据。

区块链应用可以归结为计算机安全领域的一个概念信息完整性，主要是追踪系统数据的浏览和修改情况。

2016 年 9 月，DARPA 给计算机安全公司 Galois 颁发了 180 万美元奖金。公司的任务是用数学运算验证计算机代码，也就是 Guardtime 开发的特有区块链技术形式验证。它可以提供几乎不受黑客影响的代码，也是 DARPA 安全项目的重要组成部分。

DARPA 采用区块链保护重要数据的可能性会大大推动该技术在金融域之外的发展。调查显示，2016 年第一季度区块链初创企业获得 1.34 亿美元投资。但是信息安全可能是巨大的潜在市场，2015 年该领域投入高达 50 亿美元，因此市场调研公司 Gartner 预计 2019 年会增长到 1 080 亿美元。

13. 量子计算加速推进密码技术创新

密码技术被广泛用于网络和信息系统安全的各个方面，保护着信息的秘密性、完整性、不可抵赖性等信息安全的重要属性。如今，量子计算如火如荼的发展，将对传统密码技术构成严峻挑战。面对量子计算机的攻击，一些密码标准制定机构已经在开展密码算法的标准化工作的同时，积极地推动密码技术创新。

2016年3月，美国国家安全局（NSA）宣布准备向可抵御量子计算的加密算法过渡。该计划涉及NSA目前所有在用算法，鉴于当前量子计算机尚未进入实用阶段，但量子计算对加密影响巨大，可以具备“完全破译”的能力，因此NSA建议相关部门进行相应规划。

2016年5月，美国家标准与技术研究院（NIST）发布8105号报告《后量子密码学报告》（NIST Internal Report（NISTIR）8105: Report on Post-Quantum Cryptography），聚焦量子计算机对现代密码系统的影响，详细介绍了量子计算机的研究情况，分享了NIST对抗量子密码学的认识，并详细说明了目前NIST应对这一未来风险的方案。2016年，美国陆军研究实验室也在寻求研发新型纠缠光子技术，以促进其在通信、探测、加密和量子计算机等技术领域的军事应用。

2016年8月，美国麻省理工研制出一款量子计算原型芯片，可用于实现量子位元的离子阱和激发量子态的激光光路集成在一起，开发多量子位系统。更重要的是，该团队将激发离子阱量子态激光光路也集成在同一块芯片上。

2016年10月，日本东北大学电气通讯研究所与学院大学的研究团队联合开发了世界最高水准的隐秘性高速大容量光通信系统，该系统首次结合量子噪声保密和量子密钥分发技术，以接近以前2倍的速度——世界最高速的单信道100 GT/s的速度，成功实现了100 km的量子保密传输，有望实现抵抗网络攻击的极强安全通信。

14. 大数据技术成为解决针对性攻击的重要手段

在信息化战争条件下，美国非常重视大数据在国家安全领域，特别是在军事领域的运用。大数据分析可以用于发现高级的持续威胁，如旨在窃取政府信息的大规模有组织攻击。

2016年3月，欧洲网络与信息安全局（ENISA）发布的一项报告称，企业在使用大数据工具系统收集、分析和使用数据时，面临的安全风险正在逐步增加。报告分析了金融、电力、电信运营商等3个行业在大数据应用中面临的安全风险，并基于对行业应用案例的分析，为正在考虑采用或已采用大数据分析的组织提供了建议。

2016年5月，美国发布《联邦大数据研发战略计划》，旨在为在数据科学、数据密集型应用、大规模数据管理与分析领域开展和主持各项研发工作的联邦各机构提供一套相互关联的大数据研发战略，维持美国在数据科学和创新领域的竞争力。该计划提出的七大战略之一就是，针对隐私、安全，理解大数据的收集、共享与使用。隐私、安全是大数据创新生态系统重点关注的问题。隐私关系到数据收集者和提供者如何看待和管理信息；安全涉及个人信息，其重点是数据保护。应制定新的政策来保护隐私和明确数据所有权，开发数据安全评估技术与工具，以确保高度分布式网络中的数据安全。

2016 年 6 月，美国国防部在联邦论坛上提出基于大数据的分析工具将成为网络防御的关键。随着美国国防部网络不断受到攻击，安全人员一直在尽力开发必要的防御措施，然而“检测—验证—响应”循环得速度太快，过多的人员行动无法参与到这个循环，必须依赖大数据工具和分析能力。国防信息系统局（DISA）首席技术官也表示，分析工具有助于监测网络流量及威胁。其中一个典型工具就是网络安全态势感知分析云（CSAAC）。CSAAC 也支持联合信息环境（JIE）和联合区域安全堆栈（JRSS），能够形成跨国防部机构的协作，对国防部信息网络带来更强有力的防御。

Palantir 大数据公司的 Palantir Gotham 大数据处理平台是美国情报界在反恐战争中不可或缺的工具之一。曾帮助中央情报局找到了大量的基地组织和塔利班高层，并在猎杀本拉登行动中发挥了重要作用。2016 年 11 月，Palantir 公司再融资 2 000 万美元，继续参与美军大数据研发项目。

2016 年 9 月，美国国防部相关人士指出，美国国防部试验资源管理中心（TRMC）近年来在推动大数据技术在试验与评价中的应用等相关工作。目前，TRMC 已资助了 3 项工作，以推动在试验与评价过程中更好地采用商用大数据技术。第一是在爱德华空军基地、内里斯空军基地和帕特克森特河海航空站部署硬件和大数据分析软件，以支持联合攻击机作战试验工作。第二是在阿伯登实验中心开展的工作，证明了物品硬上运行的低成本开源大数据分析工具很容易被集成用于分析和可视化陆军试验数据。第三是建立一个 TRMC 知识管理和大数据分析软件架构框架，指导国防部在该领域的投资和集成工作。

15. *加速推进云计算安全在军事领域的应用*

云安全是指基于云计算，保护云基础设施、架构于云端之上的数据与应用的安全措施。近年来，随着云计算与大数据等新技术、新业务的应用与发展，越来越多的军政机构开始将系统部署到云平台或者使用云计算服务，这些云平台一旦被成功入侵，将会导致大规模机密信息的泄露。

2016 年 1 月，国防信息系统局（DISA）发布指南，通过被称为云接入点（CAP）的连接，帮助国防机构与商业云服务提供商连接起来。云接入点是国防部连接到商业云的安全通道。云接入点作为国防部信息网络和商业云服务提供商之间的界限，云接入点的传感器允许 DISA 监控流经它的流量。通过试验，DISA 一直寻求加强云接入点的速度和安全性，2015 年，国防官员已经优先获得云接入点的启动和运行。

2016年4月，美国国防信息系统局（DISA）提出了“军事云2.0”（milCloud2.0）方案。为更好实施milCloud 1.0并逐步向milCloud 2.0演进，DISA制定了近期和远期计划。近期，将开发并交付云接入点，提供对云服务提供商的账务安全接入，同时，修订完善2016年3月刚刚发布的《国防部云计算安全需求指南》。远期，将交付milCloud 2.0，并将云接入点纳入安全云计算体系结构（SCCA）。

2016年5月，美国海军将在今年部署反舰战“战术云”。据美国海军官方透露，美国海军正在搭建进攻性反舰网络，可从卫星、飞机、舰艇、潜艇以及武器本身获得目标信息，形成致命的“杀伤网”，使己方部队远离敌方远程致命武器。这一计划将充分融合从天基到水下的信息，形成所谓的“战术云”，使己方飞机和舰艇获取大量目标信息后发射武器，对抗敌方水面目标。“全领域进攻性反舰战能力”将集中火力，充分利用全领域的能力，包括空射、舰射、潜射能力，并将所有信息融合在一起。管理人员将数据到云端，用户可随时获取并利用这些数据，进一步获取目标信息。这一概念是针对敌方不断构建的复杂传感器网络系统所做的直接响应。

2016年7月，美海军一体化战术云推动信息战发展。海军一体化战术云重点提升自动化数据分析能力，使原有分析人员不再被如何分析海量数据困扰，专心分析数据。海军一体化战术云可用于指控扁平化，构建一体化的信息战作战能力。“三叉戟勇士”演习中，“卡尔文森”号航母上的工程师对这套系统进行了测试，达到了所有目标，包括提高不同C4I系统间的信息共享能力。具体测试任务包括将气象、海洋数据整合到ISR中；整合指控；预测分析、预警、共享信息等。海军一体化战术云项目将把信息结构从“烟囱式”转为“企业服务式”。

1.9 本章小结

本章阐述了网络与信息安全的内涵和外延，研究分析了网络与信息安全在当前形势下在国家安全中的战略地位、网络与信息安全面临的挑战，指出了当前我国网络与信息安全防护存在的问题及网络与信息安全研究的重要价值，最后分析了当前及今后网络与信息安全发展的主要趋势及重点、难点问题等。

参考文献

[1] 魏薇. 电信网络安全等级保护的研究[J]. 电信网技术, 2007, (9): 21-25.

[2] 谭旭辉. 大数据时代开展价格行政执法的几点思考[J]. 中国价格监管与反垄断, 2014, (1): 60-61.
[3] 徐黎明, 吴亚娟. 网络安全现状分析[J]. 信息与电脑, 2015, (9).
[4] 李燕. 浅谈自组织无线网络技术[J]. 甘肃科技, 2005, (10): 75-76.
[5] 王强. 论信息安全在国家安全中的战略地位[D]. 济南: 山东师范大学, 2006.
[6] 张静. 国家安全中的信息安全研究[D]. 成都: 电子科技大学, 2005.
[7] 习近平. 在网络安全和信息化工作座谈会上的讲话[Z]. 2016.
[8] 方清涛. 中国信息安全面临的挑战及原因分析[J]. 河北经贸大学学报, 2009, (6): 39-43.
[9] 李荫榕, 陈玉霞, 董嵩斌. 关于网络时代民族文化保护的思考[J]. 学术交流, 1999, (4).
[10] 俞晓秋. 对信息技术与国家安全若干问题的思考[J]. 现代国际关系, 2001, (3).
[11] 汪志强, 王梅枝. 新媒体对中国共产党执政的挑战与对策[J]. 湖北行政学院学报, 2009, (6): 14-19.
[12] 周楠. 我国社会主义价值观的发展轨迹[J]. 邢台学院学报, 2013, (2): 26-28.
[13] 周尔嘉, 黄一宇. 赛博空间对当代社会的影响[J]. 军民两用技术与产品, 2012, (9): 14-16.
[14] 房斌. 国际关系中的“数字鸿沟”问题评析[D]. 济南: 山东师范大学, 2008.
[15] 刘昕, 姚军伟. 指挥信息系统标准化动因及措施[J]. 四川兵工学报, 2008, 29: 106-107.
[16] 尚小溥, 张润彤. 信息安全: 意义、挑战与策略[J]. 南京政治学院学报, 2010, (1): 42-45.
[17] 冯登国. 国内外信息安全科学技术最新进展[J]. 电子政务, 2010, (7): 27-33.
[18] 信息安全行业研究报告(2015 年)[R]. 2015.
[19] 汪磊. 网络战伦理探析[D]. 长沙：国防科学技术大学, 2009.
[20] 国外网络空间安全发展年度报告[R]. 2017.
[21] 刘同利. 关于沿海开发区土地成片开发问题[J]. 经济问题, 1990, (12): 19-20.
[22] 甘志华, 欣妍妍. 大数据时代面临的挑战与应对策略简[J]. 吉林工程技术师范学院学报, 2015, 31(11): 6-8.

第2章

信息系统等级保护的意义及发展

2.1 信息安全等级保护概述

2.1.1 信息安全等级保护的概念

信息安全等级保护是指对国家秘密信息、法人和其他组织及公民的专有信息以及公开信息和存储、传输、处理这些信息的信息系统分等级实行安全保护[1]，对信息系统中使用的信息安全产品实行按等级管理，对信息系统中发生的信息安全事件分等级响应、处置[1]。

信息系统：由计算机硬件设备（包括服务器设备、客户端设备、打印机及存储器等外围设备）、计算机网络硬件设备（包括交换机、路由器、各种适配器以及通信线路等）、安装于这些硬件设备上的软件、所提供的服务以及相关的人员构成。

定级对象：指需要定级的信息系统，如果信息系统只承载一项业务，可以直接为该信息系统确定等级，不必划分业务子系统；如果信息系统承载多项业务，应根据各项业务的性质和特点，将信息系统分成若干业务子系统，分别为各业务子系统确定安全保护等级，信息系统的安全保护等级由各业务子系统的最高等级决定。信息系统是进行等级确定和等级保护管理的最终对象[2]。

业务子系统：按照信息系统所承载的业务，对信息系统进行划分所形成的子系统。业务子系统是信息系统中可以为定级要素赋值的最小单元[3]，业务子系统应具有信息系统的全部特点，应该是由计算机硬件、计算机网络硬件以及安装于这些硬件上的软件、提供的服务以及相关人员构成的一个有形实体，并且承载确定的业务。

业务信息（Business Information）：为完成业务工作而通过信息系统进行采集、加工、存储、传输、检索和使用的各种信息。

业务信息安全性（Security of Business Information）：保证业务信息机密性、完整性和可用性程度的表征。

业务服务保证性（Assurance of Business Service）：保证信息系统完成业务使命程度的表征。业务使命可能因信息系统无法提供服务或无法提供有效服务而不能完成或不能按照要求的目标完成。

CIA 特性：系统信息的机密性（Confidentiality）、完整性（Integrity）和可用性（Availability）的简称。

Wiki：是指一种网上共同协作的超文本系统，可由多人共同对网站内容进行维护和更新。

2.1.2　传统的安全保障体系与等级保护安全体系的区别

在传统的安全保障体系设计中，重点强调安全保障的深度及安全保障过程的完整[4]，而没有考虑到保护对象对安全措施的差异性需求，重要信息系统和一般信息系统在安全保障上一般无法区别实现。随着信息安全的建设发展、安全需求的不断变化和深入，保护对象的差异性安全需求日益突出。因此，将保护对象的重要程度纳入安全保障体系设计，通过定义信息系统的安全等级和相应安全措施的等级，构建等级化安全体系，成为完善信息安全保障体系设计的一种有效方法[4]。

信息系统的安全保护等级是信息系统的客观属性，不以已采取或将采取什么安全保护措施为依据，也不以风险评估为依据，而是以信息系统及其相关服务遭到破坏后对国家安全、社会秩序、公共利益以及运营商权益的危害程度为依据，确定信息系统的安全等级。

2.2　信息系统等级化安全管理的重要意义

等级保护是国家信息安全保障体系中一项基础性、制度性工作，等级化安全体系的建立和完善是一项长期的、艰巨的工作。长期以来，人们对于信息安全大多采用一刀切的方式，等级化安全体系几乎还是一片空白，其中的新思想、新概念、新原理等基础性研究和应用研究还比较薄弱。因此，着手展开对信息系统安全等级保护的探索研究显得十分迫切和必要。实行信息系统安全等级化保护的目的和意义如下。

① 有利于建立长效机制，保证信息安全保护工作稳固、持久地进行下去[5]。

② 有利于在信息化建设过程中同步建设信息安全设施，保障信息安全与信息化建设相协调[6]。

③ 有利于突出重点，加强对涉及信息安全、关键任务的基础信息网络和重要信息系统的安全保护和管理监督[7]。

④ 有利于明确信息系统、单位、个人的安全责任，强化相关部门监管职能，共同落实各项安全建设和安全管理措施。

⑤ 有利于提高安全保护的科学性、针对性，推动网络安全服务机制的建立和完善[7]。

⑥ 有利于采取系统、规范、经济有效、科学的管理和技术保障措施，提高信息系统整体安全保护水平[8]；等级化使得管理者关注的安全问题通过安全情况等级化、决策指令等级化有效解决；通过等级保护有可能实现宏观层面的管理。

⑦ 有利于保障信息系统安全正常运行，保障传输信息的安全，进而保障各单位的职能与业务安全、高速、高效地运转。

2.3 信息安全等级化保护思想的起源及发展

信息安全主要经历了信息保密、信息保护和信息保障 3 个发展阶段。信息保密是人们最早认识到的安全需求，20 世纪 80 年代以前，人们对信息安全的认识仅停留在信息保密性的层次上；20 世纪 80 年代至 90 年代，计算机网络的发展，使得计算机系统成为信息安全的主要保护对象，因此根据新的需求提出了保密性以外的另外两个安全属性——完整性和可用性，并把信息安全共识为保密性、完整性和可用性。20 世纪 90 年代以后，随着 Internet 的全球化发展和应用，如何确定人们的身份和责任成为网络应用中必须考虑的新问题，为此提出了新的安全属性——可认证性（Authenticity）、不可否认性（Non-repudiation）和可追究性（Accountability）。此时，单纯的被动保护已经不能适应网络发展的安全需要，因此又延伸出了信息保障的概念，并在保护（Protect）、检测（Detect）、响应（React）和恢复（Restore）4 个环节的基础上提出了纵深防御的思想。等级保护的概念同时在 20 世纪 90 年代提出，但当时因为等级保护的概念和安全要求复杂，技术门槛高，难以应用实施。近年来，由于网络应用的高速发展以及随之带来的众多信息安全问题的困扰，世界各国逐步从国家层面的高度，加强了等级保护安全体系的研究实施力度。

2.3.1　等级思想的起源

等级保护原本是美军的文件保密制度，即著名的多级安全（Multilevel Security，MLS）体系：人员授权和文件都分为绝密、机密、秘密和公开 4 个从高到低的安全等级，低安全等级的操作人员不应获取高安全等级的文件[9]。

20 世纪 60 年代，正在大力进行信息化的美军发现，使用计算机系统无法实现这一真实世界中的体系，当不同安全等级的数据存放于同一个计算机系统中时，低密级的人员总能找到办法获取高密级的文件。这个问题是计算机系统的分时性（Time-Sharing）带来的：从计算方面看，使用多道程序（Multiprogramming）意味着多个作业同时驻留在计算机的主存中；从存储方面看，各个用户的数据都存储在同一个计算机中，因此一个用户的作业有可能会读取另一个用户的信息[9]。

1970 年，兰德公司 Ware 指出，要把真实世界的等级保护体系映射到计算机中，在计算机系统中建立等级保护体系，必须重新设计现有的计算机系统。

1973 年，数学家 D. E. Bell 和 L. J. LaPadula 提出第一个形式化的安全模型——Bell-LaPadula 模型（简称 BLP 模型），从数学上证明在计算机中实现等级保护是可行的。BLP 模型用一系列数学定理证明，满足以下 3 条规则的计算机系统可以具备多级安全保护能力[9]。

① 基本安全规则：操作人员可以读文件的充分必要条件是其等级不低于文件的等级。

② *-规则：操作人员可以修改文件的充分必要条件是其等级不高于文件的等级。

③ 自主安全规则：操作人员可以读或修改文件的充分必要条件是他得到了授权，可以读或修改该文件。

其中，基本安全规则是文件保密体系的翻版，*-规则是计算机特有的规则，是计算机系统要拥有多级安全支持能力必须具备的规则。规则①和规则②被合称为强制访问控制规则。规则③是一般计算机系统都支持的访问控制规则，优先级相对较低，对于规则③允许进行的操作，如果它违反了规则①和规则②，系统将会拒绝进行这种操作。

基于 BLP 模型，Honeywell 公司开发出了第一个完全符合 BLP 模型的安全信息系统——SCOMP。实践证明该系统可以建立起符合等级保护要求的工作环境。

2.3.2 橘皮书和通用准则

很快，美国政府于1983年发布了《可信计算机系统评估准则》（TCSEC，即著名的橘皮书）。TCSEC分为7个测评等级，从低到高分别是D、C1、C2、B1、B2、B3和A1。随着安全等级的升高，系统要提供更多的安全功能点，每个高等级的需求都是建立在低等级的需求基础上，如图2-1所示。

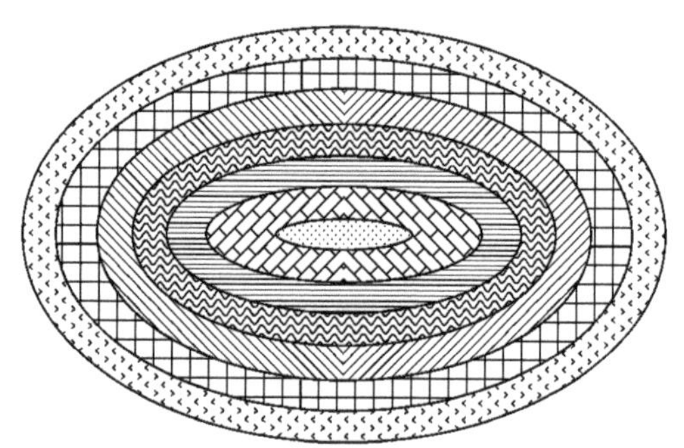

D：最小保护级
C1：自主安全保护级
C2：受控访问保护级
B1：标记安全保护级
B2：结构化保护级
B3：安全域保护级
A1：验证设计保护级

图2-1 TCSEC的等级划分示意

第一个通过A1级测评的信息系统是SCOMP，此后有数十个信息系统通过测评，如曾在中国销售的HP VVOS。通过这些系统的开发，访问控制、身份鉴别、安全审计、可信路径、可信恢复和客体重用等安全机制的研究取得了巨大进展，结构化、层次化及信息隐藏等先进的软件工程设计理念也得到极大的推动，今天所使用的Windows、Linux、Oracle与DB2等软件都从中受益。但这些系统普遍没能在市场上大行其道，主要原因有以下几个方面[9]。

① 美国对信息安全产品出口的限制影响了产品的市场拓展。

② 这些系统为了达到高安全目标，不得不在性能、兼容性和易用性等方面做牺牲。

③ TCSEC自身不完备：TCSEC问世于1983年，当时网络时代已经曙光初现，但TCSEC仍然从主机时代的需求出发，没有针对网络安全提出明确要求。

尽管美国此后又推出了包括TCSEC面向可信网络的解释（TNI）等30多个解释性文件，但仍不能很好地测评网络应用安全软件。此外，该标准偏重于测评安全功能，不重视安全保证。

由于按照TCSEC测评的产品难以适应市场需求，所以TCSEC逐步退出历史舞台。随着TCSEC缺点的日益暴露，1991年，英、德、法、荷4国抛弃了TCSEC，制定了《信息技术安全评定标准》（ITSEC）。1996年，NSA宣布不再用TCSEC测评系统。随后，美国和加拿大与欧共体国家一起制定了1999年通过ISO认可的《通用准则》（ISO/IEC15408，即CC标准）。CC问世后完全取代了TCSEC和ITSEC等标准，成为信息技术安全评估领域唯一的国际标准[9]。

CC标准包括两个部分：一部分继承TCSEC，定义信息技术产品的安全功能需求；另一部分继承ITSEC，定义信息安全产品的安全保证需求。安全保证需求就是告诉用户信息系统在多大程度上达到了其声称具有的安全保护能力。CC标准根据安全保证要求的不同，建立了从功能性测试到形式化验证设计和测试的7级评估体系[9]。

从等级保护的思想上说，CC比TCSEC更认同实现安全的渠道多样性，从而扩充了测评的范围。TCSEC对信息安全保障的思路一刀切，对各类信息系统规定统一的安全要求，认为必须具备若干功能点的系统才算某个等级的可信系统。而CC则承认各类信息系统有灵活多样的信息安全解决方案，安全产品无需具有很多的功能点，而只需证明自己确实能够提供某种功能。

2.3.3　等级保护架构的发展

随着信息安全的技术和管理都发展到信息保障阶段，人们认识到，构建信息安全保障体系必须从安全的各个方面进行综合考虑，只有将技术、管理、策略和工程过程等方面紧密结合，安全保障体系才能真正成为指导安全方案设计和建设的有力依据。安全架构IATF就是在这种背景下诞生的[9]。

2002年问世的IATF 3.1是IATF的最新版本，其最早的前身是1998年NSA推出的NSF 1.0。IATF为保护美国政府和工业界的信息与信息技术设施提供技术指南，它从整体和过程的角度看待信息安全问题，强调人、技术与操作3个核心原则，提出信息保障依赖于人、技术和操作来共同实现组织职能/业务运作的思想，其核心理念是：人借助技术的支持，实施一系列的操作过程，最终实现信息保障目标[9]。

IATF架构与信息安全等级保护在思想深处是相通的，都强调信息价值和安全管理成本的平衡，因此它所建立的安全原则，如全面保护（保护多个位置）和分层防护（纵深防御）等都已被纳入中国的等级保护体系架构中。

2.3.4　等级保护体系的新综合

在用户的安全需求和安全技术、管理安全及架构安全各方面进步的推动下，等级保护思想不断丰富和完善，等级保护体系迎来了一个新的综合时代。

2003年12月，美国通过了《联邦信息和信息系统安全分类标准》(FIPS199)，描述了如何确定一个信息系统的安全类别。所谓安全类别，是指一个等级保护概念，其定义建立在事件的发生对机构产生潜在影响的基础上，具体以安全性的CIA三大目标来表现。其确定系统级别的依据是系统所处理、传输和存储的信息的重要性，包含低、中、高3个影响等级[9]。

为配合FIPS 199的实施，NIST分别于2004年6月推出了SP800-60第一、第二部分《将信息和信息系统映射到安全类别的指南》及其附件，详细介绍了联邦信息系统中可能运行的所有信息类型，针对每一种信息类型，介绍了如何去选择其影响级别，并给出了推荐采用的级别。

信息系统的保护等级确定后，有一整套的标准和指南规定如何为其选择相应的安全措施。NIST的SP800-53《联邦信息系统推荐安全控制》为不同级别的系统推荐了不同强度的安全控制集（包括管理、技术和运行类）[10]。800-53还提出了3类安全控制：管理、技术和运行。800-53汇集了美国各方面的控制措施的要求，包括FISCAM（联邦信息系统控制审计手册）、SP800-26（信息技术系统安全自评估指南）和ISO17799（信息系统安全管理实践准则）等。无论从思想上、架构上还是行文上，800-53等标准都对GB/T22239等标准有直接的影响[9]。

2.4 美国的信息安全等级化发展历程

作为一直走在信息安全研究前列的大国，美国在计算机信息系统安全方面，突出体现了系统分类分级实施保护的发展思路，并制定了有关的技术标准、指南[11]，对国家一些重要的信息系统实现了安全分级、采用不同管理的工作模式。早在1970年，由美国国防科学委员会提出了TCSEC标准，它是计算机系统安全评估的第一个正式标准，具有划时代的意义。该准则于1985年12月由美国国防部公布。

2.4.1 美国信息系统分级的思路

从目前的资料上看，美国在计算机信息系统的分级存在多样性，但基本的思路是一致的，只不过分级的方法不同而已，已在不同分级方法中出现的作为划分信息系统安全等级的因素[12]主要包括以下内容。

① 资产（包括有形资产和无形资产）：使用资产等级作为判断系统等级重要因素的文件，如FIPS199、IATF、DITSCAP、NIST800-37等。

② 威胁：使用威胁等级作为判断系统等级重要因素的文件，如IATF等。

③ 破坏后对国家、社会公共利益和单位或个人的影响：使用影响等级作为判断系统等级重要因素的文件，如 FIPS199，IATF 等。

④ 单位业务对信息系统的依赖程度（DITSCAP）。

根据对上述因素的不同合成方式，分别可以确定如下。

① 系统强健度等级（IATF）：由信息影响与威胁等级决定。

② 系统认证级（DITSCAP）：由接口模式、处理模式、业务依赖、三性、不可否认性等 7 个方面取权值决定。

③ 系统影响等级（FIPS199）：根据信息三性的影响确定。

④ 安全认证级（NIST800-37）：根据系统暴露程度与保密等级确定。

由于不同的信息系统所隶属的机构不同，美国两大类主要信息系统（联邦政府机构的信息系统及国防部信息系统）所参照的分级标准不尽相同，即所有联邦政府机构按照美国国家标准与技术研究所（NIST）有关标准和指南的分级方法和技术指标；而国防部考虑到本身信息系统及所处理信息的特殊性，则是按照 DoD 8500.2 的技术方法进行系统分级[13]。下面重点介绍美国联邦政府和国防部的有关标准和指南性文件。

美国联邦信息处理标准（FIPS）是 NIST 制定的一类安全出版物，多为强制性标准。FIPS 199《联邦信息和信息系统安全分类标准》（2003 年 12 月最终版）描述了如何确定一个信息系统的安全类别。确定系统级别的落脚点在于系统中所处理、传输、存储的所有信息类型的重要性。

信息和信息系统的安全类别是 FIPS 199 中提出的一种系统级别概念 [14]。

该定义是建立在某些事件的发生会对机构产生潜在影响的基础上。具体以信息和信息系统的 3 类安全目标（保密性、完整性和可用性）来表现，即丧失了保密性、完整性或可用性，对机构运行、机构资产和个人产生的影响。FIPS 199 定义了 3 种影响级：低、中、高[13]。

FIPS 199 按照确定信息类型—确定信息的安全类别—确定系统的安全类别 3 个步骤进行系统最终的定级。

首先，确定系统内的所有信息类型。FIPS 199 指出，一个信息系统内可能包含不止一种类型的信息（例如隐私信息、合同商敏感信息、专属信息、系统安全信息等）[14]。

其次，根据 3 类安全目标，确定不同信息类型的潜在影响级别（低、中、高）。

最后，整合系统内所有信息类型的潜在影响级，按照取高原则，即选择较高影响级别作为系统的影响级（低、中、高）。最终，系统安全类别（SC）的通用表达式为[14] SC 需求系统＝{（保密性，影响级），（完整性，影响级），（可用性，影响级）}

为配合 FIPS 199 的实施，NIST 分别于 2004 年 6 月推出了 SP 800-60 第一、

二部分和《将信息和信息系统映射到安全类别的指南》及其附件。其中详细地介绍了联邦信息系统中可能运行的所有信息类型，并针对每一种信息类型，介绍了如何去选择其影响级别，并给出了推荐采用的级别。这样，系统在确定等级的第一步——确认信息类型，并确定其影响级别时，有了很好的参考意见。

美国国防部对信息系统的分级与联邦政府有所不同，主要把信息系统的信息分类为业务保障类和保密类，同时对这两类进行了分级的要求，该分级要求发布在 2003 年 2 月的信息保障实施指导书（8500.2）中。

总的来讲，8500.2 也采用了三性（完整性、可用性和保密性）对国防部的信息系统进行级别划分。需要特别提出的是，考虑到完整性和可用性在很多时候是相互联系的，无法完全分出，故在 8500.2 中将二者合为一体，提出一个新概念——业务保障类。同时考虑到国防部信息系统所处理信息的特殊性，故其分级依据为系统其对业务保障类的要求及所处理信息的保密程度，分别分为 3 个等级[13]。

保密类级别根据系统处理信息的保密类型（机密类、敏感类和公开类）来确定级别（高、中、基本）。业务保障级别和保密级别是相互独立的，也就是说业务保障类 I 可以处理公共信息，而业务保障类III可以处理机密信息。不同级别的业务保障类和保密类相互组合，形成 9 种组合，体现不同系统的等级要求[14]。

综上所述，无论是联邦政府还是国防部，在考虑系统分级因素时，都给予了信息系统所处理、传输和存储的信息很大的权重。NIST 的系统影响级是完全建立在信息影响级基础上；而国防部考虑到其所处理信息的密级，故将信息的保密性单独作为一项指标。可见，系统所处理信息的重要性可作为我们划分等级时的重要依据[14]。

2.4.2 安全措施的选择

信息系统的保护等级确定后，有一整套的标准和指南规定如何为其选择相应的安全措施。

NIST 的 SP 800-53《联邦信息系统推荐安全控制》为不同级别的系统推荐了不同强度的安全控制集（包括管理、技术和运行类）。为帮助机构对它们的信息系统选择合适的安全控制集，该指南提出了基线这一概念。基线安全控制是基于 FIPS 199 中的系统安全分类方法的最小安全控制集。针对 3 类系统影响级，800-53 列出 3 套基线安全控制集（基本、中、高），分别对应于系统的影响等级[13]。

800-53 中提出了 3 类安全控制：管理、技术和运行。每类又分若干个族（共 18 个），每个族又由不同的安全控制组成（共 390 个）。集合了美国各方面的控制措施的要求，来源[14]包括以下几个方面。

① FISCAM：联邦信息系统控制审计手册。

② DOD 8500：信息保障实施指导书。

③ SP 800-26：信息技术系统安全自评估指南。

④ CMS：公共健康和服务部，医疗保障和公共医疗补助，核心安全需求。

⑤ DCID 6/3：保护信息系统的敏感隔离信息。

⑥ ISO 17799：信息系统安全管理实践准则。

来源的广泛性，体现了安全控制措施的适用性和恰当性。需要指出的是，800-53 只是作为选择最小安全控制的临时性指南，NIST 将于 2005 年 12 月推出 FIPS 200《联邦信息系统最小安全控制》标准，以进一步完善信息系统的安全控制[12]。

区别于 SP 800-53 中类的概念，国防部 8500.2 提出了域的概念，8 个主题域分别为：安全设计与配置、标识与鉴别、飞地与计算环境、飞地边界防御、物理和环境、人员、连续性、脆弱性和事件管理。每个主题域包含若干个安全控制。对应系统的业务保障类级别和保密类级别，安全控制也分为业务保障类安全控制Ⅰ、Ⅱ、Ⅲ级和保密类安全控制 3 级。机构可根据自身对业务保障类和保密类安全要求，选择相应的安全控制[13]。

由以上介绍可以看出，美国在推行系统分级实施不同安全措施方面，虽然只是近几年才开展，但已经积累了一些成熟的经验，并形成了一套完整的体系[12]。

尤其是联邦政府的信息系统，根据 2002 年《联邦信息安全管理法案》（FISMA）（公共法律 107-347），赋予了 NIST 以法定责任开发一系列的标准和指南。因此，从系统信息类型定义，到如何确定影响级，到安全控制的选择，直至最终的系统安全验证和授权，NIST 都给出了配套的指南或标准来支持。这些都为我国推行等级保护铺垫了良好的基础，提供了有效的经验[13]。

2.5　我国信息安全等级化发展历程

国家高度重视信息安全保护工作。经党中央和国务院批准，国家信息化领导小组决定加强信息安全保障工作，实行信息安全等级保护，重点保护基础信息网络和重要信息系统安全，要抓紧安全等级保护制度建设。这一重大决定，明确落实了《中华人民共和国计算机信息系统安全保护条例》中关于实行信息安全等级保护制度的有关规定，提出了从整体上根本上解决国家信息安全问题的办法，进一步确定了信息安全发展主线、中心任务，提出了总要求。对信息系统实行等级保护是国家法定制度和基本国策，是开展信息安全保护工作的有效方法及信息安全保护工作的发展方向[15]，主要分为 4 个阶段[16,17]。

1. 前期储备阶段

我国于20世纪80年代末开始研究信息系统安全防护问题，早在1984年就开始研究国外等级保护的相关工作。

1994年国务院颁布《中华人民共和国计算机信息系统安全保护条例》，规定计算机信息系统实行安全等级保护。这一重大决定，明确了关于实行信息安全等级保护制度的有关规定，提出从整体上、根本上解决国家信息安全问题的办法。1994年的《中华人民共和国计算机信息系统安全保护条例》（国务院147号令）被视为中国实施等级保护的法律基础。

1999年，国家标准GB17859-1999《计算机信息系统安全保护等级划分准则》颁布[2]，提出从整体上、根本上、基础上来解决等级保护问题，对计算机信息系统安全保护能力划分为5个等级：用户自主保护级、系统审计保护级、安全标记保护级、结构化保护级和访问验证保护级，计算机信息系统安全保护能力随着等级的增高逐渐增强[18]。1999年发布的强制性国标《计算机信息系统安全保护等级划分准则》（GB17859）是我国等级保护的技术基础和依据。GB17859标准参照TCSEC，取消了D级和A1级，保留5个定级，保留TCSEC的全部安全功能点，并增加了少量有关数据完整性和网络信息传输的要求。像TCSEC一样，GB17859用于对计算机信息系统安全保护技术能力等级的划分，安全保护能力随着安全保护等级的增高逐渐增强，构成金字塔结构，低等级要求是高等级要求的真子集[9]。

国内的主要测评机构都没有用GB17859做产品等级测评依据，直接用于测评信息系统的是由它衍生的一系列标准，如《信息安全技术网络基础安全技术要求》（GB/T20270）、《信息安全技术信息系统通用安全技术要求》（GB/T20271）、《信息安全技术操作系统安全技术要求》（GB/T20272）以及《信息安全技术数据库管理系统安全技术要求》（GB/T20273-2006）等[9]。

在GB17859的唯一强制性国标地位确定之后，我国也引入了ISO/IEC 15408，即《信息技术安全性评估准则》（GB/T18336）。已经有一些测评中心使用该标准测评信息系统。此外，一批参照国外安全管理标准制定的标准也相继出台，如《信息安全技术信息系统安全管理要求》（GB/T20269）《信息安全技术信息系统安全工程管理要求》（GB/T20282）等[9]。

1999年年底，公安部与信息产业部、国家安全部、国家保密局、国家密码管理委员会等相关部门起草了《计算机信息系统安全保护等级制度建设纲要》，初步确立了安全保护等级制度的主要适用范围、建设目标、建设原则、建设任务、实施步骤及措施等主要问题[19]。

2000年11月10日，国家发展计划委员会正式向公安部印发批复，同意将计算机信息系统安全保护等级评估认证体系建设项目列入2000年国家高技术产业发展项目计划。建设内容包括在北京和上海分别建立信息产品安全保护等级检测中心和计算机信息系统安全保护等级评估中心等。目标是初步建立我国计算机信息系统安全等级保护监督管理系统[20]，为实施《计算机信息系统安全保护等级划分准则》提供基本条件。2003 年，中共中央办公厅、国务院办公厅转发了《国务院信息化领导小组关于加强信息安全保障的意见》（中办发[2003]27 号），再次强调对信息安全进行等级保护，提出“要重点保护基础信息网络和关系国家安全、经济命脉、社会稳定等方面的重要信息系统，抓紧建立信息安全等级保护制度，制定信息安全等级保护的管理办法和技术指南”[21]。

2. 预备阶段

2004 年公安部联合国家保密局、国家密码管理局、国家保密委员会和国务院信息化工作办公室发布《关于信息安全等级保护工作的实施意见》（公通字[2004]66 号），对信息安全等级保护的基本制度框架进行了规划。2005 年底，公安部和国务院信息化工作办公室联合印发了《关于开展信息系统安全等级保护基础调查工作的通知》（公信安[2005]1431 号）[22]。2006 年上半年，公安部会同国信办在全国范围内开展了信息系统安全等级保护基础调查。通过基础调查，基本摸清和掌握了全国信息系统特别是重要信息系统的基本情况，为制定信息安全等级保护政策奠定了坚实的基础。

2006 年 6 月，公安部、国家保密局、国家密码管理局、国务院信息办联合下发了《关于开展信息安全等级保护试点工作的通知》（公信安[2006]573 号）。在 13 个省区市和 3 个部委联合开展了信息安全等级保护试点工作。通过试点，完善了开展等级保护工作的模式和思路，检验和完善了开展等级保护工作的方法、思路、规范标准，探索了开展等级保护工作领导、组织、协调的模式和办法，为全面开展等级保护工作奠定了坚实的基础[23]。

3. 等级保护工作全面实施阶段

2007 年 6 月，公安部、国家保密局、国家密码管理局和国务院信息化工作办公室联合下发了《信息安全等级保护管理办法》（公通字[2007]43 号），对信息安全等级的划分与保护、等级保护的实施与管理、法律责任进行了规定。同年 7 月，下发《关于开展全国重要信息系统安全等级保护定级工作的通知》（公信安[2007]861 号）对重要信息系统安全等级保护定级工作提出要求，召开全国重要信息系统定级电视电话会议，部署在全国范围内开展重要信息系统安全等级保护定级工作。随着 43 号文件的发布，中国信息安全等级保护建设进入一个新阶段。作为一个标志性的国标，《信息安全技术信息系统安全等级保护基本要求》（GB/T22239-2008）的发布为信息等级测评提供了具体的等级测评标尺，成为等级保护的一个路标。该标准以信息安全的 5 个属性为基本内容，从实现信息安全的 5 个层面，按照信息安全 5 个等级的不同要求，分别对安全信息系统的构建过程、测评过程和运行过程进行控制和管理，实现对不同信息类别按不同要求进行分等级安全保护的总体目标。对于信息系统的生产和运营厂商来说，这个标准指出了信息系统要达到其应当具有的安全保护能力必须加强的要点，对于安全主管单位来说，这个标准给出了测评的检查清单。从 GB/T22239 中也可以看到关于 GB17859 的影响：GB/T22239 对网络、主机和应用层的技术要求大体上采取了 GB17859 的说法（GB17859 中的“客体重用”在 GB22239 中被称为“剩余信息保护”）。从对应关系上看，GB/T22239 的第一、二、三、四级分别对应 GB17859 的第一、二、三、四级[23]。

GB/T22239 结构清晰，要点清楚，可操作性强为标准的实施打下了良好的基础。该标准表明：我国的等级保护思想已经从信息产品的安全性和可信度测评转向信息系统的安全保护能力测评[23]，这是一个包含物理环境、安全技术、安全管理和人员安全等各个方面的全面、综合、动态的测评。

与 GB/T22239 配套的国标还有《信息系统安全保护等级定级指南》(GB22240)、《信息系统等级保护安全设计技术要求》(GB/T25070) 等，以及已经报批的《信息系统安全等级保护实施指南》和《信息系统安全等级保护测评要求》等。经过多年的建设，现在的等级保护体系已蔚然大观。

4. 等级保护工作深化推进阶段

2010 年 4 月，公安部出台了《关于推动信息安全等级保护测评体系建设和开展等级测评工作的通知》，提出等级保护工作的阶段性目标。2010 年 12 月，公安部和国务院国有资产监督管理委员会联合出台了《关于进一步推进中央企业信息安全等级保护工作的通知》，要求中央企业贯彻执行等级保护工作。

目前，根据国家信息化领导小组的统一部署和安排，我国将在全国范围内全面开展信息安全等级保护工作，相关主管部门也相继推出了许多政策与措施。2004 年 11 月四部委联合签署《关于信息安全等级保护工作的实施意见》（公通字[2004]66 号），2005 年公安部标准《信息系统安全等级保护基本要求》《信息系统安全等级保护定级指南》《信息系统安全等级保护实施指南》《信息系统安全等级保护测评准则》等相继颁布，2006 年 1 月四部委会签《关于印发信息安全等级保护管理办法的通知》等，这些政策的相继出台为国内各单位实施信息安全等级保护工作提供了指导与要求。

我国实行等级保护制度主要基于以下方面考虑。

一方面是国家的要求。我国现在总体安全形势比较严峻，引发信息安全问题的因素有诸多方面。如信息安全保护工作组织管理制度不够健全，安全责任制落实不到位，专业人才比较缺乏，总体技术比较落后，导致管理不规范、安全管理与技术规范不统一、配套体系不完善等，尤其是核心技术严重依赖于外部进口等，因此导致国家对信息安全状况很难有效把握。

另一方面，信息系统管理者、建设者、使用者也面临许多安全问题，例如，如何搞好信息系统安全建设和管理，信息系统安全究竟存在什么问题、如何改进、需要多少投资等；科研和业务单位应开发生产什么样的安全产品，信息安全职能部门如何进行有效监督、检查评估、服务指导等；信息安全专家对安全产品审查如何给定评审结果意见。对这些问题缺乏认识，不能给出有效的解决办法等，势必会影响到国家信息化建设、国家安全等。

为解决上述安全问题，国家颁布了 27 号文件，明确规定我国信息安全的战略目标是建设国家信息安全保障体系，计划用 5 年的时间完成。总体战略方针是积极防御和综合防范，其中比较重要的一项是等级保护制度；颁布的 66 号文件将等级保护制度确认为国家信息安全的基本制度，安全工作的根本方法。

等级保护理论的技术演进过程如图 2-2 所示。

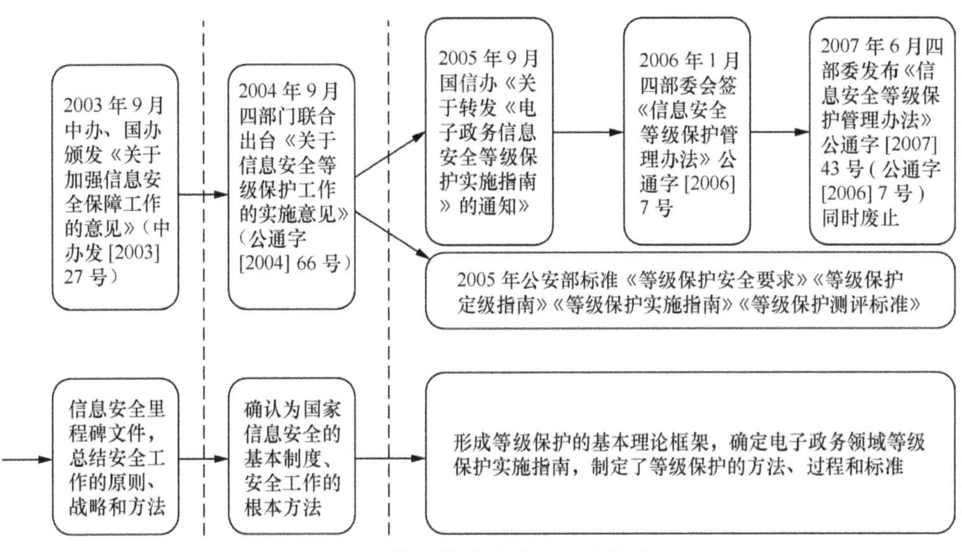

图 2-2　等级保护理论的技术演进

信息安全等级保护是指对国家秘密信息、法人和其他组织及公民的专有信息以及公开信息和存储、传输、处理这些信息的信息系统分等级实行安全保护，对信息系统中使用的信息安全产品实行按等级管理，对信息系统中发生的信息安全事件分等级响应、处置。

根据信息和信息系统在国家安全、经济建设、社会活动中的重要程度，遭到破坏后对国家安全、社会秩序、公共利益以及公民、法人和其他组织的合法权益的危害程度，针对信息的保密性、完整性、可用性要求及信息系统必须达到的基本的安全保护水平等因素，依据《计算机信息系统安全保护等级划分准则》（GB17859-1999）[1]，信息系统可以分为 5 个安全等级，国家对不同级别的信息系统实行不同强度的监管政策。

（1）第一级为自主保护级

主要对象为一般的信息系统，其业务信息安全性或业务服务保证性受到破坏后，会对公民、法人和其他组织的合法权益产生损害，但不损害国家安全、社会秩序和公共利益；本级系统依照国家管理规范和技术标准进行自主保护。

（2）第二级为指导保护级

主要对象为一般的信息系统，其业务信息安全性或业务服务保证性受到破坏后，会对社会秩序和公共利益造成轻微损害，但不损害国家安全；本级系统依照国家管理规范和技术标准进行自主保护[24]，必要时，信息安全监管职能部门对其进行指导。

（3）第三级为监督保护级

主要对象为涉及国家安全、社会秩序和公共利益的重要信息系统，其业务信息安全性或业务服务保证性受到破坏后，会对社会秩序和公共利益造成严重损害，或者对国家安全造成损害；本级系统依照国家管理规范和技术标准进行自主保护，信息安全监管职能部门对其进行监督、检查[24]。

（4）第四级为强制保护级

主要对象为涉及国家安全、社会秩序和公共利益的重要信息系统，其业务信息安全性或业务服务保证性受到破坏后，会对社会秩序和公共利益造成特别严重损害，或者对国家安全造成损害；本级系统依照国家管理规范和技术标准进行自主保护，信息安全监管职能部门对其进行强制监督、检查。

（5）第五级为专控保护级

主要对象为涉及国家安全、社会秩序和公共利益的重要信息系统的核心子系统，其业务信息安全性或业务服务保证性受到破坏后，会对国家安全、社会秩序和公共利益造成特别严重损害；本级系统依照国家管理规范和技术标准进行自主保护，国家指定专门部门、专门机构进行专门监督、检查。信息系统的类型千差万别、错综复杂，大型、复杂的信息系统通常由完成不同使命、承载不同业务、处理不同数据的多个信息系统构成，应根据信息系统的重要程度，分别确定每个信息系统的安全等级。大型、复杂的信息系统应该考虑是由不同安全等级的几个小型信息系统构成，从而达到对整个信息系统区分保护和重点保护的目的[24]。

2.6 本章小结

等级保护原本是军事领域的安全保密体系，为了在计算机世界中实现这一体系，研究人员苦心奋斗多年。随着网络时代的到来，等级保护有了新的内涵：从保护对象上，不再局限于军事领域的大型主机，而是所有对国计民生有重要影响的信息系统；从实施的安全策略上，不再局限于军事安全保密规则，而是用于各种安全保护策略；从测评角度看，不再限于个别信息安全产品的静态测评，而是考查网络系统在实际运行中表现出的综合保护能力，是涵盖了架构、功能、管理和配置等各方面检查的全面、综合、动态的测评。一句话，等级保护逐步从一种技术思想发展为今天贯穿了信息安全保障各个工作环节的一个过程和一种制度。等级保护标准是等级保护思想进化历史的快照。各个标准的兴衰历史表明，标准必须与时俱进，跟得上用户的需求，才能得到有关各方（政府、用户与厂商等）的积极响应，而只有得到积极响应的标准才能称得上有生命力的标准。今天中国的等级保护标准体系从单纯的安全功能点和安全保证技术转向检查系统运行的安全效果，抓住了用户真正的需求，它的前途不可限量[9]。

参 考 文 献

[1] 曹金璇, 黄淑华. 政务信息资源共享立法问题探究[J]. 中国人民公安大学学报: 自然科学版, 2008, (3): 43-46.

[2] 程斌. 中央企业财务系统信息安全等级保护建设整改方案[J]. 信息网络安全, 2012, (9).

[3] 曾坤江. 企业信息系统等级保护实践[J]. 铝加工, 2010, (1): 57-59.

[4] 李文生, 刘科全. 联想网御等级化安全体系管理支撑平台[J]. 计算机安全, 2006, (7): 3-4.

[5] 龚伟华. 信息安全等级保护建设实践[J]. 金融电子化, 2012, (5): 40-41.

[6] 宗岳洋. 基于等级保护的政府门户网站安全管理探讨[J]. 闽江学院学报, 2013, (6): 36-38.

[7] 陈晓桦. 信息安全等级保护与分级认证[C]// 第 20 次全国计算机安全学术交流会, 2005.

[8] 俞永正. 经济法视野下的信息安全法律问题研究[D]. 重庆: 西南政法大学, 2006.

[9] 朱继锋, 赵英杰, 杨贺, 等. 等级保护思想的演化[J]. 信息安全与通信保密, 2011, (4): 70-73.

[10] 张敏, 张五一, 韩桂芬, 等. 国内外工业控制系统信息安全标准研究[C]// 市场践行标准化——第 11 届中国标准化论坛论文集, 2014.

[11] 唐晓燕. 高密市社会保障及公共事务信息管理系统的设计与实现[D]. 济南: 山东大学, 2011.

[12] 胡程枫. SP800-53 实现安全分级[J]. 软件和信息服务, 2006, (13): 87-87.

[13] 辜碧容. 关于美国信息系统等级保护和信息产品策略的研究[J]. 福建电脑,

2011, (2): 1-3.

[14] 张俊兵. 对美国信息系统等级化保护的探讨[J]. 网络安全技术与应用, 2005, (6): 6-9.

[15] 杨建明, 万桂荣. 关注企业的信息安全问题[J]. 市场周刊: 财经论坛, 2004, (8): 66-67.

[16] 沈昌祥. 推进国家信息安全等级保护制度建设 保障信息安全促进民族产业发展[J]. 信息网络安全，2002, (2): 19-20.

[17] 沈昌祥. 推进国家信息安全等级保护制度建设 保障信息安全促进民族产业发展[J]. 网络安全技术与应用，2002, (9): 39-40.

[18] 王丽娜, 张东军. 医疗卫生行业信息安全等级保护的现状与对策[J]. 医疗卫生装备, 2013, (6): 87-88.

[19] 宋曦. 信息系统安全测评项目人力资源规划[D]. 北京: 北京邮电大学, 2012.

[20] 赵林. 我国计算机信息系统安全等级保护制度及有关政策（下）[J]. 网络安全技术与应用, 2002, (10): 49-52.

[21] 靖小伟, 于普漪, 冯梅, 等. 信息安全等级保护工作的研究[J]. 数字石油和化工, 2009, (8): 149-151.

[22] 吕欣. 我国信息网络安全现状与趋势（2006-2007）上[J]. 信息安全与通信保密, 2007, (2): 11-14.

[23] 郭启全. 国家信息安全等级保护工作的开展与实施[J]. 警察技术, 2007, (5): 9-12.

[24] 田庆宜. 信息安全等级保护量化模型研究及评估系统实现[D]. 重庆: 重庆大学, 2006.

第3章

信息安全等级保障体系

不同的安全保障体系具有不同的组织结构和组成部分，等级化的信息安全保障体系是什么样的结构，组织形态是什么？在本章中将阐述等级化的信息安全保障体系的总体框架及其组成和组织形式。

3.1 为什么要实行等级保护

信息系统与社会组织体系是具有对应关系的，而这些组织体系是分层次和级别的，因此各种信息系统是具有不同等级的重要性和社会、经济价值的。对信息系统的基础资源和信息资源的价值大小、用户访问权限的大小、大系统中各子系统的重要程度进行区别对待就是级别的客观要求。信息安全必须符合这些客观要求，这就需要对信息系统进行分级、分区域、分阶段进行保护，这是做好国家信息安全的必要条件[1]。

3.2 基本安全要求的结构

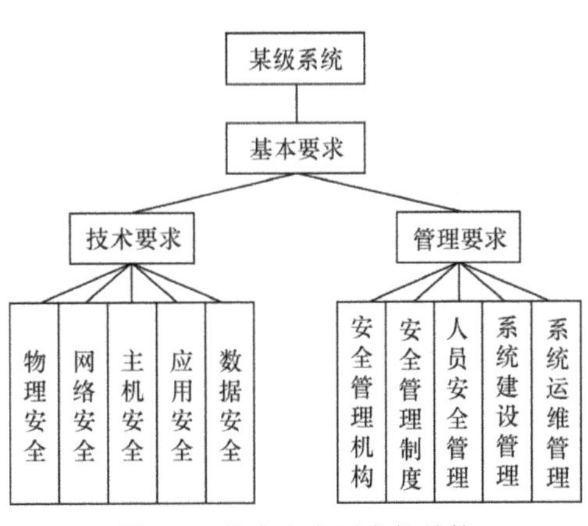

图 3-1 基本安全要求的结构

对系统进行定级后，需要通过努力达到相应等级的基本安全要求，在总体上分为技术要求和管理要求，技术上又分为物理安全、网络安全、主机安全、应用安全、数据安全[2]，在管理要求中又分为安全管理机构、安全管理制度等 5 项[3]，具体如图 3-1 所示。

3.3 等级化安全保障体系及其设计

安全保障体系的深度防御战略模型将防御体系分为保护对象框架和保护对策两部分组成[4]，其中保护对策框架包括策略体系、组织体系、技术体系和运作体系，保护对象框架包括计算环境、网络基础设施、区域边界和安全基础设施等几个部分。信息安全管理就是通过一系列的策略、制度和机制来协调这几部分的关系，明确技术实施和安全操作中相关人员的安全职责，从而达到安全风险的及时发现和有效控制，提高安全问题发生时反应速度和恢复能力，增强网络的整体安全保障能力[5]，总体结构如图 3-2 所示。

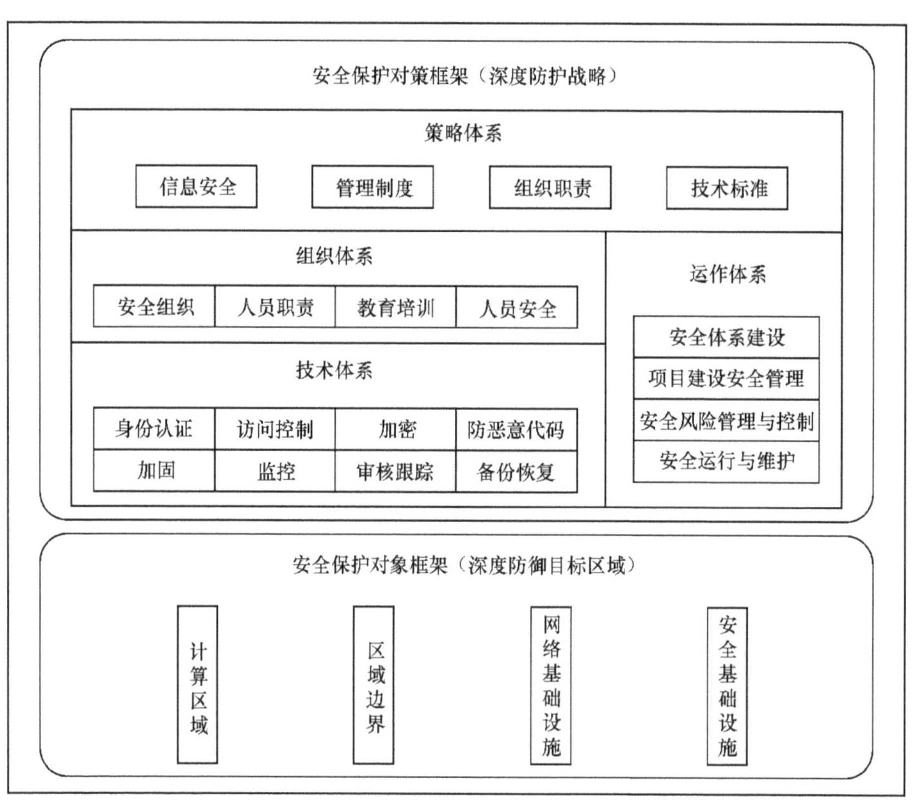

图 3-2　等级保护安全保障体系

3.3.1　安全保护对象框架

安全保护对象框架是安全保护对象，即信息系统的抽象模型，是深度防御的目标和对象，由计算环境、网络基础设施、区域边界和安全基础设施组成。由于大多数信息系统规模大，各单位的信息系统之间存在差异，因此必须对信息系统进行抽象，形成统一的保护对象框架[6]；安全保护对象框架模型的设计，应准确地进行大系统的分解和描述，以反映实际特性和差异性安全要求[7]，具体设计参见第 4 章。

3.3.2　安全保护对策框架

安全保护对策框架是根据信息系统所面临的威胁而制定的安全要求，为确保信息的机密性、完整性、可用性，将风险降低到可接受的水平，通过从技术、运作、组织和策略等方面提出的安全对策的集合。通过威胁分析和风险评估工作，根据部门/行业的特点，设计和定制等级化安全对策框架，并针对部门/行业现状选择安全对策及其等级[6]，如图 3-3 所示。

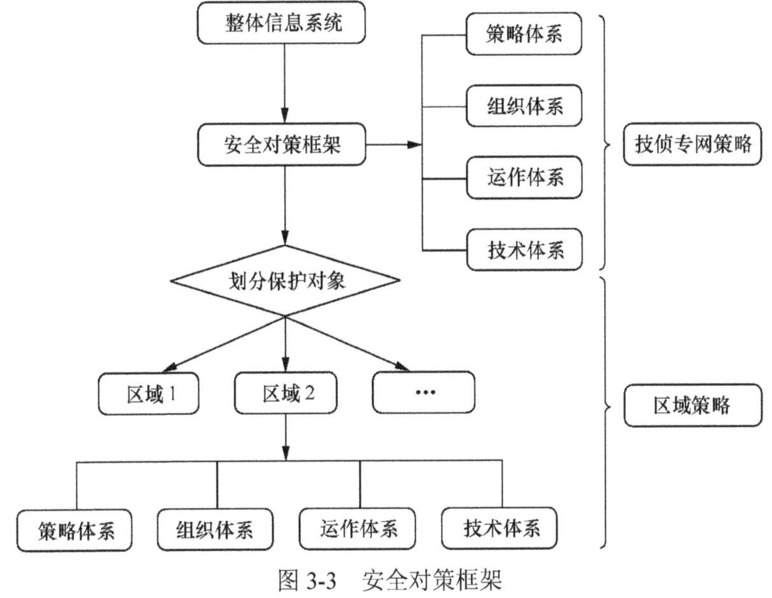

图 3-3　安全对策框架

（1）安全框架层次结构和分类

信息系统安全对策框架体系包括安全策略、安全组织、安全运作和安全技术 4 个子安全对策框架，分别包括一系列对策类，对策类可进一步细分对策子类，甚至对策子类也可以再次细分为对策子类。细分到最后的对策类和对策子类由对策构成。对策中则是一些较为具体的安全控制。通过对不同强度和数量安全控制的组合，将对策分级[8]。

（2）安全对策框架等级划分

每个安全对策可分为 3 个等级，每一等级由若干条安全控制细则组成。一般通过安全控制细则的增强、增加来提高对策的等级。当安全对策某一等级中的所有安全控制细则均已实现时，可认为已达到该等级的对策。安全对策的等级划分，可参考 GB 17859、GB/T 18336、TCSEC、SP800-53 等国内外信息安全标准。

信息系统安全体系是以保护对象为经，以安全等级框架为纬，对保护对象逐个进行威胁和风险分析，从而形成信息系统安全体系，见表 3-1。

表 3-1　信息系统安全体系

安全体系			安全对策框架											
			策略体系			组织体系			运作体系			技术体系		
			策略完备性	…	策略的执行	组织的建立	…	教育与培训	工程建设	…	日常运作	网络层次	…	应用层次
保护对象框架	区域	区域 1	3 级	2 级	3 级	3 级	1 级	1 级	3 级	3 级	1 级	3 级	1 级	3 级
		区域 2	2 级	1 级	1 级	2 级	2 级	2 级	2 级	2 级	1 级	2 级	2 级	2 级
		…	1 级	3 级	1 级	1 级	1 级	1 级	1 级	3 级	3 级	—	1 级	1 级
		区域 n	2 级	1 级	3 级	1 级	3 级	2 级	1 级	2 级	2 级	—	2 级	2 级
	网络	网络 1	3 级	2 级	3 级	2 级	3 级	1 级	2 级	3 级	2 级	3 级	3 级	—
		网络 2	1 级	1 级	3 级	1 级	1 级	1 级	1 级	1 级	1 级	3 级	3 级	—
		…	1 级	1 级	2 级	2 级	2 级	2 级	3 级	2 级	3 级	2 级	2 级	—
		网络 m	1 级	2 级	1 级	1 级	1 级	1 级	2 级	1 级	1 级	2 级	2 级	—
	边界	边界 1	1 级	1 级	1 级	—	3 级	—	1 级	—	2 级	1 级	—	2 级
		边界 2	2 级	1 级	2 级	—	2 级	2 级	2 级	—	1 级	1 级	2 级	—
		…	1 级	2 级	1 级	—	2 级	—	2 级	—	2 级	2 级	—	—
		边界 n	—	1 级	3 级	—	2 级	—	3 级	—	2 级	2 级	—	1 级

（3）安全策略体系

安全策略体系[9]指的是从信息资产安全管理的角度出发[10]，为了保护信息资产，消除或降低风险而制订的各种纲领、制度、规范、标准和操作流程的总和[11]，详细设计参见第 5 章。

（4）安全组织体系

安全组织体系作为安全工作的管理和实施体系，主要负责安全策略、制度、规划的制订和实施，确定各种安全管理岗位和相应的安全职责[12]，并负责选用合适的人员来完成相应岗位的安全管理工作，监督各种安全工作的开展，协调各种不同部门在安全实施中的分工和合作，保证安全目标的实现[13]，详细设计参见 3.5 节。

（5）安全技术体系

安全技术体系包含鉴别和认证、访问控制、内容安全、冗余和恢复以及审计响应 5 个部分内容[14]，详细设计参见第 6 章。

（6）安全运作体系

安全运作体系，包括安全生命周期中各个安全环节的要求[15]，包括安全工程管理机制、安全预警机制、定期的安全风险识别和控制机制、应急响应机制和定期的安全培训机制等[16]，详细设计参见第 7 章。

3.3.3　等级化安全保障体系

在保护对象框架和安全对策框架形成后，根据等级化安全体系设计方法，进行威胁分析后，形成最终的等级化安全保障体系，主要包括将用户信息系统抽象模型生成的等级化保护对象框架[17]，针对保护对象的安全组织体系、策略体系、技术体系、运作体系以及实现整个体系的安全管理运行中心[18]，如图 3-4 所示。

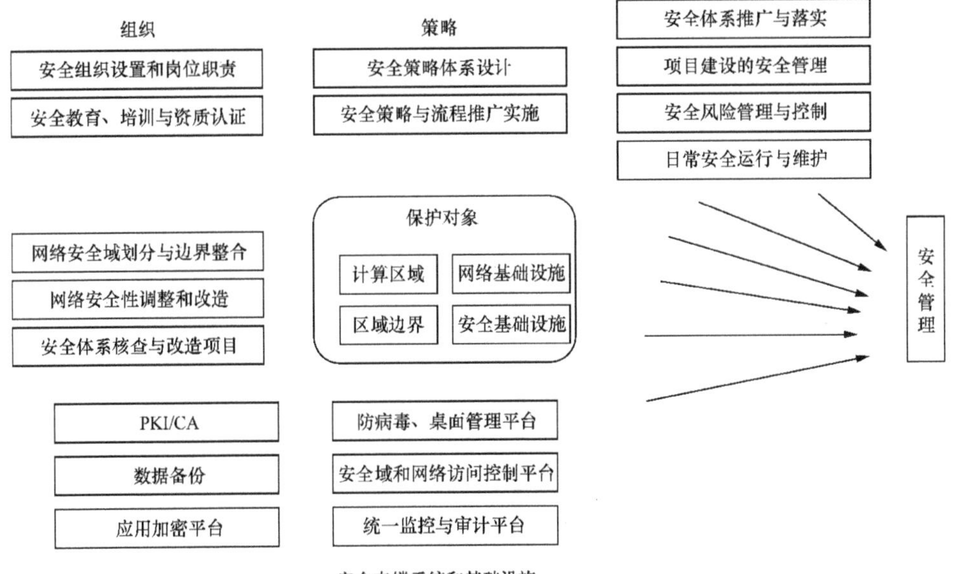

图 3-4　等级保护安全保障体系结构

3.4 信息安全等级保护体系设计方法及原则

3.4.1 安全体系设计原则

信息安全保障是一个极为复杂、系统性和长期性的工作。设计信息系统安全体系及实施方案时，一般应遵循以下 4 条原则：清晰定义安全模型、合理划分安全等级、科学设计防护深度和确保可实施易评估。

（1）清晰定义安全模型

政府或大型企业的信息系统往往覆盖全国范围内的各省、市、县和乡镇，地域辽阔，规模庞大；各地信息化发展程度不一，东西部存在较大差别；前期建设缺乏统一规划，各区域主要业务系统和管理模式往往都存在较大的差别。这样就造成难以准确、清晰地描述大型信息系统的安全现状和安全威胁。因此，设计保障体系时也就无的放矢，缺乏针对性，也不具备实用性。

因此，在设计时要针对信息系统的安全属性定义一个清晰的、可描述的安全模型，即信息安全保护对象框架。在设计信息安全保障体系时，首先要对信息系统进行模型抽象。我们把信息系统各个内容属性中与安全相关的属性抽取出来，参照 IATF（美国信息安全保障技术框架），通过建立信息安全保护对象框架的方法来建立安全模型，从而相对准确地描述信息系统的安全属性。保护对象框架是根据信息系统的功能特性、安全价值以及面临威胁的相似性，将其划分成计算区域、网络基础设施、区域边界和安全基础设施四大类信息资产组作为保护对象。

（2）合理划分安全等级

因为信息系统的差异性，所以其安全要求的属性和强度存在较大差异性；又因为经济性的考虑，需要考虑信息安全要求与资金人力投入的平衡。设计安全保障措施时不能一刀切，必须考虑差异性和经济性。因此，必须考虑如何解决在设计安全保障措施时所面对的需求差异性与经济性难题。

针对保护对象和保障措施划分安全等级是解决难题的有效方法。通过将保护对象进行等级化划分，实现等级化的保护对象框架，来反映等级化的信息系统。其次，设计等级化的保障措施：根据保护对象的等级化，有针对性地设计等级化的安全保障措施，从而通过不同等级的保护对象和保障措施的一一对应，形成整体的等级化安全保障体系。

等级化安全保障体系应满足以下几个方面的要求。

① 满足大型组织中不同分支机构的个性化安全需求；

② 可动态地改变保护对象的安全等级，能方便地调整不同阶段的安全目标；

③ 可综合平衡安全成本与风险，能优化信息安全资源配置；

④ 可清晰地比对目标与现状，能准确、完备地提取安全需求。

（3）科学设计防护深度

信息安全问题包含管理方面问题、技术方面问题以及两者的交叉，它从来都不是静态的，随着组织的策略、组织架构、业务流程和操作流程的改变而改变。现有安全体系大多属于静态的单点技术防护，单纯部署安全产品是一种静态的解决办法，单纯防范黑客入侵和病毒感染更是片面的。一旦单点防护措施被突破、绕过或失效，整个安全体系将会失效，从而威胁将影响到整个信息系统，后果是灾难性的。总结起来就是现有安全体系大多属于静态的单点技术防护，缺乏多重深度保障，缺乏抗打击能力和可控性。

国家相关指导文件提出“坚持积极防御、综合防范的方针”，《美国国家安全战略》中也指出，国家的关键基础设施的“这些关键功能遭到的任何破坏或操纵必须控制在历时短、频率小、可控、地域上可隔离以及对美国的利益损害最小这样一个规模上”。两者都强调了抗打击能力和可控性，这就要求采用多层保护的深度防御策略，实现安全管理和安全技术的紧密结合，防止单点突破。我们在设计安全体系时，应将安全组织、策略和运作流程等管理手段和安全技术紧密结合，从而形成一个具有多重深度保障手段的防护网络，构成一个具有多重深度保障、抗打击能力和能把损坏降到最小的安全体系。

（4）确保可实施易评估

我国许多安全项目在安全体系框架设计方面，由于缺乏深入和全面的需求调研，往往不能切实反映信息系统的业务特性和安全现状，安全体系框架中缺乏可行的实施方案与项目规划，在堆砌安全产品的过程中没有设计安全管理与动态运维流程，缺乏安全审计与评估手段，因此可实施性和可操作性不强。

我们在设计安全体系时，应综合运用用户访谈、资产普查、风险评估等手段，科学设计安全体系框架，确保可实施易评估。充分考虑到了上述问题，采取如下措施。

在设计安全体系前，通过对目标信息系统的各方面进行完整和深入调研，采取的手段包括选取典型抽样节点的深入调查和安全风险评估，以及全范围的信息资产和安全状况普查。综合两种手段，得出反映现状的安全保护对象框架及下属的信息资产数据库，以及全面的安全现状报告。

在体系框架设计的同时，设计工程实施方案和项目规划；安全体系本身具有非常详尽的描述，具备很强的可工程化能力。在描述安全对策时，不是原则性的，而应是可操作和可落实的。

3.4.2 安全体系设计流程

等级化安全体系的设计需要充分考虑信息系统的复杂性和信息安全保障的系统性与长期性，需要系统化的统一规划设计。在安全体系设计时应该考虑如何有效实施，并同时设计实施方案和建设规划；通过将安全体系指标和安全现状的对比，产生安全需求，并将类似的一组安全需求打包并设计解决方案；然后将一组类似的解决方案打包成可以工程化实施的项目，并通过规划，排出实施的先后顺序，从而分步实施，一般来说等级保护实施流程如图 3-5 所示。

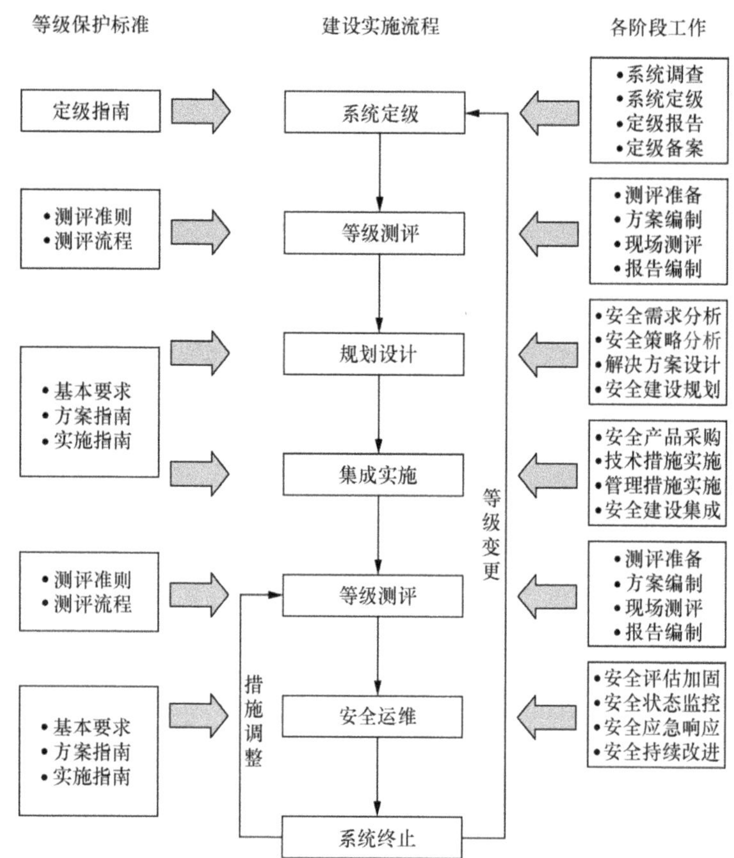

图 3-5 等级保护安全保障体系实施流程

3.5 安全组织体系设计

等级化保护是一个长期的过程，需要一套高效的组织体系来执行整个等级化保护过程。如果缺乏有力的组织体系，就难以做到可持续运行、发展和完善。图

3-6 对等级化保护的组织体系中总部、区域、分公司及要素在等级化保护的各个阶段中应该承担的职责进行了描述。

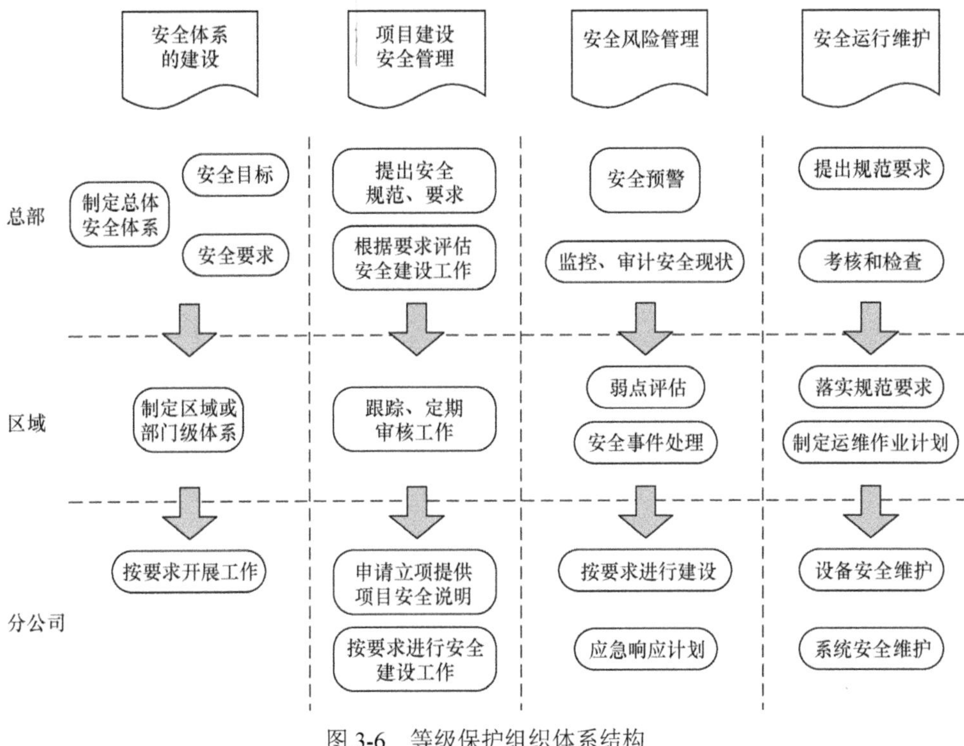

图 3-6　等级保护组织体系结构

在这个组织体系中，根据信息系统安全等级保护总要求、安全需求分析报告、信息网络总体安全策略文件等，对原有管理模式和管理策略进行调整，从全局角度考虑为每个信息系统制定统一的安全管理策略，又从每个信息系统的实际需求出发，选择和调整具体的安全管理措施，最后形成统一的整体安全管理体系结构，内容如下。

（1）规定信息安全的组织管理体系和对各信息系统的安全管理职责

根据用户总体安全策略文件、等级保护基本要求和安全需求，提出用户的安全组织管理用户框架，分配各个级别信息系统的安全管理职责，规定各个级别信息系统的安全管理策略等[19]。

（2）规定各等级信息系统的人员安全管理策略

根据用户总体安全策略文件、等级保护基本要求和安全需求，提出各个不同等级信息系统的管理人员框架，分配各个级别信息系统的管理人员职责，规定各个级别信息系统的人员安全管理策略等。

（3）规定各等级信息系统机房及办公区等物理环境的安全管理策略

根据用户总体安全策略文件、等级保护基本要求和安全需求，提出各个不同级别信息系统的机房及办公环境的安全策略。

（4）规定各等级信息系统介质、设备等的安全管理策略

根据用户总体安全策略文件、等级保护基本要求和安全需求，提出各个不同级别信息系统的介质、设备等的安全策略。

（5）规定各等级信息系统运行安全管理策略

根据用户总体安全策略文件、等级保护基本要求和安全需求，提出各个不同等级信息系统的安全运行与维护框架和运维安全策略等[20]。

3.6 本章小结

本章阐述了为什么要实行等级保护，介绍了等级保护的基本安全要求的结构、等级化安全保障体系总体结构及其组成部分安全保护对象框架和安全对策框架，探讨了等级保护安全体系设计的方法和原则，最后详细介绍了安全对策结构中的安全组织体系设计等。

参 考 文 献

[1] 张桥. 天融信“等级保护安全体系”理念[J]. 金融电子化, 2006, (10): 78-79.

[2] 赵云, 顾健. 等级保护风险评估模型研究[J]. 信息安全与技术, 2014, (3): 14-18.

[3] 应云龙, 郝威, 陈元清. 融合等级保护思想的综合风险评估方法的应用研究[J]. 数字技术与应用, 2010, (8): 98-99.

[4] 沈昌祥, 左晓栋. 信息安全等级保护的焦点[J]. 信息安全与通信保密, 2004, (4): 16-18.

[5] 田野. 信息安全等级保护体系的设计[J]. 信息安全与通信保密, 2004, (4): 19-21.

[6] 田野. 等级化安全保护[J]. 中国经济和信息化, 2004, (11).

[7] 刘辉文. 网络安全威胁和网络监管的现状、问题及对策研究[J]. 大科技, 2013: 348-349.

[8] 沈昌祥. 分级分类：等级保护的关键[J]. 中国计算机用户, 2006, (20): 1-1.

[9] 郑志蓉, 蔡谊, 沈昌祥. 一种面向操作系统应用类的安全策略[J]. 计算机工程, 2005, (10): 39-41.

[10] 徐超. 网御神州立体护航“金安”工程[J]. 通信世界, 2008, (31).

[11] 丁宇征, 陆驿. 基于信息安全等级保护的信息安全体系设计[C]// 第十二届全国核电子学与核探测技术学术年会论文集, 2004.
[12] 杨明, 郭树旭. 分布式应用安全策略集中化管理实现方法[J]. 电信科学, 2011, (6): 93-96.
[13] 王帅, 金华敏. 电信 IP 网络安全保障体系的构建[J]. 通信世界, 2007, (22B).
[14] 宋国华. 某企业计算机网络安全系统设计与实现[D]. 成都: 电子科技大学, 2012.
[15] 吴昱. 浅析信息安全保障体系[J]. 江西通信科技, 2012, (3): 45-48.
[16] 吴昱. 借助信息等级保护制度完善信息安全保障体系的浅析[J]. 江西通信科技, 2011, (4).
[17] 联想网御. 联想网御等级化安全体系解决方案[J]. 计算机安全, 2006, (2): 63-64.
[18] 王伟, 李翠娟, 卢燕. 安全域——网络安全方案的宏观考虑[J]. 电信技术, 2012, (S1): 178-182.
[19] 陈文宁, 孙浩文. 运营商业务系统安全维护方案探讨[J]. 电信技术, 2014, (6): 124-126.
[20] 黄强, 沈昌祥, 陈幼雷, 等. 基于可信计算的保密和完整性统一安全策略[J]. 计算机工程与应用, 2006, (10): 15-18.

第4章

等级保护的保护对象体系设计

作为保障体系中的重要组成部分，保护对象框架在等级保护体系中如何来进行设计和构建，特别是由于政府/大型企业组织的信息系统规模庞大，各分支机构的信息系统之间存在差异，因此如何对信息系统进行抽象[1]，按照科学的方法设计、建立一个好的合理的保护对象体系，从而形成统一的保护对象框架，确保保护对象全面覆盖，对于实施等级保护工作来说具有十分重要的意义，也是一项重要的基础性工作。

4.1 安全保护对象框架

对于大型的信息系统之内和不同部门的信息系统之间，都存在较大差异，因此必须对信息系统进行抽象，形成统一的保护对象框架[2]，安全保护对象框架即信息系统的抽象模型。安全保护对象框架模型的设计，应准确地进行大系统的分解和描述，以反映实际特性和差异性安全要求[3]。

大型企业信息系统保护对象框架是通过对总部、区域、分公司的评估调查和普查，参照信息保障体系的建模方法，按照威胁分析，将信息资产划分为若干保护对象。主要原因是信息系统规模大，各部门的信息系统之间存在差异，因此必须对信息系统进行抽象，形成统一的保护对象框架。其中，信息系统保护对象框架是根据对总部、区域、分公司的评估调查和普查，参照信息保障体系的建模方法[4]，按照威胁分析，将信息资产划分为若干保护对象。

根据信息系统的功能特性、安全价值以及面临威胁的相似性，将其划分成计算区域、网络基础设施、区域边界和安全基础设施四大类保护对象[5]。对不同的保护对象区域，结合区域特点设计区域保护对象框架。

计算区域是指由功能集合在一起，安全价值相近，且面临威胁相似的一组信息系统组成，通常包括主机系统、平台系统、应用软件和业务数据、物理机房等[6]。

网络基础设施是由相同功能集合在一起的一组网络系统组成，包括路由器、交换机等构成的局域网和广域网。

区域边界是指两个区域或两组区域之间的隔离功能集。边界是一组功能集合，包括访问控制、身份认证、入侵检测和审计等。

安全基础设施包括 PKI/PMI、安全监控系统、预警系统和应急系统、安全管理平台等提供安全功能的安全基础设施。

最后根据每个保护对象的价值来确定其安全等级。信息网络保护对象框架及其等级划分，共分为 5 级。

信息网络业务应用保护对象框架如图 4-1 所示。

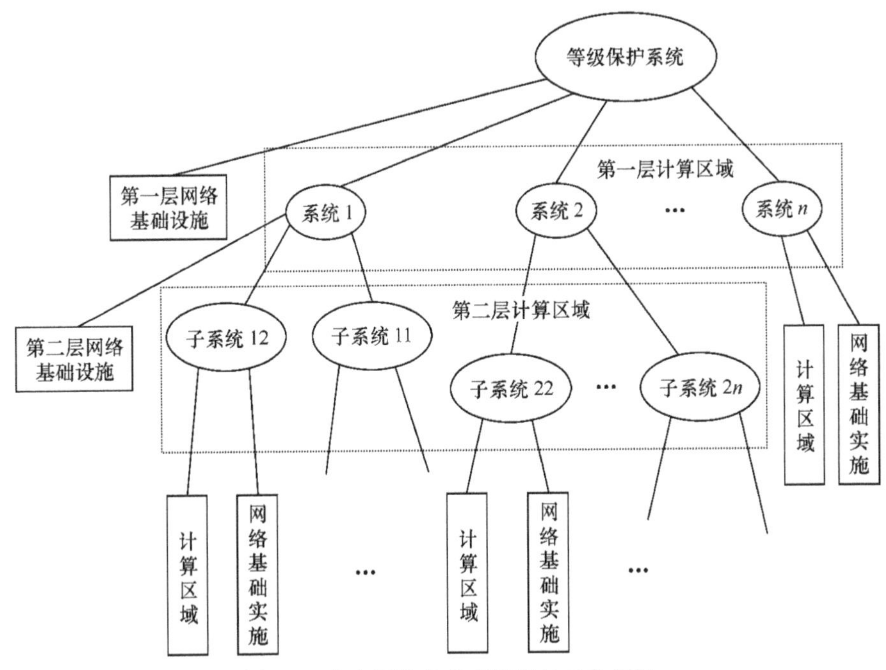

图 4-1　信息网络业务应用保护对象框架

4.2　保护对象框架建立

保护对象框架建立包括信息系统模型化处理、保护对象分类、安全域划分等[7]。

4.2.1　信息系统进行模型化处理

在设计信息安全保障体系时，首先对信息系统进行模型抽象，即把信息系统各个内容属性中与安全相关的属性抽取出来，参照IATF（美国信息安全保障技术框架），通过建立信息安全保护对象框架的方法来建立安全模型，从而相对准确地描述信息系统的安全属性，包括以下几个方面。

① 局域网内部抽象处理；

② 局域网内部安全域之间互联的抽象处理；

③ 局域网之间安全域互联的抽象处理；

④ 局域网安全域与外部单位互联的抽象处理；

⑤ 安全域内部抽象处理；

⑥ 形成信息系统抽象模型。

通过对信息系统的分析和抽象处理，最终应形成被分析的信息系统的抽象模型。信息系统抽象模型的表达应包括以下内容[8]。

① 单位的不同局域网络如何通过骨干网、城域网互联；

② 每个局域网内最多包含几个不同级别的安全域；

③ 局域网内部不同级别的安全域之间如何连接；

④ 不同局域网之间的安全域之间如何连接；

⑤ 局域网内部安全域是否与外部机构/单位有互联。

（1）制定总体安全策略

最重要的是制定安全域互连策略，通过限制多点外联，统一出口既可以达到保护重点、优化配置的目的，也体现了纵深防御的策略思想。

安全域边界安全保护策略和安全技术措施提出时应考虑边界设备共享的情况，如果不同级别的安全域通过同一设备进行边界保护，这个边界设备的安全保护策略和安全技术措施应满足最高级别安全域的等级保护基本要求[9]。

（2）关于各安全域内部的安全控制要求

提出针对信息系统等级化抽象模型，根据机构总体安全策略、等级保护基本要求和系统的特殊安全需求[10]，提出不同级别安全域内部网络平台、系统平台和业务应用的安全保护策略和安全技术措施。

（3）关于等级安全域的管理策略

从全局角度出发提出单位的总体安全管理框架和总体安全管理策略，对每个等级安全域提出各自的安全管理策略，安全域管理策略继承单位的总体安全策略。

4.2.2 安全域划分

安全域是指同一系统内根据信息的性质、使用主体、安全目标和策略等元素的不同来划分的不同逻辑子网或网络[11]，每一个逻辑区域有相同的安全保护需求，具有相同的安全访问控制和边界控制策略，区域间具有相互信任关系，而且相同的网络安全域共享同样的安全策略[12]。

安全域的划分不能单纯从安全角度考虑，而是应该以业务角度为主，辅以安全角度[13]，并充分参照现有网络结构和管理现状，才能以较小的代价完成安全域划分和网络梳理，而又能保障其安全性[14]。对总体信息系统安全域（保护对象）的划分应主要考虑如下方面因素：业务和功能特性；安全特性的要求；参照现有状况。

对一个独立的业务信息系统的内部安全域的划分主要步骤如下。

① 查看网络上承载的业务系统的访问终端与业务主机的访问关系以及业务主机之间的访问关系，若业务主机之间没有任何访问关系，则单独考虑各业务系统安全域的划分，若业务主机之间有访问关系，则几个业务系统一起考虑安全域的划分[15]。

② 划分安全计算域：根据业务系统的业务功能实现机制、保护等级程度进行安全计算域的划分，一般分为核心处理域和访问域[11]，其中数据库服务器等后台处理设备归入核心处理域，前台直接面对用户的应用服务器归入访问域；{参考局域网访问域可以有多种类型，包括开发区、测试区、数据共享区、数据交换区、第三方维护管理区、VPN 接入区等；局域网的内部核心处理域包括数据库、安全控制管理、后台维护区（网管工作区）等，核心处理域应具有隔离设备对该区域进行安全隔离，如防火墙、路由器（使用 ACL）、交换机（使用 VLAN）等。

③ 划分安全用户域：根据业务系统的访问用户分类进行安全用户域的划分，访问同类数据的用户终端、需要进行相同级别保护划为一类安全用户域，一般分为管理用户域、内部用户域、外部用户域。

④ 划分安全网络域：安全网络域是由连接具有相同安全等级的计算域和（或）用户域组成的网络域。网络域的安全等级的确定与网络所连接的安全用户域和（或）安全计算域的安全等级有关[16]。一般同一网络内化分 3 种安全域：外部域、接入域、内部域[17]。

4.2.3　保护对象分类

保护对象是信息系统内具有相似安全保护需求的一组信息资产的组合，是从安全角度对信息系统的描述。依据信息系统的功能特性、安全价值以及面临威胁的相似性，信息网络保护对象一般可分为计算区域、区域边界、网络基础设施 3 类[18]。

（1）计算区域

计算区域是指由相同功能集合在一起，安全价值相近，且面临相似威胁的一组信息系统组成。计算区域的信息资产包括主机资产、平台资产、应用软件资产和政务数据资产等，涉及区域内的物理层、网络层、系统层、应用软件层、数据层和业务流程层面。包含的安全属性包括所属信息资产的物理安全、网络安全、边界安全、系统安全、应用系统安全、数据安全和业务流程安全等。计算区域可以从安全域划分的结果得到。

（2）区域边界

区域边界是指两个区域或两组区域之间的隔离功能集。边界是虚拟对象，不与具体资产对应，边界是一组功能集合，包括边界访问控制，边界入侵检测和审计等。设计系统分域保护框架时区域边界可以作为计算区域的一个属性进行处理。

通过对各安全区域之间的连接状况分析，可以得到某个安全区域与其他区域之间的边界。

（3）网络基础设施

网络基础设施是指由相同功能集合在一起，安全价值相近，且面临相似威胁来源的一组网络系统组成，包括由路由器、交换机和防火墙等构成的局域网或广域网，一般指区域边界之间的连接网络。某一个安全区域或多个安全区域网络支撑平台构成了该区域的网络基础实施。

4.2.4 保护对象划分方法

对信息网络的信息系统及设施进行分类，所采用的方法和流程如图 4-2 所示。

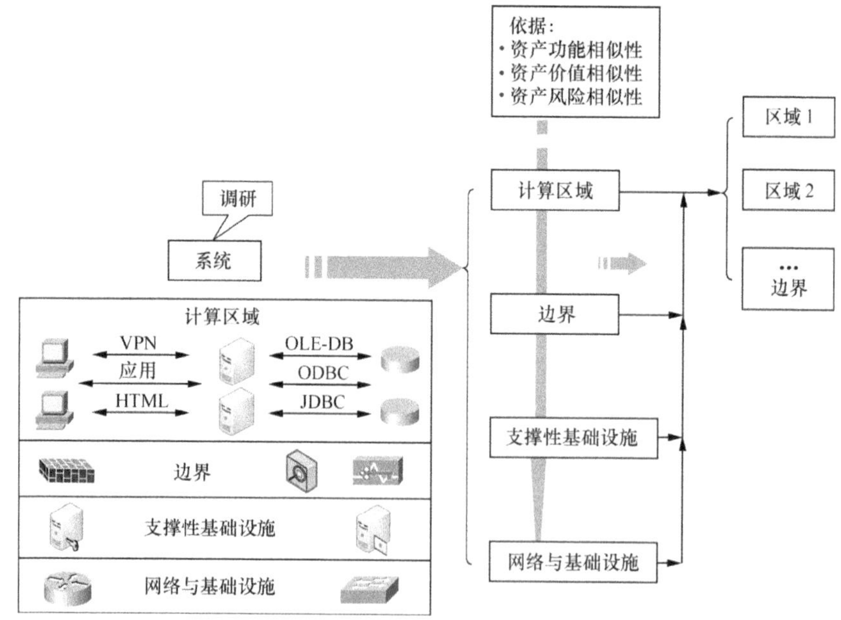

图 4-2 安全保护对象划分

划分保护对象有助于信息资产识别全面性、便于识别系统；有助于降低风险分析的难度、确保风险分析的有效性。

4.2.5　系统分域保护框架

系统分域保护框架是从安全角度出发，通过对各保护对象进行组合来对信息系统进行结构化处理的方法。结构化是指通过特定的结构将问题拆分成子问题的迭代过程，其目标是更好地体现信息系统的安全特性和安全要求。进行结构化处理要遵循以下基本原则：充分覆盖、互不重叠、不需再细分。

4.2.6　保护对象等级化划分

在对大型信息系统的安全保护等级进行划分时，通常需要对构成大型信息系统的子系统的安全性进行考虑，在确定各子系统对应的安全等级保护技术要求的前提下，依据木桶原理综合分析，确定对该计算机信息系统安全保护等级的划分[19]。

安全定级知识库通过细化的定级要素和科学的定级算法，保证不同应用、不同类型信息系统定级的合理准确。

保护对象划分后形成不同的区域，根据计算区域的系统的重要性、安全要求、可用性、机密性及完整性等参数不同，进行相应的计算处理得到对应值并排队结果，得到相应的等级。具体流程如图 4-3 所示。

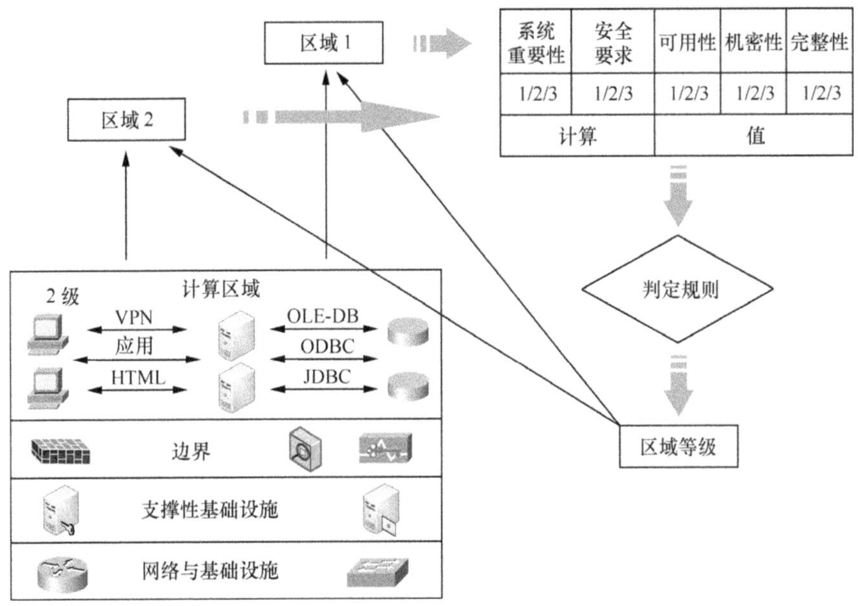

图 4-3　等级化划分流程

4.3 本章小结

本章介绍了对保护对象进行等级保护对象框架设计的方法以及建设的主要内容，包括信息系统进行模型化处理、安全域划分、保护对象分类划分方法及如何对保护对象进行分类，系统分域保护框架及保护对象的等级化划分等。

参 考 文 献

[1] 丁宇征，陆驿. 基于信息安全等级保护的信息安全体系设计[C]// 第十二届全国核电子学与核探测技术学术年会论文集, 2004.

[2] 田野. 信息安全等级保护体系的设计[J]. 信息安全与通信保密，2004, (4): 19-21.

[3] 沈昌祥. 把握焦点问题推进等级保护工作实施[J]. 信息网络安全，2005, (2): 18-20.

[4] 田野. 等级化安全保护[J]. 中国经济和信息化, 2004, (11).

[5] 梁钢，茅秋吟. 云计算 IaaS 平台的信息安全和运维服务设计[J]. 电子技术应用, 2013, (7): 63-64.

[6] 田野. 行业信息系统等级化安全保护的设计[J]. 信息网络安全，2004, (7): 14-14.

[7] 沈昌祥. 信息安全保障建设中的等级保护[J]. 信息网络安全, 2007, (11): 5-6.

[8] 康仲生，高斌，王登坡，等. 《信息系统安全等级保护基本要求》在信息系统规划、建设、整改中的实施[J]. 电子政务, 2008, (3): 93-96.

[9] 吴吉朋，王湧，李昊，等. 应用安全域解决方案实践“信息安全等级保护”[J]. 电子政务, 2010, (1): 96-103.

[10] 陈文宁，孙浩文. 运营商业务系统安全维护方案探讨[J]. 电信技术，2014, (6): 124-126.

[11] 李禹. 论检察信息化的信息安全等级保护实施[J]. 信息网络安全，2007, (8): 22-24.

[12] 李京飞，陈然. 基于安全域的企业网管理系统设计与实现[J]. 计算机与信息技术, 2009, (10).

[13] 于慧龙. 浅谈大型信息系统的安全域划分与等级保护建设[J]. 数字石油和化工, 2006, (5): 20-21.

[14] 梁绍柱. 高校信息安全体系建设研究[J]. 软件导刊, 2012, (9): 154-155.
[15] 于慧龙. 如何进行大型信息系统的安全域划分和等级保护建设[J]. 网络安全技术与应用, 2006, (6): 12-12.
[16] 王明强. 河南移动网管支撑系统安全域优化及实施方案设计[D]. 北京: 北京邮电大学, 2010.
[17] 王晓红. 一种基于逻辑安全域划分的分布式安全实现方案[J]. 太原理工大学学报, 2013, (4): 526-530.
[18] 蒋诚. 市政电子政务网等级化安全体系的研究与实现[D]. 上海: 上海交通大学, 2007.
[19] 刘光轶. 省级移动数据通信网（MDCN）安全域划分与边界整合方案的设计和实施[D]. 北京: 北京邮电大学, 2008.

第5章

等级保护策略体系设计

等级保护安全策略体系是安全对策框架的重要组成部分，包括确定安全方针、制定安全策略，结合等级保护总要求和安全保密特殊要求，构建单位信息系统的安全技术体系结构和安全管理体系结构。安全策略体系示意如图5-1所示。

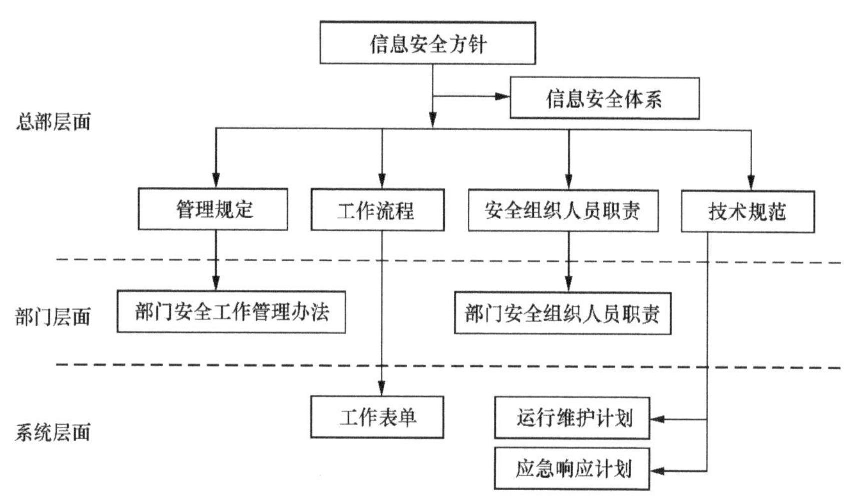

图5-1 安全策略体系

安全策略内容如下。

（1）确定安全方针

形成单位用户最高层次的安全方针文件，阐明安全工作的使命和意愿，定义信息安全的总体目标，规定信息安全责任机构和职责，建立安全工作运行模式等。

（2）制定安全策略

形成机构高层次的安全策略文件，说明安全工作的主要策略，包括安全组织机构划分策略、业务系统分级策略、数据信息分级策略、子系统互连策略、信息流控制策略等。

5.1 定级策略

信息系统等级保护一般采用 5 级策略体系，如图 5-2 所示。

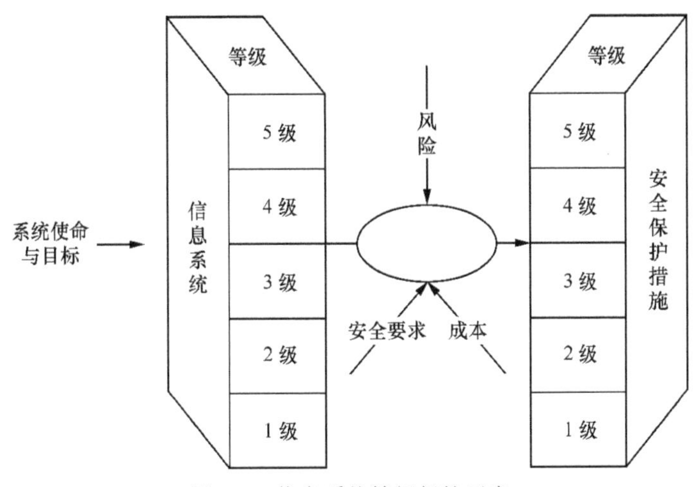

图 5-2　信息系统等级保护示意

5.1.1 定级范围

信息系统定级范围包括 5 个系统[1]。

① 起支撑、传输作用的基础传输网络（如传输网、卫星网、移动网等）；

② 专网、内网、外网等网络系统（包括网管系统）；

③ 各单位网站及网站运行的信息系统；

④ 总部级、部门级单位运行的应用信息系统（非密级信息）；

⑤ 涉及秘密信息的各类涉密信息系统。

5.1.2 等级划分

信息系统可划分为 5 个级别[2]。

第一级为自主保护级：信息系统受到破坏后，会对单位权益造成损害，但不损害国家安全、国家军事安全、安全、工作秩序和公共利益[3]。保护方式是依据相关管理制度要求和标准进行自主保护。

第二级为指导保护级：信息系统受到破坏后，会对单位权益产生严重损害，或者对工作秩序和公共利益造成损害，但不损害国家安全、国家军事安全、部门/行业安全。保护方式是在相关监管部门的指导下进行自主保护。

第三级为监督保护级：信息系统受到破坏后，会对工作秩序和公共利益造成严重损害，或者对国家安全、国家军事安全、部门/行业安全造成损害。依据相关管理制度要求和标准进行自主保护。保护方式采用信息安全相关管理部门对其进行监督、测评、检查的方式[4]。

第四级为强制保护级：信息系统受到破坏后，会对社会秩序和公共利益造成特别严重损害，或者对国家安全、国家军事安全、部门/行业安全造成严重损害[5]。依据相关管理制度要求和标准进行自主保护。保护方式采用信息安全相关管理部门对其进行强制监督、测评、检查的方式[6]。

第五级为专控保护级：其受到破坏后，会对部门/行业安全、国家军事安全或国家安全造成特别严重损害。保护方式采用信息安全相关管理部门指定专门部门、机构进行专门监督、测评、检查的方式。

应该明确，对于涉及部门/行业秘密的信息，其信息系统的等级不能低于三级（监督保护级）。可以将处理秘密级信息定为监督保护级；处理机密级信息的信息系统定为强制保护级；将处理绝密级信息的信息系统定为专控保护级。特别指出，这是指信息的机密性属性高于其他两个属性（完整性、可用性）的情况。

5.1.3 不同等级的安全保护能力

信息系统抵抗着来自各方面威胁实体的攻击。对信息系统实行安全保护的目的就是要对抗系统面临的各种威胁，从而尽量降低由于威胁给系统带来的损失[7]。

能够应对威胁的能力构成了系统的安全保护能力之一——对抗能力[8]。但在某些情况下，信息系统无法阻挡威胁对自身的破坏时，如果系统具有很好的恢复能力，那么即使遭到破坏，也能在很短的时间内恢复系统原有的状态。能够在一定时间内恢复系统原有状态的能力构成了系统的另一种安全保护能力——恢复能力[9]。对抗能力和恢复能力共同形成了信息系统的安全保护能力。

不同级别的信息系统应具备相应等级的安全保护能力，即应该具备不同的对抗能力和恢复能力，以对抗不同的威胁和能够在不同的时间内恢复系统原有的状态[10]。

信息系统的安全保护能力包括对抗能力和恢复能力[11]。

1. 对抗能力

对抗能力即应对威胁的能力。不同等级系统应对抗的威胁主要从威胁源、动机、范围、能力这 4 个方面来考虑。

威胁源：是指任何能够导致非预期的不利事件发生的因素，一般包括自然、环境、系统、人为这 4 类，如自然灾害、电力故障、系统故障、人员故意泄密等。

动机：与威胁源和目标有着密切的联系，不同的威胁源对应不同的目标有着不同的动机，一般包括不可抗外力、无意的、有意的行为。如自然灾害、工作人员的疏忽大意、其他敌对情报机构的信息收集活动等。

范围：是指威胁潜在的危害范畴，分为局部和整体两种情况。如病毒威胁，有些计算机病毒的传染性较弱，危害范围是有限的；但是有些病毒则相反，它们可以在网络中以惊人的速度迅速扩散并导致整个网络瘫痪。

能力：它是衡量攻击成功可能性的主要因素。能力主要体现在工具、技术、资源等方面。如威胁源占有的计算资源的多少、工具的先进程度、人力资源（包括经验）等。

分析上述威胁的主要因素，我们组合得到不同等级的威胁见表 5-1。

表 5-1　不同等级的威胁情况

	威　胁	典型情况
第一级	危害范围为局部的环境或者设备故障； 工作人员失误； 低能力的渗透攻击等威胁情景	如灰尘超标（环境）、单个非重要工作站（设备）崩溃等
第二级	危害局部的较严重的自然事件； 具备中等能力、有预设目标的威胁情景	如有组织的情报搜集等
第三级	危害整体的自然事件； 具备较高能力、大范围的、有预设目标的渗透攻击	如较严重的自然灾害、敌对大型情报组织的情报搜集等
第四级	危害整体的严重自然事件； 国家级渗透攻击	如国家经营，组织精良，有很好的财政资助，从其他具有经济、军事或政治优势的国家收集机密信息等
第五级	军事渗透攻击； 国家级渗透攻击	如国家经营或国家军事组织，有很好的财政资助，针对性地从其他国家收集机密信息等

2. 恢复能力

但在某些情况下，信息系统无法阻挡威胁对自身的破坏时，如果系统具有很好的恢复能力，那么即使遭到破坏，也能在很短的时间内恢复系统原有的状态。能够在一定时间内恢复系统原有状态的能力构成了另一种安全保护能力——恢复能力。

恢复能力主要从恢复时间和恢复程度上来衡量其不同级别。恢复时间越短，恢复程度越接近系统正常运行状态，表明恢复能力越高，具体见表 5-2。

表 5-2　不同等级信息系统应具备的恢复能力

	数据备份功能	系统备份功能	遭到破坏后的恢复时限	遭到破坏后的恢复范围
第一级	基本	—	不限时	部分系统功能
第二级	一定	—	一段时间内	部分功能
第三级	较高	较高的	较快的	绝大部分功能
第四级	高	高的	快速恢复	所有系统功能
第五级	极高	极高的	迅速恢复	所有系统功能

不同级别的信息系统应具备相应等级的安全保护能力，即应该具备不同的对抗能力和恢复能力。

不同等级的信息系统应具备的基本安全保护能力如下。

第一级安全保护能力：应能够防护系统免受来自个人的、拥有很少资源的威胁源发起的恶意攻击、一般的自然灾难，以及其他相当危害程度的威胁所造成的关键资源损害，在系统遭到损害后，能够恢复部分功能[12]。

第二级安全保护能力：应能够防护系统免受来自外部小型组织的、拥有少量资源的威胁源发起的恶意攻击、一般的自然灾难，以及其他相当危害程度的威胁所造成的重要资源损害，能够发现重要的安全漏洞和安全事件，在系统遭到损害后，能够在一段时间内恢复部分功能。

第三级安全保护能力：应能够在统一安全策略下防护系统免受来自外部有组织的团体、拥有较为丰富资源的威胁源发起的恶意攻击、较为严重的自然灾难，以及其他相当危害程度的威胁所造成的主要资源损害，能够发现安全漏洞和安全事件，在系统遭到损害后，能够较快恢复绝大部分功能。

第四级安全保护能力：应能够在统一安全策略下防护系统免受来自国家级别的、敌对组织的、拥有丰富资源的威胁源发起的恶意攻击、严重的自然灾难，以及其他相当危害程度的威胁所造成的资源损害，能够发现安全漏洞和安全事件，在系统遭到损害后，能够快速恢复所有功能。

第五级安全保护能力：应能够在统一安全策略下防护系统免受来自国家级别的、敌对军事组织的威胁源发起的恶意攻击、非常严重的自然灾难，以及其他相当危害程度的威胁所造成的资源损害，能够发现安全漏洞和安全事件，在系统遭到损害后，能够迅速恢复重要功能。

5.2　等级保护评估策略

通过等级评估，完成以下目标。

① 了解信息系统的管理、网络和系统安全现状；

② 确定可能对资产造成危害的威胁；

③ 确定威胁实施的可能性；

④ 对可能受到威胁影响的资产确定其价值、敏感性和严重性以及相应的级别，确定哪些资产是最重要的[13]；

⑤ 对最重要的、最敏感的资产，确定一旦发生其潜在的损失或破坏；

⑥ 明确信息系统的已有安全措施的有效性；

⑦ 明确信息系统的安全管理需求。

5.2.1　评估指标选择和组合

根据被评信息系统的安全等级，从等级保护基本要求的指标中选择和组合评估用的安全指标，形成一套信息系统的评估指标，作为评估的依据；将具体评估对象和评估指标相结合，形成评估方案。具体内容包括形成评估指标和制定评估方案。

（1）形成评估指标

根据各个子系统的安全保护等级，从基本要求中选择相应等级的通用指标，然后根据系统数据安全性等级选择数据安全性指标，根据系统连续性等级选择业务连续性指标，进行 3 类指标的组合，形成评估指标。

（2）制定评估方案

根据评估指标，评估方案主要构成内容（可调整）：管理状况评估表格、网络状况评估表格、网络设备（含安全设备）评估表格、主机设备评估表格、主要设备安全测试方案、重要操作的作业指导书。

5.2.2　现状与评估指标对比

评估主要包括安全技术评估和安全管理评估两方面内容。

安全技术评估主要通过物理安全、网络安全、主机系统安全、应用安全和数据安全等 5 个层面上评估信息安全等级保护要求的基本安全控制在信息系统中的实施配置情况[14]。安全评估手段主要包括人工配置检查、渗透测试、漏洞扫描、技术访谈、调查问卷等。

安全管理评估主要包括安全管理机构、安全管理制度、人员安全管理、系统建设管理和系统运维管理等方面。通过查阅文档、抽样调查等方法，针对被测单位在信息安全方面制定规章制度的合理性、适用性等进行评估[15]。主要评估方法包括以下两种方法。

① 人员访谈：指对单位内的安全管理人员、工作人员、管理人员、机房值守人员、网络管理员、文档管理员、物理安全负责人、系统管理员、系统建设负责人、系统运维负责人、资产管理员等不同类型的人员进行访谈。

② 文档检查：指对安全管理机构、安全管理制度、人员安全管理、系统建设管理和系统运维管理等方面进行的文档检查。

5.2.3 额外/特殊风险评估

等级保护中高级别的信息系统不一定就有高级别的安全风险。在确定系统安全等级级别后，风险评估的结果可作为等级保护安全建设的参考[16]。

风险评估是以安全建设为出发点，它的重要意义就在于改变传统的以技术驱动为导向的安全体系结构设计及详细安全方案制定[17]，通过对用户关心的重要资产的分级、安全威胁发生的可能性及严重性分析，对系统物理环境、硬件设备、网络平台、基础系统平台、业务应用系统、安全管理、运行措施等方面的安全脆弱性的分析，并通过对已有安全控制措施的确认，借助定量、定性分析的方法，推断出用户关心的重要资产当前的安全风险，并根据风险的严重级别制定风险处置计划，确定下一步的安全需求方向[18]。风险评估帮助用户发现目前的安全现状，以便在后期进行整体的安全规划与建设，我们可以用风险评估这种手段检查等保的落实和执行情况。

等级保护中系统分类分级的思想和风险评估中对信息资产的重要性分级基本一致，不同的是：等级保护的级别是从系统的业务需求或 CIA 特性出发，定义系统应具备的安全保障业务等级，而风险评估中最终风险的等级则是综合考虑了信息的重要性、系统现有安全控制措施的有效性及运行现状后的综合评估结果[19]，也就是说，在风险评估中，CIA 价值高的信息资产不一定风险等级就高。

通过对信息系统重要资产特殊保护要求的分析，确定超出相应等级保护要求的部分或具有独特安全保护要求的部分，采用风险评估的方法，确定可能的安全风险，判断超出等级保护要求部分安全措施的必要性。

在安全现状和评估指标对比后确定基本安全需求的基础上，通过风险评估的手段可以确定额外或特殊的安全需求。确定额外安全需求可以采用目前成熟或流行的风险评估方法，也可以基于重要资产的分析、重要资产安全脆弱性评估、重要资产面临威胁评估、综合风险分析等方面进行，如图 5-3 所示。

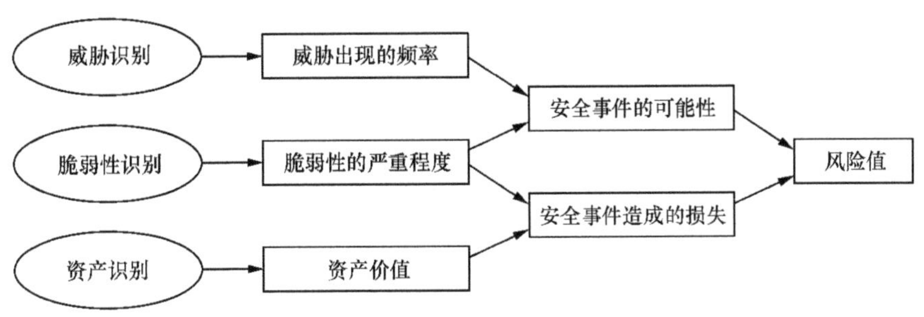

图5-3 信息安全等级风险评估流程

具体过程包括以下几个方面。

1. 资料收集

收集相关资料的方法包括问卷调查、人员访谈、小组讨论、文档查看、现场勘查等[20]。

2. 资产识别与赋值

资产是构成整个系统的各种元素的组合。评估小组采集资产信息，确定系统划分原则和等级评估原则，并与组织共同确认系统和CIA等级划分。

资产类别：依据资产的属性，主要分为信息资产、软件资产、物理资产、人员资产等[21]。

资产价值：可以表示为有形价值（如重置成本）、无形价值（如信用）、信息价值（如保密性、完整性及可用性）。

3. 脆弱性分析

脆弱性分析包括技术脆弱性和非技术脆弱性两类，见表5-3。目的是给出有可能被潜在威胁来源利用的系统缺陷或脆弱性列表，脆弱性分析强调系统化地衡量这些脆弱性。其中，威胁来源是指能够通过系统缺陷和脆弱性对系统安全策略造成危害的主体。

表5-3 脆弱性分析

	脆弱性来源		脆弱性分析手段	
	描述	范围	描述	手段
技术脆弱性	主要指操作系统和业务应用系统等存在的设计和实现缺陷	广泛存在于：操作系统、数据库、网络设备、通信协议等设备和系统中	技术脆弱性可以采用多种手段。其中，渗透测试的风险较其他手段大，需斟酌使用	主要采用：网络扫描、主机审计、渗透测试、系统分析等手段

（续表）

	脆弱性来源		脆弱性分析手段	
	描述	范围	描述	手段
非技术脆弱性	主要指管理制度、安全策略等方面存在的不足或缺陷	系统的安全策略、物理和环境安全、人事安全、访问控制、组织安全、运行安全、系统开发和维护、业务连续性管理、遵循性等方面	明确单位高层管理人员对单位重要资产的认识，对资产如何受到威胁的了解、资产的安全需求、现在已经采取的保护措施和保护该资产相关的问题。通过管理、工作人员等进一步了解单位存在的这些脆弱性	主要采用：调查表、人员访谈、现场勘查、文档查看等手段

4. 威胁分析

威胁是指对系统或资产的保密性、完整性及可用性构成潜在损害，以致影响系统或资产正产使用及操作的任何事件或行动。

威胁分析主要指在明确单位关键资产、描述关键资产的安全需求的情况下，标识关键资产面临的威胁，并界定发生威胁的可能性及破坏系统或资产的潜力。评估小组通过鉴别与各业务系统有关的网络以及可能的威胁源[22]，详细分析各业务系统可能通过网络途经可能遭受的威胁。

（1）威胁来源分类

常见的威胁来源分有 5 类，见表 5-4。

表 5-4　常见的威胁来源

ID	威胁源	描　述
1	不可抗力	由于自然、环境、政治等因素造成的威胁
2	组织弱点	由于组织机构、行政制度等因素造成的安全威胁
3	人为失误	由于人员的技能、培训、无意识行为等造成的威胁
4	技术缺陷	由于信息技术、产品的设计、实现、配置、使用等造成的威胁
5	恶意行为	故意行为（如网络攻击、对保密信息未经授权访问等）、人为造成的安全威胁

（2）威胁手段分析

评估人员可以根据具体的评估对象、评估目的选择具体的安全威胁获取方式。威胁获取的方式有安全策略文档查看、业务流程分析、网络拓扑分析、人员访谈、入侵监测系统收集和人工分析等。业务流程分析和网络拓扑分析以组织交流为主，结合业务流程图和网络拓扑图，同时收集历史安全事件。

5. 已有控制措施分析

对已有控制措施进行分析，说明一个潜在弱点在相关环境下被攻击的可能性，进而得出总体可能性评价。

5.2.4　综合评估分析

风险评估的策略是选定某项业务系统、评估业务系统的资产价值、挖掘并评估业务系统/资产面临的威胁、挖掘并评估业务系统/资产存在的弱点、进而评估该业务系统/资产的风险，得出整个评估目标的风险并撰写风险报告[23]。

（1）风险处理方案

风险处理方案见表 5-5。

表 5-5　常见的风险处理方案

评估结果	可选方案	描　述
后果轻微/可能性低	接受风险	承担责任
不可承受的高风险	降低风险	减轻后果或可能性，或一起减低
风险过高	避免风险	不再进行可能引发风险的工作
愿意承受风险	转移风险	将部分或全部风险责任转移给另一方

（2）控制建议

包括安全加固建议、安全体系结构建议、安全管理建议等。

5.3　安全规划设计策略

安全规划设计是等级保护实施过程中的一个重要阶段[24,25]，安全规划设计的目标是通过等级化风险评估判断信息系统的安全保护现状与信息系统等级保护要求之间的差距，确定安全需求，然后根据信息系统的子系统的划分情况、子系统的定级情况、子系统互联情况、子系统承载业务情况和安全需求等，设计合理的、满足等级保护要求的总体安全方案，并制定出安全实施计划等，直到后续的安全建设工程实施，如图 5-4 所示。

安全总体设计是将等级保护基本安全要求和系统的安全需求在单位自身信息系统上的落实过程，即通过对保护对象进行分析，提取共性形成模型，针对模型要素提出安全策略和安全措施要求，以指导信息系统中各个层次和各个对象安全策略及安全措施的具体实现[26]。

主要活动包括以下几个方面。

（1）系统等级化模型处理

信息系统抽象模型应包括的内容有以下几个方面。

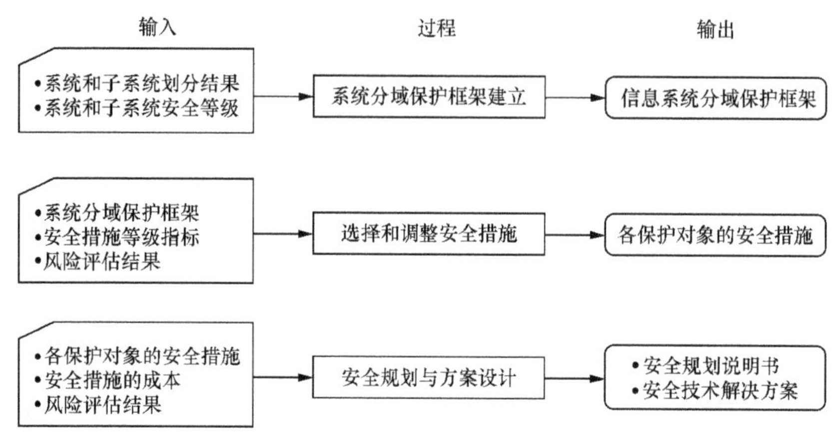

图 5-4 信息安全等级规划设计流程

① 信息系统如何有局域网构成、局域网之间如何互联。

② 局域网最多包含几个不同级别的子系统。

③ 局域网内部不同级别的子系统之间如何连接。

④ 不同局域网之间的子系统如何连接。

⑤ 局域网内部子系统是否与外部机构/单位或国际互联网又互联[27]。

⑥ 连接局域网的网络构成要素。

⑦ 子系统的构成要素。

对于大型信息系统，比如包含多个等级的子系统、涉及的地理范围较大、安全建设周期较长，则建议执行所有步骤。对于大型信息系统，如只有一个安全等级且涉及范围不大的信息系统，可以对步骤的内容进行裁减。

（2）总体安全策略设计

包括制定安全方针、形成机构高层次的安全策略文件。

安全策略文件说明安全工作的主要策略，包括安全组织机构划分策略、业务系统分级策略、数据信息的分类（按信息的安全属性）与分级策略、子系统互联策略、信息流控制策略等。

（3）各级系统安全技术措施设计

目标是根据安全等级保护基本要求、等级化风险评估报告、机构总体安全策略文件等，针对信息系统的抽象模型，提出模型要素需要事先的安全技术措施，形成机构特定的系统安全技术保护框架，用以指导信息系统分等级保护的具体实现。

① 选择和规定局域网之间子系统互联的安全技术措施。

② 选择和规定骨干网/城域网的安全保护技术措施。

③ 选择和规定不同级别子系统的边界保护技术措施。

④ 选择和规定不同级别子系统内部系统平台和业务应用的安全保护技术措施。

⑤ 选择和规定不同级别子系统机房的安全保护技术措施。

⑥ 形成信息系统技术防护框架。

在设计中，保护的最终目标是信息系统的信息（数据），要保护其机密性、完整性和可用性。所以首先是在对信息进行分类的基础上，对不同信息进行分等级的保护。

（4）系统整体安全管理策略设计

即从全局高度考虑为每个等级子系统制定统一的安全管理策略，又从每个子系统的实际需求出发，选择和调整具体的安全管理措施，最后形成统一的系统整体安全管理体系。

① 选择和规定信息安全的组织管理体系和对各子系统的安全管理职责。

② 选择和规定不同级别子系统机房的人员安全管理策略。

③ 选择和规定不同级别子系统机房及办公区登物理环境的安全管理策略。

④ 选择和规定各等级子系统介质、设备等的安全管理策略。

⑤ 选择和规定各等级子系统运行安全管理策略。

⑥ 选择和规定各等级子系统安全事件处置和应急管理策略。

⑦ 形成信息系统安全管理策略框架。

（5）设计结果文档化

安全策略规划书或称信息系统安全总体方案书包括以下内容。

① 信息系统概述。

② 总体安全策略。

③ 信息系统等级化分析与子系统等级分析。

④ 信息系统分级保护模型。

⑤ 信息系统技术防护策略。

⑥ 信息系统安全管理与安全保障策略。

5.4　等级保护测评策略

系统安全测评及行政认可是安全等级保护的落脚点，系统测评是信息系统建设后的风险再评估，系统测评后批准系统是否投入运行或继续运行。

信息系统建设完成后，运营、使用单位或者其主管部门应当选择符合规定条件的测评机构，依据信息系统安全等级保护测评要求的相关技术标准或规范，定期对信息系统安全等级状况开展等级测评[28]。

信息系统等级测评内容构成如图 5-5 所示。

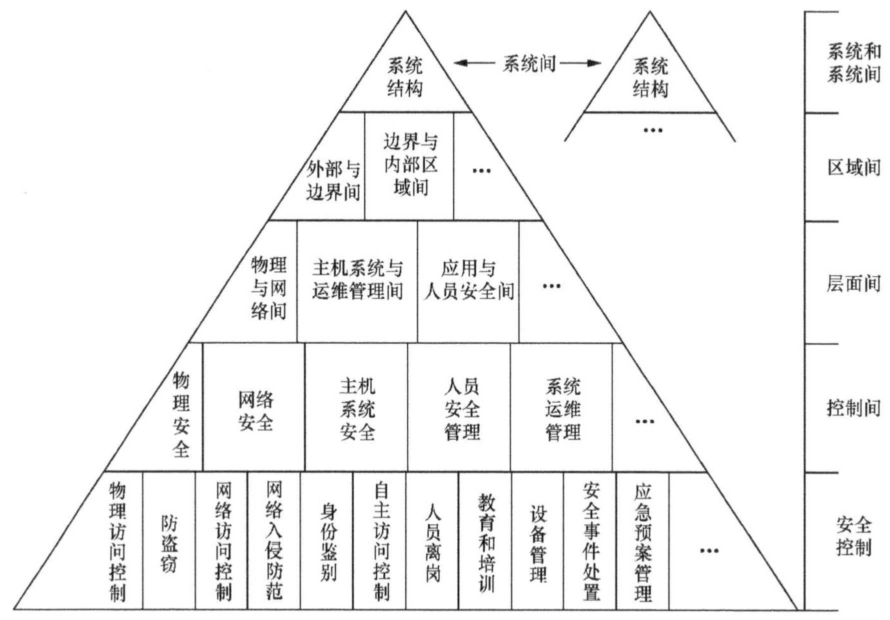

图 5-5 信息系统等级测评内容构成

5.5 实施与运维要求策略

信息系统安全等级保护实施和运维工作过程如图 5-6 所示。

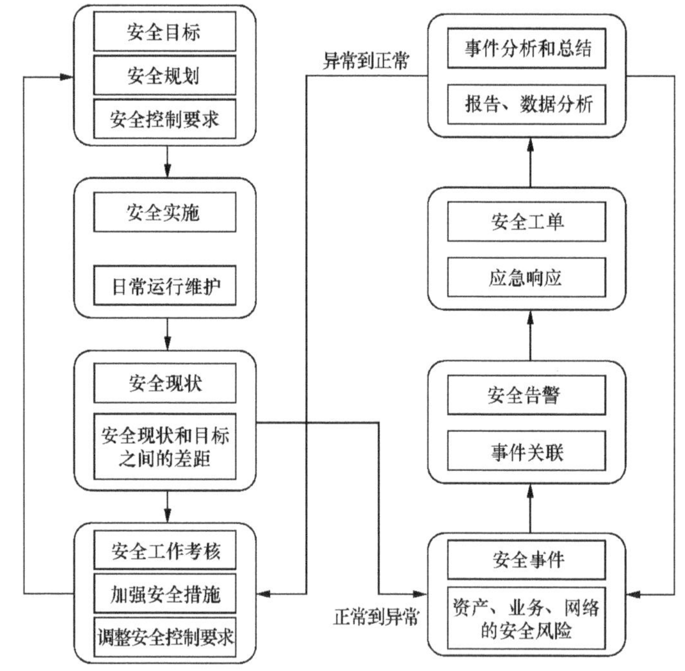

图 5-6 信息系统等级实施与运维工作过程

5.6　备案与管理策略

5.6.1　对涉密信息系统的管理

涉密信息系统建设使用单位应当将涉密信息系统定级和建设使用情况，及时上报保密主管部门和负责系统审批的保密主管部门备案，并接受保密主管部门的监督、检查、指导[28]。

涉密信息系统建设使用单位应当选择具有涉密集成资质的单位承担或者参与涉密信息系统的设计与实施。

涉密信息系统建设使用单位应当依据涉密信息系统分级保护管理规范和技术标准，按照秘密、机密、绝密三级的不同要求，结合系统实际进行方案设计，实施分级保护，其保护水平总体上不低于国家信息安全等级保护第三级、第四级、第五级的水平。

涉密信息系统使用的信息安全保密产品应当选用部级保密主管部门指定或核定的通过相关密码管理部门检测的密码产品。

涉密信息系统建设使用单位在系统工程实施结束后，应当向保密主管部门提出申请，由部级保密主管部门对涉密信息系统进行安全保密测评。

涉密信息系统建设使用单位在系统投入使用前，应当按照涉密信息系统审批管理规定，向部级保密主管部门申请进行系统审批，涉密信息系统通过审批后方可投入使用。已投入使用的涉密信息系统，其建设使用单位在按照分级保护要求完成系统整改后，应当向保密部门备案[29]。

涉密信息系统建设使用单位在申请系统审批或者备案时，应当提交以下材料[30]。

① 系统设计、实施方案及审查论证意见；

② 系统承建单位资质证明材料；

③ 系统建设和工程监理情况报告；

④ 系统安全保密检测评估报告；

⑤ 系统安全保密组织机构和管理制度情况；

⑥ 其他有关材料。

涉密信息系统发生涉密等级、连接范围、环境设施、主要应用、安全保密管理责任单位变更时，其建设使用单位应当及时向负责审批的保密工作部门报告。保密工作部门应当根据实际情况，决定是否对其重新进行测评和审批。

涉密信息系统建设使用单位应当依据涉密信息系统分级保护管理规范，

加强涉密信息系统运行中的保密管理，定期进行风险评估，消除泄密隐患和漏洞[31]。

各级保密主管部门依法对部、局、独立处等涉密信息系统分级保护工作实施监督管理，并做好以下工作。

① 指导、监督和检查分级保护工作的开展；

② 指导涉密信息系统建设使用单位规范信息定密，合理确定系统保护等级；

③ 参与涉密信息系统分级保护方案论证，指导建设使用单位做好保密设施的同步规划设计；

④ 对涉密信息系统集成资质单位进行监督管理；

⑤ 严格进行系统测评和审批工作，监督检查涉密信息系统建设使用单位分级保护管理制度和技术措施的落实情况；

⑥ 加强涉密信息系统运行中的保密监督检查。对秘密级、机密级信息系统每两年至少进行一次保密检查或者系统测评，对绝密级信息系统每年至少进行一次保密检查或者系统测评[32]；

⑦ 了解掌握各级各类涉密信息系统的管理使用情况，及时发现和查处各种违规违法行为和泄密事件。

5.6.2 信息安全等级保护的密码管理

密码管理部门对信息安全等级保护的密码实行分类分级管理。根据被保护对象在国家安全、部门/行业安全、部门/行业建设中的作用和重要程度，被保护对象的安全防护要求和涉密程度，被保护对象被破坏后的危害程度以及密码使用部门的性质等，确定密码的等级保护准则。

信息系统运营、使用单位采用密码进行等级保护的，应当遵照部门/行业信息安全等级保护密码管理规定和相关标准。

部门/行业信息系统安全等级保护中密码的配备、使用和管理等，应当严格执行部门/行业密码管理的有关规定。

信息系统运营、使用单位应当充分运用密码技术对信息系统进行保护。采用密码对涉及国家秘密的信息和信息系统进行保护的，应报经部密码管理部门审批，密码的设计、实施、使用、运行维护和日常管理等，应当按照部门/行业密码管理部门的有关规定和相关标准执行，其密码的配备使用情况应当向部门/行业密码管理机构备案。

运用密码技术对信息系统进行系统等级保护建设和整改的，必须采用经部门/行业密码管理部门批准使用的密码产品进行安全保护，未经批准不得采用其他渠道引进或者擅自研制的密码产品。

信息系统中的密码及密码设备的测评工作由部门/行业密码管理部门认可的单位和密码专家对密码进行评测。

各级密码管理部门可以定期或者不定期对信息系统等级保护工作中密码配备、使用和管理的情况进行检查和测评，对重要涉密信息系统的密码配备、使用和管理情况每两年至少进行一次检查和测评。在监督检查过程中，发现存在安全隐患或者违反密码管理相关规定或者未达到密码相关标准要求的，应当按照国家密码管理的相关规定进行处置。

5.7 本章小结

本章介绍了等级保护策略框架中的策略体系的设计方法和设计内容，主要包括策略体系包含的主要内容、定级策略、评估策略、规划设计策略、测评策略、实施与运维要求策略和备案管理策略等。

参 考 文 献

[1] 沈昌祥. 信息安全保障建设中的几个焦点问题[J]. 中国信息界, 2008, (2): 40-41.
[2] 沈昌祥. 加快推进信息安全等级保护工作[J]. 信息网络安全, 2008, (5): 4-5.
[3] 何湘. 基于 BS7799 标准的信息安全风险评估研究与实践[D]. 重庆: 重庆大学, 2008.
[4] 何跃鹰. 互联网规制研究[D]. 北京: 北京邮电大学, 2012.
[5] 安庆权, 黄俊强, 王大萌. 信息系统如何开展定级备案工作[J]. 信息技术, 2011, (7): 192-196.
[6] 刘素茹. 用等级保护思路构筑信息系统安全[J]. 广东科技, 2008, (24): 44-45.
[7] 陈雪秀, 任卫红, 谢朝海. 信息系统安全等级保护能力构成框架研究[J]. 信息网络安全, 2008, (9): 30-32.
[8] 王晓亚. ISMS 信息安全管理体系成熟度的应用研究[D]. 重庆: 重庆大学, 2008.
[9] 陈煜欣. 基于等级保护的政府 Web 应用安全建设实践[J]. 信息安全与通信保密, 2012, (10): 30-34.
[10] 张晨, 江山, 徐颖. 军事信息系统安全防护技术漫谈[J]. 信息系统工程, 2012, (7): 70-71.

[11] 金盛华. 信息安全保护体系等级探析[J]. 硅谷, 2010, (6): 83-83.
[12] 章维炜. 信息安全等级保护体系研究[J]. 中国新技术新产品, 2010, (15): 44-44.
[13] 庞虎. 部队政治工作信息系统安全风险评估系统设计与开发[D]. 成都: 电子科技大学, 2011.
[14] 袁文浩, 林家骏, 王雨. 信息安全等级保护中等级测评的 CAE 建模[J]. 计算机应用与软件, 2012, (10): 230-233.
[15] 梁立新. 开展风险评估 提高防范能力[J]. 信息网络安全, 2008, (3).
[16] 由凡. 信息安全风险评估方法的研究[J]. 软件导刊, 2008, (12): 164-165.
[17] 赵瑞颖. 等级保护、风险评估、安全测评三者的内在联系及实施建议[C]// 第二十次全国计算机安全学术交流会论文集, 2005.
[18] 陈鲁军, 解勤, 谢晶. 关于对公安信息安全与标准化的探讨[J]. 中国公共安全, 2006, (11A): 154-157.
[19] 黄欢. 信息安全风险评估系统的研究和实现[D]. 南京: 南京航空航天大学, 2008.
[20] 范梦雪. 信息安全风险分析方法及应用[D]. 北京: 北京邮电大学, 2006.
[21] 吴绍忠. 公安信息安全风险评估方法研究[J]. 贵阳: 贵州警官职业学院学报, 2009, (21): 118-121.
[22] 李明高. 信息安全风险评估在信息安全体系建设中的应用分析[J]. 电脑与电信, 2009, (1): 83-85.
[23] 蒋诚. 市政电子政务网等级化安全体系的研究与实现[D]. 上海: 上海交通大学, 2007.
[24] 郑志蓉, 蔡谊, 沈昌祥. 一种面向操作系统应用类的安全策略[J]. 计算机工程, 2005, (10): 39-41.
[25] 黄强, 沈昌祥, 陈幼雷, 等. 基于可信计算的保密和完整性统一安全策略[J]. 计算机工程与应用, 2006, (10): 15-18.
[26] 池仁隆, 张超, 张春柳. 信息系统安全等级保护建设与测评方法简析[J]. 软件产业与工程, 2012, (2): 44-48.
[27] 康仲生, 高斌, 王登坡, 等.《信息系统安全等级保护基本要求》在信息系统规划、建设、整改中的实施[J]. 电子政务, 2008, (3): 93-96.
[28] 等级划分与保护. 信息安全等级保护管理办法[J]. 电力信息与通信技术, 2007, (9): 22-26.
[29] 赵宝磊. 浅谈涉密信息系统分级保护工作的实施[J]. 信息技术与信息化, 2010, (3): 80-83.
[30] 谯正宁. 浅析涉密信息系统分级保护建设[J]. 科技信息, 2010, (29): 85-85.

[31] 赵英杰, 李鹏辉, 张升波, 等. 信息化建设中的信息安全风险评估[J]. 信息安全与通信保密, 2011, (4): 67-69.

[32] 姜楚江. 电子政务涉密信息系统的分级保护建设[J]. 信息化建设, 2009, (1): 41-42.

第6章 等级保护安全技术体系设计

等级化管理的技术体系是等级保护对策框架的重要组成部分和安全基石，如何进行安全技术体系设计对于实现等级保护具有重要意义，本章将介绍技术体系中定级要素、定级方法、涉密信息系统的等级保护及信息系统安全技术体系结构设计等几个要素的设计方法，然后依据设计方法构建相关的安全技术体系。

6.1 通用定级要素

信息系统的安全包括业务信息安全和系统服务安全，因此信息系统定级也由这两个方面确定：一个是信息系统所承载业务的重要程度，可以通过相关数据安全属性的赋值来反映；另一个是业务对信息系统的依赖程度。

信息系统的重要性由两个要素来决定，分别是等级保护对象受到破坏时所侵害的客体和对客体造成侵害的程度。

1. 确定受侵害的客体

定级对象受到破坏时所侵害的客体包括国家安全、国家军事安全、部门/行业安全、部门/行业工作秩序、公共利益以及单位权益，确定作为定级对象的信息系统受到破坏后所侵害的客体时，应首先判断是否侵害国家安全、国家军事安全或部门/行业安全，然后判断是否侵害部门/行业工作秩序，最后判断是否侵害部门/行业公共利益以及单位权益。

侵害国家安全、国家军事安全、部门/行业安全的事项，例如，影响国家政权和国防实力；影响国家军事活动中的重大活动安排、军事演习等；影响国家重要的安全保卫工作；影响国家的重大活动、军事演习等；影响重点战场、重点方向、重要战备任务；侵害工作秩序的事项包括影响保密管理规定、管理工作条例和制度；影响正常科研、工作秩序；其他影响工作秩序的事项。

侵害公共利益的事项，例如，影响工作人员使用公共设施；影响工作人员获取共享信息；影响工作人员接受公共服务等方面；其他影响公共利益方面的事项。影响单位权益是指由相关管理部门确认的职能范围和利益等。

2. 确定对客体的侵害程度

对客体的侵害表现为对等级保护对象的破坏，通过危害方式、危害后果和危害程度加以描述。

（1）侵害的客观方面

危害方式表现为对信息安全的破坏和对信息系统服务的破坏，其中信息安全是指确保信息系统的保密性、完整性和可用性等；系统服务安全是指确保信息系统可以及时、有效地提供服务，以完成预定的业务目标。由于业务信息安全和系统服务安全受到破坏所侵害的客体和对客体的侵害程度可能会有所不同，在定级过程中，需要分别处理这两种危害方式。

可通过用户信息系统进行总体风险评估，风险评估将确认用户信息系统在保密性、完整性和可用性 3 个方面受到破坏后，对业务造成的损失程度来确定侵害的客观方面。信息安全和系统服务受到破坏后，产生危害结果可能有：影响行使工作职能、业务能力下降、给工作造成损失等。

（2）综合判定侵害程度

由于信息系统所处理的信息种类和系统服务特点不同、性质特殊，信息安全和系统服务受到破坏后关注的危害结果、危害程度的计算方式与其他行业有所不同。使用依据信息安全和系统服务特点，制订出危害程度的综合评定方法；依据给出的侵害不同客体造成一般损害、严重损害、特别严重损害的具体定义；再根据具体的定级对象，判定出其遭到破坏后对用户造成的侵害程度。

6.2　通用定级方法

根据确定的网络信息系统定级范围，各部门、各单位对所属信息系统进行摸底调查，摸清信息系统底数，掌握信息系统（包括信息网络）的业务类型、数据、应用或服务范围、系统结构、用户分布、服务器部署及安全保密等基本情况。为体现重要部分重点保护，有效控制信息安全建设成本，优化信息安全资源配置的等级保护原则，可将较大的信息系统划分为若干个较小的、可能具有不同安全保护等级的定级对象。

6.2.1 确定定级对象

在信息安全等级保护定级工作中最复杂、最关键的问题是如何科学、合理地确定定级对象。定级对象必须同时满足以下 3 个基本条件。

（1）具有唯一确定的安全责任单位

作为定级对象的信息系统应能够唯一地确定其安全责任单位。如果一个单位的某个下级单位负责信息系统安全建设、运行维护等过程的全部安全责任，则这个下级单位可以成为信息系统的安全责任单位；如果一个单位中的不同下级单位分别承担信息系统不同方面的安全责任，则该信息系统的安全责任单位应是这些下级单位共同所属的单位[1]。

（2）具有信息系统的基本要素

作为定级对象的信息系统应该是由相关的和配套的设备、设施按照一定的应用目标和规则组合而成的有形实体，应避免将某个单一的系统组件，如服务器、终端、网络设备等作为定级对象[2]。

（3）承载单一或相对独立的业务应用

定级对象承载单一的业务应用是指该业务应用的业务流程独立，且与其他业务应用没有数据交换，独享相关的信息处理设备。定级对象承载相对独立的业务应用是指其业务应用的主要业务流程独立，同时与其他业务应用有少量的数据交换，定级对象可能与其他业务应用共享一些设备，尤其是网络传输设备[3]。

划分定级对象的一些主要原则简述如下。

① 基础信息网络、专网、内网和外网等作为定级对象。不是将整个网络作为一个对象，而是要从安全管理和安全责任的角度，将信息网络划分成若干个最小安全域或最小单元区定级[4]。

② 各单位网站作为独立的定级对象。如果网站的数据库管理系统级别高，也要作为独立的定级对象；网站上运行的信息系统也要作为独立的定级对象。

③ 可按照不同业务类别单独确定为定级对象，如用于生产、指挥、管理、办公等目的的各类应用系统，不以系统是否进行数据交换、是否独享设备为确定定级条件。

④ 跨地域或跨单位的大应用，如果各地域或各级运营、使用单位都有安全责任，建议分别确定为单独的定级对象，而不是将全行业确定为一个定级对象；在一个大的一体化网络平台上运行的多个业务应用系统，应分别确定为定级对象。

⑤ 新建系统要在规划设计阶段定级。

⑥ 要确认负责定级的单位是否对所定级系统负有业务主管责任，也就是说，业务管理部门应主导对业务信息系统定级，运维部门（如信息安全中心）可以协助定级并按照业务管理部门的要求开展后续安全保护工作。

6.2.2 信息系统的基本属性 CIA

信息系统中要有保密性、完整性和可用性这 3 个基本属性，即 CIA，除此之外，信息安全还应具有可控性和不可否认性等属性[5]。

（1）机密性

保密性指保证信息不会泄露给非授权用户、实体或者进程。保密性具有以下特性。

① 保密是相对于信息的非授权范围而言，这些信息只能在一定范围内公开，如单位专有信息和秘密等。

② 保密要求有不同的等级。保密级别分为内部、秘密、机密、绝密。

③ 保密针对信息系统，对其存储、传输等设备必须实施严格控制。

（2）完整性

完整性是指信息在存储或传输过程中保持不被授权的、非预期的或无意的操作修改和破坏，完整性包括数据完整性和系统完整性[6]。系统完整性反映了操作系统的逻辑正确性和可靠性，实现保护机制的硬件和软件逻辑完备性以及数据结构和数据存储的一致性。

完整性的破坏来自未授权操作、非预期操作和无疑操作等方面。

（3）可用性

可用性指信息可以被授权者访问并按要求使用的特性，即网络信息服务在需要时，允许授权用户或实体使用的特性[7]；或者当网络部分受损或需要降级使用时，仍能为授权用户提供部分有效服务的特性。

可用性的攻击主要通过阻断信息合理使用的方法完成，如破坏系统的正常运行等。

（4）可控性

可控性指对保密信息内容和信息的传播具有控制能力。保证可控性最重要的技术是全局监控技术，它涉及入侵检测和预警、应急响应处理等技术[8]。

（5）不可否认性

在网络信息系统的信息交互过程中，确信参与者的真实同一性，使得所有参与者不能否认或抵赖曾经完成的操作[9]。

6.2.3 定级流程

确定信息系统安全保护等级的一般流程如图 6-1 所示。

应分别对这两个方面赋值，将相关的赋值经过运算处理后，得到信息系统的重要程度赋值；业务对信息系统的依赖程度也要进行相应的赋值；最后根据数据不同的安全属性决定确定信息系统的安全等级方式。

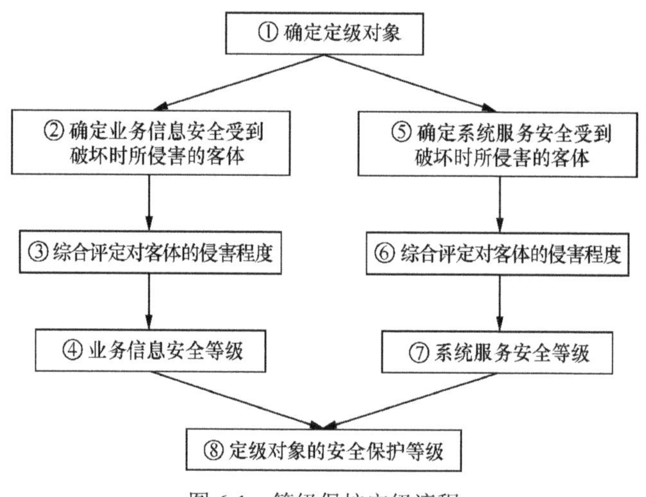

图 6-1　等级保护定级流程

系统定级主要考虑两个方面：一是系统中所存储、处理、传输的主要信息；二是系统所提供的主要服务。通过对每一类信息和服务安全等级的分析，最终确定系统的安全等级。系统安全等级是系统中各类信息和服务安全等级的最大值，并且可以根据系统整体的实际情况进行调整，确定系统最终的安全等级。主要通过保密性、完整性和可用性 3 个方面的安全等级来综合确定系统的安全等级[10]。

如某个系统（假设其名称为 A）的安全等级可以表示为安全等级（A）=max {(系统保密性等级)，(系统完整性等级)，(系统可用性等级)}，其中，系统保密性等级=max {(各信息或服务的保密性等级)}，系统完整性等级=max {(各信息或服务的完整性等级)}，系统可用性等级=max{(各信息或服务的可用性等级)}。系统 A 最终的安全等级为系统保密性等级、系统完整性等级、系统可用性等级中的最大值。

对于信息系统重要程度的关系应该有以下考虑：如果信息系统的重要程度是以机密性为主的，信息系统的安全等级就以信息系统重要程度的等级作为信息系统的安全等级；如果信息系统的重要程度等级是以完整性和可用性为主而确定的，则该赋值就应该与信息系统的依赖程度赋值进行相关运算后，最后得到信息系统的安全等级。

信息系统的安全保护等级和采取的基本安全保护措施是有对应关系的，信息系统的运行、使用单位虽然可以根据系统的特殊安全需求对一些安全保护措施进行增强，但整体上的安全保护水平还是原来的级别，如果考虑系统的特殊需求，需要加强保护，可提升级别，提高整体安全保护水平。

6.3 涉密信息系统的等级保护

涉密信息系统应当在按照等级保护要求定级的基础上，按照密码管理部门的相关规定和要求进行密码保护。

保密管理部门和安全管理部门应监督指导涉密信息系统准确合理地进行定级。

涉密信息系统建设使用单位应选择具有涉密集成资质的单位承担或参与信息系统的设计和实施。

涉密信息系统建设使用单位应依据涉密信息系统分级保护管理规定和标准，按照内部、秘密、机密、绝密等级的不同要求，结合实际需求实施等级保护[11]。其保护水平总体上不低于信息安全保护等级第三级、第四级、第五级的水平。

涉密信息系统的密码产品的选择按照密码管理部门的要求实施，工程建设完成后，投入使用前由密码管理部门进行保密测评、审批，通过审批后方可投入使用，并向安全管理部门和密码管理部门分别备案。

6.4 信息系统安全技术体系结构设计

根据信息系统安全等级保护要求、安全需求分析报告、信息网络总体安全策略文件等，提出系统需要实现的安全技术措施，形成信息网络安全技术体系结构，用以指导信息系统分等级保护的具体实现，内容如下。

（1）规定骨干网/城域网的安全保护技术措施

根据信息网络总体安全策略文件、等级保护基本要求和安全需求，提出骨干网/城域网的安全保护策略和安全技术措施。骨干网/城域网的安全保护策略和安全技术措施提出时应考虑网络线路和网络设备的共享情况，若不同级别的子系统通过骨干网/城域网的同一线路和设备传输数据，线路和设备的安全保护策略和安全技术措施应满足最高级别子系统的等级保护基本要求。

（2）规定子系统之间互联的安全技术措施

根据用户总体安全策略文件、安全等级保护基本要求和安全需求，提出跨局域网互联的子系统之间的信息传输保护策略要求和具体的安全技术措施，包括同级互联的策略、不同级别互联的策略等，提出局域网内部互联的子系统之间的信息传输保护策略要求和具体的安全技术措施，包括同级互联的策略、不同级别互联的策略等。

（3）规定不同级别子系统的边界保护技术措施

根据用户总体安全策略文件、安全等级保护基本要求和安全需求，提出不同级别子系统边界的安全保护策略和安全技术措施。子系统边界安全保护策略和安全技术措施提出时应考虑边界设备共享的情况，若不同级别的子系统通过同一边界设备进行边界保护，这个边界设备的安全保护策略和安全技术措施应满足最高级别子系统的等级保护基本要求。

（4）规定不同级别子系统内部系统平台和业务应用的安全保护技术措施

根据用户总体安全策略文件、安全等级保护基本要求和安全需求，提出不同级别子系统内部网络平台、系统平台和业务应用的安全保护策略和安全技术措施。

（5）规定不同级别信息系统机房的安全保护技术措施

根据用户总体安全策略文件、等级保护基本要求和安全需求，提出不同级别信息系统机房的安全保护策略和安全技术措施。信息系统机房安全保护策略和安全技术措施提出时应考虑不同级别的信息系统共享机房的情况，若不同级别的信息系统共享同一机房，机房的安全保护策略和安全技术措施应满足最高级别信息系统的等级保护基本要求。

（6）形成信息系统安全技术体系结构

将骨干网/城域网、通过骨干网/城域网的子系统互联、局域网内部的子系统互联、子系统的便捷、子系统内部各类平台、机房以及其他方面安全保护策略和安全技术措施进行整理、汇总，形成信息系统的安全体系结构。

6.5 安全技术体系建设

6.5.1 物理安全防护

（1）防盗窃和防破坏

主要设备存放位置物理受限；主要设备和部件固定，并加上不易拆除标记；通信线路隐藏铺设；存储介质分类标记和存储；安装防盗报警设备。

相应采取的技术措施有防盗报警器。

（2）防火

设置火灾自动消防系统，自动检测火情，自动报警，并自动灭火[12]；机房、工作场所建筑材料应当采用耐火材料；机房采取防火隔离设施，将重要设备和其他设备隔离开。

相应采取的技术措施有烟感器、自动灭火器；耐火材料、防火隔离设施。

（3）防水防潮

在水管安装时，不要使得水管穿过屋顶和活动地板下，以免水管破裂或者爆裂造成水灾；对穿过墙壁和楼板的水管增加必要的保护措施，如设置套管；采取必要的措施防止雨水通过屋顶和墙壁渗透，造成水灾；采取措施防止室内水蒸气结露和地下积水的转移与渗透。

相应采取的技术措施有套管和除湿装备。

（4）温湿度控制

购置恒温恒湿设备，保持机房的温湿度，保证设备运行在允许温湿度环境下，防止设备在非正常的情况下运行造成的安全隐患。

相应采取的技术措施有恒湿空调设备。

（5）电力供应

计算机系统供电应与其他供电分开；设置稳压和过压防护设备；提供短期电力供应系统，如 UPS 系统；电力供应系统配置冗余或者并行的电力电缆；必要时，配置备用电力系统。

相应采取的技术措施有稳压器、过压器、UPS、备用发电机。

（6）电磁防护

交流电一定要接地线，防止外界电磁干扰和寄生设备耦合；电力电缆与通信线缆要实行分离部署，防止产生电磁干扰；重要设备和磁介质实行电子屏蔽。

相应采取的技术措施有绝缘地板、防电磁干扰设备、电子屏蔽设备。

6.5.2　计算环境安全防护

主机安全检测与加固。系统加固和优化的目的是通过对主机所存在安全问题执行正确的安装；安装最新和全部 OS 和应用软件的安全补丁；操作系统和应用软件的安全配置；系统安全风险防范；提供系统使用和维护建议；系统功能测试；系统安全风险测试；系统完整性备份；必要时重建系统等操作强化主机的安全防护能力。

系统加固和优化是一项十分复杂的工作，要经历几个过程的反复，为保证系统加固和优化能够顺利进行并圆满完成，必须做好明确系统加固目标；明确系统运行状况；明确加固风险；做好系统备份以规避加固风险等准备工作，上述工作的结果决定了系统加固和优化的流程、实施的内容、步骤和复杂程度。

第一，系统加固和优化。系统加固和优化的内容主要由 4 个环节构成，见表 6-1。

表 6-1　系统加固和优化的主要内容

序号	环节	服务	说明
1	状态调查	系统安全需求分析	新系统（或重新安装的系统）与现存系统相比较，新系统的加固和优化工作要相对简单些；现存系统的加固比较复杂，在一定情况下，现存系统必须完全重建，才能满足客户对系统的安全需求；新系统和旧系统的加固和优化流程不同，两者有各自的工作流程
		系统安全策略制订	
		系统安全风险评估（网络扫描和人工评估）	
2	制订加固方案	制订对系统实施加固和优化的内容、步骤和时间表	
3	实施加固	对系统进行加固	
		对系统进行测试	
4	生成加固报告	加固过程的完整记录	
		有关系统安全管理方面的建议或解决方案	
		对加固系统安全审计结果	

第二，安全加固是在安全评估的基础上，针对各个业务系统暴露出来的主要安全问题给出解决建议，指导并配合相关管理和技术人员通过主机系统优化、网络设备优化进行安全加固实施，如图 6-2 所示。

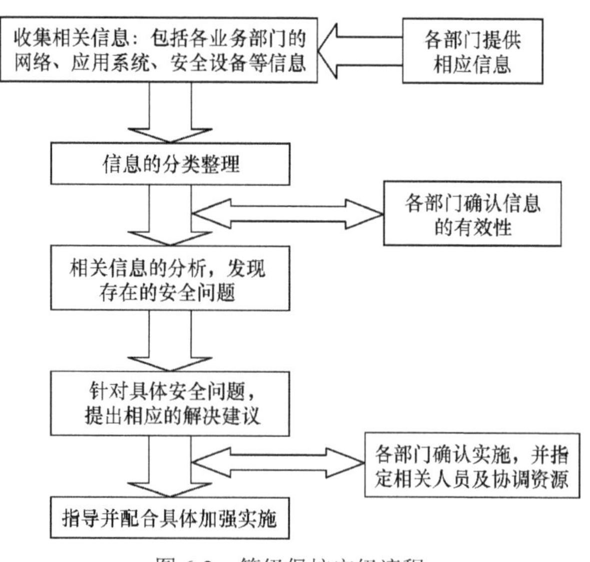

图 6-2　等级保护定级流程

第三，操作系统安全优化与配置，见表 6-2。

表 6-2 操作系统安全优化与配置内容

序号	操作系统类型	优化与配置内容
1	Windows 系统	确保所有磁盘分区为 NTFS 分区
		安装最新的补丁和最新的 Hotfix
		关闭不需要的服务；注册表项的修改
		去掉不需要的协议，如 IPX/SPX、NetBIOS
		严格控制账号和密码策略；IIS 服务优化配置
		对木马和一些其他后门程序的防护
		整体系统安全配置，消除安全隐患
2	UNIX（Linux）	安装最新的补丁和最新的 Hotfix
		制定严格的口令策略；开放服务的管理
		禁止使用控制台程序，限制任何非 Root 用户对控制台的登录
		不显示系统的提示信息，通过屏蔽系统提示信息来保护系统本身，防止黑客获取更多的信息资源
		对 Root 用户的管理，防止任何人都可以使用 SU 命令成为 Root
		系统漏洞的修复；文件权限安全调整
		网络接口调整和安全优化

第四，Web 系统安全优化配置。由于 Web 系统是客户直接面向用户提供信息发布服务，所以在整个网络安全的配置中处于最重要的位置。因为它一旦出现安全问题的话，将带来很多的恶劣的影响，所以在项目中，将重点加强 Web 系统的安全配置。包括以下配置操作：Web 服务器系统安全针对具体型号和版本和操作系统进行安全检查，对发现的漏洞进行修复，对版本进行升级，解决低版本可能产生的 Bug 问题；Web 服务器的权限配置对用户的权限、可以访问的目录作严格的限制，防止由于用户越权访问而导致的安全问题；Web 服务器安全配置检查和优化，大多数的 Web 安全问题是由于管理员的配置不当而产生的，安全策略如将 Web 目录设置为只可读，不可执行等；Web 服务器日志管理，攻击者成功登录系统后首先要做的就是修改日志，以消除记录，保护日志的安全性能有效提高系统整体安全性。改变 Web 系统默认日志存放路径，并正确设置日志访问权限，仅允许系统管理员对日志有完全控制权；Web 服务器动态脚本的检查，脚本的安全性也是同样重要，对于大多数的 CGI 脚本它都存在有安全问题；Web 服务器其他的安全高级配置依据客户具体的要求提供更多的安全配置。

第五，Mail 系统的安全配置。Mail 服务器向外提供收发 E-mail 的服务，也是工作交流的一种重要手段，而当今由于邮件系统本身存在的安全问题可能导致黑客的入侵，因此，Mail 系统本身的安全性也就凸现了很大的必要性。也是确保网络应用正常运行的重要的一个环节。Mail 系统的安全配置操作包括：Mail 服务器系统安全针对 Mail 服务器使用的具体型号和版本，Mail 系统使用的操作系统进行安全检查，对发现的漏洞进行修复，对版本进行升级，解决低版本可能产生的 Bug 问题；邮件系统安全配置针对可能造成安全问题的系统配置进行优化配置，例如，一些自动回复、未授权转发等问题；远程命令执行配置由于 Mail 系统配置的不当可能导致恶意用户从远程执行命令来达到攻击的目的，通过安全设置，禁止远程执行可以解决此问题；邮件服务器日志管理攻击者成功登录系统后首先要做的就是修改日志，以消除记录，保护日志的安全性能有效提高系统整体安全性[13]。改变邮件系统默认日志存放路径，并正确设置日志访问权限，仅允许系统管理员对日志有完全控制权；邮件服务器其他的安全高级配置依据客户具体的要求提供更多的安全配置。

第六，系统日志审计。包括审计的事件和事件日志，其中审计的事件从系统级的审计跟踪、应用级的审计跟踪和用户审计跟踪来审计，事件日志由意外事件和其他与安全相关事件的审核日志组成用以协助以后的调查和访问控制控工作。

第七，补丁更新。针对服务器操作系统、应用系统、数据系统以及网络设备的安全漏洞，解决的办法可归结为操作（Operation）和修复（Fix）两个方面，即有些漏洞可以通过一些操作去除，有些漏洞则必须采用修复措施。

第八，其他系统优化。对有些应用和服务安全问题较多，目前又没有可行的解决方案，切实有效的方法是在可能的情况下停止该服务，不给黑客攻击提供机会[14]。对出现过安全事故（已知的或并未补发现的）的系统，则在系统中可能存在隐患，例如黑客留下后门程序（特洛伊等后门程序）等。此时必须去除这些程序。对系统本身并没有安全漏洞，但由于配置和权限错误或不合理，给系统安全性带来问题。可根据实际情况和审计结果，对这类配置和权限设置问题进行修改[15]。对问题比较复杂，涉及的因素和方面较多的系统要设计专门设计解决方案。

通过漏洞扫描、操作系统内核加固等加固技术从网络的结构安全（G3）和网络设备防护（G3）解决网络安全问题。

6.5.3 应用安全监控子系统

应用监控子系统为整个业务基础架构提供一个统一的视图，可以监视各种应用程序和服务器，包括应用服务器、数据库、操作系统、邮件服务器、Web 服务器、各种服务以及自定义的监视器。应用监控子系统可以对其进行监视，并可为参数设置阈值，当被监视参数超出阈值时就会触发动作，产生告警，通知管理员和操作人员进行处理；应用监控子系统还内嵌各种图表和报表，可以通过它们来分析不同时间的变化趋势并评估其性能。

应用监控软件进行安全监控，主要功能见表 6-3[16]。

表 6-3 应用监控软件主要功能

功能类别	功能描述
应用服务器监视	可监视 Microsoft .NET、WebLogic、WebSphere、Tomcat、Oracle 应用服务器、JBoss 应用服务器，以及应用服务器中基于 Web 的应用，如 Servlets、JSP、EJB
Web 事务监视	可监视从 URLs 到 SQLs 的端到端的 J2EE Web 事务
数据库监视	可监视 MySQL、Oracle、IBM DB2 及 MS SQL
主机资源监视	可监视 Windows、Linux、Solaris、HP Unix、Tru64、Mac OS、IBM AIX 及 FreeBSD 服务器，也可以监视 Windows 事件日志
Windows 性能计数器	通过 WMI 监视 Windows 性能计数器
脚本监视	从同一 Web 控制台对 Windows/Linux 的自定义脚本进行管理，同时还集成了自动测试脚本软件
服务监视	可监视各种服务，如 FTP、Telnet、RMI Adaptor、任意 TCP 端口等
邮件服务器监视	可监视邮件服务器（包括 SMTP 服务器和 POP 服务器）及 Microsoft Exchange Server
Web 服务监视	可监视 Apache、IIS、PHP、Web Services（SOAP）及其他 Web 服务器
HTTP URL 监视	可监视任何基于 HTTP 或 HTTPS 的网页及 URL 序列
自定义监视器	将从多个资源得到的数据源分组，并把它们显示在共同的地方。这些数据源可以是 JMX MBeans 和 SNMP 代理
故障管理	基于被监视的属性发送告警，可以通过电子邮件/短信/SNMP 陷阱/MBean 操作/执行程序/记录工单来通知告警
性能报表	被监视参数的性能以图表的形式描述，易于分析；通过强大的报表功能可以分析一段时间的变化趋势；同时还支持计划报表
方便易用的 Web 客户端	通过 Web 浏览器页面就可以进行管理，也可以监视和查看监视器的健康状态、可用性等属性
监视器组的整体视图	可以管理大量的应用和服务，用户可以根据需要将应用和相关的服务灵活的分成一组，作为一个独立的单元进行监视
属性统计的图形表示	通过图形显示属性每小时的明细，使用户很容易查看属性和时间的统计信息；并可查看一段时期内的历史数据
可扩展的架构	可扩展的架构使得用户可以监视各种监视器，根据需要，可以采用有代理监视和无代理监视
根本原因分析	给出各重要度告警的详细信息，并智能分析告警产生的根本原因

应用监控子系统简单易用，它提供对网络中的应用程序和资源的远程监控，帮助管理人员更加方便地管理整个业务基础架构，协助他们在诸如服务中断和应答缓慢等问题影响到最终用户之前，及时发现问题并加以解决，从而有效地减少故障修复时间，增加系统的可用性和稳定性。通过应用监控子系统可以解决主机安全（资源控制（A3））和应用安全（软件容错（A3））。

6.5.4 通信与存储安全子系统

信息技术的应用以及信息系统的脆弱性使信息安全重要性变得越来越突出。计算机互联，需要信息保密技术来确保信息在通信过程中的安全，并且需要安全技术来保证计算之间的安全以及单个计算机的安全，数据的存储也需要强有力的安全措施加以保护，确保数据不被泄密、篡改。传统上对信息、网络和计算机系统的保护比较注重于防火墙、入侵检测、漏洞扫描、防病毒、数据传输加密等。而对于系统本身的安全管理，内网的信息安全（内部知识产权），数据存储（移动的、本机硬盘、网络硬盘等）等缺少安全措施。

根据在信息安全领域长期的研究成果和企事业单位的实际应用情况，有两种比较好的技术途径来确保内网信息系统的安全和信息安全。其一是终端安全登录和监控审计技术，可以利用该技术体系来加强内网的安全管理，该技术通过计算机身份的强化认证来防止信息泄密，确保系统安全运行；其二是采用数据保护技术和磁盘驱动技术来保证一些存储设备中的数据安全。该技术在内网中成功的实施可以确保：非授权的用户不能登录计算机终端或通过终端登录网络；非授权的计算机终端设备不能接入可信的计算机网络；可信的计算终端（主机）不能接入不可信的网络；构建数据的存储和交换安全，创造一个完整的数据安全交换区域。

系统主要由存储加密（数据库加密）、通信加密（SSL/TLS）、数字签名组成。通过集中服务管理、安全登录保护、文件加密和保护、进程管理控制、管理行为审计、用户操作审计等功能解决应用安全（通信完整性（S3）、通信保密性（S3）、抗抵赖（G3））、数据安全及备份恢复（数据完整性（S3）、数据保密性（S3））的问题[17]。

6.5.5 内网安全管理子系统

内网安全管理子系统部署在企业的内部网络中，保护企业内部资源和网络的安全性。终端安全管理子系统可以对内部终端计算机进行集中的安全保护、监控、审计和管理，可自动向终端计算机分发系统补丁，禁止通过外设和接口泄漏重要信息，防止终端计算机非法外联，防范非法设备接入内网，有效地管理终端资产等[18]，并且可以与防火墙、网闸、UTM 等网关设备进行有机联动，共同实现全网安全。

产品由终端安全管理软件、终端安全登录控制组成，主要功能见表 6-4。

表 6-4　内网安全管理子系统主要功能

功能分类	功能点	功能详细描述
桌面安全管理	桌面保护	终端用户和权限查看；终端用户密码修改；防病毒软件检测
		终端禁止访问的外部端口配置
		终端禁止被访问的内部端口配置
	桌面审计	终端用户变化审计；文件访问审计与管理
		上网行为审计与管理；程序使用审计与管理
		网络端口通信审计；网络共享审计与管理
		终端用户屏幕抓取与审计；打印行为审计与管理
		即时通信程序（MSN、QQ）审计与管理
	桌面管理	终端运行进程管理；终端软件和自启动组管理
		桌面消息通知；远程锁定计算机；远程关闭计算机
桌面安全管理	桌面管理	远程注销登录计算机的用户；远程重新启动计算机
		遵循 CSC 关联安全标准，通过防火墙/网闸/UTM 联动阻止终端计算机的网络通信；禁止用户使用设备管理器；远程协助
		禁止用户打开网络属性
		禁止快速用户切换；禁止打开 IE 属性
		关闭系统默认共享和用户共享；禁止用户使用设备管理器
	主机运维	流量异常监控；进程异常监控；终端上线离线时间统计
补丁分发管理	补丁分发	终端计算机漏洞自动分析
		下发主机缺少补丁；下发用户自选补丁
		下发用户自定义补丁；补丁分发策略管理
		通过测试组计算机进行补丁测试
		补丁回退，卸载指定补丁；补丁增量更新
	补丁管理	补丁添加、删除、查询和信息修改
	软件分发	自定义软件的管理；自定义软件的分发
	任务管理	当前任务管理；历史任务管理；计划任务管理
	流量控制	分发线程数；调节占用网络带宽；设置 P2P 文件传输方式
	级联功能	补丁分发服务器支持无限级联功能

（续表）

功能分类	功能点	功能详细描述
外设和接口管理	存储设备管理	禁用软驱、光驱、磁带机
		禁用移动存储设备，设置移动存储设备只读
		对移动存储设备进行认证
	外设接口管理	禁用串口和并口、SCSI 接口、USB 接口、1394 接口
		禁用蓝牙设备，红外设备，调制解调器，PCMCIA 插槽
	在线/离线策略	对在线/离线状态配置不同的安全策略
安全准入管理	准入控制	在线主机检测；主机授权认证
		对非法主机阻断网络连接；IP/MAC 地址绑定
	准入管理	设置信任主机；设置超级主机
		遵循 CSC 关联安全标准，通过防火墙/网闸/UTM 联动阻止非法主机的网络通信
外联监控	非法外联监控	非法拨号监控
		连接非法主机监控
	非法外联管理	禁止拨号网络
		禁止连接非法主机
资产管理	资产统计	硬件信息收集统计；软件信息收集统计
	资产变更处理	硬件资产变更处理
		软件资产变更处理
	软件授权管理	统计非授权软件使用情况
安全性	系统安全性	服务器与客户机进行认证，防止非授权使用
		服务器与客户机之间采用加密通信
		控制台支持分级、分组、分权限管理
		对系统发送的报警邮件内容进行加密
		对备份数据进行加密
	数据安全性	提供自动备份功能
		支持多种备份装置（如磁带机、CDRW、DVDRW、网络驱动器）

（续表）

功能分类	功能点	功能详细描述
系统性能优化	数据库性能	采用高性能后台数据库
	网络性能	支持高性能数据压缩和数据传输，降低数据大小及传输时间
		采用快速客户机并发轮询技术
		对客户机网络流量进行控制
管理配置	客户端程序功能	客户端程序兼容 Windows 系列操作系统
		客户端程序卸载必须通过控制台
		客户端程序具有反安装保护功能
	客户端安装方式	单独安装、域安装、Web 安装
		通过内部邮件发送客户端程序的下载链接
	系统管理	终端计算机管理、用户及权限管理、安全策略配置
		告警设置与管理、日志查询、报表统计

通过使用终端安全管理软件、终端安全登录控制解决网络安全（边界完整性检查（S3）、主机安全（身份鉴别（S3）、访问控制（S3）、入侵防范（G3））等问题[13]。

6.5.6　区域边界安全防护

网络安全域划分与逻辑隔离。防火墙（Firewall）是近年发展起来的重要安全技术，其主要作用是在区域入口点检查网络通信，根据用户设定的安全规则，在保护内部区域安全的前提下，提供内外区域网络通信。通过使用防火墙过滤不安全的服务器，提高网络安全和减少安全域中主机的风险，提供对系统的访问控制；阻止攻击者获得攻击安全域系统的有用信息，记录和统计网络利用数据以及非法使用数据、攻击和探测策略执行。防火墙属于一种被动的安全防御工具。设立防火墙的目的就是保护一个网络区域不受来自另一个网络区域的攻击[19]。

防火墙的主要功能是提供安全区域边界控制的基本屏障，体现网络安全策略的具体实施，强化安全认证和监控审计，阻止内部信息泄漏[20]。

通过防火墙和安全域划分可满足网络安全（结构安全（G3）、访问控制（G3））的标准。

6.5.7　网络入侵检测子系统

利用防火墙技术，经过仔细的配置，通常能够在网络边界之间提供安全的保护，降低了网络安全风险。但是仅使用防火墙，网络安全还远远不够，防火墙也有明显的缺陷，其不能防止绕过防火墙设备的其他途径的攻击，不能阻止内部攻击者带来的威胁，不能防范已感染病毒文件和软件的传输，无法防止诸如数据驱动型的攻击[21]。

网络入侵检测系统可以实时检测到来自第三方接入网络的各种攻击，同时实时做出各种预先定义的响应，力求做到在黑客造成破坏之前发现问题，解决问题。网络入侵检测系统是一种自动识别和实时响应的智能安全系统。它能监视网络中的活动事件，寻找有攻击企图和未经授权的访问行为。当网络入侵检测系统检测到一个攻击，它提供几种响应方式，包括记录攻击、通知系统管理员，以及与防火墙进行联动[22]。网络入侵检测系统（NIDS）通常采用分布式体系使管理员可以通过一个中心控制器去监控整个企业网络，主要功能见表 6-5[23]。

表 6-5　网络入侵检测系统主要功能

功能类别	功能描述
安全功能	采用高稳定、高安全、高效率、高扩展、模块化、多平台支持的 TOS 操作系统
	综合应用会话分析、智能协议分析、异常状态检测等先进的检测技术
	系统内置多种入侵检测规则，可以细粒度检测各种入侵攻击企图
	系统可以阻断对特定服务器的访问或来自特定用户的服务
	系统对所检测到的入侵企图和违背设定安全策略的活动提供多种响应方式
	提供强大的病毒（蠕虫）检测功能及强大的可疑事件（SNA）检测能力
	内置强大的、灵活的协议解码器，用户可根据需求灵活定义协议和各种入侵检测规则
	支持大型分布式网络环境下的分级部署管理功能，即可支持多级控制台管理
监控功能	提供实时监控当前 TCP 会话并根据需要进行切断、保存会话内容的功能
	系统以图形方式实时监控 IDS 引擎的 CPU、内存等资源信息及实时网络流量信息
	协议还原与内容监控：监控并还原邮件内容（POP3、SMTP、IMAP、Web Mail）；监控并记录 WWW、FTP、Telnet 等 TCP 会话的访问信息
报表与统计	提供基于各种协议的流量统计功能和基于访问端、服务端的流量统计功能
	提供网络流量统计报表、丰富的入侵事件报表、针对当前系统设置的详细分析报表和用户自定义报表
增强安全性	提供采集入侵相关信息、发出入侵警报以及限制网络访问等功能，以保护服务器免受外部和内部的攻击
	采用 Stealth 技术，有效地防止暴露入侵检测系统的存在，控制台引擎间的通信采用 SSL 加密认证，从而有效地保护了入侵检测系统自身的安全性
管理功能	简单、实用的图形化用户界面。全中文的串口管理功能
	提供强大的入侵规则及产品使用在线帮助，极大地减轻了管理员的负担
	提供分布式探测与集中式管理相结合功能。系统通过自身集成的在线升级模块方便地对入侵检测库和产品模块进行升级

通过使用网络入侵检测系统可达到网络安全（入侵防范（G3））的标准要求。

6.5.8 通信网络安全防护

网络拓扑结构优化。由于种种原因，如建网时的资金限制、网络扩展等造成的网络结构不合理、设备使用不合理，从而导致网络使用效率低、设备负担不合理、网络运行不稳定等现象，可以通过优化网络结构得到改善，从而提高网络资源的利用率。目前企业一般采用三层网络设计模型，分别为核心层、汇聚层和接入层。以上三层有各自明确的功能定义，每层对网络设备和链路都有不同的性能要求。在同一层中运行的设备完成相似的任务。网络中的各层可能包括路由器、交换机或者某种组合。优化建议如下。

一是针对三层结构的不同功能，优化的重点主要为保证核心层的高速、稳定、可靠性；汇聚层的可扩展性；接入层的可管理性。

二是在网络拓扑结构优化过程中应根据实际需求选择合适的拓扑结构，传统布线拓扑为减低线路成本较多采用节点汇聚的方式，而现在随着介质成本的降低、维护成本的增加，更多地考虑减少节点或者是减少有源节点的方式，将汇聚层直接设置在总部大楼内部，从核心到汇聚都采用直接逻辑连接，不再设中间有源节点。

三是传输介质的选择。传输介质对网络性能的影响不可忽视，一个性能良好的网络必须有一个坚实的基础，介质的影响不应成为应用的障碍。目前的综合布线系统普遍采用单、多模光缆，超 5 类或 6 类非屏蔽双绞线。越来越多的用户和视频点播等应用使得网络流量日益增长，千兆、万兆以太网成为必然的趋势。建议在带宽利用率过高时，可采用多链路捆绑方式或直接升级用千兆线路代替百兆线路。由于光缆优良的扩展特性，一般使用光缆架构千兆网，便于将来向 10 G 比特网络扩展。

四是冗余设计是网络设计的重要部分，是保证网络整体可靠性能的重要手段。但是投资也将增加。冗余设计可以贯穿整个 3 层结构，每个冗余设计都有针对性，可以选择其中一部分或几部分应用到网络中以针对重要的应用[24]。

网络设备冗余即双机热备这一概念包括了广义与狭义两种意义。从广义上讲，就是对于重要的服务，使用两台网络设备，互相备份，共同执行同一服务。当一台网络设备出现故障时，可以由另一台网络设备承担服务任务，从而在不需要人工干预的情况下，自动保证系统能持续提供服务。从狭义上讲，双机热备特指基于 Active/Standby 方式的网络设备热备。网络设备数据包括数据库数据同时往两台或多台网络设备写，或者使用一个共享的存储设备。在同一时间内只有一台网络设备运行。当其中运行着的一台网络设备出现故障无法启动时，另一台备份网络设备会通过软件诊测（一般是通过心跳诊断）将 Standby 机器激活，保证应用在短时间内完全恢复正常使用。

网络结构优化、链路负载均衡、服务器负载均衡、双机热备（HA）、QoS。可以解决以下问题。一是网络安全——结构安全（G3）。保证主要网络设备的业务处理能力具备冗余空间，满足业务高峰期需要；应保证网络各个部分的带宽满足业务高峰期需要；应按照对业务服务的重要次序来指定带宽分配优先级别，保证在网络发生拥堵时优先保护重要主机[25]。二是数据安全及备份恢复——备份和恢复（A3）。应采用冗余技术设计网络拓扑结构，避免关键节点存在单点故障；应提供主要网络设备、通信线路和数据处理系统的硬件冗余，保证系统的高可用性。

6.5.9 网络设备安全检测与加固

安全专家将依据企事业单位的实际情况以及安全评估的报告，并与企事业单位工作人员配合对风险报告进行分析，并给出解决方案建议，充分讨论得到授权后，进行安全优化服务。路由器和交换机作为网络设备，其安全性是不容忽略的，有必要对其进行优化配置。优化加固实施过程中包括内容见表 6-6。

表 6-6 网络设备安全检测与加固主要内容

路由器访问控制的安全配置	严格控制可以访问路由器的管理员，任何一次维护都需要记录备案
	建议不要远程访问路由器，即使需要远程访问路由器，建议使用访问控制列表和高强度的密码控制
	严格控制 CON 端口的访问
	如果不使用 AUX 端口，则禁止这个端口
	建议采用权限分级策略
	为特权模式的进入设置强壮的密码
	控制对 VTY 的访问
	IOS 的升级和备份
	及时地升级和修补 IOS 软件
路由器网络服务安全配置	禁止 CDP、TCP、UDP Small 服务、Finger 服务、BOOTp 服务
	禁止 IP Source Routing、IP Classless
	禁止 ICMP 协议的 IP Unreachables、Redirects、Mask Replies
	明确禁止 IP Directed Broadcast、不使用的端口
	建议如果不需要 ARP-Proxy 服务则禁止它，路由器默认识开启的
	建议禁止 SNMP 协议服务。在禁止时必须删除一些 SNMP 服务的默认配置。或者需要访问列表来过滤；建议禁止 HTTP 服务
	如果没必要则禁止 WINS 和 DNS 服务

（续表）

路由器路由协议安全配置	首先禁止默认启用的 ARP-Proxy，它容易引起路由表的混乱
	启用 OSPF 路由协议的认证；RIP 协议的认证
	启用 Passive-Interface 命令可以禁用一些不需要接收和转发路由信息的端口
	启用访问列表过滤一些垃圾和恶意路由信息
路由器其他安全配置	及时的升级 IOS 软件，并且要迅速为 IOS 安装补丁；IP 欺骗防护
	要严格认真地为 IOS 作安全备份；要为路由器的配置文件作安全备份
	要严格设置登录 Banner，必须包含非授权用户禁止登录的字样

对于防火墙的安全隐患，除以上通用问题和解决方案外，将通过以下步骤对防火墙进行重新配置和规划：检查防火墙系统的网络拓扑结构；备份原有防火墙安全策略和 Log 文件；检查防火墙的安全和主机用户权限的设置；检查防火墙的安全策略（策略所代表的服务、策略有效性、策略是否重叠、策略的顺序、Log 文件检查）；重新设置防火墙的安全策略；验证新的防火墙安全策略。通过漏洞扫描、网络设备的加固可达到网络的结构安全（G3）、网络设备防护（G3）标准的要求。

6.5.10　安全支撑平台

近几年来，随着计算机网络的迅猛发展，特别是互联网的不断推广应用，网络安全越来越成为人们关注的热点之一。如何保障网络的安全使用，如何制订并实施合理的网络安全规则，成为人们亟待解决的问题。网络安全不仅事关国家的安危与主权，而且关系到企业、机构及个人的利益。据统计，在全球范围内，由于信息系统的脆弱性而导致的经济损失，每年高达数亿美元，并呈逐年上升趋势。

目前，国内外信息安全市场主要集中在防火墙、入侵监测、漏洞扫描等防外的产品上。网络安全以单点防护为主，大量安全产品简单堆砌，形不成规模化、体系化的立体防护体系。在网络信息安全发展的现阶段，网络规模不断扩大，网络设备和节点不断增加，同时网络安全事件层出不穷，有愈演愈烈之势，仅靠过去单一的网络安全产品已无力保障网络信息的安全运行。同时，业界过分重视防范来自外部的信息安全事件，缺乏有效的内部人员威胁解决方案，甚至很少有这方面的研究项目，大多数人对内部人员威胁的认识仅限于概念层面上，更缺少针对内部人员威胁的安全审计监控系统的技术研究和产品开发。 据统计，80%的攻击事件、失窃密事件来自内部，内部人员更容易接触到绝密、重要、敏感的信息，来自内部的安全问题更多、更难防范，一旦出现内部安全问题，损失更大。安全综合强审计监控系统是当前乃至未来信息安全产业的焦点，是信息化建设中至关重要的一环，是确保信息化健康、稳定、持续发展的关键[26]。

综合安全审计管理子系统是一个能够监控、审查内部人员操作行为，保护内网主机、服务器、网络、数据库安全的管理工具，具有良好的可靠性和易用性。

（1）产品组成

综合审计平台包含主机审计监控、网络审计监控和数据库审计监控。其中主机审计监控由系统信息审计监控、网络审计监控、拨号审计监控、文件审计监控、系统日志审计、进程审计监控、打印审计监控、主机 IP 审计监控、盘符审计监控、硬件审计监控、屏幕审计监控、键盘审计监控、U 盘认证、软件资源审计、可信域审计监控、系统异常、主机扫描、邮件审记、文件扫描、补丁分发等 20 项审计监控组成；网络审计监控由网络入侵检测、MAC 地址审计、流量审计、协议审计等 4 项组成；数据库审计监控从数据库访问操作入手，对抓到的数据分组进行语法分析，对违规操作行为产生报警事件。

（2）主要特点

通过完善的安全审计功能不仅可以收集到用户关心的多种审计数据，审计的结果也具有绝对的权威性，同时可以生成多种格式的报表。通过综合审计满足安全审计（G3）标准，解决主机和网络安全。

综合安全运维管理子系统。安全运营中心（SOC）是一种集中安全管理的形式，它包含集中安全设备管理、安全事件收集、事件关联分析、状态监视、分析报表等重要技术组件，除技术之外，安全运营中心还有一个重要组成部分就是运行人员、应急小组和专家队伍。因此，安全运营中心还需要相应的管理制度和应急处理流程，安全事件处理流程的设计是安全运营中心建设的一个重要环节。可以看到建立全面的安全运营中心是一个庞大和复杂的工作，它包括了安全产品管理平台、统一的日志审计平台，安全运营中心管理制度等。安全运营中心的体系结构可以从技术和管理两个方面来理解。

技术层面的理解：信息安全管理的目标就是确保信息在采集、存储、传输、处理、使用、销毁整个生命周期内的保密性、完整性、可用性。从这个角度来看，信息安全管理的手段就是建立一套行之有效的信息安全管理体系实现对信息保密性、完整性、可用性的有效管理。

管理层面的理解：信息安全管理的目标就是确保信息系统内不发生安全事件，少发生安全事件，即使发生安全事件也要将影响降到最低。从这个角度来看，信息安全管理的手段就是建立起一套行之有效的信息安全事件处理机制与流程，实现信息安全事件的明确定义、快速发现、及时报告、迅速响应、客观评价、严厉惩戒、准确预警。

安全运营中心的建设，就是要建立一个安全的基础设施——安全运营中心的信息收集和处理、发布的作用将各个网络设备、安全设备和系统设备等整个安全系统统一的管理和监控起来，实现自动化的安全管理技术平台。

通过对不同系统、不同设备的日志采集和分析，SOC 中的信息系统管理软件可以提供给不同系统管理员在同一视图下展示各自管理的内容。利用 SOC 中信息系统管理软件强大的关联分析技术，可以提供实时监控能力，同时对安全事件回放的功能和其强大的统计分析显示报告系统功能，具备了优异的事后调查取证的能力。通过对被管理资产信息进行建模，并将资产漏洞信息导入 SOC 中的信息系统管理软件数据库，通过带有威胁响应的信息系统管理软件，风险关联功能实现精确的基于资产的安全风险分析管理和响应，构建了基本的资产和风险管理体系。通过不同安全事件、脆弱性、资产价值间的相互关联分析形成不同的威胁报警级别，以便安排威胁响应措施——信息系统管理软件安全管理服务器内置安全工单系统，也可与其他工作流系统形成无缝集成，便于统一安排安全事件响应管理，使安全防护工作变被动为主动。通过综合安全运维管理子系统达到安全审计的标准（安全审计（G3））。

6.6　本章小结

本章介绍了等级保护安全技术体系中关于通用定级要素、通用定级方法、涉密信息系统的等级保护措施及信息系统安全技术体系结构设计等几个方面的设计方法，然后根据安全技术设计方法阐述了安全技术体系建设的相关内容。

参 考 文 献

[1] 电力行业信息系统安全等级保护定级工作指导意见[J]. 电力信息与通信技术, 2008, 6 (1): 20-26.

[2] 尹智庆, 刘维. 信息安全等级保护面面观[J]. 网络安全技术与应用, 2008, (2): 8-10.

[3] 崔书昆. 解读信息安全等级保护有关文件[J]. 信息网络安全, 2007, (12): 14-17.

[4] 王思宁. 构筑信息安全保护的闸门——专访公安部信息安全网络监察局郭启全处长[J]. 电力信息与通信技术, 2008, 6 (1): 28-31.

[5] 杨东娴. 信息安全管理体系的研究与建立[Z].

[6] 陈瑞. 信息系统安全性实现的理论和模型[D]. 武汉: 武汉理工大学, 2002.

[7] 董宁. 北京电网调度自动化系统网络安全策略研究[D]. 北京: 北京理工大学, 2002.

[8] 吕志英. 浅谈网络安全工作中的技术与管理[J]. 管理与技术, 2009, (3): 60-67.
[9] 刘彬生. 基于 B/S 结构信息系统的安全研究[D]. 哈尔滨: 哈尔滨工业大学, 2002.
[10] 齐莹素. 三级信息系统等级保护实施方案的研究与应用[D]. 北京: 北京工业大学, 2007.
[11] 杜虹. 分级保护工作具体实施中应重点做好的几项工作[J]. 保密工作, 2007: 9-11.
[12] 侯勃峰. 咸阳市电子政务内网协同办公平台的实现[C]// 第四届中国国际数字城市建设技术研讨会. 2009: 41-43.
[13] 代文章. 电力系统的安全性及防治措施[J]. 电气技术, 2011, (12): 85-89.
[14] 王先旺. 黑客攻击侦测系统[D]. 成都: 四川大学, 2001.
[15] 杨莎滢. 论软件安全漏洞挖掘技术[J]. 信息安全与技术, 2013, 4 (1): 32-34.
[16] 韩志雄, 李涛, 陈彪. 服务器运行监控软件的特点及其应用[J]. 时代经贸, 2012, (35): 6-6.
[17] 徐硕, 王立华, 黄其泉, 等. 中国渔政管理指挥系统信息安全建设重点分析与思考[J]. 中国渔业经济, 2013, 31 (5): 45-49.
[18] 王强, 封艳超, 纪封敏. 主机审计与监控系统的开发应用[J]. 科技信息, 2011, (21).
[19] 郭晨霞. 高校图书馆计算机网络安全管理策略[J]. 科技情报开发与经济, 2013, 23 (19): 40-42.
[20] 陶宏. 基于计算机网络信息安全的防火墙技术实用研究[J]. 消费电子, 2013, (12): 84-84.
[21] 孙晓龙. 政府计算机网络安全解决方案研究[J]. 中国校外教育: 基教版, 2012, (11): 166-166.
[22] 彭洋. 电子政务云信息安全的问题及其对策[J]. 企业技术开发月刊, 2014, 33 (2): 74-75.
[23] 杨超. 陕西通用石油化工有限公司产品简介[J]. 城市公共交通, 2011, (8): 70-70.
[24] 黄柯佳. 校园网信息安全优化方案探讨[J]. 通信与信息技术, 2011, (6): 68-70.
[25] 王栋, 刘识, 王怀宇, 等. 电力行业三级信息系统等级保护典型设计研究[J]. 电力信息与通信技术, 2012, 10 (8): 81-84.
[26] 赵晖, 严永锋. 内网安全综合审计监管系统的设计与实现[J]. 集团经济研究, 2006, (32): 248-248.
[27] 韩金龙, 罗治华, 何俊. 一种信息系统内网安全统一管理平台及管理方法[P] CN, CN 103179130 A, 2013.

第7章 信息安全等级保护运作体系设计

运作体系是负责信息安全等级保障体系的规划、设计、实施、运行维护和系统终止、废弃等全生命周期的安全管理和保障的一套体系，确保信息安全全流程、全生命周期和全维的覆盖，在过程中不出现管理和安全漏洞。

7.1 运作体系及其组成

基于等级化思想构建的安全体系包括了 5 个阶段：规划需求阶段、设计开发阶段、实施阶段、运行维护阶段、废弃阶段[1]。图 7-1 所示为信息系统等级保护过程。

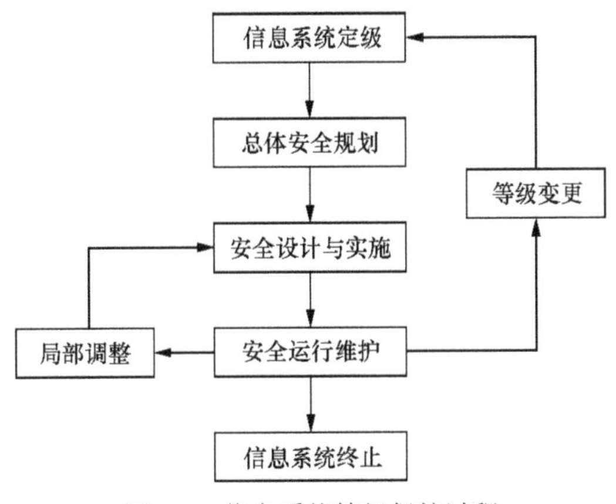

图 7-1 信息系统等级保护过程

等级保护生命周期主要活动如图 7-2 所示。

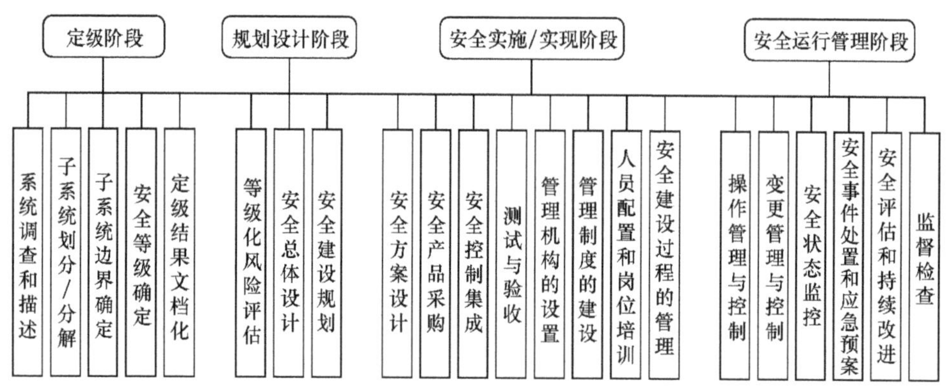

图 7-2　等级保护生命周期主要活动

7.2　定级阶段

等级化安全体系管理应协助用户完成对信息系统进行划分，并根据信息系统的价值确定信息系统的保护等级，完成保护等级的备案工作[2]。

一个单位内运行的信息系统可能比较庞大，为了体现重点部分重点保护，可根据部门/行业信息系统安全保护要求将较大的信息系统划分为若干较小的子系统，对所分解的每个子系统分别确定其安全等级，如图 7-3 所示。

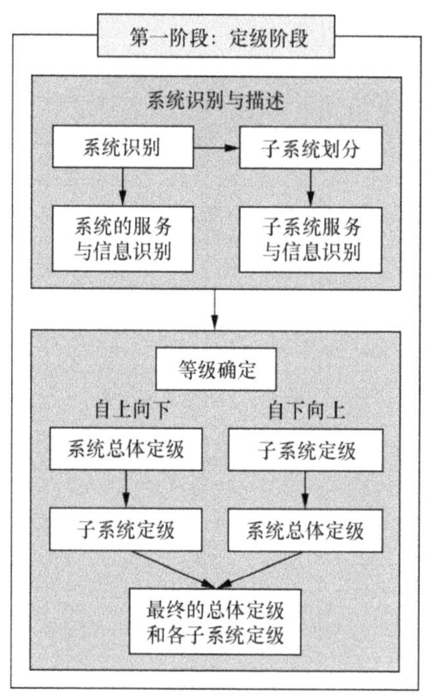

图 7-3　等级保护定级阶段

7.2.1　定级准备

各单位先对所属信息系统的基本情况进行调查，掌握信息系统数量、处理信息范围、用户分布和服务器部署等基本情况，根据信息系统是否涉密处理如下。

① 部门/行业信息系统等级保护定级报告。

② 部门/行业涉密信息系统分级保护备案表（涉密信息系统提供）。

③ 信息系统基本情况补充说明（第三级以上信息系统提供）。包括系统处理的主要信息、密级（涉密信息系统提供）的说明；服务器部署情况；拓扑结构及说明；是否使用密码设备及其装备情况；系统安全保密组织机构、负责人和管理制度情况[3]；系统设计实施方案或改建实施方案；其他需要说明的问题。

④ 密码设备装配情况，包括装配的密码设备数量、型号、生产单位和装配时间（涉密信息系统提供）。

⑤ 系统使用的信息安全产品清单。

⑥ 系统安全保密检测评估报告（涉密信息系统提供）。

⑦ 系统建设之初有关主管部门的审批意见。

⑧ 系统建成之后专家或主管部门评审意见。

⑨ 系统建设单位资质证明。

⑩ 系统建设和工程监理报告。

其中，信息系统的基本情况调查表见表 7-1，部门/行业涉密信息系统分级保护备案表见表 7-2。

表 7-1　信息系统的基本情况调查表

单位名称	
涉密信息系统名称	
系统密级（保护等级）	□秘密　　□机密　　□绝密
系统连接范围	□局域网 □城域网 □广域网（跨　　个省或地）
系统安全域划分和安全域密级确定	□未划分安全域 □划分安全域（共有　　个，其中绝密级　　个，机密级　　个，秘密级　　个，内部级　　个）
系统主要承建单位	
系统投入使用时间	
系统运行管理部门	
系统安全保密管理部门	
系统分级保护实施情况	□已经实施　□正在实施　□计划　　年实施

表 7-2　涉密信息系统分级保护备案表

<table>
<tr><td colspan="2">系统名称</td><td></td><td>系统编号</td><td></td></tr>
<tr><td rowspan="2">系统承载业务情况</td><td>业务类型</td><td colspan="3">□部门/行业业务　□指挥调度　□管理控制
□内部办公　□部门/行业公共服务　□其他</td></tr>
<tr><td>业务描述</td><td colspan="3"></td></tr>
<tr><td rowspan="2">系统服务情况</td><td>服务范围</td><td colspan="3">□部门/行业系统　□跨省（区、市）　跨　个
□局间（或跨地）　□跨地（市、区）　跨　个
□局内
□其他</td></tr>
<tr><td>服务对象</td><td colspan="3">□部门/行业内部人员　□部门/行业以外人员
□两者均包括　□其他</td></tr>
<tr><td rowspan="2">系统网络平台</td><td>覆盖范围</td><td colspan="3">□局域网　□城域网　□广域网　□其他</td></tr>
<tr><td>网络性质</td><td colspan="3">□部门/行业业务专网　□军队网　□其他</td></tr>
<tr><td colspan="2">系统互连情况</td><td colspan="3">□与部门/行业以外单位系统连接
□与部门/行业系统内其他单位系统连接
□与部门/行业本单位其他系统连接　□其他</td></tr>
<tr><td colspan="2" rowspan="8">关键产品使用情况</td><td>产品类型</td><td>数量</td><td>产品来源</td></tr>
<tr><td>密码产品</td><td></td><td></td></tr>
<tr><td>安全产品</td><td></td><td></td></tr>
<tr><td>网络产品</td><td></td><td></td></tr>
<tr><td>操作系统</td><td></td><td></td></tr>
<tr><td>数据库</td><td></td><td></td></tr>
<tr><td>服务器</td><td></td><td></td></tr>
<tr><td>其他</td><td></td><td></td></tr>
</table>

（续表）

	服务类型		服务责任方类型		
			总部（单位）	其他机构	其他服务商
系统采用服务情况	等级测评	□有 □无	□	□	□
	风险评估	□有 □无	□	□	□
	灾难恢复	□有 □无	□	□	□
	应急响应	□有 □无	□	□	□
	系统集成	□有 □无	□	□	□
	安全咨询	□有 □无	□	□	□
	安全培训	□有 □无	□	□	□
	其他				
等级测评单位名称					
何时投入运行使用	年　　月　　日				
系统是否是分系统	□是		□否（如选择是请填下两项）		
上级系统名称					
上级系统所属单位名称					

“系统密级”依据部门/行业保密规定确定；涉密信息系统一般应划分安全域，同一系统内的不同安全域根据所处理信息的重要程度，可分别确定密级。

进行备案时，信息系统定级情况数据表结构示意见表 7-3。

表 7-3　涉密信息系统分级保护备案表

	损害客体及损害程度	级别
确定业务信息安全保护等级	□仅对单位权益造成损害	□第一级
	□对单位权益产生严重损害 □对部门/行业工作秩序和部门/行业公共利益造成损害	□第二级
	□对部门/行业工作秩序和部门/行业公共利益造成严重损害 □对国家安全、国家军事安全、部门/行业安全造成损害	□第三级
	□对部门/行业社会秩序和部门/行业公共利益造成特别严重损害 □或者对国家安全、国家军事安全、部门/行业安全造成严重损害	□第四级
	□对部门/行业安全、国家军事安全或国家安全造成特别严重损害	□第五级

（续表）

确定系统服务安全保护等级	□仅对单位权益造成损害	□第一级
	□对单位权益产生严重损害 □对部门/行业工作秩序和部门/行业公共利益造成损害	□第二级
	□对部门/行业工作秩序和部门/行业公共利益造成严重损害 □对国家安全、国家军事安全、部门/行业安全造成损害	□第三级
	□对部门/行业社会秩序和部门/行业公共利益造成特别严重损害 □或者对国家安全、国家军事安全、部门/行业安全造成严重损害	□第四级
	□对部门/行业安全、国家军事安全或国家安全造成特别严重损害	□第五级
信息系统安全保护等级	□第一级 □第二级 □第三级 □第四级 □第五级	
定级时间	年 月 日	
专家评审情况	□已评审 □未评审	
是否有主管部门	□有 □无（如选择有请填下两项）	
主管部门名称		
主管部门审批定级情况	□已审批 □未审批	
系统定级报告	□有 □无 附件名称	

7.2.2　定级主要工作

定级阶段工作应完成定级对象确认、划分子系统以及子系统的定级和备案工作。定级主要工作如下。

① 识别单位基本信息：了解单位基本信息有助于判断单位的职能特点、单位所在行业及单位在行业所处的地位和所用，由此判断单位主要信息系统的宏观定位[4]。

② 识别业务种类、流程和服务：应重点了解定级对象信息系统中不同业务系统提供的服务在影响履行单位职能方面具体方式和程度，影响的区域范围、用户人数、业务量的具体数据以及对本单位以外机构或个人的影响等方面。这些具体数据即可以为主管部门制订定级指导意见提供参照，也可以作为主管部门审批定级结果的重要依据[4]。

③ 识别信息：调查了解定级对象信息系统所处理的信息，了解单位对信息的 3 个安全属性的需求，了解不同业务数据在其保密性、完整性和可用性被破坏后在单位职能、单位资金、单位信誉、人身安全等方面可能对国家、社会、本单位造成的影响，对影响程度的描述应尽可能量化[4]。

④ 识别网络结构和边界：调查了解定级对象信息系统所在单位的整体网络状况、安全防护和外部连接情况，目的是了解信息系统所处的单位内部网络环境和外部环境特点，以及该信息系统的网络安全保护与单位内部网络环境安全保护的关系[4]。

⑤ 识别主要的软/硬件设备：调查了解与定级对象信息系统相关的服务器、网络、终端、存储设备以及安全设备等，设备所在网段，在系统中的功能和作用。调查设备的位置和作用主要就是发现不同信息系统在设备使用方面的共用程度[4]。

⑥ 识别用户类型和分布：调查了解各系统的管理用户和一般用户、内部用户和外部用户、本地用户和远程用户等类型，了解用户或用户群的数量分布，判断系统服务中断或系统信息被破坏可能影响的范围和程度[4]。

⑦ 形成定级结果：取各类信息和服务的较高级别。

确定部门/行业信息系统安全保护等级的流程如下。

① 按照定级对象要求确定作为定级对象的信息系统。

② 确定信息安全受到破坏时所侵害的客体；综合评定业务信息安全被破坏对客体的侵害程度；通过等级化安全体系管理支撑平台的信息安全保护等级计算处理[5]，得到业务信息安全保护等级。

③ 确定系统服务安全受到破坏时所侵害的客体；综合评定系统服务安全被破坏对客体的侵害程度；通过等级化安全体系管理支撑平台的系统服务安全保护等级计算处理[6]，得到系统服务安全保护等级。

④ 将业务信息安全保护等级和系统服务安全保护等级的较高者确定为定级对象的安全保护等级[4,7,8]。

7.3 总体安全规划阶段

部门/行业等级化服务组织借助等级化安全体系管理支撑平台针对用户的信息网络进行全面的评估，根据评估的结果和信息系统确认的保护等级，结合本报告中对各级别信息系统的技术和管理要求，调整相应的安全保护措施，并完成安全保障系统的整体规划[2]。

7.3.1 安全等级评估

根据等级指标对比评估、额外/特殊风险评估中间记录，结合被评估单位提供的各种资料，进行全面的综合分析，编制评估报告。评估报告包括安全现状和安全建设两方面，其中安全现状主要描述通过评估所了解到的系统各个层面的基本安全状况以及与等级要求的符合情况。安全建议主要描述针对系统存在的安全隐患和缺陷以及如何进行改造，以符合相应等级的安全需求。由于被评估信息系统可能包括多个不同的子系统，原则上需要分别对它们进行评估和拟定报告[9,10]。

在安全现状和评估指标对比后确定基本安全需求的基础上，通过风险评估的手段确定额外或特殊的安全需求。确定额外安全需求可以采用目前成熟或流行的风险评估方法等。风险评估的策略是首先选定某项业务系统（或者资产），评估业务系统的资产价值，挖掘并评估业务系统/资产面临的威胁，挖掘并评估业务系统/资产存在的弱点，进而评估该业务系统/资产的风险，得出整个评估目标的风险[11-13]。

确定风险程度（风险评估结果）后，得出相应的风险处理方案，可选方案如接受风险、较低风险、避免风险、转移风险等。从体系化的角度采取控制措施，如依据风险评估结果建立纵深防御体系等，最终形成控制建议。控制措施类型包括安全加固建议、安全体系结构简易、安全管理建议等。

7.3.2 安全等级保护规划流程及过程

（1）总体方法与流程

包括划分保护对象、等级确定、确定安全目标、涉及总体框架、评估现状、比较指标库、确定措施、实施、运行改进。

（2）规划过程

包括总体安全设计、安全建设项目规划、安全方案详细设计、管理措施实现、技术措施实现等。

7.4 设计开发/实施阶段

建设单位（或委托承建单位）根据既定的安全需求目标，按照部门/行业有关等级保护的管理规范和技术标准，进行系统安全体系结构及详细实施方案的设计，采购和使用相应等级的信息安全产品，建设安全设施，落实安全技术措施[1]。

主管部门或指定第三方机构对建设单位的系统安全设计方案进行评审，并将出具的安全方案评审报告作为是否允许安全实施的依据[14]。

建设单位在进行风险评估时，应根据自身的客观条件选择自评估方式或委托第三方机构评估的方式进行；主管部门发起的安全测评一般应委托具有授权资质和技术能力的第三方机构进行。特别是对参与基础信息网络或三级以上重要信息系统安全评估的机构可实行强制许可制度，具体的许可要求可以由相关信息安全主管部门或信息系统行业主管部门制定。此外，还应加强对第三方评估机构的安全保密教育，要求所有评估机构应自觉遵守全军及部门/行业有关保密法规和其他相关规定，对评估工作中涉及的保密事项，应签订保密协议，承担保密责任并采取相应保密措施[1,14]。

7.5 运行维护阶段

系统运行维护阶段，部门/行业等级化服务组织可协助用户完成安全运维策略的制定、培训，进行运行管理和控制、变更管理和控制、安全状态监控、安全事件处置和应急、安全监察和持续改进[15-17]、等级保护评测和等级保护监督检查的工作。

主管部门在系统安全建设基本完成后，指定相关机构对基本建成的系统进行安全测评，以评价系统当前运行环境下的安全控制措施是否和既定等级的安全需求一致、关键资产的安全风险是否控制在可接受范围之内，并将测评机构的安全测评报告作为是否批准系统投入运行（即系统认可）的依据。此外，考虑到信息技术、安全技术、安全攻防技术及相关标准、理论、方法的不断发展，即使系统在认可有效期内没有任何关于技术、业务及管理内容的变更，主管部门也应该发起周期性的安全测评和安全认可，继续加强安全保护。

7.6 系统终止阶段

借助等级化安全体系管理支撑平台协助用户完成信息的转移、暂存或消除；完成设备迁移或报废；完成存储介质的清除或销毁。

建设单位重点对废弃处理不当对资产（如硬件、软件、设备、文档等）的影响、对信息/硬件/软件的废弃处置方面威胁、对访问控制方面的弱点进行综合风险评估，以确保硬件和软件等资产及残留信息得到适当的废弃处置，并且要确保系统的更新换代能以一个安全和系统化的方式完成。

在 SDLC 的某一个具体阶段，也可根据业务类型变化（并可能导致安全等级变化）、新的安全威胁的出现或安全形势的突变，进行安全需求及安全设计、安全实施方案的调整。

7.7 本章小结

本章详细介绍了安全运作体系及各组成部分的主要内容和设计方法，以及建立运作体系的全部流程及细节，为等级保护的安全运作体系的实施提供一套完整的方法和流程。

参 考 文 献

[1] 胡勇. 网络信息系统风险评估方法研究[D]. 成都：四川大学, 2007.
[2] 天融信. 落实等级保护筑可信安全网络[J]. 通信世界, 2009, (30):30-31.
[3] 信息安全等级保护管理办法[J]. 电力信息与通信技术, 2007, 5(9):22-26.
[4] 电力行业信息系统安全等级保护定级工作指导意见[J]. 电力信息与通信技术, 2008, 6(1):20-26.
[5] 吴涛. 建设符合等级保护要求的信息安全体系——电子政务信息系统等级保护工作的研究与探索[J]. 通信技术, 2008, 41(9): 190-192.
[6] 辛士界. 信息安全等级保护定级的方法与应用[J]. 软件产业与工程, 2011, (3):40-43.
[7] 王浩. 地区级供电企业信息安全风险评估研究[D]. 杭州: 浙江大学, 2009.
[8] 方勤. 基于《信息安全技术信息系统安全保护等级定级指南》的定级量化模

型研究及实践[D]. 重庆: 重庆大学, 2008.

[9] 蔡勉, 卫宏儒. 信息系统安全理论与技术[M]. 北京: 北京工业大学出版社, 2006.

[10] 马洪元. 等级化信息安全保障体系在电子政务中的应用[D]. 上海: 复旦大学, 2009.

[11] 范卿. 电信行业信息安全风险评估的研究[D]. 天津: 天津大学, 2009.

[12] 齐卫东. 信息网络安全集中管理平台的研究与设计[D]. 成都: 四川大学, 2005.

[13] 赵冬梅. 信息安全风险评估量化方法研究[D]. 西安: 西安电子科技大学, 2007.

[14] 赵瑞颖. 等级保护、风险评估、安全测评三者的内在联系及实施建议[C]// 全国青年通信学术会议, 2005.

[15] 文杰, 吴玉民. 站在云端的 SaaS 之云安全（下）[J]. 中国建设信息, 2012, (18): 34-39.

[16] 王闪闪. ISO27000 与等级保护系列标准对比研究[D]. 西安: 陕西师范大学, 2010.

[17] 肖锟. 信息安全等级保护概述[J]. 计算机安全, 2010, (11): 61-63.

第 8 章

信息系统安全等级保护基本要求

前面第 5 章介绍了等级化安全管理的重要组成部分——策略体系的内容及其组成。自 20 世纪 80 年代国家提出开展等级保护以来，特别是颁布《中华人民共和国计算机信息系统安全保护条例》以来，国家相关部门和研究机构对于等级保护的标准和规范不断完善、修订，取得了丰硕的成果，形成了一系列完整的等级保护标准体系，为国家的信息安全等级保护工作起到了巨大作用。作为等级化信息安全的标尺，其重要性不言而喻，为更好地理解国家对等级保护的标准和要求，本章将简要介绍中国对等级保护所做的一些基本要求和规范，为信息安全工作者更好地实施信息安全等级保护工作打好基础。

8.1 框架结构

信息系统安全等级保护在整体框架结构上以 3 种分类为支撑点，自上而下分别为：类、控制点和项[1]。其中，类表示在整体上大的分类，其中技术部分分为物理安全、网络安全、主机安全、应用安全和数据安全及备份恢复五大类，管理部分分为安全管理制度、安全管理机构、人员安全管理、系统建设管理和系统运维管理五大类[2]，一共分为十大类。控制点表示每个大类下的关键控制点，如物理安全大类中的物理访问控制作为一个控制点。而项则是控制点下的具体要求项，如机房出入应安排专人负责，控制、鉴别和记录进入的人员。具体框架结构如图 8-1 所示。

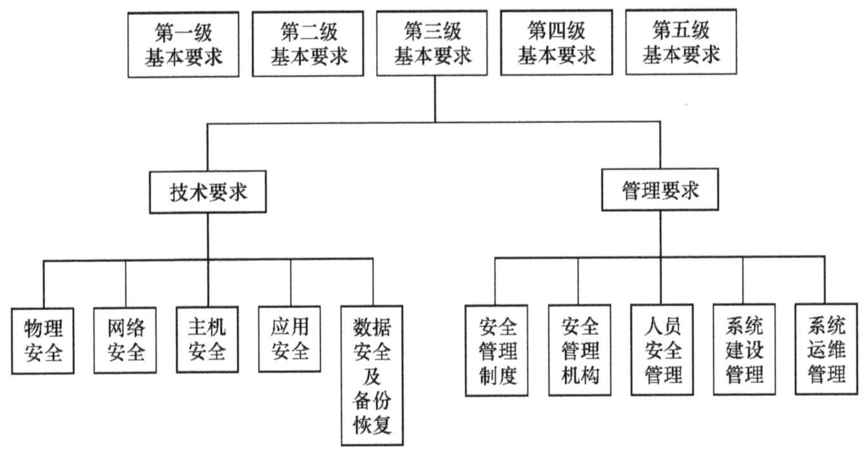

图 8-1　基本要求的框架结构

8.2　描述模型

8.2.1　总体描述

信息系统是颇受诱惑力的被攻击目标。它们抵抗着来自各方面威胁实体的攻击。对信息系统实行安全保护的目的就是要对抗系统面临的各种威胁[3]，从而尽量降低由于威胁给系统带来的损失。

能够应对威胁的能力构成了系统的安全保护能力之一——对抗能力[4]。但在某些情况下，信息系统无法阻挡威胁对自身的破坏时，如果系统具有很好的恢复能力，那么即使遭到破坏，也能在很短的时间内恢复系统原有的状态。能够在一定时间内恢复系统原有状态的能力构成了系统的另一种安全保护能力——恢复能力[5]。对抗能力和恢复能力共同形成了信息系统的安全保护能力。

不同级别的信息系统应具备相应等级的安全保护能力，即应该具备不同的对抗能力和恢复能力，以对抗不同的威胁和能够在不同的时间内恢复系统原有的状态[6]。

针对各等级系统应当对抗的安全威胁和应具有的恢复能力，《基本要求》提出各等级的基本安全要求。基本安全要求包括了基本技术要求和基本管理要求，基本技术要求主要用于对抗威胁和实现技术能力，基本管理要求主要为安全技术实现提供组织、人员、程序等方面的保障[2]。

各等级的基本安全要求，由包括物理安全、网络安全、主机系统安全、应用安全和数据安全等 5 个层面的基本安全技术措施和包括安全管理机构、安全管理制度、人员安全管理、系统建设管理和系统运维管理这 5 个方面的基本安全管理措施来实现和保证[2]。图 8-2 所示为《基本要求》的描述模型。

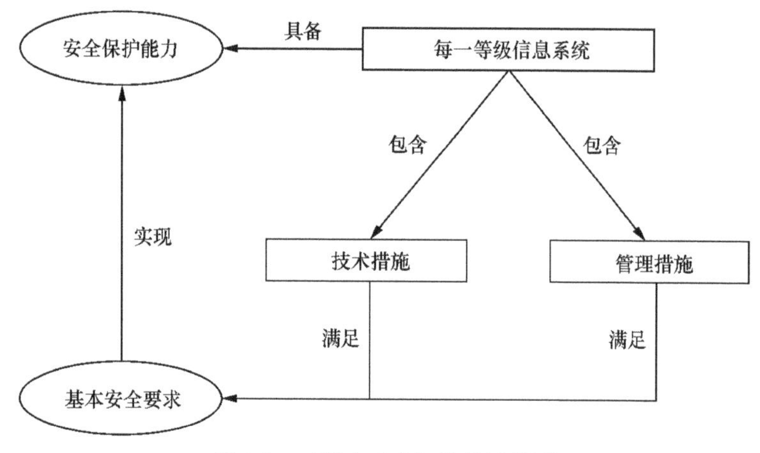

图 8-2 《基本要求》的描述模型

8.2.2 保护对象

作为保护对象，《管理办法》中将信息系统分为 5 级[7-10]。

第一级，信息系统受到破坏后，会对公民、法人和其他组织的合法权益造成损害，但不损害国家安全、社会秩序和公共利益。

第二级，信息系统受到破坏后，会对公民、法人和其他组织的合法权益产生严重损害，或者对社会秩序和公共利益造成损害，但不损害国家安全。

第三级，信息系统受到破坏后，会对社会秩序和公共利益造成严重损害，或者对国家安全造成损害。

第四级，信息系统受到破坏后，会对社会秩序和公共利益造成特别严重损害，或者对国家安全造成严重损害。

第五级，信息系统受到破坏后，会对国家安全造成特别严重损害。

8.2.3 安全保护能力

（1）对抗能力

应对威胁的能力构成了系统的安全保护能力之一——对抗能力。不同等级系统所应对抗的威胁主要从威胁源（自然、环境、系统、人为）、动机（不可抗外力、无意、有意）、范围（局部、全局）、能力（工具、技术、资源等）4 个要素来考虑。

在对威胁进行级别划分前，首先解释以上几个要素。

威胁源：是指任何能够导致非预期的不利事件发生的因素，通常分为自然（如自然灾害）、环境（如电力故障）、IT 系统（如系统故障）和人员（如心怀不满的员工）4 类。

动机：与威胁源和目标有着密切的联系，不同的威胁源对应不同的目标有着不同的动机，通常可分为不可抗外力（如自然灾害）、无意的（如员工的疏忽大意）和故意的（如情报机构的信息收集活动）。

范围：是指威胁潜在的危害范畴，分为局部和整体两种情况。如病毒威胁，有些计算机病毒的传染性较弱，危害范围是有限的；但是蠕虫类病毒则相反，它们可以在网络中以惊人的速度迅速扩散并导致整个网络瘫痪。

能力：主要是针对威胁源为人的情况，它是衡量攻击成功可能性的主要因素。能力主要体现在威胁源占有的计算资源的多少、工具的先进程度、人力资源（包括经验）等方面。

通过对威胁主要因素的分析，可以组合得到不同等级的威胁。

第一级的威胁是：① 危害范围为局部的环境或者设备故障；② 无意的员工失误；③ 低能力的渗透攻击等威胁情景。典型情况如灰尘超标（环境）、单个非重要工作站（设备）崩溃等。

第二级的威胁主要是：① 危害局部的较严重的自然事件；② 具备中等能力、有预设目标的威胁情景。典型情况如有组织的情报搜集等。

第三级的威胁主要是：① 危害整体的自然事件；② 具备较高能力、大范围的、有预设目标的渗透攻击。典型情况如较严重的自然灾害、大型情报组织的情报搜集等。

第四级的威胁主要是：① 危害整体的严重的自然事件；② 国家级渗透攻击。典型情况如国家经营，组织精良，有很好的财政资助，从其他具有经济、军事或政治优势的国家收集机密信息等。

（2）恢复能力

在某些情况下，当信息系统无法阻挡威胁对自身的破坏时，如果系统具有很好的恢复能力，那么即使遭到破坏，也能在很短的时间内恢复系统原有的状态。在一定时间内恢复系统原有状态的能力构成了另一种安全保护能力——恢复能力。恢复能力主要从恢复时间和恢复程度上来衡量其不同级别。恢复时间越短、恢复程度越接近系统正常运行状态，表明恢复能力越高。

第一级：系统具有基本的数据备份功能，在遭到破坏后能够不限时地恢复部分系统功能。

第二级：系统具有一定的数据备份功能，在遭到破坏后能够在一段时间内恢复部分功能。

第三级：系统具有较高的数据备份和系统备份功能，在遭到破坏后能够较快地恢复绝大部分功能。

第四级：系统具有极高的数据备份和系统备份功能，在遭到破坏后能够迅速恢复所有系统功能。

（3）不同等级的安全保护能力

信息系统的安全保护能力包括对抗能力和恢复能力。不同级别的信息系统应具备相应等级的安全保护能力，即应该具备不同的对抗能力和恢复能力。将能力分级，是基于系统的保护对象不同，其重要程度也不相同，重要程度决定了系统所具有的能力也就有所不同。一般来说，信息系统越重要，应具有的保护能力就越高。因为系统越重要，其所伴随的遭到破坏的可能性越大，遭到破坏后的后果越严重，因此需要提高相应的安全保护能力[6]。

不同等级信息系统所具有的保护能力如下[2,7,11-13]。

一级安全保护能力：应能够防护系统免受来自个人的、拥有很少资源的威胁源发起的恶意攻击、一般的自然灾难，以及其他相当危害程度的威胁所造成的关键资源损害，在系统遭到损害后，能够恢复部分功能。

二级安全保护能力：应能够防护系统免受来自外部小型组织的、拥有少量资源的威胁源发起的恶意攻击、一般的自然灾难，以及其他相当危害程度的威胁所造成的重要资源损害，能够发现重要的安全漏洞和安全事件，在系统遭到损害后，能够在一段时间内恢复部分功能。

三级安全保护能力：应能够在统一安全策略下防护系统免受来自外部有组织的团体、拥有较为丰富资源的威胁源发起的恶意攻击、较为严重的自然灾难，以及其他相当危害程度的威胁所造成的主要资源损害，能够发现安全漏洞和安全事件，在系统遭到损害后，能够较快恢复绝大部分功能。

四级安全保护能力：应能够在统一安全策略下防护系统免受来自国家级别的、敌对组织的、拥有丰富资源的威胁源发起的恶意攻击、严重的自然灾难，以及其他相当危害程度的威胁所造成的资源损害，能够发现安全漏洞和安全事件，在系统遭到损害后，能够迅速恢复所有功能。

8.2.4 安全要求

首先介绍《基本要求》安全要求的分类。安全要求从整体上分为技术和管理两大类，其中，技术类安全要求按其保护的侧重点不同，将其下的控制点分为 3 类[14]。

信息安全类（S 类）：关注的是保护数据在存储、传输、处理过程中不被泄漏、破坏和免受未授权的修改。例如自主访问控制，该控制点主要关注的是防止未授权的访问系统，进而造成数据的修改或泄漏。对保证业务的正常连续运行并没有直接的影响。

服务保证类（A 类）：关注的是保护系统连续正常地运行，避免因对系统的未授权修改、破坏而导致系统不可用。例如数据的备份和恢复，该控制点很好地体现了对业务正常运行的保护。通过对数据进行备份，在发生安全事件后能够及时地进行恢复，从而保证了业务的正常运行。

通用安全保护类（G类）：既关注保护业务信息的安全性，同时也关注保护系统的连续可用性。大多数技术类安全要求都属于此类，保护既是为了保证业务能够正常运行，也是为了保证数据安全。例如物理访问控制，该控制点主要是防止非授权人员物理访问系统主要工作环境，由于进入工作环境可能导致的后果既可能是系统无法正常运行（如损坏某台重要服务器），也可能是某些重要数据丢失。因此，它保护的重点二者兼而有之。

技术安全要求按其保护的侧重点不同分为3类：S、A、G。如果从另外一个角度考虑，根据信息系统安全的整体结构来看，信息系统安全可从5个层面（物理、网络、主机系统、应用系统和数据）对系统进行保护，因此，技术类安全要求也相应地分为5个层面上的安全要求[14-16]。

物理层面安全要求：主要是从外界环境、基础设施、运行硬件、介质等方面为信息系统的安全运行提供基本的后台支持和保证。

网络层面安全要求：为信息系统能够在安全的网络环境中运行提供支持，确保网络系统安全运行，提供有效的网络服务。

主机层面安全要求：在物理、网络层面安全的情况下，提供安全的操作系统和安全的数据库管理系统，以实现操作系统和数据库管理系统的安全运行。

应用层面安全要求：在物理、网络、系统等层面安全的支持下，实现用户安全需求所确定的安全目标。

数据及备份恢复层面安全要求：全面关注信息系统中存储、传输、处理等过程的数据的安全性。

管理类安全要求主要是围绕信息系统整个生命周期全过程而提出的，均为G类要求。信息系统的生命周期主要分为5个阶段：初始阶段、采购/开发阶段、实施阶段、运行维护阶段和废弃阶段。管理类安全要求正是针对这5个阶段的不同安全活动提出的，分为安全管理制度、安全管理机构、人员安全管理、系统建设管理和系统运维管理5个方面[14]。

8.3 逐级增强的特点

8.3.1 增强原则

不同级别的信息系统，应该具备不同的安全保护能力，也就是不同的对抗能力和恢复能力。安全保护能力不同意味着能够应对的威胁不同，较高级别的系统应该能够应对更多的威胁。应对威胁将通过技术措施和管理措施来实现，应对同一个威胁可以有不同强度和数量的措施，较高级别的系统应考虑更为周密的应对措施[17]。

不同级别的信息系统基本安全要求的考虑思路和增强原则如图 8-3 所示。

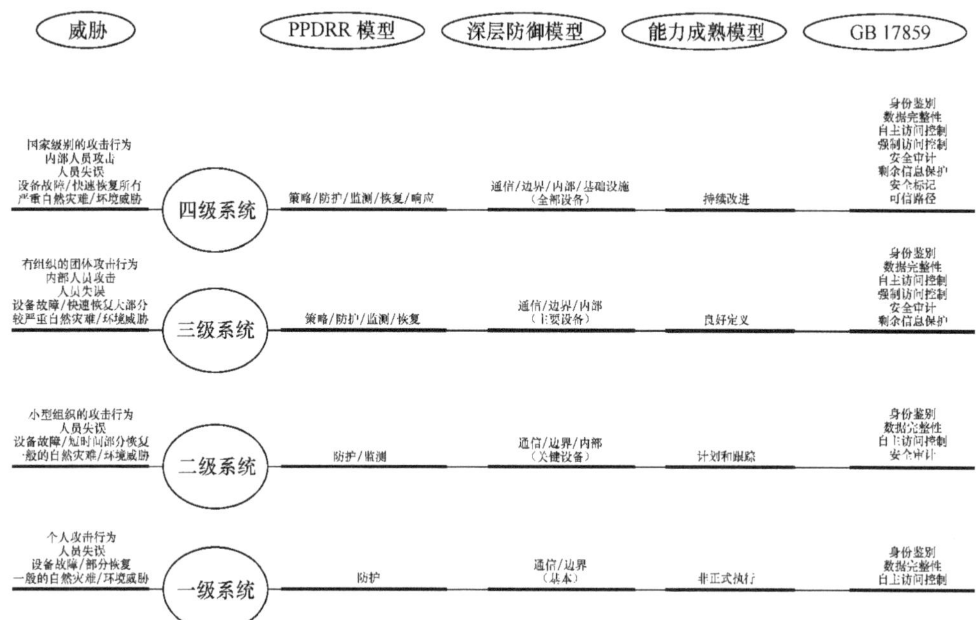

图 8-3　基本要求的逐级的考虑思路和增强原则

8.3.2　总体描述

不同等级的信息系统安全保护能力不同，故其安全要求也不同，从宏观来看，各个级别的安全要求逐级增强[14,18,19]。

二级基本要求：在一级基本要求的基础上，技术方面，二级要求在控制点上增加了安全审计、边界完整性检查、入侵防范、资源控制以及通信保密性等控制点。身份鉴别则要求在系统的整个生命周期，每一个用户具有唯一标识，使用户对自己的行为负责，具有可查性。同时，要求访问控制具有更细的访问控制粒度等。管理方面，增加了审核和检查、管理制度的评审和修订、人员考核、密码管理、变更管理和应急预案管理等控制点。要求制定信息安全工作的总体方针和安全策略，设立安全主管、安全管理各个方面的负责人岗位，健全各项安全管理的规章制度，对各类人员进行不同层次要求的安全培训等，从而确保系统所设置的各种安全功能发挥其应有的作用。

三级基本要求：在二级基本要求的基础上，技术方面，在控制点上增加了网络恶意代码防范、剩余信息保护、抗抵赖等。同时，对身份鉴别、访问控制、安全审计、数据完整性、数据保密性等均有更进一步的要求，如访问控制增加了对重要信息资源设置敏感标记等。管理方面，增加了系统备案、等级测评、监控管理和安全管理中心等控制点，同时要求设置必要的安全管理职能部门，加强了安全管理制度的评审以及人员安全的管理，对系统建设过程加强了质量管理。

四级基本要求：在三级基本要求的基础上，技术方面，在控制点上增加了安全标记、可信路径，同时，对身份鉴别、访问控制、安全审计、数据完整性、数据保密性等均有更进一步的要求，如要求访问控制的粒度应达到主体为用户级或进程级，客体为文件、数据库表、记录和字段级，建立异地灾难备份中心等，对部分功能进行了限制（如禁止拨号访问控制）。管理方面，没有增加控制点，在安全管理制度制定和发布、评审和修订等某些管理要求上要求项增加，强度增强。

具体从微观来看，安全要求逐级增强主要表现在 3 个方面：控制点增加、同一控制点的要求项增加、同一要求项强度增强。

8.3.3 控制点增加

控制点增加表明对系统的关注点增加，因而安全要求的级别差异就体现出来。比较突出的控制点增加，例如，二级控制点增加了安全审计，三级控制点增加了剩余信息保护。每级系统在每一层面上控制点的分布见表 8-1。

表 8-1 《基本要求》控制点的分布

安全要求类	层面	一级	二级	三级	四级
技术要求	物理安全	7	10	10	10
	网络安全	3	6	7	7
	主机安全	4	6	7	9
	应用安全	4	7	9	11
	数据安全及备份恢复	2	3	3	3
管理要求	安全管理制度	2	3	3	3
	安全管理机构	4	5	5	5
	人员安全管理	4	5	5	5
	系统建设管理	9	9	11	11
	系统运维管理	9	12	13	13
合计	—	48	66	73	77
级差	—	—	18	7	4

二级在控制点上的增加较为显著。

8.3.4 要求项增加

由于控制点是有限的，特别在高级别上，如三、四级安全要求（两者之间控制点的变化只有一处），单靠控制点增加来体现安全要求逐级增强的特点是很难的。必须将控制点之下的安全要求项目考虑其中。要求项目的增加，就可以很好地体现逐级增强的特点。

同一控制点，具体的安全项目数量增加，表明对该控制点的要求更细化、更严格，从而表现为该控制点的强度增强。例如，对于控制点身份鉴别，在二级只要求标识唯一性、鉴别信息复杂性以及登录失败处理等要求；而在三级，对该控制点增加了组合鉴别方式等。该控制点的强度得到增强。每级系统在每一层面上要求项的分布见表 8-2。

表 8-2 《基本要求》要求项在各层面的分布

安全要求类	层面	一级	二级	三级	四级
技术要求	物理安全	9	19	32	33
	网络安全	9	18	33	32
	主机安全	6	19	32	36
	应用安全	7	19	31	36
	数据安全及备份恢复	2	4	8	11
管理要求	安全管理制度	3	7	11	14
	安全管理机构	4	9	20	20
	人员安全管理	7	11	16	18
	系统建设管理	20	28	45	48
	系统运维管理	18	41	62	70
合计	—	85	175	290	318
级差	—	—	90	115	28

可见，在二级与一级之间，三级与二级之间要求项的增加比较显著，尤其是三、二级之间，尽管控制点的增加不多，但在具体的控制点上增加了要求项，故整体的级差增强较显著。

8.3.5 控制强度增强

同控制点类似，安全要求项目也不能无限制地增加，对于同一安全要求项（这里的“同一”，指的是要求的方面是相同的，而不是具体的要求内容），如果在要求的力度上加强，同样也能够反映出级别的差异。

安全项目强度的增强表现为[20,21]以下方面。

（1）范围增大

对主机系统安全的安全审计，二级只要求审计范围应覆盖到服务器上的每个操作系统用户和数据库用户；而三级则在对象的范围上发生了变化，为审计范围应覆盖到服务器和重要客户端上的每个操作系统用户和数据库用户。覆盖范围不再仅指服务器，而是扩大到服务器和重要客户终端了，表明了该要求项强度的增强。

（2）要求细化

人员安全管理中的安全意识教育和培训，二级要求应制定安全教育和培训计划，对信息安全基础知识、岗位操作规程等进行培训，而三级在对培训计划进行了进一步地细化并要求有书面文件，为应对定期安全教育和培训进行书面规定，针对不同岗位制定不同的培训计划，对信息安全基础知识、岗位操作规程等进行培训，培训计划有了针对性，更符合各个岗位人员的实际需要。

（3）粒度细化

网络安全中的拨号访问控制，一级要求控制粒度为用户组，二级要求则将控制粒度细化，为控制粒度为单个用户。由用户组到单个用户，粒度上的细化，同样也增强了要求的强度。

可见，安全要求的逐级增强并不是无规律可循，而是按照层层剥开的模式，由控制点的增加到要求项的增加，进而是要求项的强度增强。三者综合体现了不同等级安全要求的级差。

8.4　各级安全要求

信息安全等级保护的要求包括技术要求和管理要求，技术要求包括物理安全、网络安全、主机安全、应用安全和数据安全及备份恢复 5 个方面，管理安全要求包括安全管理制度、安全管理机构、人员安全的管理、系统建设管理和系统运维管理 5 个方面[2]。

8.4.1　技术要求

（1）物理安全

物理安全保护的目的主要是使存放计算机、网络设备的机房以及信息系统的设备和存储数据的介质等免受物理环境、自然灾难以及人为操作失误和恶意操作等各种威胁所产生的攻击。物理安全是防护信息系统安全的最底层，缺乏物理安全，其他任何安全措施都是毫无意义的。

物理安全主要涉及的方面包括环境安全（防火、防水、防雷击等）设备和介质的防盗窃防破坏等方面。具体包括物理位置的选择、物理访问控制、防盗窃和防破坏、防雷击、防火、防水和防潮、防静电、温湿度控制、电力供应和电磁防护 10 个控制点。

（2）网络安全

网络安全为信息系统在网络环境的安全运行提供支持。一方面，确保网络设备的安全运行，提供有效的网络服务；另一方面，确保在网上传输数据的保密性、完整性和可用性等。由于网络环境是抵御外部攻击的第一道防线，因此必须进行各方面的防护。对网络安全的保护，主要关注两个方面：共享和安全。开放的网络环境便利了各种资源之间的流动、共享，但同时也打开了罪恶的大门。因此，必须在二者之间寻找恰当的平衡点，使得在尽可能安全的情况下实现最大程度的资源共享，这是实现网络安全的理想目标。

网络安全主要关注的方面包括网络结构、网络边界以及网络设备自身安全等，具体的控制点包括结构安全、访问控制、安全审计、边界完整性检查、入侵防范、恶意代码防范、网络设备防护 7 个控制点[12]。

（3）主机安全

主机系统安全是包括服务器、终端/工作站等在内的计算机设备在操作系统及数据库系统层面的安全。终端/工作站是带外设的台式机与笔记本计算机，服务器则包括应用程序、网络、Web、文件与通信等服务器。主机系统是构成信息系统的主要部分，其上承载着各种应用。因此，主机系统安全是保护信息系统安全的中坚力量[22]。

主机系统安全涉及的控制点包括身份鉴别、安全标记、访问控制、可信路径、安全审计、剩余信息保护、入侵防范、恶意代码防范和资源控制 9 个控制点。

（4）应用安全

通过网络、主机系统的安全防护，最终应用安全成为信息系统整体防御的最后一道防线。在应用层面运行着信息系统的基于网络的应用以及特定业务应用。基于网络的应用是形成其他应用的基础，包括消息发送、Web 浏览等，是基本的应用。业务应用采纳基本应用的功能以满足特定业务的要求，如电子商务、电子政务等。由于各种基本应用最终是为业务应用服务的，因此对应用系统的安全保护最终就是如何保护系统的各种业务应用程序安全运行[1]。

应用安全主要涉及的安全控制点包括身份鉴别、安全标记、访问控制、可信路径、安全审计、剩余信息保护、通信完整性、通信保密性、抗抵赖、软件容错、资源控制 11 个控制点。

（5）数据安全及备份恢复

信息系统处理的各种数据（用户数据、系统数据、业务数据等）在维持系统正常运行上起着至关重要的作用。一旦数据遭到破坏（泄漏、修改、毁坏），就在不同程度上造成影响，从而危害到系统的正常运行。由于信息系统的各个层面（网络、主机、应用等）都对各类数据进行传输、存储和处理等，因此，对数据的保护需要物理环境、网络、数据库和操作系统、应用程序等提供支持。各个关口把好了，数据本身再具有一些防御和修复手段，必然将对数据造成的损害降至最小。

另外，数据备份也是防止数据被破坏后无法恢复的重要手段，而硬件备份等更是保证系统可用的重要内容，在高级别的信息系统中采用异地适时备份会有效地防止灾难发生时可能造成的系统危害。

保证数据安全和备份恢复主要从数据完整性、数据保密性、备份和恢复等 3 个控制点考虑。

8.4.2　管理要求

（1）安全管理制度

在信息安全中，最活跃的因素是人，对人的管理包括法律、法规与政策的约束、安全指南的帮助、安全意识的提高、安全技能的培训、人力资源管理措施以及企业文化的熏陶，这些功能的实现都是以完备的安全管理政策和制度为前提。这里所说的安全管理制度包括信息安全工作的总体方针、策略、规范各种安全管理活动的管理制度以及管理人员或操作人员日常操作的操作规程。

安全管理制度主要包括管理制度、制定和发布、评审和修订 3 个控制点。

（2）安全管理机构

安全管理，首先要建立一个健全、务实、有效、统一指挥、统一步调的完善的安全管理机构，明确机构成员的安全职责，这是信息安全管理得以实施、推广的基础。在单位的内部结构上必须建立一整套从单位最高管理层（董事会）到执行管理层以及业务运营层的管理结构来约束和保证各项安全管理措施的执行。其主要工作内容包括对机构内重要的信息安全工作进行授权和审批、内部相关业务部门和安全管理部门之间的沟通协调以及与机构外部各类单位的合作，定期对系统的安全措施落实情况进行检查，以发现问题进行改进。

安全管理机构主要包括岗位设置、人员配备、授权和审批、沟通和合作以及审核和检查 5 个控制点。其中，前两个控制点主要是从硬件配备方面对管理机构进行了要求，而后 3 个则是具体介绍机构的主要职责和工作[5]。

（3）人员安全管理

人是信息安全中最关键的因素，同时也是信息安全中最薄弱的环节。很多重要的信息系统安全问题都涉及用户、设计人员、实施人员以及管理人员。如果这些与人员有关的安全问题没有得到很好的解决，任何一个信息系统都不可能达到真正的安全。只有对人员进行了正确完善的管理，才有可能降低人为错误、盗窃、诈骗和误用设备的风险，从而减小信息系统遭受人员错误造成损失的概率。

对人员安全的管理，主要涉及两方面：对内部人员的安全管理和对外部人员的安全管理。具体包括人员录用、人员离岗、人员考核、安全意识教育和培训和外部人员访问管理等5个控制点。

（4）系统建设管理

信息系统的安全管理贯穿系统的整个生命周期，系统建设管理主要关注的是生命周期中前3个阶段（即初始、采购、实施）各项安全管理活动。

系统建设管理分别从工程实施建设前、建设过程以及建设完毕交付等3个方面考虑，具体包括系统定级、安全方案设计、产品采购和使用、自行软件开发、外包软件开发、工程实施、测试验收、系统交付、系统备案、等级测评和安全服务商选择等11个控制点。

不同等级的基本要求在系统建设管理方面所体现的不同如3.1节和3.2节所描述的一样，在3个方面都有所体现。

（5）系统运维管理

信息系统建设完成投入运行之后，接下来就是如何维护和管理信息系统了。系统运行涉及很多管理方面，例如对环境的管理、介质的管理、资产的管理等。同时，还要监控系统由于一些原因发生的重大变化，安全措施也要进行相应的修改，以维护系统始终处于相应安全保护等级的安全状态中[23]。

系统运维管理主要包括环境管理、资产管理、介质管理、设备管理、监控管理和安全管理中心、网络安全管理、系统安全管理、恶意代码防范管理、密码管理、变更管理、备份与恢复管理、安全事件处置、应急预案管理等13个控制点。

8.5 本章小结

本章简要介绍了国家对信息安全等级保护的基本要求和规范，对基本要求的框架结构、描述模型、逐级增强的特点和各级安全在技术和管理方面的相关要求进行了描述，有助于更好地理解国家信息安全等级保护策略。

参 考 文 献

[1] 马军. 等级保护制度在大型企业网络安全建设中的研究和应用[D]. 重庆: 重庆大学, 2008.
[2] 章维炜. 信息安全等级保护体系研究[J]. 中国新技术新产品, 2010, (15): 44-44.
[3] 陈雪秀, 任卫红, 谢朝海. 信息系统安全等级保护能力构成框架研究[J]. 信息网络安全, 2008, (9): 30-32.
[4] 王晓亚. ISMS 信息安全管理体系成熟度的应用研究[D]. 重庆: 重庆大学, 2008.
[5] 陈煜欣. 基于等级保护的政府 Web 应用安全建设实践[J]. 信息安全与通信保密, 2012, (10): 30-34.
[6] 张晨, 江山, 徐颖. 军事信息系统安全防护技术漫谈[J]. 信息系统工程, 2012, (7): 70-71.
[7] 马力, 毕马宁, 任卫红. 国家信息安全等级保护政策中等级概念之间相互关系的分析[J]. 信息网络安全, 2010, (11): 5-7.
[8] 辛士界. 信息安全等级保护定级的方法与应用[J]. 软件产业与工程, 2011, (3): 40-43.
[9] 刘淑鹤. 落实等级保护构筑安全“城堡”[J]. 信息安全与技术, 2010, (6): 5-8.
[10] 苏乃锋, 刘洪雷. 信息安全中的等级保护与分级保护初探[J]. 网络与信息, 2011, (12): 58-58.
[11] 金盛华. 信息安全保护体系等级探析[J]. 硅谷, 2010, (6): 83-83.
[12] 王升保. 信息安全等级保护体系研究及应用[D]. 合肥: 合肥工业大学, 2009.
[13] 周德铭. 落实安全等级保护 增强信息系统安全[J]. 信息网络安全, 2009, (5): 7-7.
[14] 魏丽丽. 基于 ISO17799 标准的信息安全管理系统风险分析模型的研究[D]. 重庆: 重庆工学院, 2008.
[15] 马健丽. 信息系统安全功能符合性检验关键技术研究[D]. 北京: 北京邮电大学, 2010.
[16] 李禾. 信息安全及其等级保护[J]. 科技成果纵横, 2006, (3): 57-57.
[17] 高文涛. 国内外信息安全管理体系研究[J]. 计算机安全, 2008, (12): 95-97.
[18] 池仁隆, 张超, 张春柳. 信息系统安全等级保护建设与测评方法简析[J]. 软件产业与工程, 2012, (2): 44-48.

[19] 韩煜. 等级保护三级信息系统设计与实现[D]. 北京: 北京邮电大学, 2011.
[20] 邹玉林. 面向信息安全等级测评的安全配置核查系统[D]. 青岛: 中国海洋大学, 2013.
[21] 肖芳芳. 浅谈信息系统风险评估与控制措施[J]. 信息系统工程, 2014, (5): 105-106.
[22] 李倩, 杨晓明, 罗衡峰, 等. 等级测评的主机安全检测[J]. 电子产品可靠性与环境试验, 2011, (3): 30-33.
[23] 梁永谦. 电子政务信息安全风险评估技术研究及应用[D]. 成都: 电子科技大学, 2010.

第9章 信息系统定级方法研究

实施等级保护过程中，如何对信息系统实施定级，定级方法的研究具有十分重要的意义。在本章中，提出采用综合评价方法来进行信息系统定级。

9.1 综合评价方法综述

随着信息技术的发展，信息系统的复杂性日益突出，影响信息系统安全性的因素越来越多，各因素之间还存在着联系和作用，因此，需要一种综合的、从信息系统整体考虑的评价方法。

系统综合评价技术是基于系统分析的思想、运用各种数学模型对各种日益复杂的经济、技术和社会问题进行描述、分析和评价的技术。近年来，随着模糊理论、灰色系统理论、运筹学、神经网络等理论的发展，它们也渗透到综合评价领域中来，产生了许多新的评价方法，这些方法已经广泛应用于仿真、军事、工程等领域的评价，并取得了很多研究成果。综合评价方法以系统理论为基础，能综合各指标因素对于信息系统安全性的影响，从而得到客观、准确的评价结果[1]，因此本章采用综合评价方法对电信计费网络进行安全评估，从而达到为信息系统的信息安全等级量化定级的目的。

综合评价包括评价指标体系的建立、评价指标的标准化、评价方法的确定等重要环节。其中，评价指标的选取和建立是进行综合评价的前提和基础，评价指标的选取是否科学、合理，将直接影响到综合评价的结果[2]。网络安全评价指标是网络安全评价的工具，是反映评价对象安全属性的指示标志，因此，建立科学的评价指标体系是对网络安全进行综合评价的关键[3]。

通过等级评估，完成以下目标[4-6]。

① 了解信息系统的管理、网络和系统安全现状；

② 确定可能对资产造成危害的威胁；

③ 确定威胁实施的可能性；

④ 对可能受到威胁影响的资产确定其价值、敏感性和严重，以及相应的级别，确定哪些资产是最重要的；

⑤ 对最重要的、最敏感的资产，确定一旦发生其潜在的损失或破坏；

⑥ 明确信息系统已有安全措施的有效性；

⑦ 明确信息系统的安全管理需求。

9.2 系统定级对象的确定

一个单位内运行的信息系统可能比较庞大，为了体现重要部分重点保护、有效控制信息安全建设成本、优化信息安全资源配置的等级保护原则，可将较大的信息系统划分为若干较小的、可能具有不同安全保护等级的定级对象[7]。

定级对象具有以下基本特征。

（1）具有唯一确定的安全责任单位

如果一个单位的某个下级单位负责该信息系统安全建设、运行维护等过程的全部责任，则这个下级单位就可以作为该信息系统的定级对象；如果一个单位的不同下级单位分别承担该信息系统的安全责任，则这些下级单位共同所属的上级单位就是该信息系统的定级对象。

（2）具有信息系统的基本要素

信息系统作为独立的定级对象，应该是一个由相关和配套的设备、设施按照一定的应用目标和规则组合而成的有形实体。一般应避免将某个单一的系统部件（如终端、服务器、网络设备等）作为一个定级对象。

（3）承载单一或相对独立的业务应用

其业务应用的主要业务流程独立，同时与其他业务有少量的数据交换，定级对象可能会与其他业务应用共享一些设备，尤其是网络传输设备。

9.3 综合评价方法综述

9.3.1 综合评价方法的基本流程

根据被评信息系统的安全等级，从等级保护基本要求的指标中选择和组合评估用的安全指标，形成一套信息系统的评估指标，作为评估的依据；将具体评估对象和评估指标相结合，形成评估方案。具体内容包括形成评估指标和制定评估方案。

（1）形成评估指标

根据各个子系统的安全保护等级从基本要求中选择相应等级的通用指标，然后根据系统数据安全性等级选择数据安全性指标，根据系统连续性等级选择业务连续性指标，进行 3 类指标的组合，形成评估指标。

（2）制定评估方案

根据评估指标，评估方案主要构成内容（可调整）：管理状况评估表格、网络状况评估表格、网络设备（含安全设备）评估表格、主机设备评估表格、主要设备安全测试方案、重要操作的作业指导书。

综合评价的具体方法有很多种，但其总体思路是一致的，基本流程[1]如下。

（1）确立评价对象和评价目标

评价对象可能是人或物，可能是一个或是同类的多个事物。评价目标是评价工作的根本指导方针，对某一事物开展综合评价，首先要明确为什么要综合评价，评价事物的哪一方面，评价的精确度要求如何等。这一步的实质是明确对象系统，评价对象和评价目标直接决定着评价的内容、方式以及方法。当评价对象是某信息系统，评价目标分别是系统的安全程度和系统的风险程度时采取的评价方式可能就不相同。

（2）确立评价的指标体系

所谓指标，是根据研究的对象和目的，能够确定地反映研究对象某一方面情况的特征依据。每个评价指标都从不同侧面刻画对象所具有的某种特征。指标体系则是由多个相互联系、相互作用的评价指标，按照一定层次结构组成的有机整体。评价指标体系是联系评价专家和评价对象的纽带，也是联系评价方法和评价对象的桥梁。只有科学合理的指标体系，才有可能得出科学公正的综合评价结论。指标体系确立的主要方法可以分为经验确定法和数学方法两种，且以经验确定法居多。

（3）评价指标权重的确立

权重是以某种数量形式对比、权衡被评价事物总体中诸因素相对重要程度的量值。同一指标体系，不同的权重系数，会导致截然不同的评价结论。因此，权重确定是综合评价中最重要的一环。权重确定的方法有数十种之多，可以分为主观赋权法、客观赋权法和组合赋权法 3 类。

（4）评价方法的选择

评价方法根据评价对象的具体要求不同而有所不同。一般来讲，选择的方法必须有坚实的理论基础，必须能够正确反映评价对象和评价目的。评价方法有很多种，大致可以分为 4 类：专家评价方法、运筹学与其他数学方法、新型评价方法和混合方法。

（5）实施综合评价

评价方法和模型确定以后，就可请相关领域评价专家对评价对象进行评价。

（6）评价结果分析

专家评价完成以后，评价组织者根据专家的评价结果进行综合分析处理，以确定评价结果是否真实反映评价对象的具体情况。综合评价方法的基本流程不是一成不变的，在实际评价过程中，可能需要根据具体的评价对象和评价目标做出适当的修正。

从以上综合评价的基本流程中不难看出，评价指标的选取、指标权重的确定、评价方法选取这 3 个步骤是进行评价的关键。本文采用综合评价方法对网络安全进行评估，正是对这 3 个步骤进行了重点研究。

9.3.2 评价指标体系建立原则

综合评价指标体系是一套能够全面反映信息网络安全特征，并且具有内在联系、起互补作用的指标集合。建立的网络安全评价指标是否科学合理，关系到能否发挥评价的作用和功能，即关系到能否通过评价来提高网络安全水平。在实际的综合评价中，并非评价指标越多越好，但是也不是越少越好。评价指标过多，存在重复性，会受干扰；评价指标过少，可能所选的指标缺乏足够的代表性，会产生片面性。要建立一套完善、合理、科学的评价指标，应遵循以下几个建立评价指标体系的指导原则[8-10]。

（1）科学性原则

评价指标体系的建立必须以科学理论为指导，以客观系统内部要素以及其本质联系为依据，定性与定量分析相结合，正确反映系统整体和内部相互关系的数量特征。指标的建立过程应符合国家有关信息和信息系统安全的法律法规。

（2）全面性原则

评价指标体系应该比较全面，能完整、有效地反映网络安全的本质特征和整体性能，使评价结果准确可靠。

（3）独立性原则

评价指标往往具有一定程度的相关性，设计指标时应尽可能地减少相互之间的各种关联，避免包含关系，保证指标能从不同方面反映系统安全的实际情况。

（4）可比性原则

系统评价的指标体系可比性越强，评价结果的可信度就越大。系统安全具有技术和管理的双重属性，评价对象比较复杂，其中有些因素难以量化。因此，评价标准的制定和指标的选取要符合客观实际，指标标准化处理中要保持同趋势化，以保证指标之间的可比性。

（5）可操作性原则

指标体系要符合实际评测工作的需要，易于操作和测评，所有的数据资料应便于收集，能反映事物的可比性，便于计算机处理，以方便专家实施评价活动。

（6）可延续性原则

除选择反映现实的信息系统安全水平的指标外，还应选择能反映未来网络发展趋势的指标，以保证指标体系在时间上有可持续性。

9.3.3 评价指标体系框架

一般安全评估思想都是从信息系统安全的某一个方面出发，如技术、管理，过程、人员等着重于评估网络系统安全某一方面的实践规范。在操作上主观随意性较强，其评估过程主要依靠测试者的技术水平和对网络系统的了解程度，缺乏统一的、系统化的安全评估框架，很多评估准则和指标难以量化。

针对信息系统的特殊地位，安全评估的实质就是以信息系统的业务为核心，围绕相关资产，根据安全评估指标体系搜集评估对象的有关信息资料，对其所具有的脆弱点和所面临的威胁展开分析工作；同时分析和确认电信计费网已经部署的安全措施是否发挥了应有的效力[11]。可见安全指标体系是整个信息系统安全评估的基础。

9.3.4 评价指标体系的建立方法

网络安全是一门涉及计算机科学、网络技术、通信技术、密码技术、信息安全技术、密码技术、应用数学、信息论等多个学科的综合性学科。它主要是指网络系统的硬件、软件及其系统中的数据受到保护，不受偶然的或者恶意的原因而遭到破坏、更改、泄露，系统连续可靠地正常运行，网络服务不中断[12]。而网络系统的正常运行依赖于硬件、操作系统、应用软件、外部环境和通信设备等多种要素，这些要素中包含很多的定性指标，而且任何一个要素的破坏都可能会导致安全问题的产生。因此，选择评价网络安全的指标绝非易事，需要充分全面地考虑到各因素，同时又要解决指标之间存在的相关性，使各指标具有代表性和全面性[13]。

当前指标体系建立的方法一般分为两类：专家主观评定法及数据统计分析法。第一类方法适用于资料有限，主要依据专家经验知识来确定指标的被评价对象。第二类方法适用于具有定量指标的被评价对象。由于网络安全评价指标体系中既有定量指标，又有定性指标，且定性指标居多。

信息系统安全评估指标统计计算的数据来源是与网络安全相关的各类数据，信息系统的安全指标的获取不仅与电信计费网的技术层次有关，而且还涉及电信计费网的安全管理以及相关的政策法律法规。根据电信计费系统安全评估指标体系，获取评估指标参数量值的主要方法有问卷调查表、辅助工具检测网络等。

9.3.5 评价指标提取的相关问题

通过应用 9.3.4 节中的指标提取方法，得到了针对信息系统安全的一级评估指标参数，即指标参数框架，更进一步对各级指标取得具体数值即可应用于对信息系统的安全评估，得到信息系统安全性的评估结果或者确定安全性等级[11]。

在得到细化的评估指标后，评价信息系统安全性的问题就演化为如何取得指标参数的数值以及用何种数学方法对这些评估指标参数值加以运算以确定安全等级的问题。接下来，指标参数的取值就涉及具体操作的问题，即针对不同定级对象，以何种方式取得指标的量化数值。某些指标量化值可以通过对网络设备的运行日志进行调阅取得，某些指标量化值可以通过对网络用户进行调查取得，某些需要对网络流量进行测试取得。具体的指标参数量化方法并无定式，需要针对资产和指标的具体情况、结合网络状况灵活选择，但是要符合提取指标的原则并且以不破坏信息系统的安全为前提。

9.4 信息系统评价指标体系分析

9.4.1 系统安全属性分析

根据实施指南，信息系统安全等级主要依据系统的信息安全属性被破坏后所造成的影响来确定。信息系统信息安全属性包括 3 个方面，即保密性、完整性、可用性[14]（见表 9-1），具体分析[15]如下。

（1）保密性

确保信息系统中的信息只能被授权的人员访问。保密性破坏是指信息系统中各类信息的未授权泄漏。信息系统中的信息依据其保密程度分为以下类别。

① 涉及国家秘密的信息，包括绝密级、机密级和秘密级信息。

② 敏感信息指不涉及国家秘密，但在信息处理过程中需要一定范围保密，不对社会公众开放的信息；

表 9-1　信息系统的安全等级在安全属性方面的描述

安全等级	信息系统安全等级描述		
	保密性	完整性	可用性
1	对信息系统中信息的未授权泄漏会对社会秩序、经济建设、公共利益造成较小的负面影响	对信息系统和信息的未授权修改和破坏会对社会秩序、经济建设、公共利益造成较小的负面影响	授权人员对信息系统和信息访问的中断会对社会秩序、经济建设、公共利益造成较小的负面影响
2	对信息系统中信息的未授权泄漏会对社会秩序、经济建设、公共利益造成中等程度的负面影响	对信息系统和信息的未授权修改和破坏会对社会秩序、经济建设、公共利益造成中等程度的负面影响	授权人员对信息系统和信息访问的中断会对社会秩序、经济建设、公共利益造成中等程度的负面影响
3	对信息系统中信息的未授权泄漏会对社会秩序、经济建设、公共利益造成较大的负面影响，对国家安全造成一定程度的损害	对信息系统和信息的未授权修改和破坏会对社会秩序、经济建设、公共利益造成较大的负面影响，对国家安全造成一定程度的损害	授权人员对信息系统和信息访问的中断会对社会秩序、经济建设、公共利益造成较大的负面影响，对国家安全造成一定程度的损害
4	对信息系统中信息的未授权泄漏会对社会秩序、经济建设、公共利益造成严重的负面影响，对国家安全造成较大损害	对信息系统和信息的未授权修改和破坏会对社会秩序、经济建设、公共利益造成严重的负面影响，对国家安全造成较大损害	授权人员对信息系统和信息访问的中断会对社会秩序、经济建设、公共利益造成严重的负面影响，对国家造成较大损害
5	对信息系统中信息的未授权泄漏会对社会秩序、经济建设、公共利益造成极其严重的负面影响，对国家安全造成严重损害	对信息系统和信息的未授权修改和破坏会对社会秩序、经济建设、公共利益造成极其严重的负面影响，对国家安全造成严重损害	授权人员对信息系统和信息访问的中断会对社会秩序、经济建设、公共利益造成极其严重的负面影响，对国家安全造成严重损害

③ 公开信息指对社会公众开放的信息。

（2）完整性

确保信息系统中信息及信息处理方法的准确性和完备性。完整性破坏是指对信息系统中信息和系统的未授权修改和破坏。信息系统完整性目标包括两个方面。

① 信息系统中存储、传输和处理的信息完整性保护。

② 信息系统本身的完整性保护。系统完整性保护涉及物理环境、基础网络、操作系统、数据库系统、电信计费应用系统等信息系统每一个组成部分的完整性保护。

（3）可用性

确保已授权用户在需要时可以访问信息系统中的信息和相关资产。可用性破坏是指信息系统所提供服务的中断，授权人员无法访问信息系统和信息。

可用性目标是保证授权用户能及时可靠地访问信息、服务和系统资源，不因人为或自然的原因使系统中信息的存储、传输或处理延迟，或者系统服务被破坏或被拒绝达到不能容忍的程度。信息系统可用性目标保护包括两个方面。

① 信息系统所提供的服务的可用性。

② 信息系统中存储、传输和处理的信息的可用性。

9.4.2 额外/特殊风险评估

等级保护中高级别的信息系统不一定就有高级别的安全风险。在确定系统安全等级级别后，风险评估的结果可作为等级保护安全建设的参考[16]。

风险评估以安全建设为出发点，它的重要意义在于改变传统以技术驱动为导向的安全体系结构设计及详细安全方案制定，通过对用户关心的重要资产的分级、安全威胁发生的可能性及严重性分析，对系统物理环境、硬件设备、网络平台、基础系统平台、业务应用系统、安全管理、运行措施等方面安全脆弱性的分析，并通过对已有安全控制措施的确认，借助定量、定性分析的方法，推断出用户关心的重要资产当前的安全风险，并根据风险的严重级别制定风险处置计划，确定下一步的安全需求方向[17]。风险评估帮助用户发现目前的安全现状，以便在后期进行整体的安全规划与建设，可以用风险评估这种手段检查等级保护的落实和执行情况[18]。

等级保护中系统分类分级的思想和风险评估中对信息资产的重要性分级基本一致，不同的是：等级保护的级别是从系统的业务需求或 CIA 特性出发，定义系统应具备的安全保障业务等级，而风险评估中最终风险的等级则是综合考虑了信息的重要性、系统现有安全控制措施的有效性及运行现状后的综合评估结果，也就是说，在风险评估中，CIA 价值高的信息资产不一定风险等级就高[19]。

通过对信息系统重要资产特殊保护要求的分析，确定超出相应等级保护要求的部分或具有独特安全保护要求的部分，采用风险评估的方法（如图 9-1 所示），确定可能的安全风险，判断超出等级保护要求部分安全措施的必要性。

在安全现状和评估指标对比后确定基本安全需求的基础上，通过风险评估的手段可以确定额外或特殊的安全需求。确定额外安全需求可以采用目前成熟或流行的风险评估方法，也可以基于重要资产的分析、重要资产安全脆弱性评估、重要资产面临威胁评估、综合风险分析等方面进行。

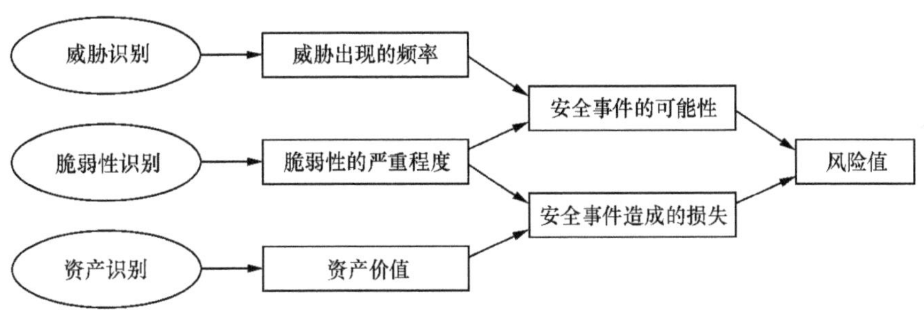

图 9-1　风险评估流程

具体过程包括以下几个方面[20]。

（1）资料收集

收集相关资料的方法包括问卷调查、人员访谈、小组讨论、文档查看、现场勘查等。

（2）资产识别与赋值

资产是构成整个系统的各种元素的组合。评估小组采集资产信息，确定系统划分原则和等级评估原则，并与组织共同确认系统和 CIA 等级划分。

① 资产类别：依据资产的属性，主要分为信息资产、软件资产、物理资产、人员资产等。

② 资产价值：可以表示为有形价值（如重置成本）、无形价值（如信用）、信息价值（如保密性、完整性及可用性）。

（3）脆弱性分析

脆弱性分析包括技术脆弱性和非技术脆弱性两类，见表 9-2。目的是给出有可能被潜在威胁来源利用的系统缺陷或脆弱性列表，脆弱性分析强调系统化地衡量这些脆弱性。其中，威胁来源是指能够通过系统缺陷和脆弱性对系统安全策略造成危害的主体。

表 9-2　信息安全脆弱性分析表

	脆弱性来源		脆弱性分析手段	
	描述	范围	描述	手段
技术脆弱性	主要指操作系统和业务应用系统等存在的设计和实现缺陷	广泛存在于操作系统、数据库、网络设备、通信协议等设备和系统中	技术脆弱性可以采用多种手段。其中，渗透测试的风险较其他手段大，需斟酌使用	主要采用网络扫描、主机审计、渗透测试、系统分析等手段

（续表）

	脆弱性来源		脆弱性分析手段	
	描述	范围	描述	手段
非技术脆弱性	主要指管理制度、安全策略等方面存在的不足或缺陷	系统的安全策略、物理和环境安全、人事安全、访问控制、组织安全、运行安全、系统开发和维护、业务连续性管理、遵循性等方面	明确单位高层管理人员对单位重要资产的认识，对资产如何受到威胁的了解、资产的安全需求、现在已经采取的保护措施和保护该资产相关的问题。通过管理、工作人员等进一步了解单位存在的这些脆弱性	主要采取调查表、人员访谈、现场勘查、文档查看等手段

（4）威胁分析

威胁是指对系统或资产的保密性、完整性及可用性构成潜在损害，以致影响系统或资产正常使用及操作的任何事件或行动。

威胁分析主要指在明确单位关键资产、描述关键资产安全需求的情况下，标识关键资产面临的威胁，并界定发生威胁的可能性及破坏系统或资产的潜力。评估小组通过鉴别与各业务系统有关的网络以及可能的威胁元，详细分析各业务系统通过网络途经可能遭受的威胁[21]。

① 威胁来源分类见表 9-3。

表 9-3　威胁来源分类表

ID	威胁源	描　述
1	不可抗力	由于自然、环境、政治等因素造成的威胁
2	组织弱点	由于组织机构、行政制度等因素造成的安全威胁
3	人为失误	由于人员的技能、培训、无意识行为等造成的威胁
4	技术缺陷	由于信息技术、产品的设计、实现、配置、使用等造成的威胁
5	恶意行为	故意行为（如网络攻击、对保密信息未经授权访问等）、人为造成的安全威胁

② 威胁手段分析如下。

评估人员可以根据具体的评估对象、评估目的选择具体的安全威胁获取方式。威胁获取的方式有：安全策略文档查看、业务流程分析、网络拓扑分析、人员访谈、入侵监测系统收集和人工分析等。业务流程分析和网络拓扑分析以组织交流为主，结合业务流程图和网络拓扑图，同时收集历史安全事件。

（5）已有控制措施分析

对已有控制措施进行分析，说明一个潜在弱点在相关环境下被攻击的可能性，进而得出总体可能性评价[22]。

9.4.3　评价指标的选取

《信息安全等级保护实施指南》中规定了从电信网和相关系统的社会影响力、所提供服务的重要性、规模和服务范围三要素来确定安全等级。

对于信息系统，其最主要的性能要求就是其安全可靠性和高可用性。因此，在判断其安全等级过程中主要考虑两个方面：一是系统中所存储、处理、传输的主要信息，二是系统所提供的主要服务。前者受侵害的客体是国家安全、社会秩序、经济建设和公共利益，即对应的评价要素为社会影响力的程度；后者受侵害的客体是电信网络运营商，即对应的评价要素为系统所提供服务的重要性。

因此，信息系统的安全等级可以表示为：安全等级（S）=max $\{($社会影响力等级），（服务重要性等级$)\}$。其中，社会影响力等级=max $\{($各指标集等级$)\}$，服务重要性等级=max $\{($各指标集等级$)\}$，即该系统最终的安全等级为社会影响力等级、服务重要性等级的最大值。

上述社会影响力等级和服务重要性等级指标都比较宏观，在定级实践中不易把握，需要进一步细化定级计算框架。因此，本文根据信息系统的安全属性，将上述指标进一步归类简化和映射，量化定级模型总体计算框架如图 9-2 所示。

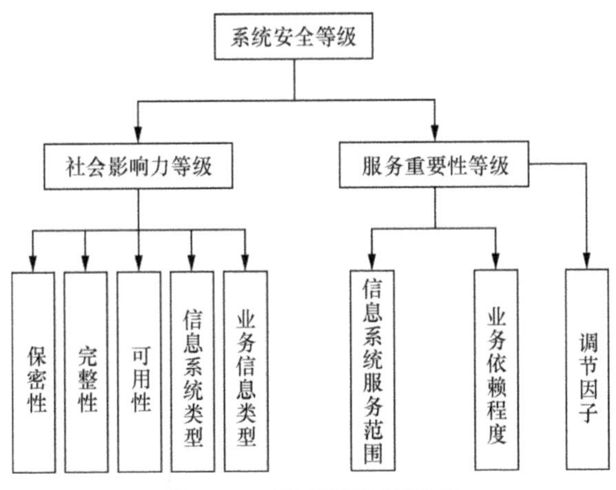

图 9-2　评价指标体系框架

整个定级计算框架共分为 7 个指标集：系统保密性、完整性、可用性、信息系统所属类型、业务信息类型、信息系统服务范围、业务依赖程度。由前 5 个指标集决定社会影响力等级指标，后 2 个指标集确定服务重要性等级。服务重要性等级的确定还需要考虑其他具备一些影响因素。因此，可以设立调整因子对服务重要性等级进行微调。由社会影响力等级指标和服务重要性等级共同决定该系统的等级。

9.4.4 量化定级模型

本文应用模糊综合评价方法，将社会影响力和服务重要性看作是由多种因素组成的模糊集合，再设定这些因素所能选取的评价等级，组成模糊集合，分别求出各单一因素对各个评价等级的归属程度，即隶属度，根据各个因素在评价目标中的权重分配，进行模糊矩阵运算，从而计算得出相应信息系统的安全等级。

9.4.4.1 评判目标集与因素集

因素集为 U={U_1（社会影响力等级），U_2（服务重要性等级）}；评判集为 V={V_5（第 5 级），V_4（第 4 级），V_3（第 3 级），V_2（第 2 级），V_1（第 1 级）}。因素 U_i 又由下面的因素决定：U_1={保密性，完整性，可用性，系统所属类型，业务信息类型}；U_2={信息系统服务范围，业务依赖程度，调整因子}。

9.4.4.2 定义指标因素集

（1）保密性

依据《信息系统安全保护等级实施指南》，系统服务的保密性等级定义参见表 9-4。

表 9-4 保密性等级定义

等级	赋值	保密性等级定义
5	5	信息系统中信息的未授权泄漏会对社会秩序、经济建设、公共利益造成极其严重的负面影响，对国家安全造成严重损害
4	4	信息系统中信息的未授权泄漏会对社会秩序、经济建设、公共利益造成严重的负面影响，对国家安全造成较大损害
3	3	信息系统中信息的未授权泄漏会对社会秩序、经济建设、公共利益造成较大的负面影响，对国家安全造成一定程度的损害
2	2	信息系统中信息的未授权泄漏会对社会秩序、经济建设、公共利益造成中等程度的负面影响
1	1	信息系统中信息的未授权泄漏会对社会秩序、经济建设、公共利益造成较小的负面影响

（2）完整性

依据《信息系统安全保护等级实施指南》，系统服务的完整性等级定义参见表 9-5。

表 9-5　完整性等级定义

等级	赋值	完整性等级定义
5	5	对信息系统和信息的未授权修改和破坏会对社会秩序、经济建设、公共利益造成极其严重的负面影响，对国家安全造成严重损害
4	4	对信息系统和信息的未授权修改和破坏会对社会秩序、经济建设、公共利益造成严重的负面影响，对国家安全造成较大损害
3	3	对信息系统和信息的未授权修改和破坏会对社会秩序、经济建设、公共利益造成较大的负面影响，对国家安全造成一定程度的损害
2	2	对信息系统和信息的未授权修改和破坏会对社会秩序、经济建设、公共利益造成中等程度的负面影响
1	1	对信息系统和信息的未授权修改和破坏会对社会秩序、经济建设、公共利益造成较小的负面影响

（3）可用性

依据《信息系统安全保护等级实施指南》，系统服务的可用性等级定义参见表 9-6。

表 9-6　可用性等级定义

等级	赋值	可用性等级定义
5	5	授权人员对信息系统和信息访问的中断会对社会秩序、经济建设、公共利益造成极其严重的负面影响，对国家安全造成严重损害
4	4	授权人员对信息系统和信息访问的中断会对社会秩序、经济建设、公共利益造成严重的负面影响，对国家安全造成较大损害
3	3	授权人员对信息系统和信息访问的中断会对社会秩序、经济建设、公共利益造成较大的负面影响，对国家安全造成一定程度的损害
2	2	授权人员对信息系统和信息访问的中断会对社会秩序、经济建设、公共利益造成中等程度的负面影响
1	1	授权人员对信息系统和信息访问的中断会对社会秩序、经济建设、公共利益造成较小的负面影响

（4）信息系统所属类型

依据《信息系统安全保护等级实施指南》，典型的信息系统所属类型赋值及其社会影响见表 9-7。

表 9-7 信息系统所属类型定义

等级	赋值	信息系统的社会影响	信息系统所属类型举例
3	3	信息系统资产受到破坏会对国家安全利益有直接影响	属于一般企事业单位，处理其内部事务的信息系统
2	2	信息系统资产受到破坏会对公共利益有直接影响，或对国家安全利益有间接影响	属于重要行业、重要领域和国家基础设施，为国计民生、经济建设等提供重要服务的信息系统，或本身虽属一般企事业单位，但为党政或重要信息系统提供支撑服务的信息系统
1	1	信息系统资产受到破坏会对本单位利益有直接影响	属于一般企事业单位，处理其内部事务的信息系统

（5）业务信息类型

依据《信息系统安全保护等级定级指南》，典型的业务信息类型、赋值及其安全影响见表 9-8。

表 9-8 业务信息类型

等级	赋值	业务信息的安全影响	业务信息类型举例
3	3	业务信息机密性、完整性或可用性被破坏对国家安全利益和国家经济建设造成损害	涉及国家安全利益，影响国家经济建设的信息
2	2	业务信息机密性、完整性或可用性被破坏会对公共利益或本单位经济利益造成严重损害	法人和其他组织及公民的专有信息，例如内部敏感信息、关键技术数据、科技情报、商业秘密等
1	1	业务信息机密性、完整性或可用性被破坏会对公共利益或本单位经济利益造成一定损害	可以对外公开发布的信息，或不对外发布的单位内部一般信息

（6）信息系统服务范围

依据实施指南，典型的信息系统等级服务范围赋值和相关影响见表 9-9。

表 9-9 信息服务范围

等级	赋值	服务范围的影响	信息系统服务范围举例
3	3	信息系统因无法提供服务或无法提供有效服务会对全国范围的资产造成损害	全国范围的服务网络
2	2	信息系统因无法提供服务或无法提供有效服务会对较大范围的资产造成损害	省级范围的服务网络
1	1	信息系统因无法提供服务或无法提供有效服务会对局部范围的资产造成损害	本地范围的服务网络

（7）业务依赖程度

依据《信息系统安全保护等级定级指南》，典型的业务依赖程度等级、赋值及相关影响见表 9-10。

表 9-10　业务依赖程度

等级	赋值	业务系统影响	业务依赖程度举例
3	3	信息系统无法提供服务或无法提供有服务使单位无法完成其业务使命	业务处理流程完全依赖信息系统，手工方式无法完成，自动化程度高
2	2	信息系统无法提供服务或无法提供有服务对单位完成其业务使命影响较大	业务处理流程的部分环节可以通过手工方式或其他方式替代完成，自动化程度中等
1	1	信息系统无法提供服务或无法提供有服务对单位完成其业务使命影响较小	业务处理流程的大部分可以通过手工方式或其他方式完成，自动化程度低

9.5　量化定级方法

9.5.1　构造单因素隶属函数

各单因素在总体目标作用范围内会表现出各自的作用。此处要解决的问题如下。

设某一个系统等级关于因素 $U_1,U_2,\cdots,U_n$ 的取值分别为 $X_1,X_2,\cdots,X_n$，仅就其中一个因素 U_i（$1\leqslant i\leqslant n$）而言，能否根据其对应的数据 X_i 来判断该事件属判断因素集 $V_1,V_2,\cdots,V_m$ 中的哪一级？一种处理方法是：该事件只能隶属于 $V_1,V_2,\cdots,V_m$ 中的某一级，不能同时隶属于其他级，全不考虑隶属程度的高低，这种处理方法对系统定级来说过于简单且不太符合实际。本文中我们根据因素 U_i 隶属于目标级别 V_j 的近似程度，来判定它属于其中某个级别[23]。

这里可以采取模糊数学中的模糊化算子，来刻画一个因素 U_i 在各个等级目标 V_j 上的隶属度大小。而选定的隶属函数 $U_{Rij}(X_i)$ 应满足如下条件。

① 当 $X_i=j$ 时，$U_{Rij}(X_i)=1$，即表示事件对目标 V_j 的隶属值。

② 当 X_i 远离 j 时，$U_{Rij}(X_i)$ 函数值应变小。

③ 隶属函数 $U_{Rij}(X_i)$ 相对于 X_i 应当是对称的。

依据以上条件，可以选取如下形式的隶属函数[24]。

$$U_{Rij}(x_i)=\mathrm{e}^{-\left(\frac{x_i-j}{\sigma}\right)^2} \tag{9-1}$$

实际上，构造科学合理的隶属函数是个比较困难的问题，需要通过不断试验和总结经验。由于系统定级涉及指标体系结构的复杂性，其中涉及的因素众多，希望一下把隶属函数设计好是不太现实的，因此我们在该理论设计阶段采用式（4-1）作为隶属函数。其中，σ 的取值关系到某因素的隶属贴近程度。为了增强评估的准确性，采用把相邻 j 级的目标依次取值 0.1～0.9 的数值，将隶属贴近程度划分为 9 级，相应等级的 $U_{Rij}(X_i)$分布见表 9-11。

表 9-11　隶属贴近程度分级与隶属度分布表

可信等级	−4	3	−2	1			2	3	4	σ 值
1 级	0	0	0.000 1	0.1	1	0.1	0.000 1	0	0	0.659 0
2 级	0	0	0.001 6	0.2	1	0.2	0.001 6	0	0	0.788 2
3 级	0	0	0.008 1	0.3	1	0.3	0.008 1	0	0	0.911 4
4 级	0	0.000 3	0.025 6	0.4	1	0.4	0.025 6	0.000 3	0	1.004 7
5 级	0	0.002 0	0.062 5	0.5	1	0.5	0.062 5	0.002 0	0	1.201 1
6 级	0.000 3	0.010 1	0.129 6	0.6	1	0.6	0.129 6	0.010 1	0.000 3	1.399 1
7 级	0.003 3	0.040 4	0.240 1	0.7	1	0.7	0.240 1	0.040 4	0.003 3	1.674 4
8 级	0.028 1	0.134 2	0.409 6	0.8	1	0.8	0.409 6	0.134 2	0.028 1	2.117 0
9 级	0.007 2	0.185 3	0.656 1	0.9	1	0.9	0.656 1	0.185 3	0.007 2	3.080 1

可以取 U_1、U_2 各单项指标的集合，对各单项指标因素分别进行评价；V_1、V_2 分别为社会影响力等级级别和服务重要性等级级别。对 U_1、U_2 上的每个单项指标进行评估，通过各自的隶属函数分别求出各单项指标对于 V_1、V_2上 5 个级别的隶属度，得出各自的隶属矩阵。其形式为

$$\begin{pmatrix} \mu_{11} & \cdots & \mu_{1m} \\ \vdots & \ddots & \vdots \\ \mu_{m1} & \cdots & \mu_{mm} \end{pmatrix}$$

隶属矩阵各行之和常常差别极大，这就难以在不同因素之间作隶属度的比较，因此需要将上面矩阵各行进行规一化，令式（9-2）成立。

$$r_{ij} = \frac{\mu_{ij}}{\mu_{i1} + \cdots + \mu_{im}}, \quad i=1, 2, \cdots, m, \quad j=1, 2, \cdots, m \tag{9-2}$$

其中，r_{ij} 是某系统级别仅就第 i 因素 U_i 而言对 j 级目标的规一化隶属度，因此，可得出模糊关系矩阵为

$$\begin{pmatrix} r_{11} & \cdots & r_{1m} \\ \vdots & \ddots & \vdots \\ r_{m1} & \cdots & r_{mm} \end{pmatrix}$$

9.5.2 确定因素权重

上述过程只是考虑了各单因素针对系统隶属评判目标 $V_1,\cdots,V_5$ 各级的影响程度，这些都是单因素隶属度。由于各因素在评价中的作用可能不同，我们可以用相应因素的权重来做衡量。权重反映了各个因素在综合决策过程中所占有的地位或所起的作用，它直接影响到综合决策的结果。

鉴于评估过程很大程度上依赖于专家的经验，因而采用专家打分法来确定权重。在国内信息安全风险评估中，专家组往往只由信息安全专家组成。但从实践中来看，本文认为存在一定的弊端。因为每个机构都有各种部门，每个部门都有它自己的功能、资源、任务和特点。考虑到国外关于安全评估的经验，专家组中应至少应该包括业务主管人员，单位 IT 人员和信息安全专家等，分别从业务、IT 管理和信息安全角度 3 个方面从而更加准确地刻画权重大小。

设因素集 $U=\{u_1, u_2,\cdots, u_m\}$，假设有 n 个专家分别给出每个因素 U_i 的权重，见表 9-12。

表 9-12 权重计算

访问对象	因素	和
	$U_1,\cdots,U_i,\cdots,U_m$	1
1	$a_{11},\cdots,a_{1i},\cdots,a_{1m}$	1
2	$a_{21},\cdots,a_{2i},\cdots,a_{2m}$	1
…	…	…
n	$a_{m1},\cdots,a_{mi},\cdots,a_{mm}$	1
权重（a_i）	$\frac{1}{k}\sum_{j=1}^{k}a_{1j},\cdots,\frac{1}{k}\sum_{j=1}^{k}a_{ij},\cdots,\frac{1}{k}\sum_{j=1}^{k}a_{mj}$	1

根据上表，可得出权重矩阵为

$$\boldsymbol{A}=\left(\frac{1}{k}\sum_{j=1}^{k}a_{1j},\cdots,\frac{1}{k}\sum_{j=1}^{k}a_{ij},\cdots,\frac{1}{k}\sum_{j=1}^{k}a_{mj}\right) \tag{9-3}$$

9.5.3 计算安全等级

通过以上步骤，就可以得出社会影响力指标隶属关系矩阵 $\boldsymbol{R}_1$ 和服务重要性隶属关系矩阵 $\boldsymbol{R}_2$，并且还得出了各自的权重矩阵 $\boldsymbol{\alpha}(\alpha_1,\alpha_2,\alpha_3,\alpha_4,\alpha_5)$、$\boldsymbol{\beta}(\beta_1,\beta_2,\beta_3)$。然后可以采用加权平均计算方法，该方法适用于考虑多因素起作用的情况，如此在系统定级中就兼顾了各因素依权重大小对目标等级的作用。

社会影响力等级和服务重要性等级对各级目标的综合隶属度的计算式为 $\boldsymbol{X}=\boldsymbol{\alpha}*\boldsymbol{R}_1(X_1,X_2,X_3,X_4,X_5)$，$\boldsymbol{Y}=\boldsymbol{\beta}*\boldsymbol{R}_2(Y_1,Y_2,Y_3,Y_4,Y_5)$，规一化处理为

$$t_i=\frac{x_i}{\sum_{i=1}^{5}x_i} \tag{9-4}$$

$$g_i=\frac{y_i}{\sum_{i=1}^{5}y_i} \tag{9-5}$$

可得矩阵 $\boldsymbol{T}=(t_1,t_2,t_3,t_4,t_5)$ 代表社会影响力等级对各级目标的综合隶属度，$\boldsymbol{G}=(g_1,g_2,g_3,g_4,g_5)$ 代表服务重要性等级对各级目标的综合隶属度。如果该服务重要性等级在第 j 级的综合隶属度最高，说明该服务重要性等级属于 j 级，可取目标等级数 $k_j=j$。参照实施指南对系统的等级划分方法，给每个等级设定一个取值范围，见表 9-13。当评判目标的可能性落在某个等级范围内时，就可以确定该指标所属等级。

表 9-13　各安全等级取值范围

目标等级	1 级（很低）	2 级（低）	3 级（中）	4 级（高）	5 级（很高）
可能性 P	0%≤P≤10%	L0%<P≤40%	40%<P≤65%	65%<P≤85%	85%<P≤100%

评估人员可以根据经验或被评估机构的实际情况来划分取值范围。根据表 9-13 可以取得每个目标等级后 k_j 的最大值和最小值函数，见表 9-14。

表 9-14　目标等级的最大值和最小值对应表

目标等级	min$f(x)$	max$f(x)$
1	0	10%
2	10%	40%
3	40%	65%
4	65%	85%
5	85%	100%

考虑综合隶属度和可能性取值范围两个调整因素，可得社会影响力等级 P_1 为

$$P_1=\min f(x)+\frac{t_x\,k_x}{\sum_{i=1}^{5}t_i\,k_j}\left(\max f(x)-\min f(x)\right) \tag{9-6}$$

同样，可得服务重要性等级 P_2 为

$$P_2 = \min f(x) + \frac{g_x\, k_x}{\sum_{i=1}^{5} g_i\, k_j}\left(\max f(x) - \min f(x)\right) \tag{9-7}$$

最后，系统安全等级级别= max (社会影响力级别，服务重要性级别) = max (P_1, P_2)。

9.6　本章小结

本章讨论了信息系统定级方法的重要意义，研究了综合评价指标体系建立的基本原则和一般流程。在此基础之上，参照实施指南中关于信息系统定级要素的分析，细化了安全评价指标因素，并给出了信息安全等级量化定级模型的总体框架。采用定性与定量结合方法，把系统机密性、完整性、可用性影响三要素有机融合在一起，采用综合评价方法，给出了系统定级量化计算方法。

参 考 文 献

[1] 戴银华. 网络安全综合评价技术研究[D]. 天津: 天津大学，2007.
[2] 龚瀛, 栗勇兵, 董启雄. 网络安全评价指标体系的建立[J]. 科技信息, 2009, (27): 48-48.
[3] 黄丽民. 计算机网络信息系统安全评价方法研究[D]. 济南: 山东大学, 2005.
[4] 陈俊蔚. 关于网络安全风险评估的讨论[J]. 电脑知识与技术, 2008, (6).
[5] 王红兵. Web 站点安全体系结构的研究与设计[D]. 哈尔滨: 哈尔滨工业大学, 2009.
[6] 庞虎. 部队政治工作信息系统安全风险评估系统设计与开发[D]. 成都: 电子科技大学, 2011.
[7] 电力行业信息系统安全等级保护定级工作指导意见[J]. 电力信息化, 2008.
[8] 程学东. 电信网网络安全评估指标体系研究[J]. 现代电信科技, 2005, (8): 10-13.
[9] 杨天路. 网络威胁检测与防御关键技术研究[D]. 北京: 北京邮电大学, 2010.
[10] 张强. 网络安全评估模型研究[D]. 济南: 山东大学, 2006.
[11] 黄文华, 郭曙光. 电信数据网安全性评估指标参数提取方法的研究[J]. 现代

电子技术, 2007, (20): 143-146.
[12] 段海波. 网络安全从网络开始[J]. 科技情报开发与经济, 2005, (1): 247-248.
[13] 赵庆兰, 范九伦, 刘建华. 我国电信数据网安全评估指标获取方法[J]. 现代电子技术, 2007, (20): 114-117.
[14] 卢畅. 舟山市电子政务网等级化安全体系的研究与实现[D]. 杭州: 浙江工业大学, 2009.
[15] 吴金鹏. 业务型安全域划分方法研究和案例分析[D]. 重庆: 重庆大学, 2008.
[16] 由凡. 信息安全风险评估方法的研究[J]. 教育技术导刊, 2008, (12): 164-165.
[17] 姜志辉, 姜敏. 等级保护测评过程中的风险分析[J]. 信息网络安全, 2013.
[18] 萧海东. 网络安全态势评估与趋势感知的分析研究[D]. 上海: 上海交通大学, 2007.
[19] 赵瑞颖. 等级保护、风险评估、安全测评三者的内在联系及实施建议[C]// 第二十次全国计算机安全学术交流会论文集, 2005.
[20] 范梦雪. 信息安全风险分析方法及应用[D]. 北京: 北京邮电大学, 2006.
[21] 李明高. 信息安全风险评估在信息安全体系建设中的应用分析[J]. 电脑与电信, 2009, (1): 83-85.
[22] 赵冬梅. 信息安全风险评估量化方法研究[D]. 西安: 西安电子科技大学, 2007.
[23] 胡勇, 任德斌, 吴少华, 等. 电信网络风险评估指标体系研究及应用[J]. 电信科学, 2008, (5): 50-54.
[24] 王季方, 卢正鼎. 模糊控制中隶属度函数的确定方法[J]. 河南科学, 2004, 18 (4): 348-351.

第10章 等级保护中的信息安全风险分析与评估

信息安全风险和事件不可能完全避免，关键在于如何控制、化解和规避。不计成本地追求零风险或试图完全消灭风险、避免风险也是不可行的，等级化信息安全管理就是要根据信息系统的重要性有针对性、差异化地来实现安全防护，而不是采取一刀切的模式。而信息安全风险评估就是从风险管理的角度，运用科学的方法和手段，全面检测网络和信息系统存在的脆弱性，系统分析和评估安全防护水平，从而有针对性地提出抵御威胁的防护对策和整改措施，将风险控制在可接受的水平，最大限度地达到保障网络和信息安全的目的。因此，通过信息安全风险评估工作，可以发现信息安全存在的主要问题和矛盾，找到解决问题的办法，寻求一个最佳的平衡点，去化解风险，及早防范。因此，对信息系统进行安全风险分析和评估是实施等级保护过程中一项不可或缺的基础性工作。

10.1 在等级保护周期中风险评估作用

在进行信息安全建设中要涉及部分管理问题与技术问题。不同的系统安全域，应选用何种安全保护措施、保护措施应达到什么样的强度、措施有效性是否符合要求等问题均可以使用一些方法和手段来分析判断。可以将风险评估当作用户自主技术手段运用到等级保护周期的安全运维、安全实施以及系统定级当中。

对信息系统的行业及业务特点而言，其所受的安全威胁也与其他行业有着一定的差异。可以遵循信息安全风险评估标准来识别和分析资产重要、系统自身脆弱程度、客观威胁的发生频率，以此来决定信息系统应实施什么样的安全措施，提高信息系统的安全性。这也是参照风险评估结果决定信息系统安全保护的一种方法[1-3]。

以国家信息安全等级保护标准为依据，并从管理及技术两方面进行安全措施强度选择，并保证建设安全等级要求，就是我们要讲的安全实施。风险评估可以直接在安全实施阶段发挥作用，也就是进行现有系统的评估、加固以及安全设备部署等。当然我们并不能否定安全实施过程中存在长期安全隐患，例如，防火墙部署后长期维持透明策略、安全集成过程中超级用户设置的用户级口令未完全移交给用户之类的问题，风险评估能够及时发现并加以解决。

根据系统等级开展安全实施运行安全维护就是安全运维。它包含现有安全等级措施有效性的维护工作、根据系统内部实际需要和客观情况变化适时调整安全等级两方面。再次定级过程可以系统定级部分为参照[3,4]。

等级保护分为系统定级、安全实施和安全运维 3 个阶段，它们与风险评估均有着密不可分的关系。经过分析研究发现，风险评估有以下作用：在系统定级阶段可以帮助参考系统确定安全等级；在安全实施阶段，还可作为系统安全等级评估依据；也能够为安全运维阶段定期及不定期风险评估确定其安全等级变化与否。

10.2 信息安全风险评估原理

信息系统安全风险评估就是指依据有关信息安全技术标准，对信息系统及由其处理、传输和存储的信息的保密性、完整性和可用性等安全属性进行评价的过程，它要评估资产面临的威胁以及威胁利用脆弱性导致安全事件的可能性，并结合安全事件所涉及的资产价值来判断安全事件一旦发生对组织造成的影响。

1. 风险评估的基本要素

风险评估的基本要素包括：要保护的信息资产、信息资产的脆弱性、信息资产面临的威胁、存在的可能风险、安全防护措施等。图 10-1 显示了风险评估各要素之间的关系。图中方框部分的内容为风险评估的基本要素。风险评估的工作是围绕其基本要素展开的，在对这些要素的评估过程中需要充分考虑业务战略、资产价值、安全事件、残余风险等与这些基本要素相关的各类因素。

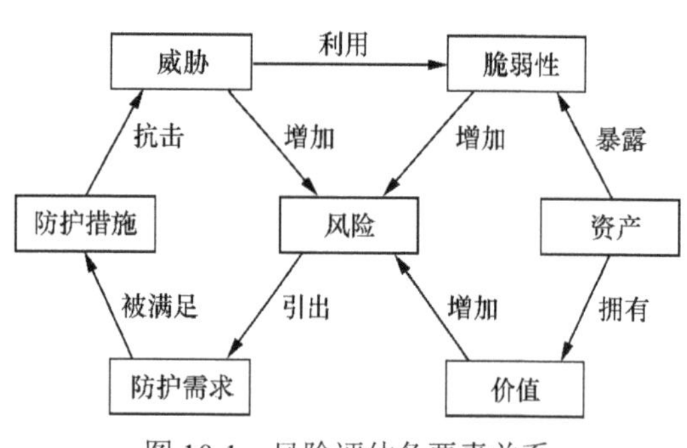

图 10-1　风险评估各要素关系

图 10-1 中这些要素之间存在着以下关系。业务战略依赖于资产去完成；资产拥有价值，单位的业务战略越重要，对资产的依赖度越高，资产的价值则就越大；资产的价值

越大则风险越大；风险是由威胁发起的，威胁越大则风险越大，并可能演变成安全事件；威胁都要利用脆弱性，脆弱性越大则风险越大；脆弱性使资产暴露，是未被满足的安全需求，威胁要通过利用脆弱性来危害资产，从而形成风险；资产的重要性和对风险的意识会导出安全需求；安全需求要通过安全措施来得以满足，且是有成本的；安全措施可以抗击威胁，降低风险，减弱安全事件安全措施的影响；风险不可能也没有必要降为零，在实施了安全措施后还会有残留下来的风险——一部分残余风险来自于安全措施不当或无效，以后需要继续控制这部分风险，另一部分残余风险则是在综合考虑了安全的成本与资产价值后，有意去控制的风险，这部分风险是可以被接受的；残余风险应受到密切监视，因为它可能会在将来诱发新的安全事件。

2. 风险分析原理

风险分析中要涉及资产、威胁、脆弱性等基本要素。每个要素有各自的属性，资产的属性是资产价值；威胁的属性可以是威胁主体、影响对象、出现频率、动机等；脆弱性的属性是资产弱点的严重程度。风险分析的主要内容如下。

① 对资产进行识别，并对资产的价值进行赋值；

② 对威胁进行识别，描述威胁的属性，并对威胁出现的频率赋值；

③ 对脆弱性进行识别，并对具体资产的脆弱性的严重程度赋值；

④ 根据威胁及威胁利用脆弱性的难易程度判断安全事件发生的可能性；

⑤ 根据脆弱性的严重程度及安全事件所作用的资产的价值计算安全事件造成的损失；

⑥ 根据安全事件发生的可能性以及安全事件出现后的损失，计算安全事件一旦发生对组织的影响，即风险值。风险分析原理如图 10-2 所示。

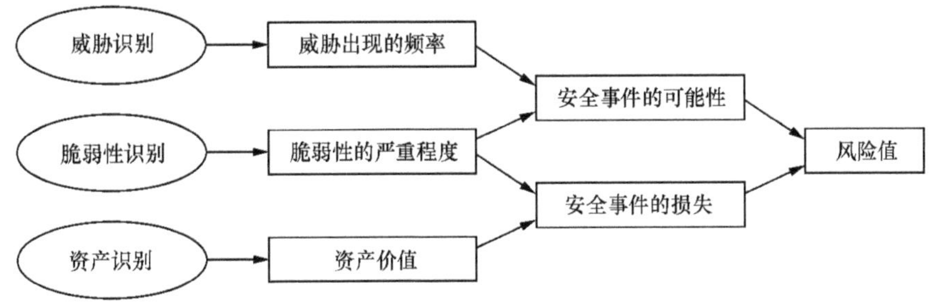

图 10-2　风险分析原理

3. 风险评估实施流程

将风险评估活动大致分为以下主要阶段。

（1）评估准备阶段

本阶段主要是前期的准备和计划工作，包括明确评估目标，确定评估范围，组建评估管理与实施团队，对主要业务、组织结构、规章制度和信息系统等进行初步调研、沟通和确认风险分析方法，协商并确定评估项目的实施方案，并得到被评估单位的高层许可。尽管评估准备阶段的工作比较琐碎，但准备阶段中充分、细致的沟通和合理、精确的计划，是保证评估工作得以顺利实施的关键。

（2）要素识别阶段

在准备阶段完成之后，将依靠已建立起来的评估管理和实施团队，遵照准备阶段中确定的实施方案进行评估。首先要进行的就是识别信息安全风险的构成要素——资产、威胁和脆弱性，以及识别和验证已有安全控制措施的有效性——为下一阶段的风险分析收集必要的基础数据。本阶段除了要进行有关要素的识别活动以外，还需要进行要素的分类、赋值以及要素间的关联等活动，这由所选用的具体评估方法而定。

（3）风险分析阶段

经过识别阶段之后，已经得到了影响被评估系统安全风险的基本数据，包括资产、威胁、脆弱性和安全控制措施等。接下来需要根据被评估单位的实际情况制定出一套合理、清晰的影响及可能性等级判据；然后根据这些判据，对主要威胁场景进行分析，描述和评价各主要威胁场景的潜在影响及其发生的可能性，从而确定信息安全风险。经过与被评估单位的沟通与协商，风险分析团队应以被评估单位所接受的形式，提交风险分析报告和风险控制建议。风险分析与评估的流程如图 10-3 所示。

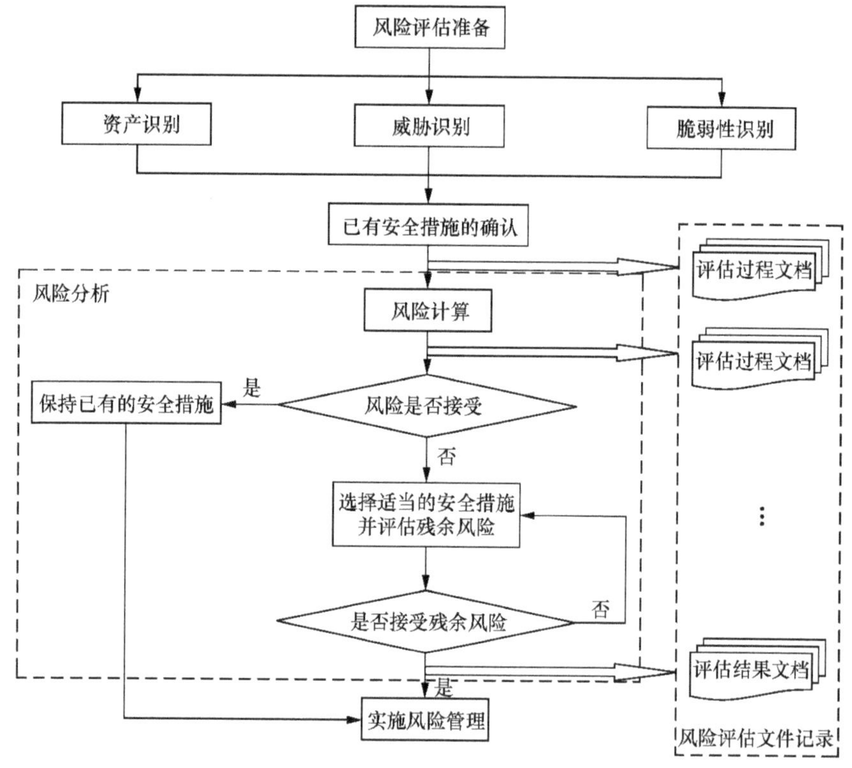

图 10-3　风险分析与评估的流程

10.3 等级保护风险评估模型

10.3.1 信息系统风险评估模型现状

信息安全风险评估规范[5]中明确了信息系统风险评估的基本工作形式是自评估与检查评估。信息系统风险评估是信息系统安全工程的重要组成部分，是建立信息系统安全体系的基础和前提。根据国家有关管理规定，基础性、重要的信息系统采用等级保护标准进行建设和测评。信息系统使用单位应该结合自身单位信息系统的具体情况，依照国家标准，开展风险评估工作。目前，信息系统的复杂性和多样性给风险评估带来了很大困难，评估工作多是由测评单位的测评人员根据定性的评价指标进行评估，在结果的判定上很难量化。因此，最终的评估结果易受主观因素的影响，每个人对结果的评价可能不完全一样；具有模糊性和不确定性。

信息系统风险评估以信息系统的各个方面为对象，建立在对信息系统进行评价的基础上，目前国内外在风险分析领域常用的 3 种方法：参数统计方法、非参数统计方法和神经网络方法。应用于信息系统风险评估模型中的常用统计模型包括基于判别分析的信用评价模型、贝叶斯风险分析的信用评价模型、Logistic 回归模型的信用评价模型、模糊聚类方法的信用评价模型和神经网络（如径向基函数网络、概率神经网络、自组织神经网络等）的信用评价模型[6]，Fu 等人运用层次分析法（AHP）和模糊综合评价法（FCE），建立风险评估的量化模式[7]；Huang 等人以灰色评估模型为基础，在权重的选择过程中引入模糊层次分析法，弱化了评价的主观性[8]；Gao 等人应用灰色关联决策算法，给出了评估值缺失的先验估计，能够有效地处理参数评估值的不确定性问题[9]。

信息系统评价指标体系的构建对信息系统安全指数进行客观合理的测度，其基础是建立一个客观科学的指标体系。本文通过对信息系统等级保护测评过程客观科学的分析以及查阅文献，构建出信息系统安全指数体系，见表 10-1。等级保护风险评估模型建立在等级保护体系的基础上，运用综合评价法，建立评价模型，建立如下的评价参数。

假设风险评估目标指数为 U，U 的取值和 $U1$ 技术要求和 $U2$ 管理要求相关：U={$U1$，$U2$}={技术要求，管理要求}。

进一步分析后，得到以下关系。

$U1$={$U11$，$U12$，$U13$，$U14$，$U15$}={物理安全、网络安全、主机安全、应用安全、数据安全}。

*U*2={*U*21，*U*22，*U*23，*U*24，*U*25}={安全管理机构、安全管理制度、人员安全管理、系统建设管理、系统运维管理}。

将 *U*11 至 *U*22 进一步拆解后，得到以下关系。

*U*11={*U*111,*U*112,*U*113,*U*114,*U*115,*U*116,*U*117,*U*118,*U*119,*U*1110}={物理位置的选择、物理访问控制、防盗窃和防破坏、防雷击、防火、防水和防潮、防静电、温湿度控制、电力供应、电磁防护}。

*U*12={*U*121，*U*122，*U*123，*U*124，*U*125，*U*126，*U*127}={结构安全、访问控制、安全审计、边界完整性检查、入侵防范、恶意代码防范、网络设备防护}。

*U*13={*U*131，*U*132，*U*133，*U*134，*U*135，*U*136}={身份鉴别、访问控制、安全审计、入侵防范、恶意代码防范、资源控制}。

……

由于三级指标的数目过多，在本文中就不一一列举了，可以参照相关材料完成上述关系式。

表 10-1　系统安全指数体系

目标层	一级指标	二级指标	三级指标
等级保护	技术要求	物理安全	防盗窃和防破坏、防火、电力供应等
		网络安全	结构安全、访问控制、安全审计等
		主机安全	身份鉴别、访问控制、安全审计等
		应用安全	通信完整性、通信保密性、抗抵赖等
		数据安全	备份和恢复
风险评估	管理要求	安全管理制度	管理制度、制定和发布、评审和修订
		安全管理机构	岗位设置、人员配备、授权和审批等
		人员安全管理	人员录用、人员离岗、人员考核等
		系统建设管理	系统定级、工程实施、等级测评等
		系统运维管理	资产管理、网络安全管理、变更管理等
合计	2	10	90

10.3.2　等级保护风险评估模型

层次分析法（Analytic Hierarchy Process，AHP）于 20 世纪 70 年代中期由美国运筹学家托马斯·塞蒂（T. L. Saaty）正式提出[10-13]。它是一种定性和定量相结合的、系统化、层次化的分析方法。层次分析法将决策问题按总目标、各层子目标、评价准则直至具体备选方案的顺序分解为不同的层次结构，然后用求解判断矩阵特征向量的办法，求得每一层次的各元素对上一层次某元素的优先权重，最后再用加权和的方法递阶归并各备选方案对总目标的最终权重，此最终权重最大者即为最优方案。层次分析法比较适合于具有分层交错评价指标的目标系统且目标值又难于定量描述的决策问题。其用法是构造判断矩阵，求出最大特征值及其所对应的特征向量 $\boldsymbol{w}$，归一化后，即为某一层次指标对于上一层次相关指标的相对重要性权值。

运用层次分析法建模，按4个步骤进行。

（1）建立递阶层次结构模型

应用AHP分析决策问题时，首先要把问题条理化、层次化，构造出一个有层次的结构模型。在这个模型下，复杂问题被分解为元素的组成部分。这些元素又按其属性及关系形成若干层次。上一层次的元素作为准则对下一层次有关元素起支配作用[14]。

（2）构造出各层次中的所有判断矩阵

层次结构反映了因素之间的关系，但准则层中的各准则在目标衡量中所占的比重并不一定相同，在决策者的心目中，它们各占有一定的比例。在确定影响某些因素的诸因子在该因素中所占的比重时，遇到的主要困难是这些比重常常不易定量化。此外，当影响某些因素的因子较多时，直接考虑各因子对该因素有多大程度的影响时，常常会因考虑不周全、顾此失彼而使决策者提出与其实际重要性程度不相一致的数据，甚至有可能提出一组隐含矛盾的数据。层次分析法通过各指标相对于上级指标重要性的两两比较，构造判断矩阵，可以有效避免上述问题[15]。

（3）指标体系建立及权重计算

在对信息系统建设及使用效果进行评估时，底层相对于上一层指标可能有很多个。此时运用层次分析法对底层指标构建的判断矩阵会比较复杂，很难满足一致性。因此，本文对一般的信息系统构建了一个三层的指标体系。其中一级指标2个，二级指标10个，三级指标74个。在进行权重计算时，考虑到三级指标数量过多，如果逐一讨论其权重指标会显得比较繁琐，并且其相互之间重要关系不易比较，故只计算一级、二级指标在整个指标体系中的权重，三级指标权重取它们对二级指标的平均值。也正是因为三级指标数量繁多，并且其重要性可通过二级指标的权重所体现，所以并不会对评估结果产生较大的影响。对信息系统权重评分，主要通过3类人员评分，包括信息系统使用人员、测评人员及专家，接下来分析权重确定方法及过程，本文采用发放调查表的方式，通过3种人员对信息系统的指标权重进行分项打分，然后进行分类汇总计算权重，具体的办法如下。

信息系统使用人员评分步骤如下。首先制作调查表。信息系统使用人员评分主要通过发放调查表的方式。调查表的内容应该包括指标体系中所有的三级指标。

接下来填报调查表。为了保证信息收集的全面客观性，应由系统的多类用户填写，例如业务人员、系统管理人员、部门领导等。并且每一类人员也应当由多人填写多份，这样才可保证搜集的信息全面而真实。然后确定三级指标权重得分。通过调查表的填写及调查表中每个选项对应的分值，可以得到信息系统使用人员、测评人员及专家对信息系统每个三级指标的权重得分。最后计算二级指标得分。对每个二级指标下的三级指标得分求平均分，即得到日常使用人员对信息系统每个二级指标的得分。

信息系统测评人员打分方式：测评人员可以从许多技术角度考虑整个信息系统建设及使用效果。测评人员虽然并不一定能很熟练地操作整个信息系统，并且对业务工作也不一定完全了解，但其可以从许多技术角度考虑整个信息系统建设及使用效果。所以测评人员只需对信息系统的三级指标进行直接评分。测评人员主要通过查阅原始文档、座谈、实地调研并结合自身的操作使用，对信息系统的三级指标直接打分。为了使评估结果更具有代表性，本文建议由多名测评人员参与评分，最后取多名测评人员的平均分为各三级指标的最终得分。

专家评分方式：专家往往不会过多地考虑信息系统具体的细节问题，而能够宏观考虑整个信息系统的建设及使用情况。所以专家只需对信息系统的二级指标进行直接评分，一方面避免了其对许多细节问题的填报困难，另一方面也可以包含指标体系中无法体现的主观因素对信息系统的影响。专家主要通过查阅原始文档、座谈，并结合自身的使用情况，对信息系统的二级指标直接打分。为了使评估结果更具有代表性，本文建议由多名专家参与评分，最后取多名专家的平均分为各二级指标的得分。

在得到信息系统使用人员、测评人员及专家对信息系统各指标的权重打分之后，需要对该 3 类人员的评分结果进行汇总。

首先，计算最终的三级指标得分。由于不同的信息系统，系统使用人员、测评人员及专家 3 类评分人员的评分结果重要性不同，所以需要对其赋予一定权重。由于系统使用人员是系统的真实使用者，具有最直接、最真实的使用体验，其评价结果也最为可靠，因此，本文推荐系统使用人员评分权重为 0.5[16]；测评人员对系统的使用频率一般没有用户的使用频率高，且只关心部分功能，但由于测评人员更具有全局观，往往能得到比较广泛的、多方面的、该系统的、建设效果的信息，因此，本文推荐测评人员评分权重为 0.15；专家是信息技术领域的专业人员，一般为外请，虽然不是直接使用者，但具有丰富的专业知识，因此，本文推荐专家评分权重为 0.15。各指标最终权重得分=该系统使用人员评分×0.5+测评人员评分×0.35+专家评分×0.15。

然后，计算权重得分。该级指标下各下一级指标得分相加求和，再对结果进行归一化。

最后，计算系统的风险评估得分。该系统各级指标得分分别与该指标的权重相乘，再将结果相加，即得到该系统的风险评估得分。为了简化评分结果，将三级权重的评价结果值省略，仅列出一、二级权重的得分结果见表 10-2。

表 10-2　指标权重分配

一级指标	一级权重	二级指标	二级权重
$U1$	0.65	$U11$	0.086
		$U12$	0.284
		$U13$	0.122
		$U14$	0.082
		$U15$	0.076
$U2$	0.35	$U21$	0.048
		$U22$	0.036
		$U23$	0.023
		$U24$	0.128
		$U25$	0.115
合计	1.00	10	1.00

（4）权重调整

建立了风险指标权重表后，我们通过实际的系统为例，验证以上权重的准确性。选取 8 个系统的风险等级测评结果，使用上述的指标权重对风险评估结果进行验证，将 8 个系统按照上述测评方法分项计算其得分，得到 8 个系统的风险评估得分，见表 10-3。

表 10-3　风险评估得分

系统序号	1	2	3	4	5	6	7	8
评估得分	0.545	0.446	0.525	0.467	0.423	0.554	0.667	0.221

将以上结果与使用传统方法对系统的测评结果做出比照，发现其中序号 8 系统的风险评估得分比实际情况有偏差，由此分析原因。对以上的权重分配进行调整，调整后的结果见表 10-4。

表 10-4　调整后的指标权重分配

一级指标	一级权重	二级指标	二级权重
$U1$	0.65	$U11$	0.086
		$U12$	0.264
		$U13$	0.132
		$U14$	0.087
		$U15$	0.081

（续表）

一级指标	一级权重	二级指标	二级权重
U2	0.35	U21	0.048
		U22	0.036
		U23	0.023
		U24	0.128
		U25	0.115
合计	1.00	10	1.00

按照调整后的权重结果从新计算序号 8 系统的风险评估得分，发现与实际情况较为吻合，因此确定该指标权重分配结果较之前的结果更加准确。在具体的测评过程中，需要根据系统的具体情况调整以上的重，再根据具体的业务需要，对上述权重进行多轮的讨论研究，最终确定各权重取值。这样，系统的测评结果会更加客观，更能真实地反映出系统的实际情况。

（5）评估过程

按照以上方法，我们总结等级保护系统评估过程如图 10-4 所示。

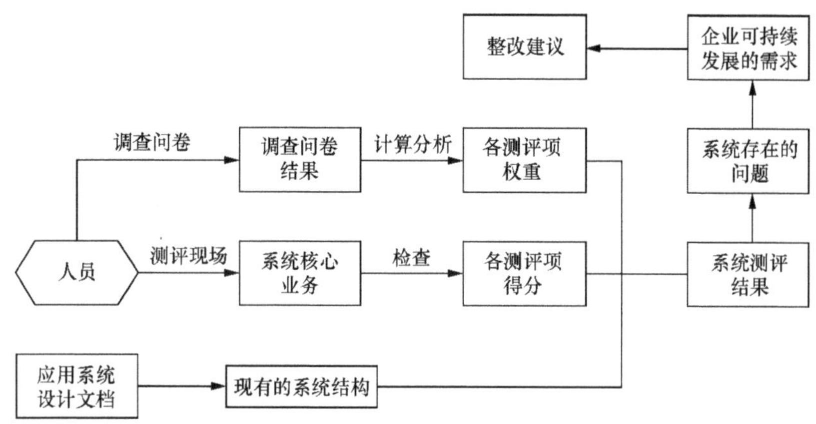

图 10-4　改进模型的等级保护系统评估过程

10.4　等级保护信息安全风险评估的内容

任何一个单位要达到国家等级保护要求，首先必须经过自我评估过程，通过风险评估过程找出和等级保护要求中的部分差距，基于这些部分差距进行首次整改，弥补这些差距以满足国家等级保护的要求。实施等级保护的安全风险分析和评估包括技术层面的风险和管理层面的风险等两个方面。

10.4.1　技术层面威胁与风险

要保证信息系统的安全可靠，必须全面了解信息系统可能面临的所有安全威胁和风险。威胁是指可能对信息系统资产或所在组织造成损害事故的潜在原因；威胁虽然有各种各样的存在形式，但其结果是一致的，都将导致对信息或资源的破坏，影响信息系统的正常运行，破坏提供服务的有效性、可靠性和权威性[17]。

任何可能对信息系统造成危害的因素，都是对系统的安全威胁。威胁不仅来自人为的破坏，也来自自然环境，包括各种人员、机构出于各自目的的攻击行为，系统自身的安全缺陷以及自然灾难等[18]。信息系统可能面临的威胁的主要来源包括人为威胁和非人为威胁，如图 10-5 所示。

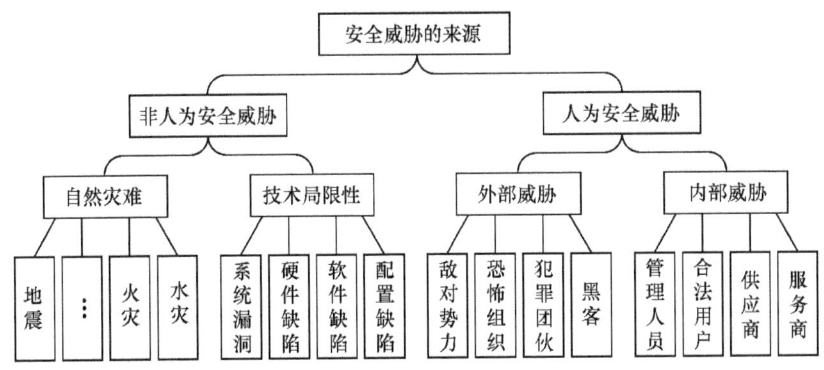

图 10-5　信息系统可能面临的威胁的主要来源

威胁发生的可能性与信息系统资产的吸引力、资产转化为报酬的容易程度、威胁的技术含量、薄弱点被利用的难易程度等因素密切相关。威胁与风险来自多个方面：被动攻击威胁与风险，即网络通信数据被监听、口令等敏感信息被截获等；主动攻击威胁与风险，即扫描目标主机、拒绝服务攻击、利用协议、软件、系统故障、漏洞插入或执行恶意代码（如特洛依木马、病毒、后门等）、越权访问、篡改数据、伪装、重放所截获的数据等；邻近攻击威胁与风险，即毁坏设备和线路、窃取存储介质、偷窥口令等；分发攻击威胁与风险，即在设备制造、安装、维护过程中，在设备上设置隐藏的后门或攻击途径，以便日后在未获授权的情况下访问信息或系统功能；内部攻击威胁与风险，即恶意修改数据和安全机制配置参数、恶意建立未授权连接、恶意的物理损坏和破坏、无意的数据损坏和破坏。

（1）物理层威胁与风险

物理层威胁与风险包括：雷击、地震和台风等自然灾难；水患和火灾等灾害；

高温、低温、多雨等原因引起温度、湿度异常；电压波动；供电系统故障；静电、设备寄生耦合干扰和外界电磁干扰；强电磁场、强震动源、强噪声源等污染；线路老化等原因导致通信线路损坏或传输质量下降；存储介质使用时间过长或质量问题等导致不可用；网络设备、系统设备及其他设备使用时间过长或质量问题等导致硬件故障；攻击者利用非法手段进入机房内部盗窃、破坏等；攻击者采用在通信线缆上搭接或切断等导致线路不可用；攻击者利用工具捕捉电磁泄漏的信号，导致信息泄露；攻击者非法物理访问系统设备、网络设备或存储介质等。

（2）网络层威胁与风险

网络层威胁与风险包括：内部人员未授权接入外部网络；网络结构设计不合理，存在缺陷；设施、通信线路、设备或存储介质因使用、维护或保养不当等原因导致故障；攻击者利用分布式拒绝服务攻击等拒绝服务攻击工具，恶意地消耗网络、操作系统和应用系统资源，导致拒绝服务；攻击者利用网络协议、操作系统、应用系统漏洞，越权访问文件、数据或其他资源[19]；攻击者利用网络协议存在的漏洞进行可躲避检测的攻击（如碎片重组、协议端口重定位等）；攻击者利用网络结构设计缺陷旁路安全策略，未授权访问网络；攻击者利用通用安全协议/算法/软件等缺陷，获取信息、解密密钥或破坏通信完整性；攻击者盗用授权用户的会话连接等。

（3）主机层威胁与风险

主机层威胁与风险包括：攻击者在软/硬件分发环节（生产、运输等）中恶意更改软/硬件；攻击者利用网络扩散病毒；内部人员下载、拷贝软件或文件，打开可疑邮件时引入病毒；授权用户对系统错误配置或更改；授权用户的不正确启动和恢复而导致的安全机制失效；攻击者利用通过恶意代码或木马程序，对网络、操作系统或应用系统进行攻击等。

（4）应用层威胁与风险

应用层威胁与风险包括：攻击者否认自己的操作行为；系统软件、应用软件运行故障；系统软件、应用软件过度使用内存、CPU 等系统资源；应用软件、系统软件缺陷导致数据丢失或运行中断；攻击者利用应用系统、操作系统中的后门程序攻击系统；攻击者利用各种工具获取身份鉴别数据，并对鉴别数据进行分析和解剖，获得鉴别信息，未授权访问网络、系统，或非法使用应用软件、文件和数据[20]；攻击者利用非法手段获得授权用户的鉴别信息或密码介质，访问网络、系统，或使用应用软件、文件和数据；攻击者利用伪造客户端进入系统，进行非法访问；攻击者提供伪造的应用系统服务进行信息的窃取等。

（5）数据层威胁与风险

数据层威胁与风险包括：内部人员利用技术或管理漏洞，未授权修改重要系统数据或修改系统程序；内部人员未授权访问敏感信息，将信息带出或通过网络传出，导致信息泄露；通信过程中受到干扰等原因发生数据传输错误；授权用户操作失误导致系统文件被覆盖、数据丢失或不能使用[20]；攻击者截获、读取、破解介质的信息或剩余信息，进行信息的窃取；攻击者截获、读取、破解通信线路中的信息；攻击者利用通信干扰工具，故意导致通信数据错误等。

10.4.2　管理层面威胁与风险

（1）安全策略层威胁与风险

随着业务应用系统的不断增加，网络结构日益复杂，由于各业务系统建设、运维分散，没有总体规划逐渐不能适应越来越复杂的应用需求。主要表现在：缺乏整体安全策略，没有统一规范的安全体系建设标准；安全职责划分不明确；各业务系统的安全防护程度不一，人员没有形成统一的安全意识，缺乏统一的安全操作流程和指导手册等。

（2）安全制度层威胁与风险

拥有安全管理员岗位，但安全岗位职能没有得到很好的执行，没有对整个业务体系安全进行统一规划和管理。安全管理基本上靠运维管理人员的自我管理，缺乏统一的安全管理体系。

（3）系统建设层威胁与风险

由于运维、外包等原因，防护体系的建设依赖于各重要业务系统的建设，在今后的防护体系建设和改造中应该将安全防护体系统一考虑。

（4）系统运维层威胁与风险

各项应急预案即使制定也没有很好地被贯彻与演练实施，导致一旦发生重大安全问题无法快速进行故障的排除和解决，安全隐患较大。

10.5　风险评估与合规性检测

10.5.1　方法论

风险评估服务是采用半定量的分析方法，依照信息资产价值、弱点被利用的难易程度、威胁的可能性、风险值 4 个要素对企事业单位的信息系统进行风险评估，如图 10-6 所示。

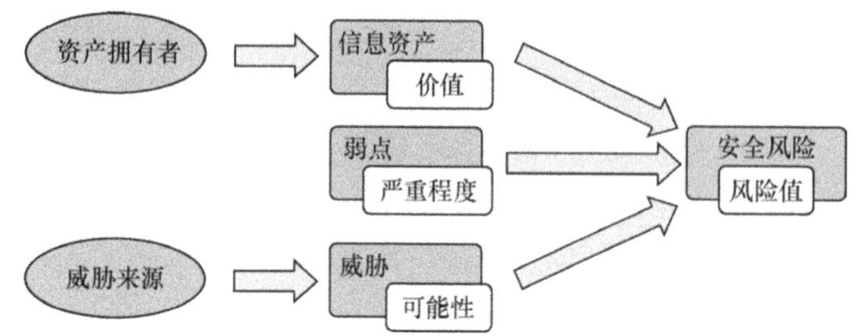

图 10-6　风险评估服务半定量的分析方法

风险评估与合规性检测服务主要包括以下几个环节。

（1）信息资产的识别和赋值

确定企事业单位信息资产的范围，对信息资产进行识别、分组和分类，并根据其安全特性（机密性、完整性和可用性）进行赋值，建立信息资产列表。

（2）威胁评估

对企事业单位的资产引起不期望事件而造成损害的潜在可能性进行分析。包括潜在威胁分析、威胁审计和日志分析，得到对企事业单位信息系统的安全威胁综合分析报告。

（3）弱点评估

通过技术检测、实验和审计等方式寻找企事业单位的信息资产中可能存在的弱点，并对弱点的严重性进行估值。包括技术性弱点检测、网络架构和业务流程分析、策略与安全控制审计，得到对组织信息系统的安全弱点综合分析报告。

（4）现有安全措施评估

对企事业单位目前已经采取的用于控制风险的技术和管理手段效果的评估，在针对性、有效性、集成特性、标准特性、可管理特性、可规划特性等方面进行评价，得到对组织信息系统的现有安全措施综合分析报告。

（5）综合风险分析与合规性检测

依据前面的评估结果和国际、国内标准及工程经验建立的风险评估模型，对企事业单位信息系统的风险与合规性情况进行评价和评级，得到对企事业单位信息系统的安全风险综合评估报告、信息安全现状报告和合规性分析报告。风险评估与合规性检测将风险评估方法论细化为资产调查、工具评估、人工评估、网络架构评估、应用评估、管理评估、合规性分析 7 个服务模块。

10.5.2　典型流程

风险评估与合规性检测是信息安全建设的起点，企事业单位可以根据自身信息系统特点来选择相应服务组件。也可根据企事业单位的需求以及信息系统的具体情况制订相应的个性化风险评估与合规性检测方案，如图 10-7 所示。

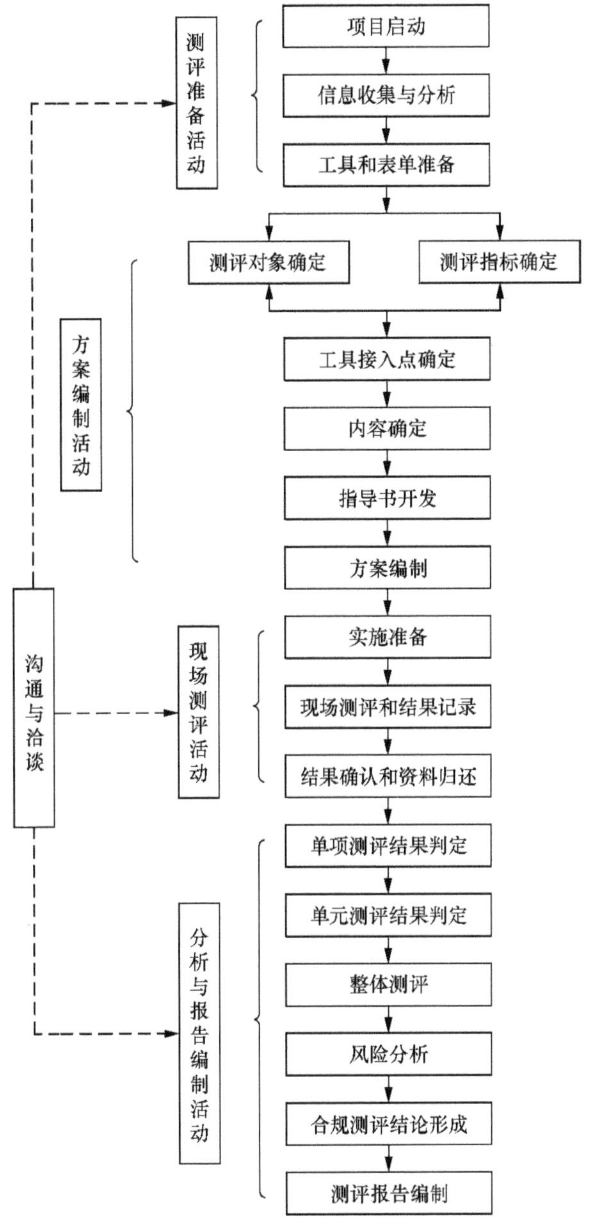

图 10-7　风险评估与合规性检测典型流程

10.5.3　专用工具

在整个检测过程中，采用 IXIA 400T 网络测试仪、中科网威风险评估扫描工具、安氏领信漏洞扫描工具、Metasploit 渗透测试工具包、Superscan/Appscan/Web Scanner6 扫描工具、Wireshark/SnifferPro 协议分析工具、NERCIS 漏洞扫描系统、NERCIS 风险评估系统、NERCIS 等级保护功能检测工具等专业的检测工具，获取信息系统运行状况，并采取相应的技术措施。

（1）资产调查

以 IT 设备为基本单位，调查设备的基本属性如 IP 地址、设备型号、版本号、所存储的信息、连接方式等，得到资产列表及资产详细信息库。在资产调查的过程中，对于资产各项属性的要求一一对各业务系统进行资产信息的核对和填写，资产调查的类型包括网络设备、服务器、工作站、安全设备、存储设备、专用设备等，见表 10-5。

表 10-5 信息资产调查类型

类别	解释/示例
网络设备	一台或一组互备的网络设备，包括路由器、交换机、RAS 等，防火墙、IDS 等安全设备除外
服务器	完成业务功能的主机，提供服务的主机，例如 OA 服务器、数据库服务器等
工作站	指监控终端，即用于管理服务器的终端。工作站不包括一般用途的笔记本和 PC
安全设备	作为安全用途的硬件设备，例如防火墙、IDS、AV 等。安全软件不在此列，而记录在服务器中，并在用途中标明
存储设备	对于存储设备整体看待，不具体区别存储设备内部的详细设备
专用设备	其他专门设备，不属于资产管理的范畴，仅是辅助作用
其他	用户自定义设备类型

信息资产在全面调查后，生成系统拓扑图，确定各项资产（如主机、路由器等）的安全价值，分别对每一项资产的安全属性进行赋值。所有的资产信息、拓扑信息会与管理员进一步进行核对。

（2）工具评估

众多网络蠕虫的传播、黑客攻击的破坏往往与各种信息系统的漏洞紧密相关。于是，发现系统漏洞并且进行及时的加固，就成为了系统安全的重中之重。扫描评估主要是根据已有的安全漏洞知识库，模拟黑客的攻击方法，检测网络协议、网络服务、网络设备、应用系统等各种信息资产所存在的安全隐患和漏洞。漏洞扫描主要依靠带有安全漏洞知识库的网络安全扫描工具对信息资产进行基于网络层面安全扫描，其特点是能对被评估目标进行覆盖面广泛的安全漏洞查找，并且评估环境与被评估对象在线运行的环境完全一致，能较真实地反映主机系统、网络设备、应用系统所存在的网络安全问题和面临的网络安全威胁[21]。漏洞扫描对网络的影响很小，可以在不影响被扫描对象正常业务的情况下，对其安全状况做出全面、准确的评估。

（3）人工评估

人工评估是根据安全检查核对表内容，逐项检查系统的各项配置和运行状态。核对表内容根据最新漏洞发现、客户不同的系统和运行环境，以及专家的经验知识而制定，它主要包括以下几个方面：一是安全配置检查，即系统管理和维护的正常配置、合理配置及优化配置，例如系统目录权限、账号管理策略、文件系统配置和进程通信管理等[22]；二是安全机制检查，即安全机制的使用和正常配置、合理配置及优化配置，例如日志及审计、备份与恢复、签名与校验、加密与通信、特殊授权及访问控制等[23]；三是入侵追查及事后取证，即检查与发现系统入侵、攻击或其他危害，尽可能追查及取证，例如日志被毁坏、篡改或删除，计费数据被删除，遭受 DoS 攻击，系统被监听、控制或安装后门等；四是安全检查核对表，即安全检查核对表要始终保持与国内外最新安全信息同步，从而保证人工评估的领先性与全面性。

（4）网络架构评估

针对系统的网络架构评估可以帮助企事业单位了解系统实际安全状况，澄清信息资产的威胁和风险，以便进一步决定当前安全状况与企事业单位业务目标、安全目标之间的距离，并做出正确的决策。评估范围包括：系统的网络设备（路由器、交换机防火墙）和网络拓扑架构。

网络评估采用以下工作方法来达成上述目标：一是客户访谈，通过访谈，顾问可以从技术、管理、策略等角度更深层次地了解客户信息资产相关的安全要素，挖掘出信息资产背后的风险；二是文档信息挖掘，通过对客户信息资产相关的管理制度、规范、技术文档等的研究和剖析，从更高的层次上发现客户系统中存在的逻辑上的弱点、威胁和风险[24]；三是专家分析，目前尚没有成型的工具、模型、算法等可以将专家的经验完全体现。通过对客户访谈、工具扫描、渗透测试、文档信息挖掘等收集的资料进行分析，顾问会将自己的经验体现于最终输出，也就是检测报告。网络配置设计文档及网络拓扑结构分析和顾问访谈，是进行网络架构分析的主要方式，最终输出网络架构评估报告。评估主要通过网络设备（交换机、路由器、防火墙）的配置评估、网络拓扑结构评估：该阶段主要通过对系统的网络拓扑结构图进行分析，从而形成本系统网络安全评估报告。

（5）应用评估

评估企事业单位应用系统的安全状况，如流程、威胁、漏洞等。采用分析应用系统的立项、开发、测试、维护报告、调查问卷、访谈等多种方式评估整个系统所面临的安全风险，并根据风险提出具体的解决方案。由于应用系统的复杂性，使用传统的风险评估方法已经无法准确、清晰地描述和评估业务系统的风险，因此首先为被评估的系统进行建模，然后根据本系统的系统架构和业务系统信息流评估此系统应用层面临的安全风险。应用系统的安全评估划分为识别应用系统的安全目标、了解应用系统概况、应用系统分解、应用系统的威胁识别、应用系统的弱点和风险分析 6 个步骤，如图 10-8 所示。

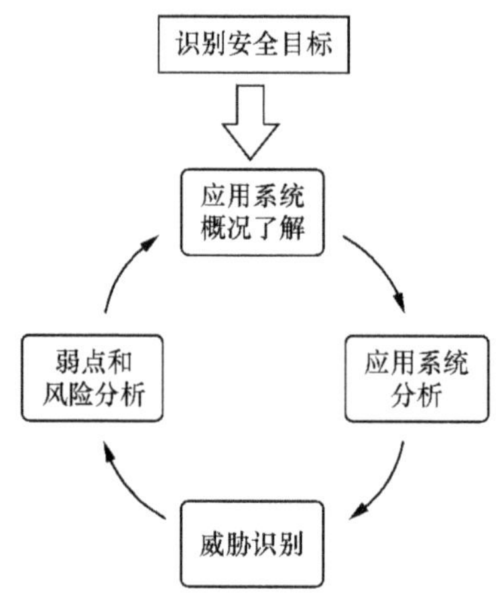

图 10-8　应用系统的安全评估

一是识别安全目标。应用系统评估的第一步是了解应用系统可能的安全目标。针对被评估的应用系统，将从系统的可靠性、经济影响、国家的法律或者政策、信誉、识别信息、隐私、国际标准等几个方面入手进行分析。

二是了解应用系统。应用系统的安全目标进行了清晰的定义后，可以从系统的组件、系统的数据流以及应用系统的可信边界对应用系统进行初步的了解和分析。

三是应用系统分解。了解了应用系统的概况和架构后，对应用系统进行分解，找到与安全相关的模块和组件，然后对这些模块和组件进行重点分析。

四是威胁识别。安全威胁是一种对系统、组织及其资产构成潜在破坏的可能性因素或者事件。威胁是对信息系统直接或间接的攻击，例如非授权的泄露、篡改、删除等，在机密性、完整性或可用性等方面造成损害。威胁也可能是偶发的、或蓄意的事件。一般来说，威胁总是要利用网络、系统、应用或数据的弱点才可能成功地对资产造成伤害[25]。由于应用系统的复杂性，采用威胁建模的方法进行应用系统的风险评估。

五是弱点分析。应用评估的弱点主要从被评估系统应用层面存在安全脆弱性进行分析，主要包括：缓冲区溢出、信息加密、身份认证、数据访问技术等各个层面。

六是风险分析。通过识别应用系统的安全目标、了解应用系统概况、应用系统分解、应用系统的威胁识别、应用系统的弱点分析等步骤之后，将采用风险场景分析的方式把弱点、威胁综合到一起进行风险分析。

最后，通过攻击树分析的手段，使用攻击树和攻击模式把各种风险进行综合的考虑，找出发生概率最高的风险，结合风险威胁级别分析，为安全投资和安全域的划分提供依据。

（6）管理评估

评估企事业单位整个机构的安全管理状况，采用对机构的领导、各部门管理人员、IT 技术人员及基层人员进行访谈，对生产和办公现场进行检查、评估策略文件等方法。最终得到安全管理评估报告，根据企事业单位具体情况指出不符合最佳实践的管理问题，提出解决意见。

一是策略文档评估。通过对各种策略文档阅读和分析，可以获得整个策略文档体系的概貌，并评价策略文档体系能否满足安全工作的要求，从而可以初步得出评估客户的安全状况和安全现状，因为安全策略建设属于制度建设的一部分，制度建设的不足必然导致过于依靠个人和实际工作的混乱。评估客户的安全策略建设水平一般和安全系统建设及安全管理的水平相吻合，如果客户的安全管理维护和安全系统建设没有安全进行指导，没有安全标准和规范可以遵循，必然处于无序和混乱状态。策略评估工作将发现和分析客户在策略文档方面的弱点和不足，提供安全策略现状，以作为整个安全管理评估工作重要组成部分。

二是管理访谈。在管理评估过程中，安全专家将根据多年从事安全工作的经验，针对客户安全管理中涉及的管理制度、流程、规范等问题制订问题列表，同相关人员进行面对面的访谈，了解现有安全管理模式、存在的问题以及安全管理落实情况等。安全管理访谈中所采用的问题列表将兼容国内外最新的信息安全管理标准、指南，从而为客户引进最新的信息安全管理理念。

三是对生产和办公现场进行检查。在管理评估过程中，安全专家将实地考察客户的生产和办公环境。通过直接地观察，了解组织信息安全管理工作的直行效果。对比组织的信息安全策略，从而得出企事业单位整体信息安全管理的最终评估结果。

（7）合规性分析

根据等级保护的标准，通过对每个控制点的掌握，有效地体现合规性。在合规管理中要了解责任的重要性，采取差距分析的方法，找出管理体系、技术体系、运维体系中的不足，根据合规的要求进行整改，最后通过直观的方式进行合规的报告和展现。采用合规性检测的方法分析信息系统中存在的安全问题和隐患，通过综合的检测分析，找出信息系统面临的风险及合规性差异。合规性检测过程共分 4 个部分，首先要确定合规性检测的范围和内容，其次确定合规指标，然后按照合规指标的要求进行合规性检测和分析，最后得出合规报告并提出整改的建议。

10.6 本章小结

针对等级化信息安全管理就是要根据信息系统的重要性有针对性、差异化地实现安全防护的理念，根据信息安全风险评估，就是从风险管理的角度，运用科学的方法和手段，全面检测网络和信息系统存在的脆弱性，系统分析和评估安全防护水平，从而有针对性地提出抵御威胁的防护对策和整改措施的原理，研究、分析了信息安全等级保护风险分析与评估的内容、方法、流程和检测手段等。

参 考 文 献

[1] 刘念, 张建华. 互动用电方式下的信息安全风险与安全需求分析[J].电力系统自动化, 2011, 35 (2): 79-83.

[2] 潘平, 杨平, 何朝霞. 基于多属性层次分析的信息安全风险评估方法[J].信息安全与技术, 2011 (11): 3-6

[3] 孟雪梅. 浅谈信息安全的风险评估与等级保护中国科技投资, 2013, (6): 225.

[4] 何勇亮, 黄爱国. 基于信息安全等级保护的安全测评服务框架研究[C]// 第二届全国信息安全等级保护测评体系建设会议论文集, 2012.

[5] 公安部. 信息安全等级保护管理办法（试行）[Z]. 2006.

[6] 庞素琳. 信用评价与股市预测模型研究及应用: 统计学、神经网络与支持向量机方法[M]. 北京: 科学出版社, 2005.

[7] FU S, ZHOU H J. The information security risk assessment based on AHP and fuzzy comprehensive evaluation [C]//International Conference On Risk Management& Engineering Management, Beijing, IEEE, 2008: 404-409.

[8] 黄剑雄, 丁建立. 基于模糊分析的信息系统风险灰色评估模型[J]. 计算机工程与设计, 2012, 33 (4): 1285-1289.

[9] 高阳, 罗军舟. 基于灰色关联决策算法的信息安全风险评估方法[J]. 东南大学学报（自然科学版）, 2009, 39 (2): 225-229.

[10] 刘向升, 王刚. 信息系统的风险评估方法研究[J]. 网络安全与技术, 2006, (11): 32-34.

[11] KANG H G, ZHAI G J, LIU X B. Structure fuzzy optimum design of offshore jacket platforms [C]//ISPOE 2001. Stavaiger, Nonway: [s.n.]. 2001: 114-118.

[12] 朱继锋, 赵英杰, 杨贺, 等. 等级保护思想的演化[J]. 学术研究, 2011, 70-73.

[13] 赵云, 顾健. 等级保护风险评估模型研究[J]. 信息安全与技术, 2014, (3): 4-18.
[14] 杨明海. 项目团队效能成熟度研究[D]. 济南: 山东大学, 2007.
[15] 聂俊岚, 王景芹. 基于层次分析法确立的低压成套开关设备可靠性指标[J]. 电器与能效管理技术, 2005, 32 (7): 13-16.
[16] 彭庆喜, 游兰. 企业信息系统评估方法研究及应用[J]. 软件导刊, 2013, (4): 28-30.
[17] 俞平. 信息安全系统应用方案探讨[J]. 科技创新导报, 2010, (8): 27-27.
[18] 蔡荣生, 林宁, 胡啸. 论我国信息安全的现状与对策[J]. 中国科技信息, 2004, (21):5-10.
[19] 邹翔, 沈寒辉. 政府/行业网络信息交换与共享安全体系及关键技术研究[C]// 全国计算机安全学术交流会论文集, 2007, 22: 13-14.
[20] 建设安全性能“三高”的数据中心[J]. 计算机安全, 2009, (7): 95-96.
[21] 赵冬梅. 信息安全风险评估量化方法研究[D]. 西安: 西安电子科技大学, 2007.
[22] 陆长虹. 地税系统金税工程信息安全保障的研究与实现[D]. 合肥: 合肥工业大学, 2007.
[23] 程志鸣, 卢崇波, 任俊芳. 炼钢厂工业网络安全研究及解决方案[J]. 中国科技博览, 2010, (3): 114-115.
[24] 沈金山. 基于层次分析法的网络信息安全评估技术的研究[D]. 哈尔滨: 哈尔滨工业大学, 2004.
[25] 张月琴. 基于模块化的信息安全风险评估模型研究[D]. 重庆: 重庆大学, 2007.

第 11 章

信息系统安全等级保护能力测评模型研究

11.1 信息系统安全等级保护能力测评概述

信息系统安全等级保护能力测评工作[1]是指测评机构依据国家信息安全等级保护制度规定，按照有关管理规范和技术标准，对未涉及国家秘密的信息系统安全等级保护状况进行检测评估的活动。等级测评是标准符合性评判活动，即依据信息安全等级保护的国家标准或行业标准，按照特定方法对信息系统的安全保护能力进行科学公正的综合评判过程。

对信息系统采取安全措施是为了使信息系统具备一定的安全保护能力，这种安全保护能力主要表现为能够应对威胁的能力，称为对抗能力。但在某些情况下，信息系统无法阻挡威胁对自身的破坏时，如果信息系统具有很好的恢复能力，那么即使遭到破坏，也能在很短的时间内恢复系统原有的状态。能够在一定时间内恢复系统原有状态的能力构成了信息系统的另一种安全保护能力——恢复能力。对抗能力和恢复能力共同构成了信息系统的安全保护能力。

能力分级，是基于系统的保护对象不同，其重要程度也不相同，重要程度决定了系统所具有的能力也就有所不同。一般来说，信息系统越重要，应具有的保护能力就越高。因为系统越重要，其遭到破坏的可能性越大，遭到破坏后的后果越严重，因此需要提高相应的安全保护能力。

根据不同级别信息系统的重要程度，提出不同强度的对抗能力和恢复能力，将这些能力细化成安全目标，而基本要求就是为满足这些安全目标而提出的安全保护要求。

不同等级信息系统所具有的保护能力如下[2]。

第一级信息系统：经过安全建设整改，信息系统具有抵御一般性攻击的能力，防范常见计算机病毒和恶意代码危害的能力；系统遭到损害后，具有恢复系统主要功能的能力。

第二级信息系统：经过安全建设整改，信息系统具有抵御小规模、较弱强度恶意攻击的能力，抵抗一般自然灾害的能力，防范一般性计算机病毒和恶意代码危害的能力；具有检测常见的攻击行为，并对安全事件进行记录的能力；系统遭到损害后，具有恢复系统正常运行状态的能力。

第三级信息系统：经过安全建设整改，信息系统在统一的安全保护策略下具有抵御大规模、较强恶意攻击的能力，抵抗较为严重的自然灾害的能力，防范计算机病毒和恶意代码危害的能力；具有检测、发现、报警、记录入侵行为的能力；具有对安全事件进行响应处置，并能够追踪安全责任的能力；在系统遭到损害后，具有能够较快恢复正常运行状态的能力；对于服务保障性要求高的系统，应能快速恢复正常运行状态；具有对系统资源、用户、安全机制等进行集中控管的能力。

第四级信息系统：经过安全建设整改，信息系统在统一的安全保护策略下具有抵御敌对势力有组织的大规模攻击的能力，抵抗严重的自然灾害的能力，防范计算机病毒和恶意代码危害的能力；具有检测、发现、报警、记录入侵行为的能力；具有对安全事件进行快速响应处置，并能够追踪安全责任的能力；在系统遭到损害后，具有能够较快恢复正常运行状态的能力；对于服务保障性要求高的系统，应能立即恢复正常运行状态；具有对系统资源、用户、安全机制等进行集中控管的能力。

第五级信息系统自行定义。

11.1.1　信息系统安全等级保护能力测评过程

信息系统安全等级保护能力测评过程[1]可以分为 4 个主要活动：测评准备、方案编制、现场测评以及分析与报告编制，测评双方之间的沟通与洽谈贯穿整个等级测评过程。具体如图 11-1 所示。

11.1.2　信息系统安全等级保护能力测评存在的不足

根据我国信息安全等级保护能力测评标准，结合实际测评工作经验，目前的测评存在以下 3 点不足。

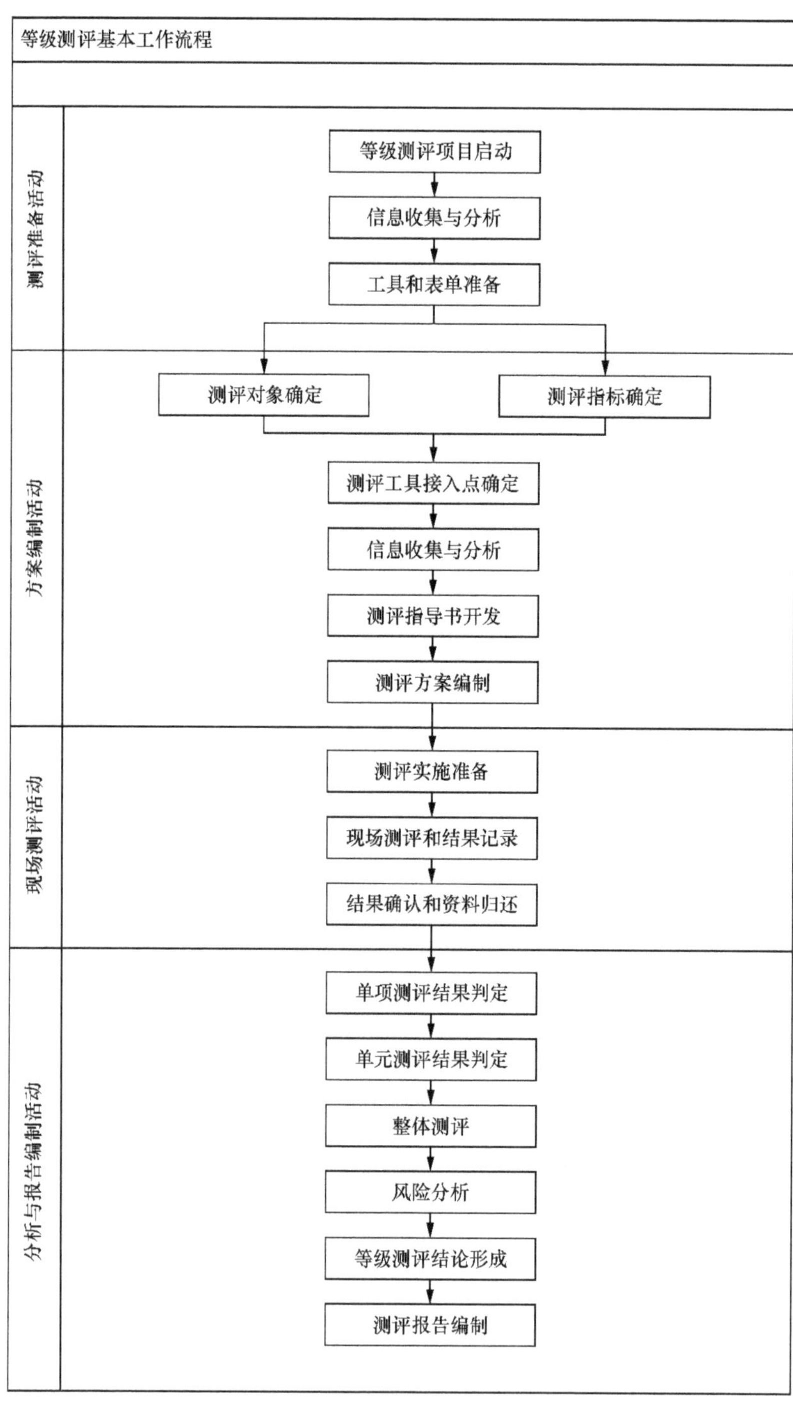

图 11-1　信息系统安全等级保护能力测评过程

① 测评指标基本要求比较概括，操作性不强，可定制程度不高。

《信息安全技术信息系统安全等级保护基本要求》（GBT 22239-2008）和《信息安全技术信息系统安全等级保护测评要求》（送审稿）针对不同等级的安全目标定义了测评基本要求。基本要求中对指标的描述比较概括，不能具体指导测评人员实施，操作性不强。各个行业也有自己行业的特殊需求，基本要求并不能完全满足，所以需要对指标进行拓展和延伸，满足可定制的要求。

② 测评实施过程对测评人员自身素质要求较高，一般人员无法完成。

测评实施过程中对测评人员的能力要求很高，通常主要是依靠专家的经验来进行分析，一般测评人员很难实施。一般测评人员存在知识缺口，由于个人的知识积累有限，测评过程中存在着多种多样的知识需求与知识供给的差异。这时就需要对原先的测评模型进行改进，增加知识库的支持。

③ 对测评结果的处理不够完善，应对数据进一步挖掘。

由于信息系统安全等级保护能力测评是符合性测评，所以测评结果通常是符合与不符合等结果。这样的结果仅能够说明信息系统的安全现状与安全要求的差别，并没有对其进一步改进提供建议。因此，需要对测评结果数据进一步挖掘，进行基于知识的风险分析和安全效益度量，最后提供最优化的安全投入建议。

11.2　信息系统安全等级保护能力测评指标体系

11.2.1　总体描述

根据《信息安全等级保护管理办法》（公通字[2007]43 号）[3]的要求，信息系统的运营、使用单位在进行信息系统定级备案后，都应该选择具有资质的测评机构进行等级测评。信息系统安全等级保护能力测评是测评机构依据《信息系统安全等级保护测评要求》等管理规范和技术标准，检测评估信息系统安全等级保护状况是否达到相应等级基本安全要求的过程，是落实信息安全等级保护制度的重要环节[4-6]。

信息系统是易受攻击的实体，它们抵抗着来自各方面的威胁。无论哪个层面或者哪个区域出现安全漏洞或者隐患，遭到破坏或攻击，都会对信息系统的整体安全造成威胁。要求信息系统实行安全等级保护的目的就是要对抗系统面临的各种威胁，从而尽量降低由威胁给系统甚至单位带来的损失，确保信息系统的业务信息安全性或业务服务保证性不受损害。不同的信息系统所承载的业务和处理的数据重要程度不同，不同的信息系统所处的位置和环境有所不同，对信息系统的保护要求也会不同。只有针对各个层面、各个系统的特点，制订不同的安全保护措施，采用不同的安全保护机制，构建一个全方位的信息安全体系，才能使信息系统安全可靠起来。

针对各安全等级系统应当对抗的安全威胁和应具有的恢复能力，《信息安全技术信息系统安全等级保护基本要求》（GBT 22239-2008）提出各等级的基本安全要求。基本安全要求包括基本技术要求和基本管理要求，基本技术要求主要用于对抗威胁和实现技术能力，基本管理要求主要为安全技术实现提供组织、人员、程序等方面的保障。图 11-2 所示为信息系统安全等级保护基本要求的描述模型，表明了基本要求的描述模型[7]。

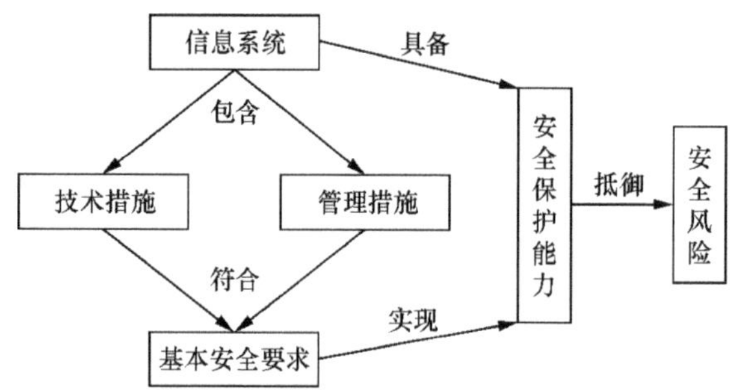

图 11-2　信息系统安全等级保护基本要求的描述模型

任何信息系统都包含技术措施和管理措施，经过信息系统安全等级保护定级过程后，其措施必须符合所定级别的基本安全要求，实现了基本安全要求才能使信息系统具备抵御安全风险的安全保护能力。为了测评目标信息系统是否达到了要求等级的安全保护能力，引出了保护能力测评指标体系的概念。保护能力测评指标体系是在信息系统安全等级保护基本要求的框架下发展延伸而来[8,9]。

11.2.2　基本要求和框架

基本要求在整体框架结构上以 3 种分类为支撑点，自上而下分别为：类、控制点和项。类表示基本要求在整体上大的分类：技术类安全要求和管理类安全要求。其中技术类安全要求分为物理安全、网络安全、主机安全、应用安全和数据安全及备份恢复这五大类；管理类安全要求分为安全管理制度、安全管理机构、人员安全管理、系统建设管理和系统运维管理这五大类，一共为十大类。控制点表示每个大类下的关键控制点，如物理安全大类中的物理访问控制作为一个控制点。而项则是控制点下的具体要求项描述，如机房出入应安排专人负责，控制、鉴别和记录进入的人员。

具体信息系统安全等级保护基本要求框架结构如图 11-3 所示。

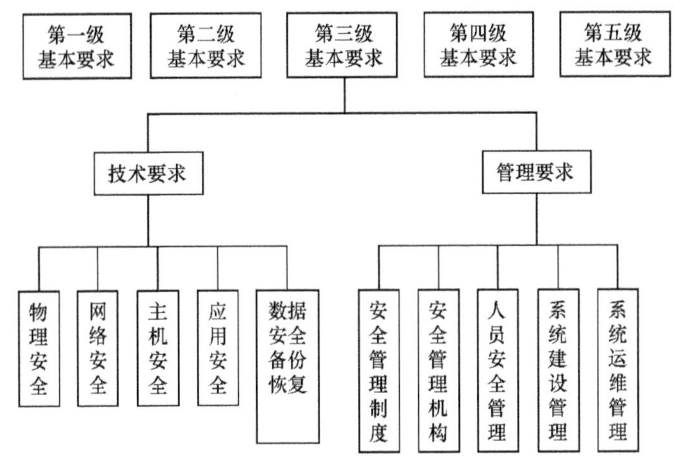

图 11-3　信息系统安全等级保护基本要求框架结构

技术类安全要求提出了信息系统应提供的技术安全机制，这些安全机制将通过在信息系统中部署软/硬件并正确地配置其安全功能来实现。根据信息系统承载的业务、安全机制的保护侧重点，技术类安全要求又进一步细分为业务信息安全类（简记为 S 类）、业务服务保证类（简记为 A 类）和通用安全保护类（简记为 G 类）3 类[10-12]：

（1）业务信息安全类（S 类）

关注的是保护数据在存储、传输、处理过程中不被泄漏、破坏和免受未授权的修改。

例如访问控制，该控制点主要关注的是防止由于未授权的访问系统而造成数据的篡改或泄漏。至于对保证业务的正常连续运行并没有直接的影响。

（2）系统服务安全类（A 类）

关注的是保护系统连续正常的运行，避免因对系统的未授权修改、破坏而导致系统不可用[13,14]。

例如资源控制，该控制点很好地体现了对业务正常运行的保护。通过对资源的使用限制、监视和预警等控制，保证了重要业务的正常运行。

（3）通用安全保护类（G 类）

既关注保护业务信息的安全性，同时也关注保护系统的连续可用性。

大多数技术类安全要求都属于此类，保护是为了保证业务能够正常运行，同时保证数据安全。如物理访问控制，该控制点主要是防止非授权人员物理访问系统主要工作环境，由于进入工作环境可能导致的后果既可能包括系统无法正常运行（如损坏某台重要服务器），也可能包括某些重要数据丢失。因此，它保护的重点二者兼而有之。

不同安全保护等级的信息系统对业务信息的安全性要求和系统服务的连续性要求都是有一定差异的，即使相同安全保护等级的信息系统，其对业务信息的安全性要求和系统服务的连续性要求也有差异。因此，某一定级后信息系统的安全保护的侧重点可以有多种组合。根据信息系统安全等级保护定级过程所定出的安全等级，其 SAG 的安全保护要求组合方式见表 11-1[15-17]。

表 11-1　各安全等级信息系统保护要求组合

安全等级	信息系统保护要求的组合
第一级	S1A1G1
第二级	S1A2G2、S2A2G2、S2A1G2
第三级	S1A3G3、S2A3G3、S3A3G3、S3A2G3、S3A1G3
第四级	S1A4G4、S2A4G4、S3A4G4、S4A4G4、S4A3G4、S4A2G4、S4A1G4

11.2.3　测评指标体系

指标体系就是指系统的、具有紧密联系的、反映评价对象整体的一群指标，或具体指标的集合，它能反映评价对象或评价目标的全部或整体。根据《信息安全技术信息系统安全等级保护基本要求》（GBT 22239-2008）和《信息安全技术信息系统安全等级保护测评要求》（送审稿）的要求，借鉴质量评估要素—准则—度量（Factor-Criteria-Metrics，FCM）模型，形成了“标准—级别—类别—层面—控制点—指标—测评用例”这样的 7 级模型，构成了信息系统安全等级保护能力测评指标体系，如图 11-4 所示。

在信息系统安全等级保护能力测评的实施过程中，类别—层面—控制点—指标—测评用例构成了安全测评要素的 5 个层次。下面将介绍指标体系的 7 个层面。

标准：信息系统安全等级保护能力测评依据《信息系统安全等级保护基本要求》（GBT 22239-2008）和《信息系统安全等级保护测评要求》（送审稿）。该标准根据现有技术的发展水平，提出和规定了不同安全保护等级信息系统的最低保护要求。它们是信息系统安全等级保护能力测评的纲领性文件，对整个测评工作具有指导意义[18,19]。

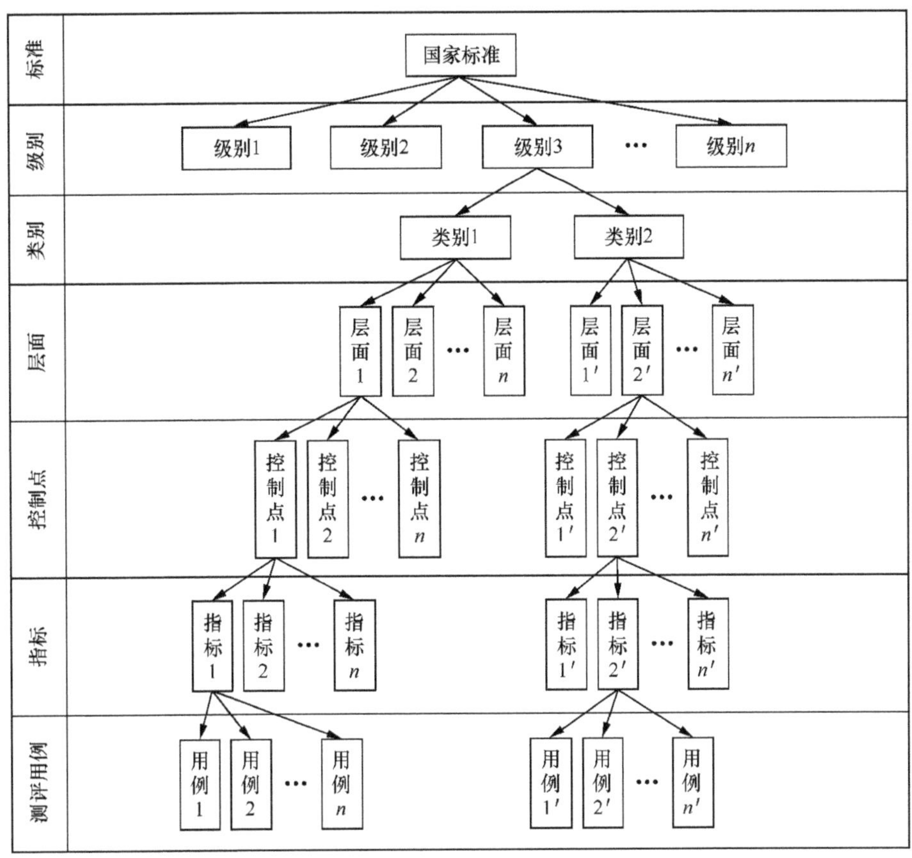

图 11-4　信息系统安全等级保护能力测评指标体系

（1）级别

根据信息系统能够抵御威胁、发现安全事件以及在信息系统遭到损害后能够恢复先前状态等的程度，将信息系统应具备的基本安全保护能力对应信息系统定级分为 5 个等级：自主保护级、指导保护级、监督保护级、强制保护级、专控保护级（级别由低到高排列）。

（2）类别

实现基本安全保护能力将通过选用合适的安全措施或安全控制来保证，依据实现方式的不同，信息系统等级保护的安全基本要求分为技术要求和管理要求两大类。技术类安全要求通常与信息系统提供的技术安全机制有关，主要是通过在信息系统中部署软/硬件并正确地配置其安全功能来实现；管理类安全要求通常与信息系统中各种角色参与的活动有关，主要是通过控制各种角色的活动，从政策、制度、规范、流程以及记录等方面作出规定来实现。技术要求与管理要求是确保信息系统安全不可分割的两个部分，两者之间既互相独立，又互相关联，在一些情况下，技术和管理能够发挥它们各自的作用；在另一些情况下，需要同时使用技术和管理两种手段，实现安全控制或更强的安全控制；大多数情况下，技术和管理要求互相提供支撑以确保各自功能的正确实现。

（3）层面

层面是类别的具体细化，技术要求分为物理安全、网络安全、主机安全、应用安全和数据安全；管理要求分为安全管理制度、安全管理机构、人员安全管理、系统建设管理和系统运维管理。

物理安全是指包括支撑设施、硬件设备、存储介质等在内的信息系统相关支持环境的安全；网络安全是指包括路由器、交换机、通信线路等在内的信息系统网络环境的安全；主机安全是指包括服务器、终端/工作站以及安全设备/系统在内的计算机设备在操作系统及数据库系统层面的安全；应用安全是指支持业务处理的业务应用系统的安全；数据安全是指信息系统中数据的采集、传输、处理和存储过程中的安全。此外，数据安全部分将包括在信息系统遭到破坏时能够恢复数据以及业务系统运行的内容。

安全管理制度包括信息安全工作的总体方针、策略、规范各种安全管理活动的管理制度以及管理人员或操作人员日常操作的操作规程。

（4）控制点

每个层面可以分解为多个控制点。控制点是在更细的粒度上，对层面的不同实现环节做出的规定。例如，在三级系统里的主机安全层面就包括身份鉴别、访问控制、安全审计、剩余信息保护、入侵防范、恶意代码防范、资源控制等 7 个控制点。

（5）指标

对于每一个控制点，可以有一个或者多个指标作为度量标准，比如，在上述的控制点身份鉴别中又包括 6 条指标[20]。

① 应对登录操作系统和数据库系统的用户进行身份标识和鉴别；

② 操作系统和数据库系统管理用户身份标识应具有不易被冒用的特点，口令应有复杂度要求并定期更换；

③ 应启用登录失败处理功能，可采取结束会话、限制非法登录次数和自动退出等措施；

④ 当对服务器进行远程管理时，应采取必要措施，防止鉴别信息在网络传输过程中被窃听；

⑤ 应为操作系统和数据库系统的不同用户分配不同的用户名，确保用户名具有唯一性；

⑥ 应采用两种或两种以上组合的鉴别技术对管理用户进行身份鉴别。

（6）测评用例

指标描述的比较笼统，不好具体实施，故增加测评用例一层，指导测评人员具体实施。每一个基本要求下面都有测评用例支撑。测评用例包括序号、名称、方式、对象、内容、保障条件、步骤、备注等 8 个方面内容。下面就用主机安全中身份鉴别中的系统登录安全测评举例，见表 11-2 和表 11-3。

表 11-2　Windows 系统下的系统登录安全测评用例

<table>
<tr><td>序号</td><td colspan="2">XX-XX-XX</td><td>名称</td><td>系统登录安全测评</td></tr>
<tr><td>方式</td><td colspan="4">调查问卷、登录查看、技术检测</td></tr>
<tr><td>对象</td><td colspan="4">Windows 系统使用的操作系统</td></tr>
<tr><td>内容</td><td colspan="4">操作系统是否存在“空口令”等安全隐患</td></tr>
<tr><td>保障条件</td><td colspan="4">① 需要 Windows 系统相关技术人员（系统管理员）的积极配合；
② 提供操作间的一台终端；
③ 需要被检主机的管理员账户和口令；
④ 需要在机房中 Windows 系统的不同网段提供接入点</td></tr>
<tr><td rowspan="2">步骤</td><td>检测项</td><td colspan="3">操作步骤</td></tr>
<tr><td>检测每个用户是否都设置系统启动口令
检测是否关闭远程桌面访问控制</td><td colspan="3">1. 查看漏洞扫描设备结果
2. 通过漏洞扫描结果查看或 Netstat-an
① 3389 端口是否开启；
② 打开控制面板—>服务查看 Terminal Services 服务是否开启</td></tr>
<tr><td>备 注</td><td colspan="4"></td></tr>
</table>

表 11-3　Linux 系统下的系统登录安全测评用例

序号	**XX-XX-XX**	名称	系统登录安全测评
方式	调查问卷、登录查看、技术检测		
对象	Linux 系统使用的操作系统		
内容	操作系统是否存在登录安全隐患		
保障条件	① 需要 Linux 系统相关技术人员（系统管理员）的积极配合； ② 提供操作间的一台终端； ③ 需要被检主机的管理员账户和口令； ④ 需要在机房中 Linux 系统的不同网段提供接入点		

（续表）

序号	XX-XX-XX	名称	系统登录安全测评
步骤	检测项	操作步骤	
	检测是否设置系统启动口令； 检测是否关闭远程访问控制或非信任主机； 检查是否禁止网络通过 Root 身份进行登录	1. 查看漏洞扫描设备结果 2. 查看/etc/hosts、/etc/hosts.equiv；查找所有的.rhosts（find/ -name.rhosts），如果某用户的目录下存在.rhosts 文件，任何用户都可以通过 rlogin 不需要口令以该用户的身份登录到系统 3. 查看/etc/default/login 中设置 CONSOLE=xxx，如果设置成 Null 或 TTY 表示禁止 Root 远程登录	
备 注			

11.3 改进型信息系统安全等级保护能力测评模型

11.3.1 模型概述

信息系统安全运维的过程中，为了不断提高安全能力，满足其安全等级的要求，保护能力测评是一个重要的环节。结合信息系统安全等级保护测评实施过程，抽象出保护能力测评模型[21-24]，图 11-5 所示为改进型信息系统安全等级保护能力测评模型。

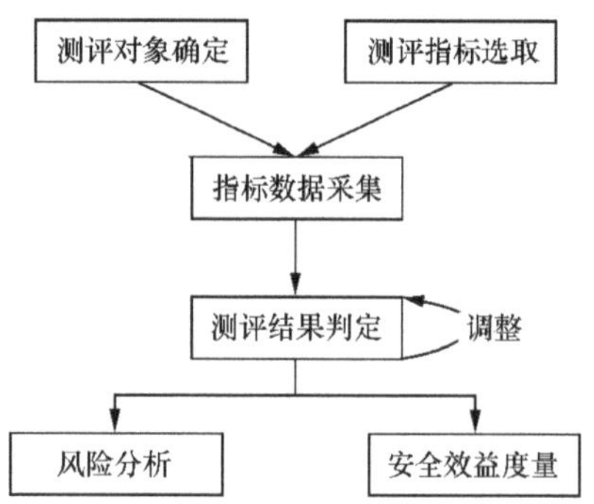

图 11-5 改进型信息系统安全等级保护能力测评模型

11.3.2　测评对象确定

信息系统安全等级保护能力测评的对象可以是系统、过程或者具体的资产。测评对象确定首先需要对信息系统进行识别，通过从信息系统运营、使用单位相关人员处收集有关信息系统的信息，并对这些信息进行综合分析、整理，包括信息系统概述、系统边界描述、网络拓扑结构、设备部署状况、支撑的业务应用种类和特性、处理的信息资产、用户范围和用户类型、信息系统的管理框架等。然后在对上述数据综合分析的基础上将信息系统进行合理分解，确定测评对象。选取的测评对象必须在区域上、层面上能够反映整个信息系统的安全状况，满足测评的力度。

11.3.3　测评指标选取

根据被测信息系统安全等级、所处行业等情况，并结合信息系统所承载业务从保护能力测评指标体系中选取相适应的 ASG 测评指标，如图 11-6 所示。

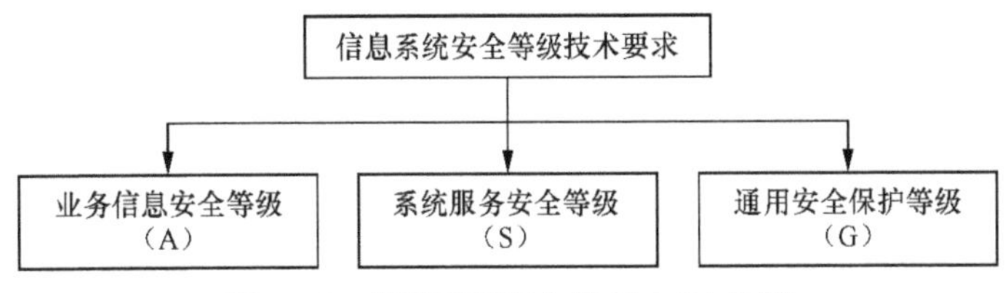

图 11-6　信息系统安全等级 ASG 分解

举例来说，某被测信息系统定级结果为三级 S2A3G3，在选择和使用测评指标时应选择三级管理要求和 S2A3G3 的技术要求，可以分为 3 个步骤。

第 1 步：选择保护能力测评指标体系中第三级测评指标，包括管理要求和技术要求。

第 2 步：根据定级结果 S2A3G3 进行调整。信息系统的业务信息安全保护等级为二级，系统服务安全保护等级为三级，因此，将第三级技术指标中的 S 类指标调整为第二级测评指标中的 S 类指标，第 1 步中已选择的 A 类指标和 G 类指标保持不变。

第 3 步：根据行业要求或信息系统自身特点，分析需要增强的安全保护能力，需要增强业务信息安全保护能力的，从二、三、四级的 S 类指标中选择；需要增强系统服务安全保护能力的，从四级的 A 类指标中选择；整体需要增强的，则从四级 G 类指标中选择。测评人员可以根据实际情况对保护能力测评指标进行微调，但是不能降低整体安全保护能力。

11.3.4 测评指标数据采集

测评指标数据采集是信息系统安全等级保护能力测评的重点工作，也是基础工作。测评指标数据采集结果直接影响着后续的测评结果。测评指标数据采集过程由一系列的测评单元组成，测评单元是保护能力测评指标数据采集的基本工作单元，对应着一组相对独立和完整的测评内容。由测评指标、测评对象、测评方式、测评用例、测评力度和测评实施组成，如图 11-7 所示。

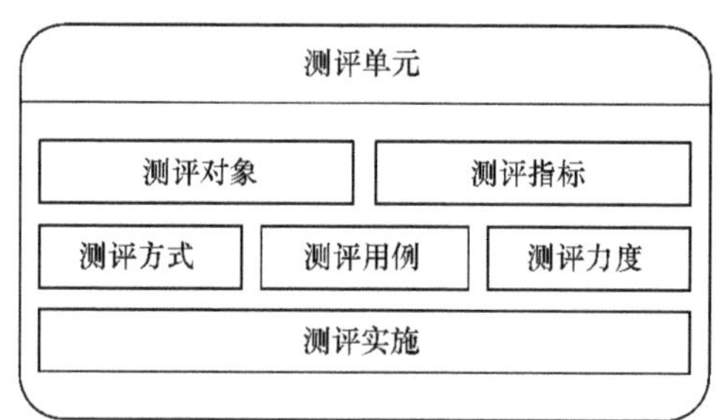

图 11-7 测评单元模型

测评对象：测评对象是信息系统的构成成分，具体而言就是客观存在的人员、文档、制度、设备等。测评对象是根据测评单元中测评指标要求提出的，与测评指标的要求相适应，在测评用例中有具体描述。一般来说，在测评指标数据采集过程中，面临的具体测评对象可以是单个人员、文档、制度、设备等，也可能是由多个人员、文档、制度或者设备等构成的集合，它们分别需要使用到某个特定安全控制的功能。

测评指标：是指测评指标体系中的具体指标，描述了安全等级目标和要求，源自上个环节选取的测评指标。

测评方式：是指测评人员依据测评指标要求选取、实施特定测评对象的测评操作，见表 11-4。

表 11-4 信息系统安全等级保护能力测评方式

测评方式	内容
访谈	测评人员通过与信息系统有关人员（个人、群体）进行交流、讨论、问卷调查等手段，进行测评指标数据采集，获取证据以证明信息系统安全等级保护措施是否是满足安全等级要求的一种方法
检查	指测评人员通过对测评对象进行观察、上机查验、分析等活动，获取证据以证明信息系统安全等级保护措施是否有效的一种方法
测试	测评人员通过对测评对象按照预定的方法/工具使其产生特定的行为等活动，查看、分析输出结果，获取证据以证明信息系统安全等级保护措施是否有效的一种方法

测评用例：指标描述的比较笼统，不好具体实施，故增加测评用例一层，指导测评人员具体实施。测评用例包括序号、名称、方式、对象、内容、保障条件、步骤、备注 8 个方面内容。上文中有具体介绍。

测评力度：是在测评过程中实施测评工作的力度，具体反映在测评的广度、深度、效度，体现在测评过程的实际投入程度和可靠程度，见表 11-5。

表 11-5　信息系统安全等级保护能力测评力度

测评力度	内容
广度	事物的范围，广狭程度。测评的广度越大，测评实施的范围越大，测评实施包含的测评对象就越多。主要体现在测评对象的种类和数量
深度	触及事物本质的程度。测评深度越深，越需要在细节上展开，测评就越严格，也就越需要更多的投入
效度	是指实际的测评在多大程度上反映了所测评概念的真正含义，即测评的有效程度，考察所测的结果是不是真正想要测得的东西

测评实施：是测评单元的主要组成部分，它是针对具体测试用例开发出来的具体测评执行实施过程要求。测评实施描述测评过程中涉及的具体测评方式、内容以及需要实现的或应该取得的测评结果。

11.3.5　测评结果判定

1. 测评结果层次结构

完成测评指标数据的采集工作，得到了各个指标的证据集合，接下来就需要对这些证据整理分析，进行信息安全等级保护能力测评结果判定。测评结果具有和测评指标体系类似的层次结构，分为指标测评结果、控制点测评结果、层面测评结果、类别测评结果、级别测评结果 5 个层次[25,26]，图 11-8 所示为信息安全等级保护能力测评结果层次结构。

图 11-8 中层面测评结果是对测评对象的层面描述，类似还有区域测评结果，它是对测评对象的区域描述。测评结果判定分为单元测评结果判定和信息系统整体测评判定，其中这些测评结果的基石就是单元测评结果。下面先介绍两个测评结果判断中用到的概念。

2. 业务流程互补测评

业务流程是为达到特定的价值目标而由不同的人分别共同完成的一系列活动，由一个或者多个业务处理环节组成。业务处理环节之间不仅有严格的先后顺序限定，而且其内容、方式、责任等也都必须有明确的安排和界定，以使不同的业务处理环节在不同岗位角色之间进行转手交接成为可能。业务处理环节之间在时间和空间上的转移可以有较大的跨度[27-29]。业务处理环节模型如图11-9所示。

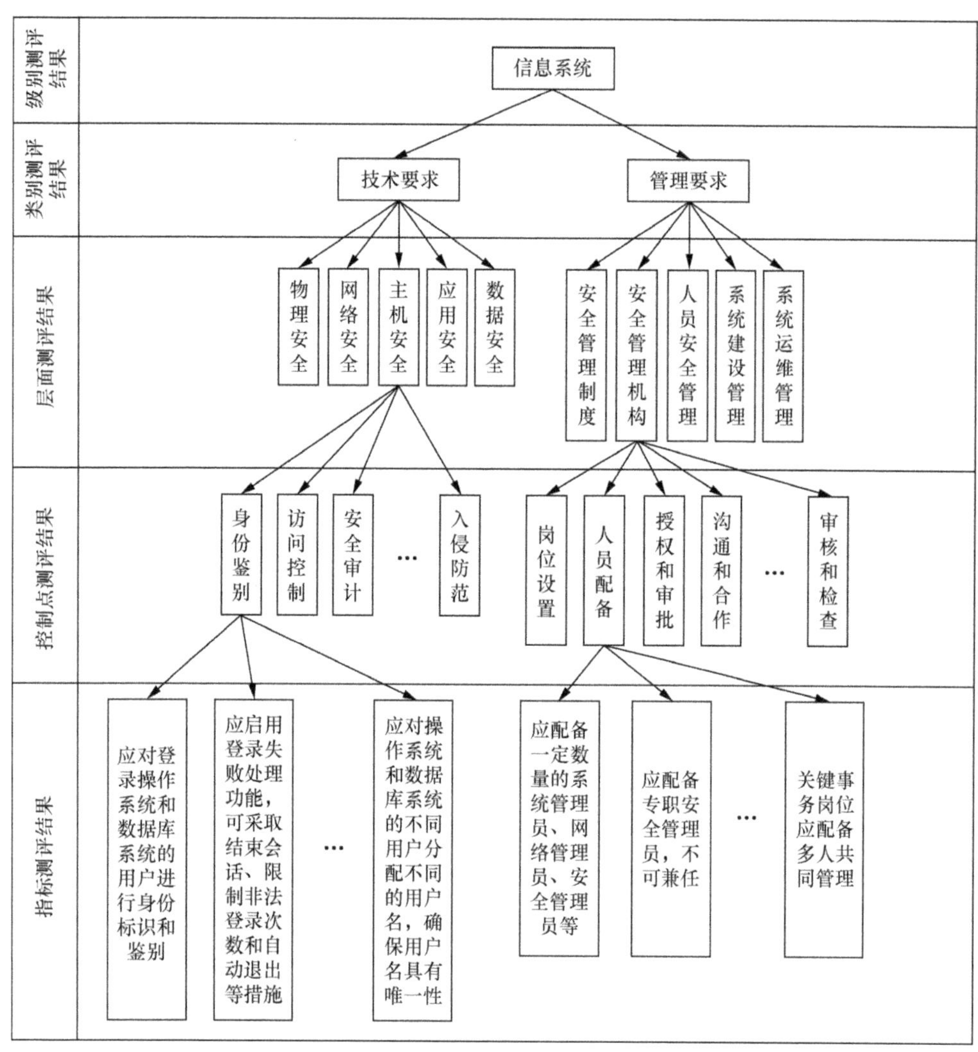

图 11-8　信息安全等级保护能力测评结果层次结构

业务流程互补主要是指在业务流程中测评对象之间存在一定关系，业务流程的运转方式可以弥补部分测评对象的不足，使得整体符合测评要求。

为了清楚描述业务流程，需要引入业务流程节点的概念（下文详细描述），如图11-10所示。

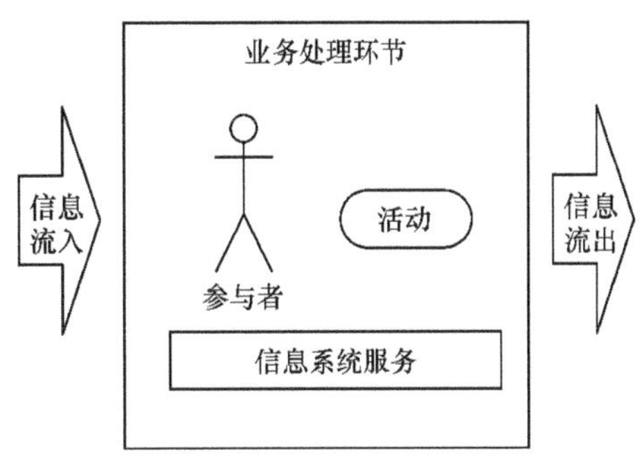

图 11-9　处理环节模型

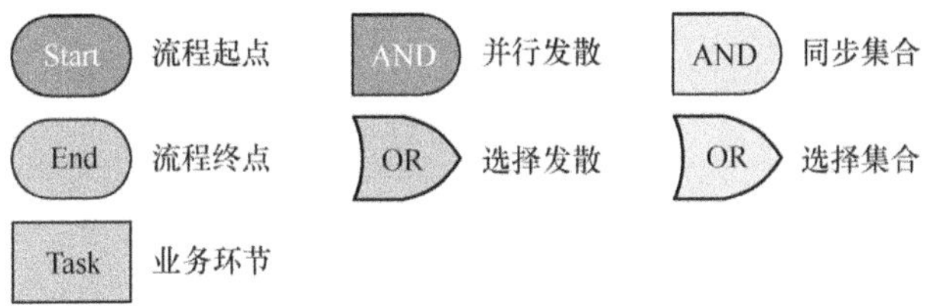

图 11-10　业务流程节点

业务流程模型就是有一组业务流程节点按照一定的顺序排列而成，如图 11-11 所示。

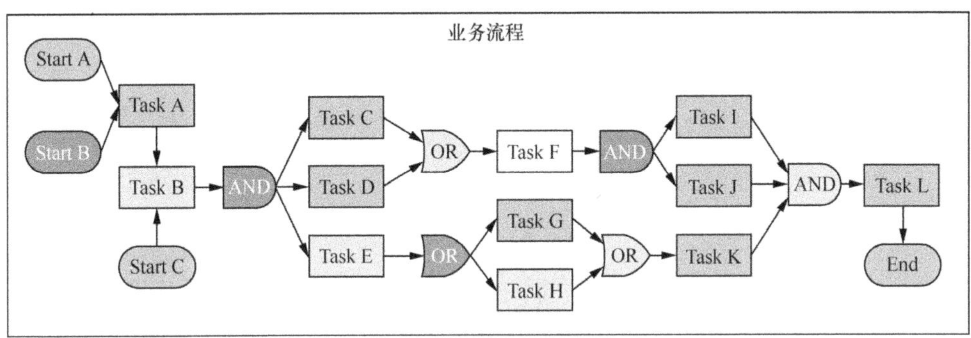

图 11-11　业务流程模型

业务流程模型分为业务流程起点模型和业务流程运转模型。

（1）业务流程起点模型

起点方式 1：Start A 和 Start B 都可以激活流程运行，而且激活后，流程都会指向 Task A。对 Task B 来说，它只关心 Task A 传过来的流程数据，而不关心是谁激活的。所以 Start A 和 Start B 为互补关系。

起点方式 2：Start A 激活流程后，流程沿着 Task A—Task B—Task C\D\E…流转。如果从 Task C 激活，则 Task A 被跳过，流程依然沿着 Task B—Task C\D\E…流转。所以 Start C 也可以作为 Task A 的补充。

（2）业务流程运转模型

串行：业务环节依次流转，有序执行。如 Task A—Task B。当任何一个业务环节出现问题，流程都将无法进行。

并发发散：在流程运行过程中产生分支，分支之间同时运行。如 Task B—Task C、Task B—Task D、Task B—Task E，这 3 条分支之间并行执行，为互补关系。

选择发散：在流程运行过程中产生分支，根据条件只允许选择其中一条分支运行。如 Task E—Task G 和 Task E—Task H，这两条分支之间选择执行，在特定的情况下也可以互补。

同步聚合：在流程运行过程中分支产生汇聚。同步聚合并不是同时聚合，而是当分支流程全部汇聚后才向下执行。如 Task I—Task L、Task I—Task J、Task I—Task K，这 3 条分支汇聚到一起，然后向下执行，3 条分支任何一条出现问题都无法向下执行。

选择聚合：在流程运行过程中分支产生汇聚。选择聚合根据条件只允许其中一条分支激活下一个业务环节。如 Task C—Task F 和 Task D—Task F，这两条分支之间选择一条激活 Task F 执行，在特定的情况下也可以互补。

3. 指标间互补测评

当信息系统某一项指标的要求项存在不符合或者部分符合时，应进行指标间互补测评，应分析是否存在其他指标对该指标具有补充作用。同时，分析是否存在其他指标对该指标具有相似的安全功能。根据测评分析结果，综合判断该指标对应的系统安全保护能力是否缺失，如果经过综合分析单元测评中的不符合项或部分符合项不造成系统整体安全保护能力的缺失，则该安全控制点对应的单元测评结论应调整为符合。对测评结果进行指标间互补分析是一个反复调整、不断上升的过程，从控制点间指标互补测评、层面间指标互补测评一直到区域间指标互补测评，如图 11-12 所示。

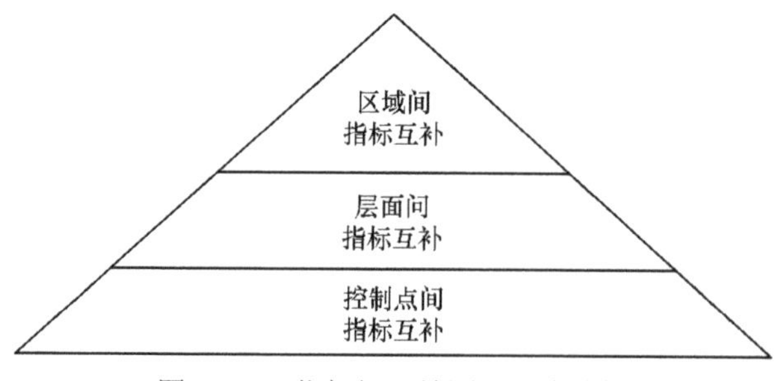

图 11-12　指标间互补测评层次结构

4. 单元测评结果判定

有了上述两种互补测评方法，接下来要进行单元测评结果判定。单元测评结果判定描述测评人员执行完测评实施过程，采集到各种测评数据后，如何依据这些测评数据来判定测评对象是否满足测评指标要求的方法和原则。在给出整个测评单元的测评结论前，需要先给出单项测评实施过程的结论。

通过测评指标数据的采集，根据测试用例的要求进行符合性检测，测评结果为符合、部分符合、不符合和不适用。通过分析其业务流程互补测评和指标间互补测评，可能对该指标具有补充作用，然后调整测评结果。这是一个不断反复调整的过程，如图 11-13 所示。

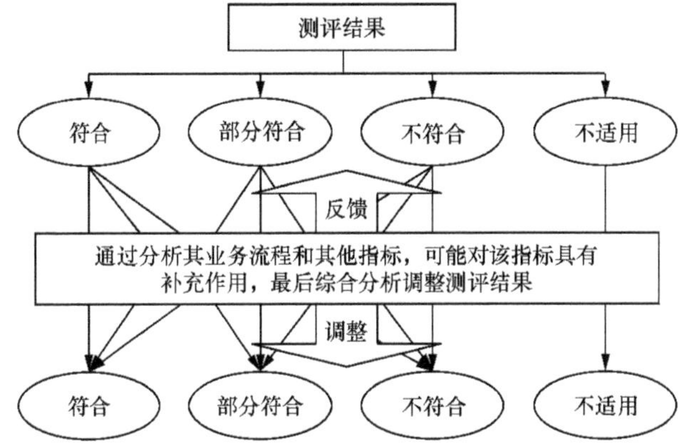

图 11-13　信息系统安全等级保护能力测评单元测评结果判定

一般来说，单项测评实施过程的结论判定不是直接的，常常需要测评人员的主观判断，通常认为取得正确的关键性证据，该单项测评实施过程就得到满足。某些安全控制可能在多个具体测评对象上实现（如网络层面的访问控制），在测评时发现只有部分测评对象上的安全控制满足要求，它们的结果判定应根据实际情况给出。对某些安全机制的测评要求采取渗透测试，主要是为了使测评力度与信息系统的安全等级相一致，渗透测试的测试结果一般不用到测试单元的结果判定中。如果某项测评实施过程在特定信息系统中不适用或者不能按测评实施过程取得相应证据，而测评人员能够采用其他实施手段取得等同的有效证据，则可判定该测评实施项为肯定。

5. 信息系统整体测评结果判定

在完成单元测评结果判定的基础上，就需要按照层次分析法对信息系统整体测评结果进行判定。信息系统安全等级保护能力测评指标体系是为了对抗相应等级的威胁或具备相应等级的恢复能力而设计的，但由于安全措施的实现方式多种多样，安全技术也在不断发展，信息系统的运行使用单位所采用的安全措施和技术并不一定和测评指标体系中具体测评指标完全一致。因此，需要从信息系统整体上是否能够对抗相应等级威胁的角度，对单元测评中的不符合项和部分符合项进行综合分析，分析这些不符合项或部分符合项是否会影响到信息系统整体安全保护能力的缺失。

信息系统的整体测评，就是在单元测评的基础上，评价信息系统的整体安全保护能力有没有缺失，是否能够对抗相应等级的安全威胁。信息系统整体测评应从安全控制点间、层面间和区域间等方面进行安全分析和测评，并最后从系统结构安全方面进行综合分析，对系统结构进行安全测评。安全控制点间安全测评是指对同一区域同一层面内的两个或者两个以上不同安全控制点间的关联进行测评分析，其目的是确定这些关联对信息系统整体安全保护能力的影响。层面间安全测评是指对同一区域内的两个或者两个以上不同层面的关联进行测评分析，其目的是确定这些关联对信息系统整体安全保护能力的影响。区域间安全测评是指对两个或者两个以上不同物理或逻辑区域间的关联进行测评分析，其目的是确定这些关联对信息系统整体安全保护能力的影响。通过信息系统整体测评，可以给出信息系统整体保护能力的测评结论，确认信息系统达到相应等级保护要求的程度。根据各层面的测评结论，结合整体测评的结果，给出信息系统整体安全保护能力的测评结论。整体安全保护能力的测评结论包括安全技术和安全管理措施的有效性、安全强度的一致性以及整体安全防御体系的完善程度等方面内容。

测评结果判定过程给出了信息系统整体保护能力的测评符合性结论。但仍需对各指标的测评结果数据进一步挖掘，对其中不符合或者部分符合的指标进行基于知识的风险分析，然后对信息系统整体安全效益进行度量，给决策者提供最优的安全投入建议[30]。

11.3.6 基于知识的风险分析

基于知识的风险分析就是测评人员通过知识库的支持，对其中不符合或者部分符合的指标进行风险分析，识别出测评对象面临的风险，并给出改进建议。

在风险分析过程中，对测评人员的个人能力要求很高，通常主要是依靠专家的经验来进行分析，一般测评人员很难实施。专家的经验和能力来源于知识，甚至可以说其本质就是知识。一般测评人员存在知识缺口，由于个人的知识积累有限，从而导致在信息系统风险分析中存在着多种多样的知识需求与知识供给的差异。

为了弥补一般测评人员的知识缺口，为了能够较好地分析测评对象面临的威胁性、脆弱性、潜在影响、潜在损失，需要建立在测评指标体系下面的知识库。知识库主要是依靠专家的经验，通过人工或辅助工具对被测评系统进行分析，获取被测评系统的风险因素信息并把它存放在知识库中，同时把国家标准量化后放在知识库中。具体一些，该知识库中存储了国家相关标准、行业和厂商的安全指南、历年积累的安全事例、资产脆弱性的补丁等。在指标数据采集过程中采集到的证据，在知识库中都有相应的描述与之关联，可以发现其中的风险，并提供加固建议。以辅助一般测评人员全面、正确地实施信息系统安全等级保护能力测评的风险分析。也就是说，基于知识的风险分析是在充分利用多年来的保护措施和安全实践的基础上创建的，并依照组织的相似性程度进行快速实施，减低对测评人员的高要求。

建立基于 Wiki[31]的测评知识库进行测评信息查询和风险分析。该知识库可以辅助一般测评人员全面、正确地实施信息系统安全等级保护能力测评的风险分析。Wiki 是一种任何授权的人都可以参与编辑的网页系统，其具有开放性、社会性、使用简单、记录历史等特性。它的基本管理单元是页面，每个页面可以代表一个知识点、一系列知识的集合等。Wiki 的特性使得所有测评人员都可以参与知识的收集、编辑、修改，使得单位内部的知识管理有了合适的工具，促进了单位内部知识管理的系统化和动态化，并能够最大程度实现知识共享，从而提高测评人员的工作效率，降低测评门槛[32-34]。

11.3.7　安全效益度量及最优安全投入建议

1. 安全效益度量

信息系统安全投入所产生的效益不像单位日常工作、生产、经营等活动那样能够取得十分明显的经济效益或者非经济效益，它具有间接性、隐蔽性、潜在性等特点，因此常常被管理层忽视。根据国家信息系统安全等级保护的要求，不同等级的信息系统需要不同程度的安全投入，满足不同等级的安全目标。虽然信息系统都进行了不同程度的安全投入，但是人们通常还是把安全投入与业务生产投入直接对立起来，认为安全投入是负担，无法直接产生效益。其中关键的问题就是安全投入后取得的安全效益没有量化、不直观，单位安全投入的优化问题很少有人关注和研究。大多数单位都不太重视信息系统的安全投入，即使重视安全投入，也常常不太清楚具体应该投入多少、投入到哪个方面、如何使投入达到最优化等，这些都在一定程度上导致我国的信息系统安全状况不容乐观。

所谓安全效益，就是以实现人员、技术、环境三者的最佳安全效益为目标，通过控制和调整人员的安全活动，正确使用技术配置资源，维护技术要素功能的正常发挥和作用，同时使资源的潜力得以充分发挥。

在经过了测评结果判定阶段，可以得到信息系统安全等级保护能力测评的层次结果。该结果仅描述了测评指标的符合性，并没有量化。因此在这个环节需要对测评结果数据进一步挖掘。具体操作见表 11-6。

表 11-6　安全效益度量数据挖掘操作

输入（测评指标结果）	操作	输出
符合	将测评指标依次提高等级，再次进行符合性测试，直到测评指标达到最高级别或者遇到不符合时，操作结束	得到了该指标符合的最高等级（其安全等级高于或等于要求安全等级）
部分符合	将测评指标依次降低等级，再次进行符合性测试，直到测评指标达到最低级别或者遇到符合时，操作结束	得到了该指标符合的最高等级（其安全等级低于要求安全等级）
不符合	将测评指标依次降低等级，再次进行符合性测试，直到测评指标达到最低级别或者遇到符合时，操作结束	得到了该指标符合的最高等级（其安全等级低于要求安全等级）
不适用	无	无

2. 安全投入概述

追求效益最大化是单位的本性，无论其具体目标是追求既定效益水平的成本最小化，还是追求既定成本条件下的效益最大化，都必须依据边际决策规则，采用最优化技术方法来进行战略决策，只有这样才能实现最优化的资源配置。这就需要对安全程度水平变化的边际效益和此变化需要的边际成本进行比较，以找到最优的安全投入。通常认为，在一定范围内，安全投入越大，安全效益越大，但是随着安全投入的越来越大，安全效益是否也保持着同样比例或者速度的增大则不一定。显然，单位如果不知道合理的安全投入，可能在安全方面的投入比理论上应该投入的多，这在某种程度上也是一定的浪费；也可能比理论上应该投入的钱少，这样也许就不能够保证所需要的安全水平。因此，应该把安全投入与安全效益两者之间的关系作为经济准则，这就需要引入边际投入基本理论。

边际投入分析技术运用到信息系统安全中就是指信息系统的安全度增加一个单位时，安全投入的增量。进行边际投入分析，离不开边际效益的概念。边际效益是指信息系统的安全度增加一个单位时，安全效果的增量，对安全效果无法做出全面的评价时，安全效果的增量可用安全事件所造成的损失的减少量来反映[35]。

安全投入 C 与安全度 S 之间成正比，安全事件损失 L 与安全度 S 之间成反比，因此，可以得出安全投入与安全事件损失成反比。每当安全度增加一个单位量时，可以将安全投入的增加额与安全事件损失的减少额，近似地看作边际效益与边际损失，如图 11-14 所示。

投入与损失的函数关系中做出了边际投入（MC）与边际损失（ML）的关系。

边际投入随着安全度的提高而上升，而边际损失随着安全度的提高而下降。当安全度较低时，边际损失很高；当安全度较高时，边际损失很低，而边际投入正好相反。

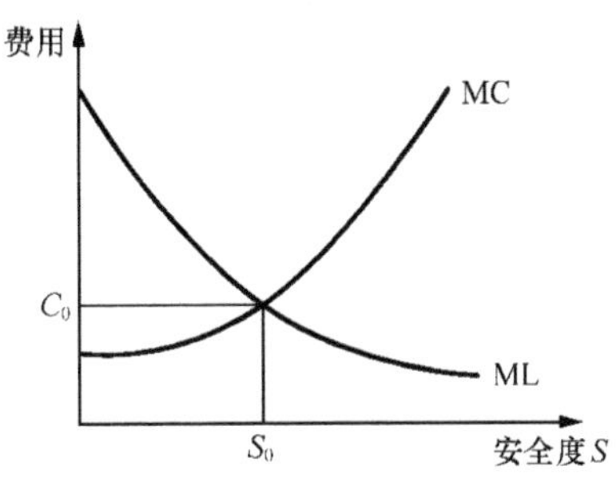

图 11-14　边际投入与边际效益的关系

通常的规律是：在最佳安全度为 S_0 时，边际投入量等于边际损失量，也就是说安全投入的增加量等于安全事件损失的减少量，安全效益反映在间接效益和潜在效益上，此时安全效益最大；安全度低于 S_0 时，提高安全度所获得的边际损失大于边际投入，说明损失的增量大于安全成本的增量，此时有必要加大安全投入提高安全度；安全度超过 S_0 时，提高安全度所花费的边际投入大于边际损失，如果在考虑了安全间接效益和潜在效益后，所超过的还不能补偿时，此时安全投入不能获得安全效益。安全投入并不是越大越好，而应该有个最优点。即安全边际投入等于安全边际效益的那点，即 C_0。

3. 最优安全投入建议

（1）具体流程

通过信息系统安全等级要求与其消耗资源之间的比较，把各项安全投入同系统的性能要素联系起来，以系统效果的边际效用作为系统的效果指标，为管理者提供决策支持[36-39]。具体流程如下。

首先，对信息系统的安全进行功能拆解，安全效果—安全要素（测评指标）—安全投入，把安全效果通过、安全要素细化到具体的安全投入上。

其次，提出安全投入措施，并根据安全目标改善的状况，以边际效用作为安全投入的度量。

最后，确定信息系统安全等级要求，建立安全投入目标规划模型，求解模型确定安全投入最优化的组合。

（2）层次结构

安全效果、安全要素、安全投入三者之间的关系十分复杂，尤其是安全事件发生的随机性和突变性，使人们很难区分安全要素与安全投入的关系。信息系统的安全投入、产出及安全状况不但取决于系统运行过程中各个环节的技术水平，而且还取决于各个环节的组合方式。

由上文可以知道信息系统是由人员、技术、环境 3 个主要方面构成的复杂集合体。其安全要素主要体现在技术（T）和管理（M）两大部分。其中技术部分分为物理层面（T1）、网络层面（T2）、主机层面（T3）、应用层面（T4）、数据安全及备份恢复层面（T5）；管理部分分为安全管理制度（M1）、安全管理机构（M2）、人员安全管理（M3）、系统建设管理（M4）、系统运维管理（M5）。安全要素还可以根据信息安全等级保护测评指标体系层次化。

安全投入主要在安全设备（X1）、技术培训（X2）、安全教育（X3）、日常安全管理（X4）等多个项目。这 4 个安全投入方面形成了安全投入组合，分别从不同的角度通过各个因素影响着信息系统的安全效果。因此，安全效果—安全要素—安全投入的层次结构如图 11-15 所示。

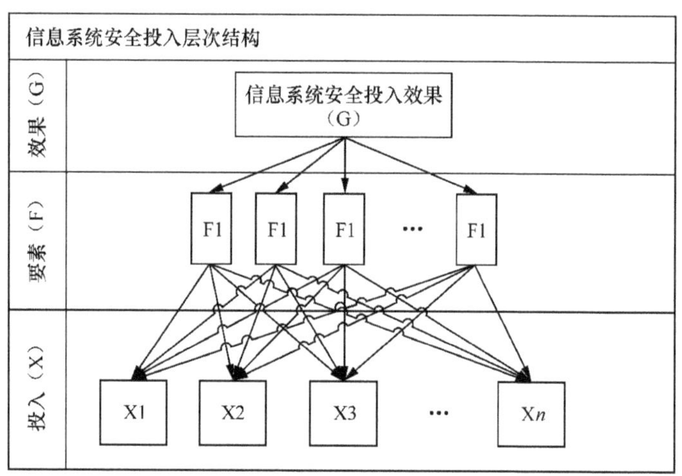

图 11-15　安全效果—安全要素—安全投入的层次结构

（3）基于层次分析法的最优安全投入建议模型

由于影响信息系统安全效果的因素太多，而且因素之间的差异也很大。为了体现各个投入组合通过系统安全要素对信息系统安全效果的影响，结合安全测评结果，必须对各个投入指标赋予不同的权重系数。权重是以某种数量形式对比、衡量测评对象总体中众多因素相对重要程度的量值。

层次分析法是一种定性与定量分析相结合的多准则决策方法，这一方法是在对复杂决策问题的本质、影响因素以及内在关系等进行深入分析后，构建一个层次结构模型，然后利用较少的定量信息，把决策的思维过程数学化，从而为求解多目标、多准则或无结构特性的复杂决策问题，提供一种简便的决策方法。

按照上述层次结构，决策者根据信息系统安全等级要求、测评结果等信息，在各层元素中进行两两比较，构造出比较判断矩阵。

安全效果和安全要素 $\boldsymbol{G}$-$\boldsymbol{F}_i$(i=1,2,$\cdots$,m) 的判断矩阵。

安全要素和安全投入 $\boldsymbol{F}_i$-$\boldsymbol{X}_j$(i=1,2,$\cdots$,m, j=1,2,$\cdots$,n) 的判断矩阵。

进过一致性检验，得出各个层次的权重为

$$\boldsymbol{w}=(w_1,w_2,\cdots,w_{\mathrm{m}}) \tag{11-1}$$

$$\boldsymbol{w}=(w_{ij})_{m\,n} \tag{11-2}$$

然后利用目标规划模型用来实现目标管理。目标规划是解决多目标管理的有效方法，它是按照决策者事前确定的若干目标值及其实现的优先次序，在给定的有限资源下寻找偏离目标值最小的解的数学方法。

假设信息系统安全的总投入为 c，安全设备、技术培训、安全教育、日常安全管理等项目的投入需求是 $c_j(j=1,2,\cdots,n)$，故安全投入的总需求为

$$c'=\sum_{j=1}^{n}c_j \tag{11-3}$$

当总投入大于总需求，即 $c \geqslant c'$ 时，所有的安全需求均可按需投入；当总投入小于总需求，即 $c < c'$ 时，就需要最大限度地达到信息系统安全效果。

目标函数：根据目标规划的基本概念，设各种安全投入的经费 $x_j(i=1,2,\cdots,n)$ 为决策变量。当规定的目标与求得的实际目标值之间的差值为未知时，可用偏差量 d 来表示。实际目标值未达到规定目标值的数量，称为负偏差量 d_i^-，即安全投入所缺的费用；实际目标值超过规定目标值的数量，称为正偏差量 d_i^+，即安全投入所超的费用。决策目标是各个安全投入形成的安全效果与信息系统安全等级要求的差值最小，即

$$\min z=\sum_{i=1}^{n}\left(w_j^+d_i^+ + w_i^-d_i^-\right) \tag{11-4}$$

在本模型中令 $d_i^- \geqslant 0$（$I-1,2,\cdots,m$），$d_i^+=0$，上式可简化为

$$\min z=\sum_{i=1}^{n}w_i\,d_i^- \tag{11-5}$$

约束条件如下。

① 决策变量 x_j（i=1,2,$\cdots$,n）是各种安全投入的实际投入数量。在 $c < c'$ 时，单独某一项的安全投入不能为 0，即 $x_j \geqslant 0$（j=1,2,$\cdots$,n），应该大于等于安全基线的要求，即

$$k_jc_j \leqslant x_j \leqslant c_j,\ j=1,2,\cdots,n \tag{11-6}$$

其中，$0 \leqslant k_j \leqslant 1$（$j$=1,2,$\cdots$,$n$）各项最低安全投入需求系数。

② 各项安全投入组合的总投入不超过安全投入总额，即

$$\sum_{j=1}^{n} x_j \leqslant c \tag{11-7}$$

③ 当$c < c'$时，为了使信息系统达到最高的安全效果，有

$$\sum_{j=1}^{n} w_{ij} c_j = \sum_{j=1}^{n} w_{ij} x_j + d_i^-, \quad i=1,2,\cdots,m \tag{11-8}$$

安全投入目标规划模型为

$$\min z = \sum_{i=1}^{n} w_i d_i^- \tag{11-9}$$

$$\text{s.t.}\begin{cases} k_j c_j \leqslant x_j \leqslant c_j,\ j=1,2,\cdots,n \\ 0 \leqslant k_j \leqslant 1,\ j=1,2,\cdots,n \\ \sum_{j=1}^{n} x_j \leqslant c \\ \sum_{j=1}^{n} w_{ij} c_j = \sum_{j=1}^{n} w_{ij} x_j + d_i^-,\ i=1,2,\cdots,m \\ x_j \geqslant 0,\ j=1,2,\cdots,m \\ d_i^- \geqslant 0,\ j=1,2,\cdots,m \end{cases}$$

单位信息系统的安全投入是确保单位正常工作的基础，也是构成成本的重要组成部分。因此，合理的安全投入已经成为影响单位提高安全水平和效益的重要因素。尤其是当单位的安全投入资金不能完全满足安全投入需求时，不同的投入组合会导致信息系统安全效果差异较大。深入认识安全投入要素中影响安全投入效果的主要方面和敏感因素，并通过定量分析方法确定安全投入组合，使用有限的安全投入发挥最高的安全效益具有重要的理论价值和实践意义。

11.4 本章小结

本章对全国信息安全标准化技术委员会出台的《信息安全技术信息系统安全等级保护基本要求》(GBT 22239-2008)、《信息安全技术信息系统安全等级保护测评要求》、《信息安全技术信息系统安全等级保护测评过程指南》[20]进行深入研究。结合测评工作中遇到的实际问题，对基本要求进行了延伸，构建出信息系统安全等级保护测评指标体系。根据构建的测评指标体系，强调对测评结果数据的

进一步挖掘，在测评过程中，对不符合指标和部分符合指标的项目进行基于知识的风险分析，提供改进加固意见。对整体测评结果进行安全效益度量，最终提供最优化的安全投入建议。

参 考 文 献

[1] ITSEC. Information technology security evaluation criteria, version 1.2 [S]. Office for Official Publications of the European Communities, 1991.
[2] 陆宝华, 王楠. 信息系统安全原理与应用[M]. 北京: 清华大学出版社, 2007.
[3] 信息安全等级保护管理办法（公通字[2007]43 号）[Z]. 2007.
[4] MATTHEW S. E-government security [J]. Infosecurity today, 2005, 2(3): 8-10.
[5] LATHAM D C. Department of defense trusted computer system evaluation criteria [J]. Palgrave macmillan UK, 1985, 951 (5): 69-72.
[6] BS7799-1:1999. Information security management code of practice for information security management systems [S]. British Standards Institute, 1999.
[7] Common criteria for information technology security evaluation, version 2.0 [S]. Common Criteria Editing Board, 1998.
[8] BS7799-2:1999. Information security management. specification for information security management systems [S]. British Standards Institute,1999.
[9] LIBRARY W P. Trusted computer system evaluation criteria[J]. Classified Information, 2007.
[10] 曲成义. 电子政务安全体系框架[J]. 计算机安全, 2002, (8): 28-30.
[11] 赵文. 信息安全保障度量及综合评价研究[D]. 成都: 四川大学, 2006.
[12] 李守鹏. 信息安全及其模型与评估的几点新思路[D]. 成都: 四川大学, 2002.
[13] 王莲芬, 许树柏. 层次分析法引论[M]. 北京: 中国人民大学出版社, 1990.
[14] 魏忠, 叶铭. 基于多标准模型的信息安全量化测评工具的研究[J]. 信息技术与标准化, 2003, (4): 16-20.
[15] Wikipedia Wiki [EB/OL]. http://en.Wikipedia.org/Wiki/Wiki, 2004.
[16] 李馨. 基于 Wiki 的跨学科知识共享[J]. 电化教育研究, 2005, (4): 66-70.
[17] 张红兵, 和金生. 基于 Wiki 的知识共享系统研究[J]. 科学学研究, 2010, 28 (5): 727-731.
[18] 闫强, 陈钟, 段云所, 等. 信息系统安全度量与评估模型[J]. 电子学报, 2003, 31(9): 1351-1355.
[19] 闫强, 段云所, 唐礼勇, 等. 信息系统中间组件组合的安全评估问题研究[J].

计算机工程与应用, 2003, 39 (2): 1-3.
[20] 张益, 陈淑燕, 瞿高峰. 信息系统安全风险的属性评估方法[J]. 数学的实践与认识, 2005, 35 (3): 28-33.
[21] 关于开展全国重要信息系统安全等级保护定级工作的通知（公信安[2007]861号）[Z]. 2007.
[22] 陈芳丹. 奏响安全等级保护主旋律[N]. 计算机世界, 2007.
[23] 赵战生. 中美等级保护工作的比较思考[J]. 信息网络安全, 2008, 9.
[24] GB17859-1999. 计算机信息系统安全保护等级划分准则[S]. 1999.
[25] GBT18336.1-2001. 信息技术安全技术信息技术安全性评估准则第 1 部分: 简介和一般模型[S]. 2001.
[26] GBT18336.2-2001 信息技术安全技术信息技术安全性评估准则第 2 部分: 安全功能要求[S]. 2001.
[27] 侯立峰, 何学秋. 安全投资决策优化模型[J]. 中国安全科学学报, 2004, 14 (10): 29-32.
[28] 王昕. 安全经济效益评析[J]. 青海电力报, 2000, (4): 52-59.
[29] 黄元飞. 信息技术安全性评估准则研究[D]. 成都: 四川大学, 2002.
[30] 马永祥. 信息系统的安全研究[D]. 天津: 河北工业大学, 2002.
[31] GBT18336.3-2001. 信息技术安全技术信息技术安全性评估准则第 3 部分: 安全保证要求[S]. 2001.
[32] GBT 22239-2008. 信息系统安全等级保护基本要求 [S]. 2008.
[33] 信息系统安全等级保护实施指南(送审稿) [S]. 2008.
[34] 信息系统安全等级保护测评要求(送审稿) [S]. 2008.
[35] 张宪. 安全——效益曲线[J]. 专题研究, 2003, (2): 42-43.
[36] 朱建军. 重视安全投资, 提高企业安全效益. 经济师, 2002, (11): 166-167.
[37] 梅强. 事故损失预估方法的探讨[J]. 中国安全科学学报, 2001, (3): 17-20.
[38] 冯肇瑞, 崔国章. 安全系统工程[M]. 北京: 冶金工业出版社, 1993.
[39] 梅强. 安全投资方向决策研究[J]. 中国安全科学学报, 1999, 9 (5): 42-47.
[40] 信息系统安全等级保护测评过程指南(送审稿) [S]. 2008.

第12章 等级保护实现的一般流程及实现方法

前面介绍了等级保护安全保障体系的组成、等级保护的基本理论以及等级保护实施的一些基本方法，本章对等级保护实施基本流程及等级保障安全体系具体实施方法和步骤进行探讨。

12.1 等级保护实施的基本流程

总体设计方案的设计原则和安全策略需要具体落实到若干个具体的建设项目中，一个设计方案的实施可能可以分为若干个实施方案，分期、分批建设，实现统一设计、分步实施。

通常情况下，可以将信息系统建设生命周期（SDLC）划分为5个阶段：规划需求阶段、设计开发阶段、实施阶段、运行维护阶段、废弃阶段[1]。也就是说，系统是不断变化的，安全建设也应随之发生变化。因此，从理论上分析，无论是等级保护、风险评估或是系统测评，均适用于SDLC的各个阶段[2]。为避免三者之间相近的工作内容在SDLC的同一个阶段重复进行，从系统建设单位（多数情况下建设单位即运行单位）、行业主管部门或信息化主管部门（简称主管部门）等两类不同发起主体或组织主体的角度考虑，建议按下述内容实施，如图12-1所示[3]。

实施方案包括实施信息系统等级保护过程中涉及的阶段、过程和需要完成的活动[4]。

等级保护生命周期主要活动如图12-2所示。

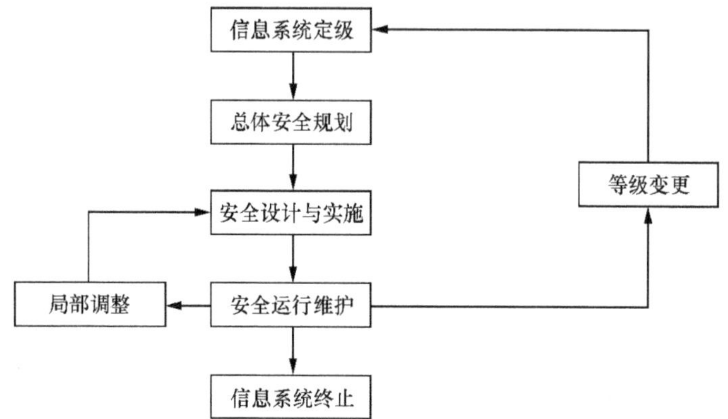

图 12-1　信息系统建设生命周期

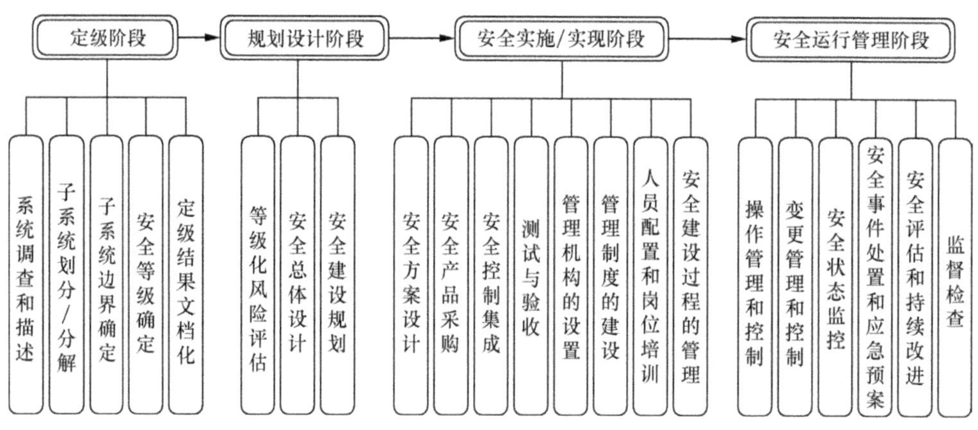

图 12-2　等级保护生命周期

12.1.1　定级阶段

对信息系统进行划分，并根据信息系统的价值确定信息系统的保护等级，等级确定后，完成保护等级的备案工作[5]，如图 12-3 所示。

信息系统安全包括业务信息安全和系统服务安全，与之相关的受侵害客体和对客体的侵害程度可能不同，因此，信息系统定级也应由业务信息安全和系统服务安全两方面确定，将业务信息安全保护等级和系统服务安全保护等级的较高者确定为定级对象的安全保护等级[6]。

一个单位内运行的信息系统可能比较庞大，为了体现重点部分重点保护，可将较大的信息系统划分为若干个较小的子系统，对所分解的每个子系统分别确定其安全等级[7]。

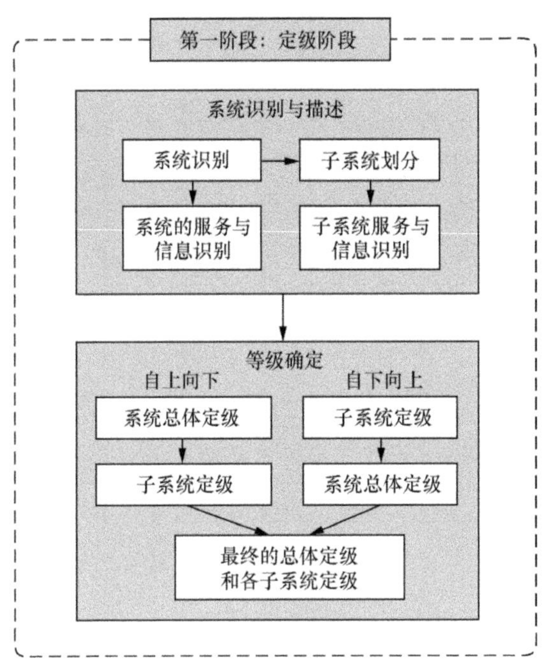

图 12-3　定级阶段流程

定级阶段工作应完成定级对象确认、划分子系统以及子系统的定级和备案工作。定级主要工作如下。

① 识别单位基本信息：了解单位基本信息有助于判断单位的职能特点，单位所在行业及单位在行业所处的地位和所用，由此判断单位主要信息系统的宏观定位[8]。

② 识别业务种类、流程和服务：重点了解定级对象信息系统中不同业务系统提供的服务在影响履行单位职能方面具体方式和程度，影响的区域范围、用户人数、业务量的具体数据以及对本单位以外机构或个人的影响等方面。这些具体数据既可以为主管部门制定定级指导意见提供参照，也可以作为主管部门审批定级结果的重要依据。

③ 识别信息：调查了解定级对象信息系统所处理的信息，了解单位对信息的 3 个安全属性的需求，了解不同业务数据在其保密性、完整性和可用性被破坏后在单位职能、单位资金、单位信誉、人身安全等方面可能对国家、社会、本单位造成的影响，对影响程度的描述应尽可能量化[8]。

④ 识别网络结构和边界：调查了解定级对象信息系定统所在单位的整体网络状况、安全防护和外部连接情况，目的是了解信息系统所处的单位内部网络环境和外部环境特点，以及该信息系统的网络安全保护与单位内部网络环境的安全保护的关系。

⑤ 识别主要的软/硬件设备：调查了解与定级对象信息系统相关的服务器、网络、终端、存储设备以及安全设备等，设备所在网段，在系统中的功能和作用。调查设备的位置和作用主要就是发现不同信息系统在设备使用方面的共用程度。

⑥ 识别用户类型和分布：调查了解各系统的管理用户和一般用户、内部用户和外部用户、本地用户和远程用户等类型，了解用户或用户群的数量分布，判断系统服务中断或系统信息被破坏可能影响的范围和程度。

⑦ 形成定级结果：取各类信息和服务的较高级别。

12.1.2 总体安全规划阶段

等级化服务组织借助等级化安全体系管理支撑平台针对用户的信息网络进行全面的评估，根据评估的结果和信息系统确认的保护等级，结合本报告中对各级别信息系统的技术和管理要求，调整相应的安全保护措施，并完成安全保障系统的整体规划。

12.1.3 安全等级评估

根据等级指标对比评估、额外/特殊风险评估中间记录，结合被评估单位提供的各种资料，进行全面的综合分析，编制评估报告。评估报告包括安全现状和安全建设两个方面，其中安全现状主要描述通过评估所了解到的系统各个层面的基本安全状况，以及与等级要求的符合情况；安全建议主要描述针对系统存在的安全隐患和缺陷以及如何进行改造，以符合相应等级的安全需求。由于被评估信息系统可能包括多个不同的子系统，原则上需要分别对它们进行评估和拟定报告[9]。

在安全现状和评估指标对比后确定基本安全需求的基础上，通过风险评估的手段确定额外或特殊的安全需求。确定额外安全需求可以采用目前成熟或流行的风险评估方法等。风险评估的策略是首先选定某项业务系统（或者资产），评估业务系统的资产价值，挖掘并评估业务系统/资产面临的威胁，挖掘并评估业务系统/资产存在的弱点，进而评估该业务系统/资产的风险，得出整个评估目标的风险[10]。

确定风险程度（风险评估结果）后，得出相应的风险处理方案，可选方案有接受风险、降低风险、避免风险、转移风险等。从体系化的角度采取控制措施，如依据风险评估结果建立纵深防御体系等，最终形成控制建议。控制措施类型包括安全加固建议、安全体系结构简易、安全管理建议等。

安全等级保护规划流程及过程如下。

总体方法与流程规划过程包括：划分保护对象、等级确定、确定安全目标、涉及总体框架、评估现状、比较指标库、确定措施、实施、运行改进。

规划过程包括总体安全设计、安全建设项目规划、安全方案详细设计、管理措施实现、技术措施实现等。

12.1.4　设计开发/实施阶段

设计开发/实施阶段包括：总体安全设计、安全建设项目规划、安全方案设计、管理措施实现、技术措施实现。

建设单位（或委托承建单位）根据既定的安全需求目标，按照国家有关等级保护的管理规范和技术标准，进行系统安全体系结构及详细实施方案的设计，采购和使用相应等级的信息安全产品，建设安全设施，落实安全技术措施[11]。

主管部门委托或指定第三方机构对建设单位的系统安全设计方案进行评审，并将第三方机构出具的安全方案评审报告作为是否允许安全实施的依据。

注意：当建设单位在进行风险评估时，应根据自身的客观条件选择自评估方式或委托第三方机构评估的方式进行；主管部门发起的安全测评一般应委托具有授权资质和技术能力的第三方机构进行。客观上讲，任何一个第三方机构的评估接入都有可能对系统本身带来新的安全威胁和风险。为此，加强对第三方评估机构的管理就至关重要，特别是对参与基础信息网络或三级以上重要信息系统安全评估的机构可实行强制许可制度，具体的许可制度和许可要求可以由相关信息安全主管部门或信息系统行业主管部门制定。此外，还应加强对第三方评估机构的安全保密教育，要求所有第三方评估机构应自觉遵守国家有关保密法规和其他相关规定，对评估工作中涉及的保密事项，应签订保密协议，承担保密责任并采取相应保密措施。

12.1.5　运行维护阶段

系统运行维护阶段，等级化服务组织可协助用户完成安全运维策略的制定、培训、进行运行管理和控制、变更管理和控制、安全状态监控、安全事件处置和应急、安全监察和持续改进、等级保护评测和等级保护监督检查的工作[12]。

主管部门在系统安全建设基本完成后，指定相关机构对基本建成的系统进行安全测评，以评价系统当前运行环境下安全控制措施是否和既定等级的安全需求一致、关键资产的安全风险是否控制在可接受范围之内，并将测评机构的安全测评报告作为是否批准系统投入运行（即系统认可）的依据。此外，考虑到信息技术、安全技术、安全攻防技术及相关标准、理论、方法的不断发展，即使系统在认可有效期内没有任何关于技术、业务及管理内容的变更，主管部门也应该发起周期性的安全测评和安全认可，继续加强安全保护[13]。

12.1.6 系统终止阶段

借助等级化安全体系管理支撑平台协助用户完成信息的转移、暂存或消除，完成设备迁移或报废，完成存储介质的清除或销毁。

建设单位重点对废弃处理不当对资产（如硬件、软件、设备、文档等）的影响、对信息/硬件/软件的废弃处置方面威胁、对访问控制方面的弱点进行综合风险评估，以确保硬件和软件等资产及残留信息得到了适当的废弃处置，并且要确保系统的更新换代能以一个安全和系统化的方式完成。

需要说明的是，上述实施建议主要针对同一个完整的 SDLC，但事实上，在 SDLC 的某一个具体阶段，也有可能由于业务类型变化（并可能导致安全等级变化）、新的安全威胁的出现或安全形势的突变，要立即进行安全需求及安全设计、安全实施方案的调整。这时，应参照上述 SDLC 过程中安全定级－风险评估－确定安全需求－安全体系设计及方案－方案评审－等级保护实施－安全测评－主管认可的步骤进行。当然，这个过程中涉及的风险评估、方案评审、安全测评等活动要充分考虑利用已有的评估/测评成果，减少再评估/再测评造成的重复投入。

12.2 自我安全风险分析与评估

任何一个单位要达到国家等级保护要求，首先必须经过了自我评估过程，通过自我评估过程找出和等级保护要求中的部分差距，弥补这些差距还不足以满足国家等级保护的要求，但是目前要先基于这些部分差距进行首次整改，希望通过首次整改可以和等级保护要求中的指标更加靠近。安全风险分析包括技术层面的风险和管理层面的风险两个方面，见第 10 章。

12.3 信息系统定级

12.3.1 定级流程

信息系统安全包括业务信息安全和系统服务安全，与之相关的受侵害客体和对客体的侵害程度可能不同，因此，信息系统定级也应由业务信息安全和系统服务务安全两个方面确定。从业务信息安全角度反映的信息系统安全保护等级称为业务信息安全等级。从系统服务安全角度反映的信息系统安全保护等级称为系统服务安全等级。确定信息系统安全保护等级为确定作为定级对象的信息系统；确定业务信息安全受到破坏时所侵害的客体；根据不同的受侵害客体，从多个方面综合评定业务信息安全被破坏对客体的侵害程度；得到业务信息安全等级；确定系统服务安全受到破坏时所侵害的客体；根据不同的受侵害客体，从多个方面综合评定系统服务安全被破坏对客体的侵害程度；得到系统服务安全等级；由业务信息安全等级和系统服务安全等级的较高者确定定级对象的安全保护等级等 8 个步骤，如图 12-4 所示[14]。

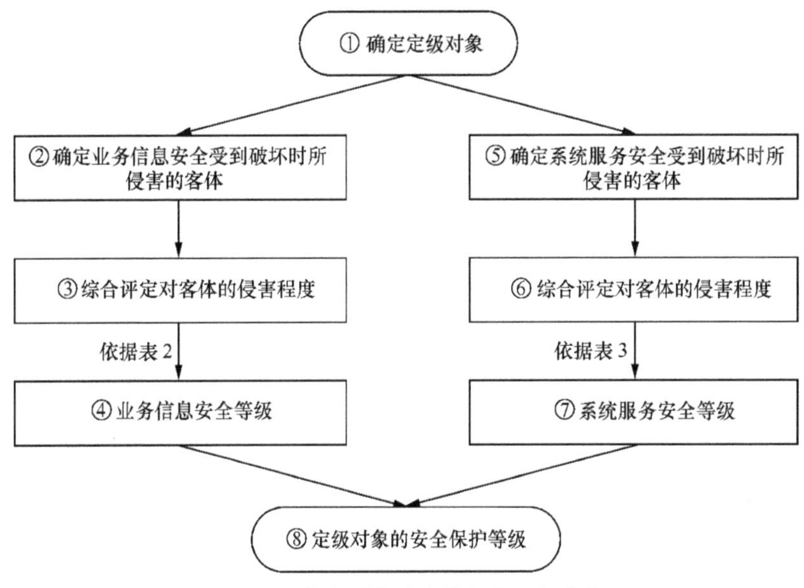

图 12-4　信息系统确定等级的一般流程

12.3.2　信息系统等级确定

1. 摸底调查

① 识别单位基本信息。调查对信息系统负有安全责任的单位的性质、隶属关系、所属行业、业务范围、地理位置等基本情况以及其上级主管机构的信息。

② 识别管理框架。调查定级对象的组织管理结构、管理策略、部门设置和部门在业务运行中的作用、岗位职责、系统管理、使用、运维的责任部门[15]。

③ 识别业务种类、流程和服务。调查定级对象处理多少种业务，各项业务具

体要完成的工作内容、服务目标和业务流程等。

④ 识别信息资产。调查定级对象对信息资产的3个安全属性的需求，不同业务数据在其保密性、完整性和可用性被破坏后，在单位职能、单位资金、单位信誉、人身安全等方面可能对国家、社会、本单位造成的影响，对影响程度的描述应尽可能量化。

⑤ 识别网络结构和边界。调查定级对象整体网络状况和安全防护情况，包括：网络覆盖范围（全国、全省或本地区）、网络的构成（广域网、城域网或局域网等）、内部网段/VLAN 划分，网段/VLAN 划分与系统的关系、上级单位、下级单位、外部用户、合作单位等的网络连接方式、互联网的连接方式[16]。

⑥ 识别主要的软/硬件设备。调查定级对象信息系统相关的服务器、网络、网段、终端、存储、位置、安全设备以及在系统中的功能和作用。

⑦ 识别用户类型和分布。调查各系统的管理用户和一般用户、内部用户和外部用户、本地用户和远程用户等类型，了解用户或用户群的数量分布、各类用户可访问的数据信息类型和操作权限。

2. 确定定级对象

① 定级对象的条件包括：一是通过承担信息系统不同方面的安全责任，确定唯一安全责任单位；二是由相关的和配套的设备、设施按照一定的应用目标和规则组合而成的有形实体；三是指其中一个或多个业务应用的主要业务流程、部分业务功能独立[17]。

② 定级对象的识别：一是依据安全责任单位的不同，划分信息系统；二是根据业务的类型、功能、阶段的不同，对信息系统进行划分；三是根据物理位置的不同，对信息系统进行划分。

③ 定级对象系统边界和边界设备。服务器、网络、边界设备、网络设备、安全设备、终端设备、管理终端等共用的系统归入同一个信息系统，两个信息系统边界存在共用设备时，共用设备的安全保护等级按两个信息系统安全保护等级较高者确定，涉密信息终端必须划分到相应的信息系统中，且不能与非涉密系统共用终端。

④ 初步确定信息系统等级。信息网络的安全等级可以参照在其上运行的信息系统的等级、网络的服务范围和自身的安全需求确定适当的保护等级，不以在其上运行的信息系统的最高等级或最低等级为标准[18]。

⑤ 信息系统跨省或者全国统一联网运行的信息系统，可以由主管部门统一确定安全保护等级；由各行业统一规划、统一建设、统一安全保护策略的信息系统，应由各部委统一确定一个级别；由各部委统一规划、分级建设、运行的信息系统，应由部、省、地市分别确定系统等级，但各行业应对该类系统提出定级意见，避免出现同类系统定级出现较大偏差问题[19]。业务信息安全等级和系统服务安全等

级的确定见表 12-1 和表 12-2。

表 12-1 确定业务信息安全等级

业务信息安全被破坏时所侵害的客体	对相应客体的侵害程度		
	一般损害	严重损害	特别严重损害
公民、法人和其他组织的合法权益	第一级	第二级	第二级
社会秩序、公共利益	第二级	第三级	第四级
国家安全	第三级	第四级	第五级

表 12-2 确定系统服务安全等级

系统服务安全被破坏时所侵害的客体	对相应客体的侵害程度		
	一般损害	严重损害	特别严重损害
公民、法人和其他组织的合法权益	第一级	第二级	第二级
社会秩序、公共利益	第二级	第三级	第四级
国家安全	第三级	第四级	第五级

⑥ 信息系统等级评审。信息系统安全保护等级定级期间，可以聘请专家进行咨询评审，确定为第三级以上信息系统的，企事业单位或者主管部门应当请国家信息安全保护等级专家评审委员会评审，出具评审意见信息系统等级。当专家意见与企事业单位或者主管部门不一致时，以企事业单位或者主管部门意见为准[20]。

⑦ 信息系统等级的最终确定与审批。信息系统运营使用单位参考专家定级评审意见，最终确定信息系统等级，形成定级报告。有上级主管部门的，应当经上级主管部门对安全保护等级进行审核批准；跨地域联网运营使用的信息系统，必须由其上级主管部门审批，确保同类系统或分支系统在各地域分别定级的一致性。

12.3.3 定级报告

定级报告是为详细了解和掌握定级过程情况由信息系统运营使用单位负责填写的文档。定级报告要在信息系统备案时一并提交。

12.3.4 定级备案

已运营（运行）的第二级以上信息系统，应当在安全保护等级确定后 30 日内，由其运营、使用单位到所在地设区的市级以上公安机关办理备案手续[21]。

新建第二级以上信息系统，应当在投入运行后30日内，由其运营、使用单位到所在地设区的市级以上公安机关办理备案手续。

12.4 差距分析

差距分析是一种依据相关标准，参照国家相关定级情况对信息系统与所定级别的差距进行评估的一种活动，包括确定等级测评范围、等级测评的内容、等级测评流程等几个方面。

12.4.1 等级测评范围

差距分析针对已定级的业务系统是否满足不同安全保护等级信息系统的基本保护标准，结合实际业务系统情况，详细对比基本技术、基本管理距离信息系统安全等级保护实施指南要求的差距。

12.4.2 等级测评内容

1. 基本技术

主要包括物理安全、网络安全、主机安全、应用安全、数据安全及备份恢复，包括以下内容：① 设备物理位置的选择；② 物理访问的安全防护能力；③ 防止盗取及破坏的能力；④ 防护物理灾难的能力；⑤ 应用、数据、网络、主机的安全防护能力；⑥ 保证系统提供正常服务的能力；⑦ 安全设备与防护匹配能力；⑧ 数据完整性、保密性保护能力；⑨ 防护自外部有组织的团体，拥有较为丰富资源的威胁源发起的恶意攻击能力；⑩ 防护较为严重的自然灾难能力；⑪ 防护内部人员的恶意威胁、无意失误、技术故障所造成的主要资源损害的能力；⑫ 及时发现安全漏洞和安全事件能力；⑬ 业务信息遭到损害后，能够快速恢复的能力[22]。

2. 基本管理

主要包括安全管理机构、安全管理制度、安全人员管理、系统建设管理、系统运维管理[23]。包括以下内容：专职安全人员配备、突发安全事件处理预案、安全事件警戒申报制度；信息安全管理制度及规范、厂商、访客接入网络管理制度；安全培训体系及考评管理；安全系统建设计划方案及实施管理；安全产品采购体系与测试评定制度；资产识别管理体系；网络、系统、应用运行监管体系；涉密数据的传输、保存、恢复管理制度。

12.4.3　差距分析流程

信息系统差距分析工作可以分为以下几个阶段，具体如图 12-5 所示。

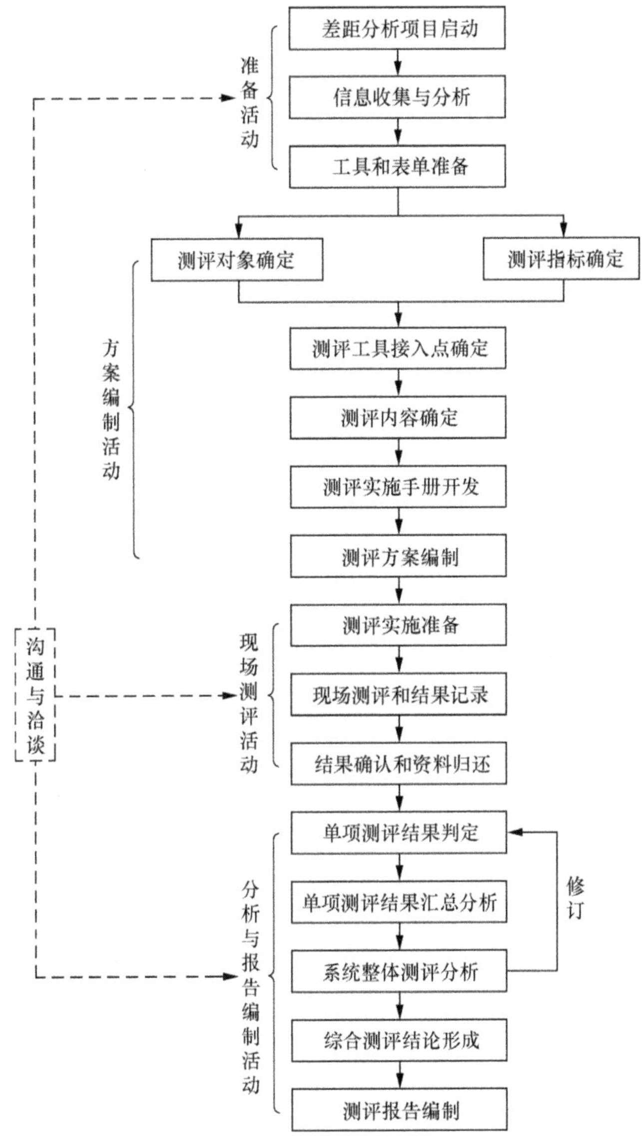

图 12-5　信息系统差距分析工作

1. 评测准备

测评准备活动的目标是顺利启动测评项目，准备测评所需的相关资料，为顺利实施现场测评工作打下良好的基础。测评准备活动的基本工作流程包括等级项目启动、信息收集和分析、工具和表单准备 3 个部分。

2. 方案编制

方案编制活动的目标是整理测评准备活动中获取的信息系统相关资料，为现场测评活动提供最基本的文档和指导方案。方案编制活动的基本工作流程如图 12-6 所示。

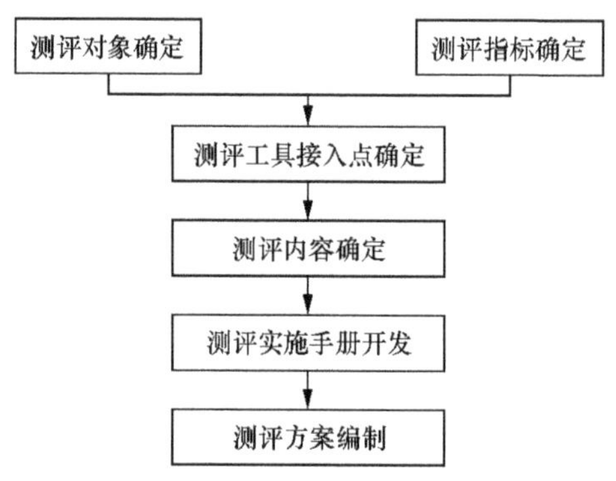

图 12-6　方案编制阶段流程

3. 现场测评

现场测评活动通过与被测单位进行沟通和协调，为现场测评的顺利开展打下良好基础，然后依据测评方案实施现场测评工作，将测评方案和测评工具等具体落实到现场测评活动中。现场测评工作应取得分析与报告编制活动所需的足够的证据和资料。现场测评活动的基本工作流程包括现场测评准备、现场测评和结果记录、结果确认和资料归还等[24]。

12.4.4　报告编制

在现场测评工作结束后，应对现场测评获得的测评结果（或称测评证据）进行汇总分析，形成等级测评结论，并编制测评报告，如《××单位内外网安全等级保护建设信息系统安全等级保护系统差距性分析报告》。

测评人员在初步判定单项测评结果后，还需进行系统整体测评，经过系统整体测评后，有的单项测评结果可能会有所变化，需进一步修订单项测评结果，而后形成等级测评结论。分析与报告编制活动的基本工作流程如图 12-7 所示。

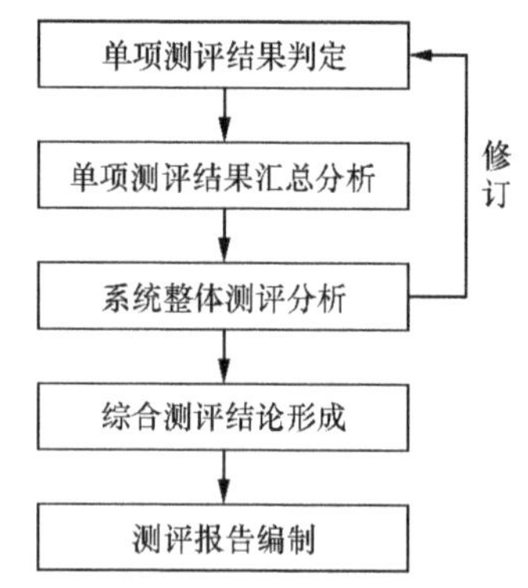

图 12-7　分析与报告编制阶段流程

12.5　体系咨询规划

体系咨询规划包括渗透测试与安全加固、风险评估与合规性检测、安全体系咨询规划及解决方案设计等几个方面。

12.5.1　渗透测试与安全加固

渗透测试与安全加固的服务流程如图 12-8 所示。

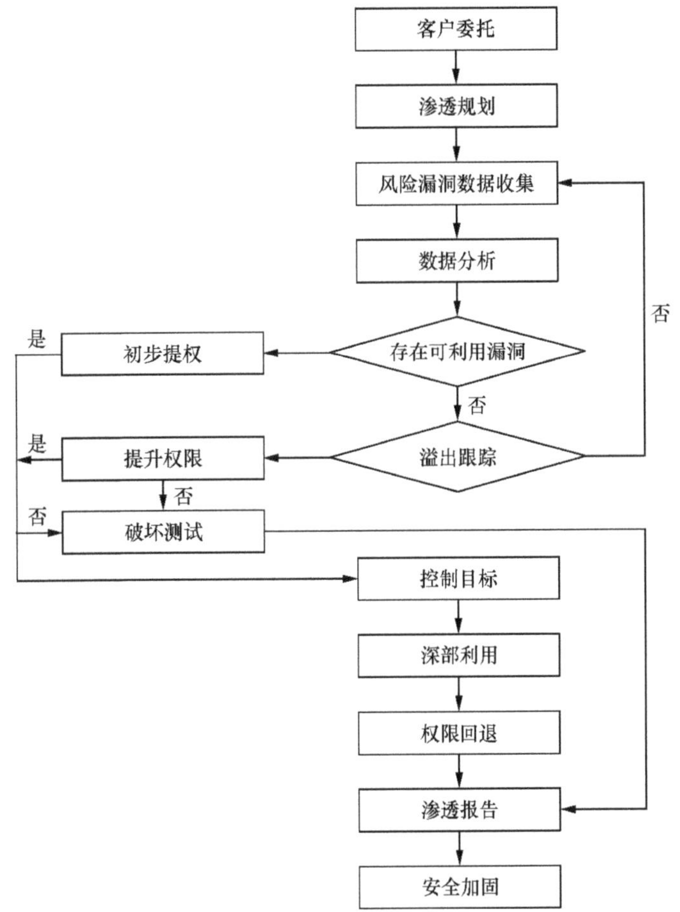

图 12-8　渗透测试与安全加固的服务流程

1. 专用工具

在渗透测试与加固服务过程中，采用专业的渗透工具获取信息，并采取相应的技术措施，渗透工具包括：边界区域安全超级漏扫设备、IIS 溢出分析利用工具、跨平台漏洞扫描设备、数据库漏洞扫描工具、应用服务探测设备、DDoS 模拟攻击工具、数据库注入利用工具、权限提升工具、数据旁路截取工具、恶意代码分析工具、加固脚本及系统 CheckList 等。

2. 服务组件

（1）渗透测试范围

根据企事业单位安全需求及重要业务系统的结构，并充分考虑到体系安全、系统运维、业务运行，测试的范围确定以下渗透对象但不局限以下内容：一是网络设备渗透，对各种防火墙、入侵检测系统、网络设备进行渗透测试；二是主机操作系统渗透，对 Windows、Solaris、AIX、Linux、SCO、SGI 等操作系统本身进行渗透测试；三是应用系统渗透，对各种应用，如 ASP、CGI、JSP、PHP 等组成的 WWW 应用进行渗透测试；四是数据库渗透，对 MS-SQL、Oracle、MySQL、Infomix、Sybase、DB2 等数据库应用系统进行渗透测试[25]。

（2）渗透测试接入

根据企事业单位安全体系实施情况及测试需求制定渗透测试接入点。

（3）渗透测试方式

渗透测试方式包括：① 内网测试，即渗透测试人员由内部网络发起测试，这类测试能够模拟企业内部违规操作者的行为，并绕过防火墙的保护，常用渗透方式有远程缓冲区溢出、口令猜测以及 B/S 或 C/S 应用程序测试；② 外网测试，即渗透测试人员完全处于外部网络，模拟对内部状态一无所知的外部攻击者的行为，包括对网络设备的远程攻击，口令管理安全性测试，防火墙规则试探、规避，Web 及其他开放应用服务的安全性测试[26]。

（4）渗透测试方法

① 黑箱测试（Zero-Knowledge Testing）。渗透者完全处于对系统一无所知的状态。通常，这种类型的测试，最初的信息获取来自 DNS、Web、E-mail 及各种公开对外的服务器。② 白盒测试。测试者可以通过正常渠道向被测单位取得各种资料，包括网络拓扑、员工资料甚至网站或其他程序的代码片段，也能与单位其他员工进行面对面沟通，这类的测试目的是模拟企事业单位内部雇员的越权操作。③ 隐秘测试。隐秘是针对被测单位而言的。通常，接受渗透测试的单位网络管理部门会收到通知，在某些时间段进行测试。因此能够检测网络中出现的变化。但在隐秘测试中，被测单位也仅有极少数人知晓测试的存在，因此能够有效地检验单位中信息安全事件监控、响应、恢复做得是否到位。

（5）渗透测试实施

① 数据收集，即通过漏洞扫描工具收集网络、主机、系统、应用已知漏洞信息，针对目前没有公开发布的溢出漏洞，采用人工综合获取；② 漏洞分析，即通

过分析收集来的数据，可发现高、中、低 3 个级别的风险、漏洞、溢出问题，组合成入侵者可能利用的途径，确认可以被利用的漏洞，如代码溢出或注入漏洞、安全设备策略漏洞、操作系统设置漏洞、应用程序安全漏洞；③ 漏洞利用，即利用网络边界设备配置漏洞、主机所提供的高风险服务、自行和外包开发的应用程序代码溢出、数据库调用注入等问题进行渗透测试，并通过漏洞提升操作权限跳转相邻可信系统；④ 缓冲区溢出测试，即缓冲区溢出漏洞大量存在于各种应用中，通过向缓冲区写入超过缓冲区长度的内容，造成缓冲区溢出，破坏程序的堆栈，使程序转而执行其他的指令来获得系统特权等；⑤ 拒绝服务测试，即通过构造发送长度超过 65 535 字节的 ICMP Echo Request 数据分组、大量的 SYN 包、测试目标机防护 TCP/IP 协议栈崩溃的能力；⑥ 分布式拒绝服务测试，即利用分散在 Internet 各处的测试服务器，同时对目标机发起拒绝服务的操作，测试目标机对突发安全攻击事件的监察能力及抵御措施；⑦ DNS 地址欺骗测试，即利用 RFC 协议、BIND 应用中某些不完善的地方，获取特权身份执行任意命令；⑧ 数据库注入测试，即提交特殊构建的一段数据库查询代码，根据程序返回的结果，获得敏感数据，测试输入数据的合法性判断的能力；⑨ 防火墙透穿测试，即通过设备配置策略的合法服务及端口，获取敏感数据，并利用专业工具与技术建立隐秘隧道跳转可信网络；⑩ 木马隧道测试，即通过流行木马终端探测工具，测试内、外网络中所有主机系统开放的已知木马服务。

（6）综合分析

针对被测目标存在的漏洞被技术利用的可能性进行分析，按照客户信息安全体系保障的需求对现有信息系统中的设备、主机、系统、应用，对其攻击者或病毒等非人主体的可利用程度进行量化并赋值。

（7）风险规避

渗透性测试对系统的影响是黑客的攻击入侵需要利用目标网络的安全弱点，渗透性测试也是同样的道理。它模拟真正的黑客入侵攻击方法，以人工渗透为主，辅助以攻击工具的使用，这样保证了整个渗透性测试过程都在可以控制和调整的范围内。由于采用可控制的、非破坏性质的渗透性测试，因此不会对被评估的系统造成严重的影响[27]。在渗透性测试结束后，系统将保持一致。为保证测试目标的正常运行，将渗透过程中造成的异常情况降到最低点，我们会对渗透对象的策略配置、操作系统和应用系统进行调研并制订合理的渗透手册，实施过程中将严格按照渗透手册所确定内容和步骤进行，确保每一个操作步骤都对在线系统没有损害。

系统备份与恢复措施为防止在渗透性测试过程中出现异常情况，所有被测试系统均应在被测试之前做一次完整的系统备份或者关闭正在进行的操作，以便在系统发生灾难后及时恢复，保证发生事故后按预先制订的回退方案执行，详见表 12-3。

表 12-3　系统备份与恢复措施

序号	内容	措施
1	操作系统类	制作系统应急盘，对系统信息、注册表、sam 文件、/etc 中的配置文件以及其他含有重要系统配置信息和用户信息的目录和文件进行备份，并应该确保备份的自身安全
2	数据库系统类	对数据库系统进行数据转储，并妥善保护好备份数据。同时对数据库系统的配置信息和用户信息进行备份
3	网络应用系统类	对网络应用服务系统及其配置、用户信息、数据库等进行备份
4	网络设备类	对网络设备的配置文件进行备份
5	桌面系统类	备份用户信息、用户文档、电子邮件等信息资料

风险与应对措施渗透性测试过程的最大风险在于测试过程中对业务产生影响，为此采取表 12-4 所列的措施来减小风险[28]。

表 12-4　减少风险的措施

序号	减少风险的措施
1	在渗透性测试中不使用含有拒绝服务的测试策略
2	渗透性测试时间尽量安排在业务量不大的时段或者晚上
3	在渗透性测试过程中，如果出现被评估系统没有响应的情况，应当立即停止测试工作，与工作人员一起分析情况，在确定原因，并待正确恢复系统，采取必要的预防措施（比如调整测试策略等）之后，才可以继续进行
4	测试者会与管理员保持良好沟通，随时协商解决出现的各种难题

3. 安全加固

企事业单位现有的各类网络设备、主机系统、数据库系统、应用系统等的安全状况是动态变化的，对于安全问题的发现及安全加固优化配置等操作都需要非常专业的安全技能（见表 12-5），需要进行周期性的安全评估、审计、加固等工作，才能够保障整体安全水平的持续提高。

表 12-5　安全加固服务主要解决的安全问题

序号	安全加固服务主要解决的安全问题
1	安装、配置不符合安全需求
2	使用、维护不符合安全需求
3	系统完整性被破坏
4	被植入木马程序
5	账户、口令策略问题
6	安全漏洞没有及时修补
7	应用服务和应用程序滥用

（1）流程及范围

安全加固是根据专业安全检测结果，制订相应的系统加固方案，针对不同目标系统，通过打补丁、修改安全配置、增加安全机制等方法，合理进行安全性加强。加固的流程和范围如图 12-9 所示。

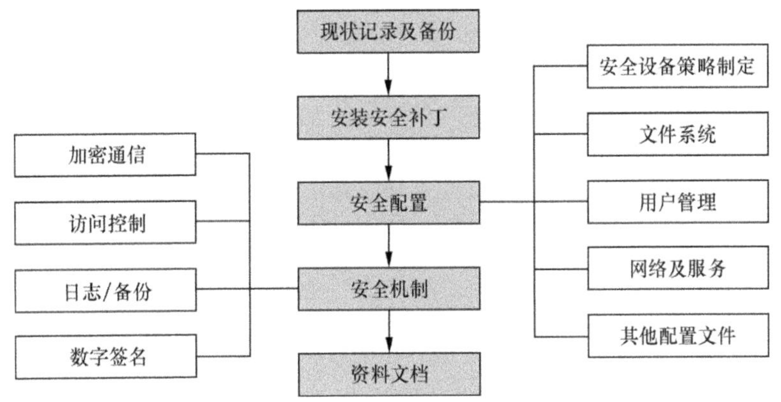

图 12-9　安全加固的流程和范围

安全加固服务基于漏洞库、修补库和管理、配置策略库，对客户网络、系统、数据库、管理策略进行安全加固，并有针对性地进行现有安全产品的配置优化，以低成本达到高级别的安全保障。具体内容包括网络设备加固、网络结构调整、操作系统加固、数据库加固、安全策略加固、安全产品优化等[29]。

（2）方式及内容

安全加固覆盖网络、主机、应用、数据库以及中间件。根据用户的安全需求，选择服务方式，达到免除现有安全漏洞威胁，提高系统抗攻击能力的效果。安全加固方式包括自动和手工两种，自动方式是利用安全加固脚本和程序对系统进行自动化、批量化的加固，这样的方式适用于大规模安全加固新安装的系统；而对于生产系统，通常应该采用手工的加固方式，根据系统的实际情况制定加固方案，从而将加固可能带来的不良影响降低到最小。然后形成《企事业单位内外网安全等级保护建设渗透测试报告》。

12.5.2　风险评估与合规性检测

风险评估与合规性检测与 12.2 节相似，然后形成《企事业单位内外网安全等级保护建设风险评估与合规性检测报告》。

12.5.3 安全体系咨询规划

1. 安全体系咨询规划流程

安全体系咨询规划流程如图 12-10 所示。

安全服务的方式基于成熟的业务流程和方法论，这些将保证为企事业单位提供一致的、可预期的和最具成本效益的安全服务。

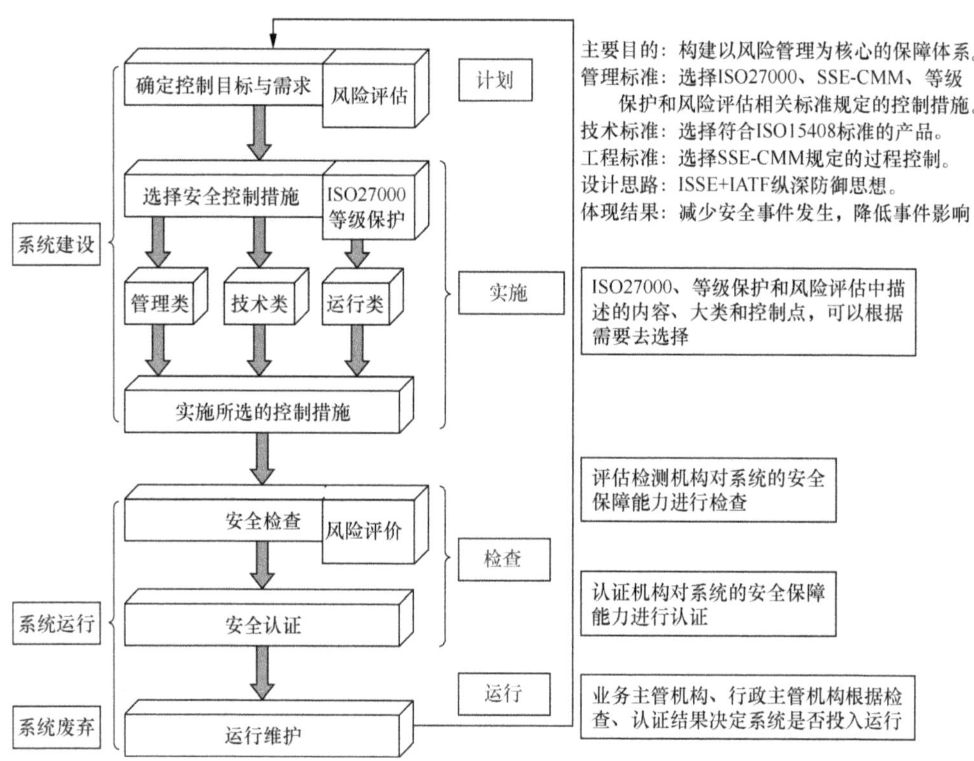

图 12-10 安全体系咨询规划流程

2. 安全服务组件

安全咨询服务根据企事业单位信息系统的安全现状，结合国家与行业政策的标准要求，为企事业单位进行各方面的咨询服务，主要包括风险评估咨询服务、等级保护咨询服务、安全运维咨询服务、咨询服务和业务连续性咨询服务，并满足全面性、合规性、持续性的安全保障需求。

一是风险评估咨询。风险评估是全面、准确地了解组织机构的网络安全现状，发现系统的安全问题及其可能的危害，为系统最终安全需求的提出提供依据，具体参见第 10 章的内容[30]。

二是等级保护咨询。等级保护咨询提供等级保护建设整改全过程各个环节的服务，上述每个服务类型都可以独立选择，企事业单位可以根据自身的需要，通过不同类型的选择，完成信息安全等级保护的建设整改工作。解决了原有咨询服务，重视问题发现和提出要求而解决方案实施落实较弱的模式，提供从咨询服务到解决方案实施，到等级测评，到安全运维的整体性服务模式，使得咨询服务的效果易于实现，发现盲点。

三是咨询。依据 ISO27001 等国际标准，提供体系咨询和实施服务，从管理、技术、人员、过程的角度来定义、建立、实施信息安全管理体系，保障组织信息安全的滴水不漏，确保组织业务的持续运营，维护企业的竞争优势，如图 12-11 所示。

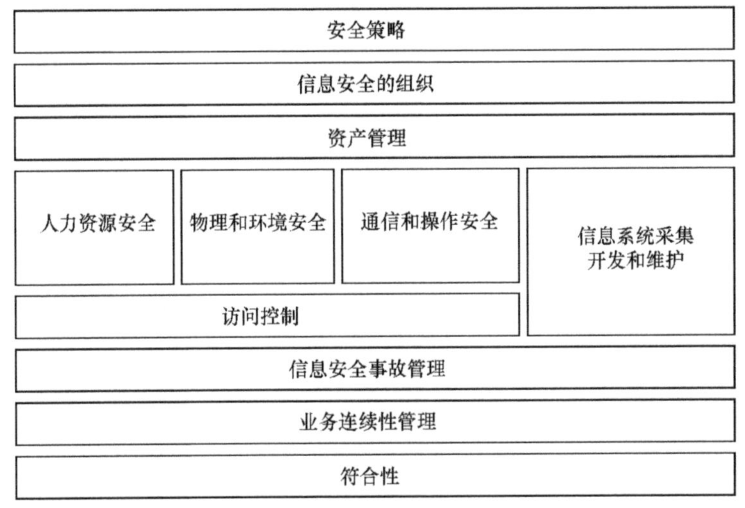

图 12-11　安全体系咨询服务体系

四是安全运维咨询。通过专业的运维咨询服务及符合客户需求和国际标准所建设的集中运维管理等方式，为企事业单位提供全面的信息系统运行保障咨询服务。集中运维管理咨询服务将面向运维业务需要的 IT 管理体系，提高管理质量；通过检测评估—防护加固—监控响应—审计追查 4 个方面，形成了集风险评估、安全加固、安全巡检、应急响应、系统恢复、安全审计和违规取证于一体的完整闭环结构，如图 12-12 所示。其主要目的是协助企事业单位提高信息化系统的维护能力，减轻客户在安全运维方面的压力，使其可以投入更多的精力到核心业务运营中；保持 IT 系统可靠性和可用性，保证系统 24 小时不间断，在此前提下提高 IT 系统的利用率；在复杂的异构环境中统一管理，轻松维护复杂的异构环境并使之有效运行；与管理体系相适应的管理辅助工具，包括网络管理、系统管理、安全管理和流程管理等，从而最大限度地屏蔽 IT 技术的复杂性，实现自动管理，降低对人的依赖；将错综复杂的系统信息、各类系统事件按照 IT 服务管理的需求进行过滤整理，帮助系统维护人员更专注于对重要事件的管理和响应；总结出对网络管理、系统管理、安全管理、业务管理和服务管理中有用的信息，为管理者提供更全面、更直接的管理信息，为制订相关决策提供基础依据；实现人员、技术、流程三者的完美整合，通过基于ITIL的运维管理方法，保障基础设施和生产环境的正常运转，提升了业务的可持续性，从而也体现安全运维与业务目标保持一致的核心思想[31]。

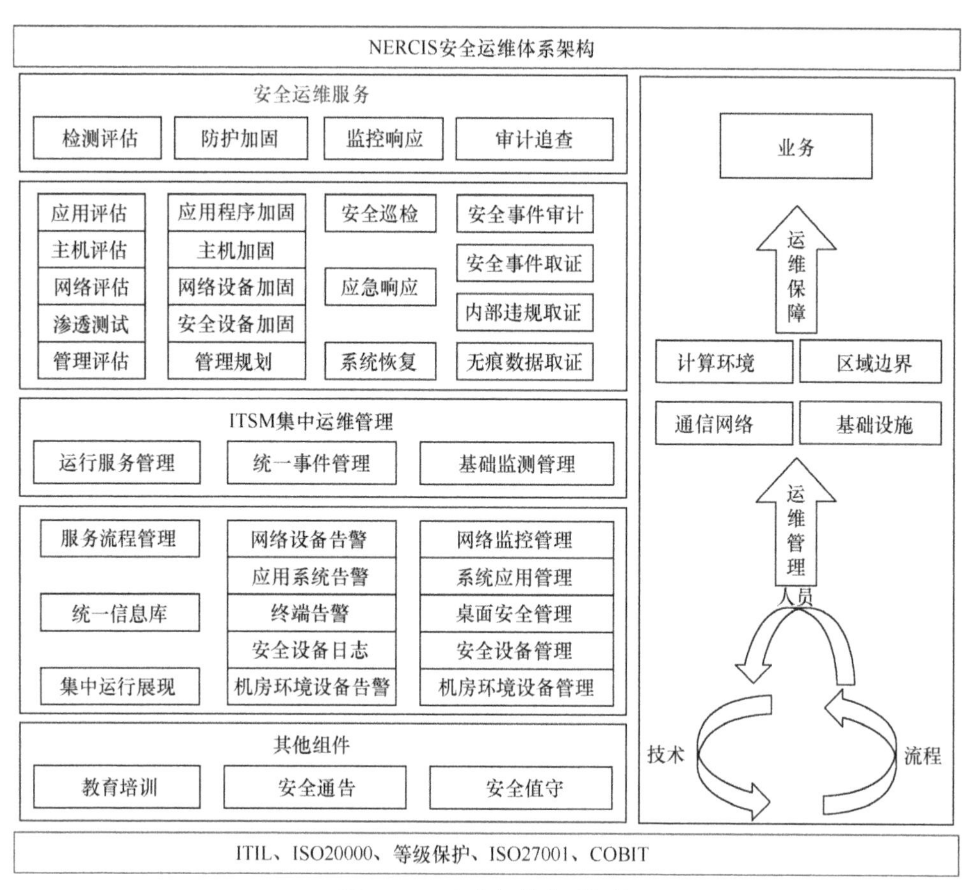

图 12-12　安全运维体系架构

与其他信息安全产品或者服务不同，安全体系设计采用体系化和标准化相结合的设计方法，充分加强对企事业单位的业务和IT目标以及发展战略等的理解，分解安全目标并确定最终的安全保护对象框架，详细描述每个保护对象的所属资产情况和安全要求，形成等级化的信息安全体系总体框架，如图12-13所示。

通过制订安全策略及规划，明确安全组织，确定安全运行实施架构，利用安全技术确保安全运维，最后形成《企事业单位内外网安全等级保护建设咨询规划总体设计方案》。

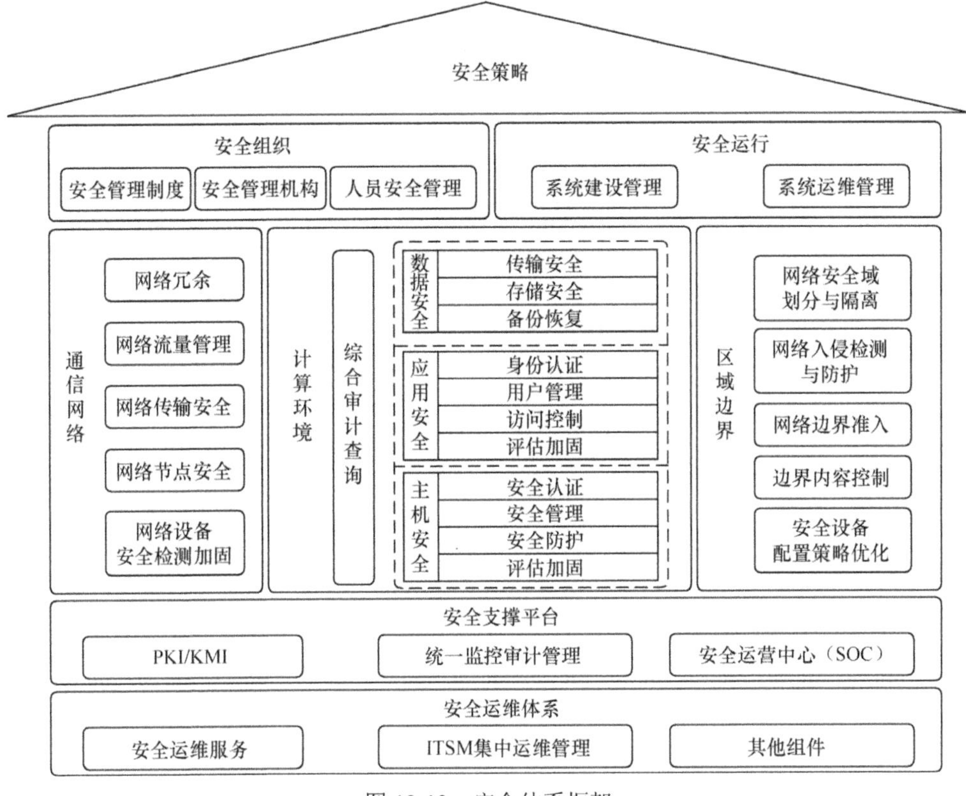

图 12-13　安全体系框架

12.5.4　解决方案设计

1. *方法论*

安全解决方案设计共分为 3 个阶段，如图 12-14 所示。

第一阶段：通过对企事业单位的安全保障体系要求，结合企事业单位的安全需求，以及通过风险评估和差距分析手段获得的信息系统所面临的现状与风险，进行全面的总结和分析，得出企事业单位在技术、管理和运维方面的各项需求要素，并形成安全措施对应表。针对前面所分析得出的技术、管理和运维方面的安全措施，结合国际 ISO/IEC 27000 标准要求和国内等级保护相关标准要求，并充分吸纳信息安全保障体系框架（IATF）模型中深度防护战略的体系化设计思想，来设计安全体系总体框架。该模型强调安全策略、安全技术、安全组织和安全运行 4 个核心原则，重点关注计算环境、区域边界、通信网络等多个层次的安全防护。

第二阶段：针对第一阶段所得出的体系化和标准化的设计思想，结合信息安全保障体系框架（IATF）、国家等级保护相关标准以及信息安全管理体系要求，来设计安全体系总体框架。该框架以安全策略、安全组织、安全技术、安全运行 4 个方面为主体结构，这 4 个方面既有机结合，又相互支撑，根据策略体系中策略，由组织体系（或人员），利用技术体系作为工具和手段，进行操作来维护体系运行。并进一步将总体框架细分为信息安全体系架构和安全运维服务体系架构，该体系充分覆盖了信息安全工作全生命周期的各个环节，以满足企事业单位信息系统的相关要求和国际/国内相关法规标准。

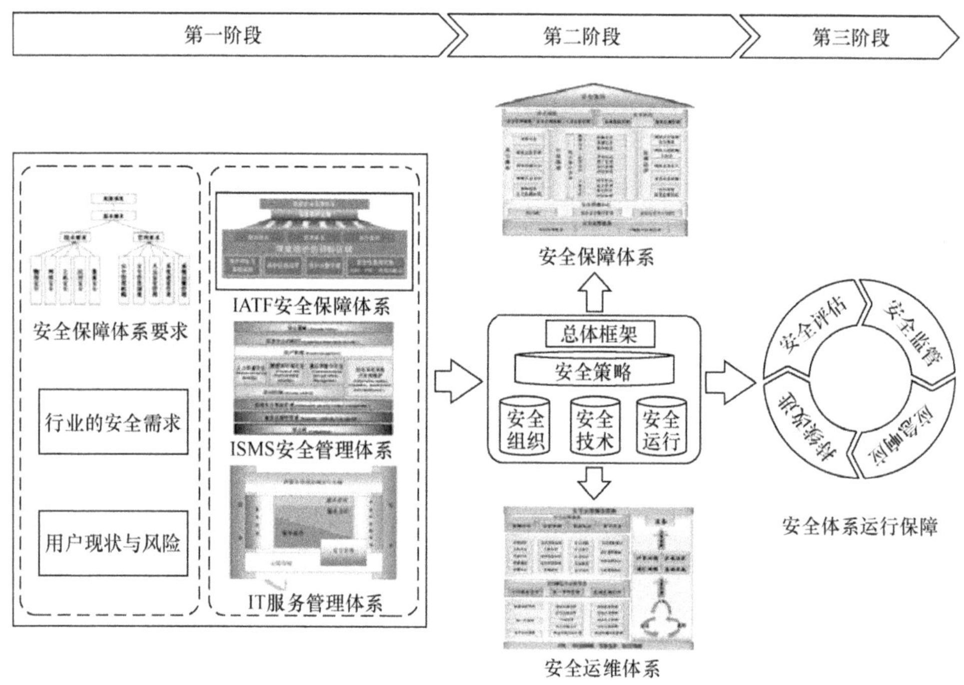

图 12-14　安全解决方案设计流程

第三阶段：以第二阶段的信息安全体系架构和安全运维体系架构为依据，进行安全规划和解决方案设计，并建设实施，安全建设工作包括安全管理体系、安全技术体系和安全运维体系 3 个分建设工作，并维护整个体系的持续运行。

2. 服务组件

（1）需求分析

通过风险评估与合规性检测的方法，来深层挖掘企事业单位的实际需要。风险评估与合规性检测是依据相关的信息技术标准，对信息系统管理层面及其处理、传输和存储信息的保密性、完整性和可用性等安全属性进行科学评价的过程，要评估信息系统的脆弱性、信息系统面临的威胁以及脆弱性有可能被利用的影响，并分析出当前安全状况与安全保障体系要求之间的差距，做到有的放矢地规划和实施安全控制措施[33]。

追求信息系统安全就不能脱离全面完整的信息系统安全评估与合规性检测，必须运用信息系统安全风险评估的思想和规范，对信息系统进行安全评估与合规性检测，只有这样才能准确把握企事业单位需求，满足合规性要求。

（2）安全策略与方针设计

安全机制的实现应具有以下相对固定的模式，即人在安全策略指导下借助于一定的安全技术手段进行持续的运作。大量证据显示，技术手段通常是为了更加有效地实施某种管理思想或者理念而得到发展的，信息安全也是如此。如果安全管理手段不能被清晰地表达，那么安全技术手段就很难得到有效的利用。因此，组织必须首先将其安全管理思想和手段以策略文件的形式进行阐明，然后根据策略选择恰当的安全技术方案。只有这样，才能从深度解决其信息安全问题[34]。

信息安全策略是在企事业单位内部指导如何对包括敏感信息在内的资产进行管理、保护和分配的规则和指示。信息系统安全规范和策略不仅是系统建设的重要依据，而且也是系统安全维护的重要文档，是制订安全标准和管理制度的重要基础。但是客户通常由于专业技术上、时间上无法满足制订专业安全策略的要求，使得企事业单位安全一直无法得到全面的保障。安全策略与方针设计是根据企事业单位的安全现状和目标，为企事业单位制订策略文件，并设计相应的策略实施方案，是依据等级保护相关标准、ISO/IEC 27000 信息安全管理体系、信息安全保障框架（IATF）等国际/国内标准帮助客户制订满足其当前需求的信息安全策略。安全策略与方针设计主要包括策略制订和策略实施方案设计两个部分。

一是安全策略制订。安全策略与方针设计提供给企事业单位的完整策略，包括方针、技术规范、操作流程、管理制度、用户协议和组织人员职责等[35]。

二是安全策略实施方案设计。除了为企事业单位制订其策略文件外，安全策略与方针设计还帮助企事业单位设计策略实施方案，这包括设计实施工具、制订审计方法、确定工作流程等。

（3）技术体系方案设计

为增强安全技术体系的可操作性和健壮性，通过十分丰富的技术解决方案知识库，可结合行业特点和系统需要为企事业单位量身定做安全技术解决方案，见表 12-6。

表 12-6　部分技术方案

防护对象分类	方案组成		方案概述
计算环境	应用安全	身份认证	建立统一、安全的身份认证服务，并实现业务系统单点登录，使企事业单位使用安全的身份登录一次后可以根据相关的策略规则访问业务系统资源，无需重新输入业务系统用户名/密码信息

（续表）

防护对象分类	方案组成		方案概述
计算环境	应用安全	用户管理	建立统一的用户管理基础实施，解决同一用户进入不同应用系统时都需要使用不同的属于该系统的账号去访问。应用系统之间用户信息相互孤立所引起的用户使用、账号管理及维护的问题
		权限管理	建立统一的用户权限管理系统，定义不同用户的权限和访问控制策略，通过属性证书作为依据判断用户在指定的应用系统可以做什么、不可以做什么
		应用评估加固	评估客户应用系统的安全状况，如流程、威胁、漏洞等。采用分析应用系统的立项、开发、测试、维护报告、调查问卷、访谈等多种方式评估整个系统所面临的安全风险，并根据风险提出具体的解决方案
		应用安全监控	为整个业务基础架构提供一个统一的视图，可以监视各种应用程序和服务器，包括应用服务器、数据库、操作系统、邮件服务器、Web 服务器、各种服务以及自定义的监视器
	主机安全	终端安全管理	对内部终端计算机进行集中的安全保护、登录、监控、审计和管理，可自动向终端计算机分发系统补丁，禁止通过外设和接口泄漏重要信息，防止终端计算机非法外联，防范非法设备接入内网，有效地管理终端资产等
		主机入侵检测与防病毒	建立服务器、客户端的入侵检测与防病毒保护措施，解决主机层面恶意行为的入侵检测和病毒的检测防护
		主机安全检测与加固	实现信息系统安全的关键环节。通过对主机安全检测及加固，在信息系统的主机层和应用层等层次建立符合客户安全需求的安全状态，形成安全的运行环境
	数据安全	通信与存储安全	通过存储加密、数据库加密、通信加密（SSL/TLS）和数字签名等技术措施，以实现信息通信及存储的完整性、保密性和抗抵赖性
		本（异）地数据备份与恢复	建立本（异）地数据备份与恢复系统，避免由于异常情况（如火灾、爆炸、地震、水灾、雷击或某个方向线路故障等自然原因以及电源机器故障、人为破坏等非自然原因引起的灾难）发生，导致业务正常无法进行和重要数据的丢失、破坏，从而造成不可估量的损失。因此，要求业务系统可以在发生上述灾难时快速恢复，将损失降到最低点

（续表）

防护对象分类	方案组成	方案概述
区域边界	网络安全域划分与隔离	网络中不同安全域的安全等级各不相同，如果不使用访问控制手段直接连通，就有可能出现低安全等级区域对高等级区域的安全威胁，并可能发生内部网络间的非法攻击。因此需要利用将各区域间进行安全域划分并隔离，安全隔离的手段可以视安全强度不同选择不同的隔离方式，如防火墙或隔离网闸
	网络入侵检测与防护	能监视网络中的活动事件，寻找有攻击企图和未经授权的访问行为。当网络入侵检测系统检测到一个攻击，它提供几种响应方式，包括记录攻击、通知系统管理员以及与防火墙进行联动，或通过防护手段直接阻断
	网络边界准入	通过网络准入、应用准入、客户端准入的三层手段的准入控制，强化了对于各类终端事前、事中、事后接入内网的立体化管理和防护，保障了内网安全，规避非法终端对内网的破坏
	边界内容控制	包含建立网络层的防病毒和网络行为及内容过滤等两个层面保护措施，既对网络边界的病毒进行有效防范，又能对网络行为及内容进行有效过滤和管理
	安全设备配置及策略优化	针对安全产品的配置及策略进行优化和加固，以低成本达到高级别的安全保障
通信网络	网络冗余	通过网络结构优化、链路负载均衡、服务器负载均衡、双机热备（HA）、QoS 等技术措施，实现网络冗余，为业务系统的正常运行提供保障
	网络传输安全	通过 VPN，运用隧道封装、认证、加密、访问控制等多种网络安全技术，为企业总部、分支机构、合作伙伴及远程和移动办公人员提供安全的网络互通和资源共享的技术，包括和该技术相关的多种安全管理机制
	网络流量管理	通过 P2P/IM 管理控制、业务数据流优化、QoS、等多种技术，有效控制带宽和过滤网络中的应用数据流，以提升网络有效性和安全可控性
	网络设备安全检测与加固	通过对网络设备和安全设备的漏洞扫描及加固（访问控制的安全配置、网络服务安全配置、路由协议安全配置及安全设备的安全策略优化等）技术措施，实现并符合网络层的安全需求状态，保障网络运行环境安全
安全支撑平台	PKI/KMI	通过采用 PKI/KMI 体系管理密钥和证书，可以建立一个安全的网络环境，实现信息的保密性、完整性，并完成身份鉴别以确保不可抵赖性
	统一监控审计管理	建立信息安全综合审计监控系统，实现审计的综合性、强制性和全面性。从防御到事后取证，全面地对整个网络、主机、服务器、数据库、应用系统进行审计与保护，能够有力抵御各种破坏行为。同时集中统一管理，可对审计数据进行综合的统计与分析，从而更有效地防御外部的入侵和内部的非法违规操作
	安全运营中心	建立安全运营中心（SOC），它是一种集中安全管理的形式，它包含集中安全设备管理、安全事件收集、事件关联分析、状态监视、分析报表等重要技术组件。除技术外，安全运营中心还有一个重要组成部分是运行人员、应急小组和专家队伍，并需要相应的管理制度和应急处理流程

管理体系方案设计。通过对企事业单位的安全管理体系全面评估，在准确了解安全管理现状后，可为企事业单位量身定制安全管理体系策略框架，完善组织安全、人员安全、系统建设安全和系统运维安全等多方面的制度、流程、规范，并对全过程进行安全咨询支持，以满足用户的全方位安全需求与合规性要求，见表 12-7[36]。

表 12-7　部分管理体系文档

安全管理文档分类	文档组成	文档概述
安全管理制度	信息安全方针	纲领性的安全策略主文档，阐述了安全策略的目的、适用范围、信息安全目标、信息安全的管理意图等，是信息安全各个方面所应遵守的原则方法和指导性策略，是安全方面工作的最高指导文件
	信息安全工作管理办法	是信息安全方针策略的直接体现
安全管理机构	信息安全组织体系和职责	规定公司各级安全组织机构的职责和工作
	信息安全岗位人员管理办法	加强内部人员安全管理，依据最小特权原则清晰划分岗位，在所有岗位职责中明确信息安全责任，要害工作岗位实现职责分离，关键事务多人轮岗，重要岗位要有人员备份，定期进行人员的安全审查
人员安全管理	员工安全管理办法	员工在录用、调动、离职过程中的信息安全管理，提出对信息安全培训及教育、奖励和考核的要求
	信息安全培训及教育管理办法	单位各层面信息安全培训的要求和主要内容
	第三方人员安全管理办法	加强第三方访问和外包服务的安全控制，在风险评估的基础上制订安全控制措施，并与第三方公司和外包服务公司签署安全责任协议，明确其安全责任
	信息安全检查及考核管理办法	建立安全检查制度和安全处罚制度，对违反规章制度的部门和人员按照规定进行处罚
系统建设管理	信息安全项目立项管理办法	加强项目建设的安全管理，配套安全系统必须与业务系统“同步规划、同步建设、同步运行”，加强安全规划、安全评估和论证的管理
	信息安全工程实施管理办法	制订工程实施方面的管理制度，规范工程实施单位的实施过程以及工程人员行为
	信息安全建设管理办法	规范系统信息化安全建设管理及项目建设工作流程，充分发挥信息化资源的作用，节省和保护投资，有效支撑各项应用系统的正常运行

（续表）

安全管理文档分类	文档组成	文档概述
系统运维管理	信息安全现状评估管理办法	信息安全体系的建设和维护，要通过及时获知和评价信息安全的现状，通过对于安全现状的评估，实施信息安全建设工作，减少和降低信息安全风险，提高信息安全保障水平
	信息资产管理办法	加强信息资产管理，建立和维护信息资产清单，维护最新的网络拓扑图，建立信息资产责任制，对信息资产进行分类管理和贴标签
	安全预警管理办法	对安全威胁提前预警，及时将国内外安全信息通知各级信息安全管理人员及员工，确保能够及时采取应对措施，以此降低公司的信息安全风险
	信息安全运行维护管理办法	建立日常维护操作规程和变更控制规程，规范日常运行维护操作
	安全审计及监控管理办法	部署网络层面和系统层面的访问控制、安全审计以及安全监控技术措施，保障业务系统的安全运行
	配置变更管理办法	严格控制和审批任何变更行为
	病毒防护管理办法	加强病毒防治工作，提升病毒整体防护能力，降低并防范病毒对于业务造成的影响
	信息安全补丁管理办法	按照补丁跟进和发布、补丁获取、补丁测试、补丁加载、补丁验证、补丁归档这一流程进行补丁安全管理
	账号、口令及权限管理办法	加强用户账号和权限管理，按照最小特权原则为用户分配权限，避免出现共用账号的情况
	应急响应管理办法	制定各业务系统的应急预案，及时发现、报告、处理和记录

安全运维方案设计。为企事业单位的 IT 运维管理方面提供全程的咨询支持，一方面为企事业单位提供安全运维服务，包括定期评估、定期加固、应急响应、日常巡检、审计取证、教育培训、安全通告和安全值守等服务内容；另一方面可以为企事业单位提供基于 ITIL 的运维管理体系全程咨询，保证在运维过程中的标准化、制度化和流程化，建立统一、完善的运维管理流程，全面提高运维水平，逐步实现运维模式由被动支持转为主动式服务，最终建设一体化的安全运维体系，见表 12-8。

表 12-8 部分安全运维体系文档及方案列表

安全运维文档分类	文档组成	文档概述
运维体系管理文档	规范、制度和流程	通过专业的安全运维服务及符合客户需求和 ITIL 标准所建设的集中运维管理等方式，为客户提供全面的信息系统运行保障体系。安全运维服务为客户提供信息系统安全方面的检测评估、防护加固、监控响应、审计追查、教育培训、安全通告和安全值守服务。集中运维管理平台主要包括组织架构的整合、流程的梳理、制度的建立、角色分配和资产配置库的建立等方面
安全运维服务解决方案	检测评估	包含应用评估、主机评估、网络评估、渗透测试和安全管理评估 5 个部分内容。通过依据标准定期对客户信息系统内的资产、威胁、脆弱性、安全措施、风险等进行分析与评价
	防护加固	包含系统加固、主机加固、网络设备加固、安全设备的配置及策略优化和安全管理规划 5 个部分内容。根据客户主机系统应用的具体情况，并结合依据渗透测试与评估结果制订的加固方案与风险回退，针对不同类型的目标系统，通过打补丁、修改安全配置和增加安全机制等方法，加强设备与应用的安全性
	监控响应	包含日常安全巡检、应急响应和系统恢复 3 个部分内容。根据客户信息系统具体情况制订安全巡检计划，对安全设备、服务主机和应用系统进行定期检查。在紧急事件发生后迅速采取措施和行动，最快速恢复系统的保密性、完整性和可用性，降低安全威胁事件给客户带来的严重影响
	审计追查	包含安全事件审计、安全事件取证、内部违规取证和无痕数据取证 4 个部分内容。通过对安全事件的审计及取证，能够有效地增强客户的信息安全监管力度，提高人员安全意识，抵御外部入侵和内部的非法违规操作，创造良好的业务运行环境
	培训教育	技术培训主要是提高员工的安全意识和安全技能，使之能够符合相关信息安全工作岗位的能力要求，全面提高客户整体的信息安全水平
	安全通告	通过安全通告，用户可以迅速、准确地了解安全业界的新方向，包括安全事件的新特点和技术产品新动态，使用户能够在细节上进行安全预警，在宏观上把握安全趋势，合理规划相应的安全工作
	安全值守	在国家法定假日、新设备及系统上线、攻击事件、突发应急等特殊时期为客户提供 24 小时安全值守，全面保障客户信息系统的正常运行
集中运维管理平台方案	网络监控管理	建立统一的网络管理中心，并具备开放、灵活的网络管理系统，实现网络统一管理，保障单位的日常办公和业务的正常开展。建立在统一平台架构下，实现对信息网络的拓扑管理、配置管理、性能管理、设备管理、故障管理的目标。面向业务运行维护管理需要的 IT 管理体系，提高网络设备管理质量

（续表）

安全运维文档分类	文档组成	文档概述
集中运维管理平台方案	应用监控管理	建立统一的应用监控中心，对计算机网络、服务器、数据库、中间件、邮件系统、OA 系统、Web 系统、DNS、业务流程等应用系统，从系统资源使用情况、自身性能指标、应用可用性这 3 个方面提供全面的监测管理，对应用和系统安全进行有效管理和监控
	桌面安全管理	建立统一的桌面终端管理中心，可以对内部终端计算机进行集中的安全保护、监控、审计和管理，可自动向终端计算机分发系统补丁，禁止重要信息通过外设和端口泄漏，防止终端计算机非法外联，防范非法设备接入内网，有效地管理终端资产等。终端与内网安全管理系统可以与防火墙、漏洞扫描设备进行有机联动，共同提供全网安全解决方案
	安全设备管理	建立集中的安全管理平台，实现对网络中多层面、分布式的安全系统及设备进行统一监控管理。安全管理中心通过多种方式采集网络中各安全防护系统及设备产生的安全事件信息，进行安全事件信息的集中，并对这些孤立的信息进行关联和综合分析，形成统一的网络安全状况视图，更准确地定位攻击行为，评估网络整体的安全状况，并对网络中的安全威胁进行集中检测和响应
	集中运维管理	建立集中运维管理平台，基于 ITIL 的运维流程化管理，实现运行维护的规范化、流程化、标准化，量化运行服务质量。集中运行管理平台主要由服务台、事件管理、问题管理、变更与发布管理、配置管理、公告管理、知识库管理等模块组成。在此基础上构建一个平台化、智能化、集成化、高可靠性的集中运维管理平台，来提升整个信息中心的运维管理水平
	统一事件管理	作为统一事件管理层的入口，提供统一数据汇入接口完成各类数据上报的标准化，并提供了接入第三方管理系统上报数据的能力。通过统一数据接口，集中展示各类事件，从而方便客户对日常事件信息的管理。 通过统一数据接口上报的各类事件，事件分析引擎采用策略库作为压缩、归并、关联的规则，提供统一事件处理能力。提供丰富的策略库，通过知识库服务帮助用户运用合理的分析策略。经过分析后的信息整合到统一的资源数据库中，以便进行统一展现

安全方案验证修订。针对那些在信息安全建设过程中对各类安全解决方案的合规性问题产生不确定性和疑问的用户，通过技术解决方案、管理解决方案和运维解决方案的全面梳理和分析，帮助企事业单位对各类解决方案的合规性进行验证和修订，以满足国际/国内相关法规和标准的要求，并达到信息系统建设投入资本与效益的平衡，避免重复投资造成资源浪费的目的，最后形成《企事业单位内外网安全等级保护建设解决方案设计》。

12.6 整改及集成实施

信息安全等级保护系统构建后，应根据需求和差距分析进一步进行整改，从而完善系统，达到建设要求[41-46]。

12.6.1 安全管理体系建设

① 管理机构组建。依据企事业单位实际情况与总体设计方案建立信息安全管理组织机构，并落实各机构职能权限以确保机构的有效运行。

② 管理制度建设。对机房管理、账户管理、远程访问管理、特殊权限管理、设备管理、变更管理等方面制订明确管理制度，通过制度化、规范化的流程和行为，保证各项管理工作的一致性，并确定执行负责人在制度发布、执行过程中，定期对其进行评估，根据实际环境和情况的变化，对制度进行修改和完善。

③ 人员管理规范。制定设备操作人员、文档管理员、系统管理员、安全管理员等安全组织结构表、岗位职责、管理规范。

④ 培训体系建立。定期对普通员工、管理员、开发人员、主管人员以及安全人员的特定技能培训和安全意识培训。

⑤ 应急体系建立。建立完善的风险评估、风险预警、突发实现处理应急体系，以保证系统服务与业务信息系统运行的安全性、可用性、保密性。

12.6.2 安全技术体系建设

参见第 6 章，最后形成《企事业单位内外网安全等级保护建设信息系统安全等级保护系统整改设计方案》。

12.7 等级测评

等级测评和 12.4 节差距分析中描述的方法和流程是一样的，但交付的报告不同，等级的报告为《企事业单位内外网安全等级保护建设信息系统安全等级保护系统等级测评报告》。

12.8　安全运维

12.8.1　安全运维服务

（1）检测评估

检测评估包含应用评估、主机评估、网络评估和管理评估 4 个方面。其中应用评估为应用程序本身存在一定的安全缺陷和隐患，攻击者可以利用应用程序中的漏洞入侵系统、窃取信息及中断系统服务。为保证客户重要业务系统保密性和可用性，对操作系统上基于 Web 服务及第三方应用程序进行全面的安全评估，彻底摸清应用系统存在的安全缺陷和隐患。主机评估为针对主机开放的服务、安全配置、访问控制和系统漏洞进行安全脆弱性风险评估。网络服务器及可互联终端的安全始终是信息系统安全的一个重要方面，攻击者往往通过控制它们来破坏系统和信息，或扩大已有的破坏。网络攻击的成功与否取决于 3 个因素：攻击者的能力、攻击者的动机、攻击者的机会。在正常情况下，攻击者的能力和动机是无法被削弱的，但可以减少它们的攻击机会。网络评估是根据企事业单位信息系统中设备类型的不同，对核心层、交换层和接入层的防火墙、入侵检测等边界网络安全设备的访问控制和安全策略，有针对性地进行风险评估。管理评估为全面评估当前的安全管理状况，通过差距分析发现安全管理中的问题，为建设完善的信息安全保障体系提供依据[37]。

（2）防护加固

应用程序加固。安全的威胁不仅来自设备和操作系统，应用程序本身由于设计缺陷、系统兼容、人为预留后门、病毒、Web 服务等各种因素所导致的弱点，针对应用程序中存在的安全隐患，提高信息系统整体的抗病毒能力，对所有外联应用程序采用非线性测试的技术手段，进行风险分析加固。在线应用系统加固采用安全扫描技术、主页防篡改技术等，主要包括的加固对象为网站代码优化及程序的功能修补、网站程序脚本漏洞修补、数据库安全策略、Web 代码分析、程序上线前非线测试、病毒防落地、防传播、防扩散加固。

（3）安全设备加固

通过对安全域的划分、更新版本或引擎、防火墙安全配置对网络安全设备进行加固。

（4）管理规划

信息安全策略是在一个企事业单位内指导如何对包括敏感信息在内的资产进

行管理、保护和分配的规则和指示。信息系统安全规范和策略不仅是系统建设的重要依据，也是系统安全维护的重要文档，是制订安全标准和管理制度的重要基础。但是企事业单位通常由于专业技术上、时间上无法满足制订专业安全策略的要求，使得信息安全一直无法得到全面的保障。安全规划主要包括策略制订和策略实施方案设计两个部分[38]。

12.8.2 监控应急

（1）安全巡检

巡检对象确定。通过对影响系统、业务安全性的关键要素进行分析，确定安全状态监控的对象，这些对象可能包括防火墙、入侵检测、防病毒、核心路由器、核心交换机、主要通信线路、关键服务器或客户端等系统范围内的对象；也可能包括安全标准和法律法规等外部对象的巡检，分析巡检的必要性和可行性，形成监控对象列表[39]。

状态信息收集。根据巡检对象的特点、巡检管理的具体要求、巡检工具的功能和性能特点等，选择合适的巡检工具，建立完善的运维巡检体系。通过整理备案巡检对象的各类状态信息，包括网络流量、日志信息、安全报警、性能状况、外部环境的安全标准和变更信息完成信息收集。

巡检状态分析和报告。通过对安全状态信息进行分析，及时发现险情、隐患或安全事件，并记录这些安全事件，分析其发展趋势。根据对安全状况变化分析，分析这些变化对安全的影响，通过判断他们的影响决定是否有必要做出响应。根据安全状态分析和影响分析的结果，形成安全状态分析报告，上报客户安全事件或启动应急预案。

（2）应急响应

安全事件分级。对各类已触发的安全事件，分析安全事件的类型、对业务的影响范围和程度、安全事件的敏感程度、进行响应恢复所需要的时间和处置配合等信息。根据安全事件分析结果，事件造成的损失程度，信息系统遭到破坏后对国家安全、社会秩序、公共利益以及公民、法人和其他组织的合法权益的危害程度等因素，确定事件等级，迅速制订安全事件的应急预案[40]。

针对安全事件等级，考虑其可能性和对系统、业务产生的影响，确定须制订应急预案的安全事件对象。在统一的应急预案框架下，明确和认可应急预案中各单位及人员的职责，并协调各单位间的合作和分工。对不同等级、不同优先级的安全事件制订相应的应急预案程序，确定不同等级事件的响应、处置范围、程度以及适用的管理制度，明确应急预案启动的条件，发生安全事件后要采取的流程和措施，并按照预案严格执行。

12.8.3　审计追查

针对网络、主机、服务器、数据库和应用系统所发生的安全事件的持续收集与分析、过滤和关联的过程进行安全事件审计，针对已发生的安全事件进行审计跟踪，以便为发现可能产生的破坏性行为提供有利的证据 进行安全事件取证，针对内部人员违规操作的行为及内容进行监控与审计进行内部违规取证。

12.9　本章小结

本章首先介绍了等级化管理实施的基本流程，然后依据等级化安全管理的基本原理对各个阶段的具体实施方法和技术进行了探讨，包括信息系统自我风险评估与分析、信息系统定级、信息安全防护差距分析、体系咨询规划、信息安全整改及集成实施、信息系统等级测评及安全运维等基本流程。

参 考 文 献

[1] 胡勇. 网络信息系统风险评估方法研究[D]. 成都: 四川大学, 2007.

[2] 季国新, 王史峰. 浅谈对信息安全风险评估的认识[J]. 信息安全与通信保密, 2006, (11): 112-113.

[3] 赵瑞颖. 等级保护、风险评估、安全测评三者的内在联系及实施建议[C]// 全国青年通信学术会议, 2005.

[4] 孙大文. 企业局域网的安全防护[D]. 北京: 北京邮电大学, 2010.

[5] 天融信. 落实等级保护筑可信安全网络[J]. 通信世界, 2009, (30): 30-31.

[6] 方勤. 基于《信息安全技术信息系统安全保护等级定级指南》的定级量化模型研究及实践[D]. 重庆: 重庆大学, 2008.

[7] 吴作鹏. 等级保护全面贯彻进行时[J]. 计算机世界, 2005.

[8] 电力行业信息系统安全等级保护定级工作指导意见[J]. 电力信息与通信技术, 2008, 6(1): 20-26.

[9] 蔡勉, 卫宏儒. 信息系统安全理论与技术[M]. 北京: 高等教育出版社, 2008.

[10] 吕镇邦. 模糊认知与关联融合在信息安全保障中的应用[D]. 西安: 西安电子科技大学, 2008.

[11] 易振宇. 电力信息系统等级保护实施浅谈[J]. 信息安全与通信保密, 2011, 9(12): 97-99.

[12] 文杰致, 吴玉民. 站在云端的 SaaS 之云安全（上）[J]. 中国建设信息, 2012, (14): 37-43.
[13] 程建华. 信息安全风险管理、评估与控制研究[D]. 长春: 吉林大学, 2008.
[14] 刘丽颖. 大中型企业网络安全设计方案的研究与应用[D]. 天津: 河北工业大学, 2011.
[15] 王闪闪. ISO27000 与等级保护系列标准对比研究[D]. 西安: 陕西师范大学, 2010.
[16] 李威. 计算机网络安全方案的设计与实现[D]. 长春: 吉林大学, 2008.
[17] 陈晓光. 适合电子政务的信息安全管理体系研究与实践[D]. 北京: 北京邮电大学, 2008.
[18] 林庆富. 网络安全评测信息系统的开发与应用[D]. 长春: 长春理工大学, 2009.
[19] 郭启全. 我国信息安全等级保护工作全面展开[J]. 信息技术与标准化, 2007, (9): 4-7.
[20] 崔书昆. 解读信息安全等级保护有关文件[J]. 信息网络安全, 2007, (12):14-17.
[21] 信息安全等级保护管理办法[J]. 电力信息与通信技术, 2007, 5(9): 22-26.
[22] 王晓亚. ISMS 信息安全管理体系成熟度的应用研究[D]. 重庆: 重庆大学, 2008.
[23] 梁永谦. 电子政务信息安全风险评估技术研究及应用[D]. 成都: 电子科技大学, 2010.
[24] 朱建平. 关于对我国信息安全等级保护制度中等级测评的认识[J]. 警察技术, 2010, (2): 10-12.
[25] 蒲石. Web 安全渗透测试研究[D]. 西安: 西安电子科技大学, 2010.
[26] 吴鲁加. 渗透测试中的攻与守[J]. 软件和信息服务, 2007, (5): 81-83.
[27] 刘翠. 渗透测试技术的应用分析[J]. 产业与科技论坛, 2014, (11).
[28] 张文凤. 移动互联网 Web 应用渗透测试的研究与应用[D]. 西安: 西安电子科技大学, 2013.
[29] 张永谦. 网络安全外包服务市场分析[D]. 北京: 北京邮电大学, 2006.
[30] 许黎. 基于漏洞检测的网络安全风险评估系统的研究与实现[D]. 成都: 电子科技大学, 2007.
[31] 赵江华, 杨双吉, 贾海锋. 县级供电企业信息网络安全的探讨[J]. 郑州: 华北水利水电大学学报（自然科学版）, 2011, 32(4): 97-100.
[32] 吴洪亮. 企业信息安全建设思路[J]. 信息通信, 2014, (9): 163-163.
[33] 黄洪. 信息系统安全评估方法和技术研究[D]. 成都: 四川大学, 2005.
[34] 翟雪荣, 李松岩, 张磊,等. 浅析信息安全保障体制[J]. 民营科技, 2012, (6): 80-80.
[35] 张喜斌. 公安系统网络安全体系的集成实现[D]. 长春: 吉林大学, 2006.

[36] 陈国森. 浅析电子政务与信息安全等级保护研究[J]. 信息通信, 2012，(3): 119-120.
[37] 张富臣. P 市公安信息网安全分析及其优化策略[D]. 上海: 上海交通大学, 2008.
[38] 张耀疆. 信息安全风险管理（二）[J]. 信息网络安全, 2004, (8): 56-58.
[39] 王昌明, 邓婉蓉. 如何建设信息系统信息安全防护能力[J]. 有线电视技术, 2014, (7): 67-69.
[40] 王雪莉. 浅谈信息安全等级保护问题[J]. 数字技术与应用, 2012, (5): 177-177.
[41] 沈昌祥. 等级保护整改的技术路线[J]. 信息网络安全, 2008, (11): 14-15.
[42] 沈昌祥. 高安全级信息系统等级保护建设整改的技术框架[J]. 信息安全与通信保密, 2008, (12): 11-13.
[43] 沈昌祥. 高安全级信息系统等级保护的技术整改方向[J]. 信息网络安全, 2009, (1): 16-17.
[44] 沈昌祥. 做好国家信息系统等级保护的技术整改工作[J]. 计算机安全, 2009, (6): 97-99.
[45] 沈昌祥. 重要信息系统等级保护建设整改技术框架[J]. 电子政务, 2009, (9): 9-13.
[46] 沈昌祥. 高安全级信息系统等保健设整改路线[J]. 金融电子化, 2009, (10): 47-49.
[47] 刘益和, 沈昌祥. 基于加密解密过程的信息流模型[J]. 哈尔滨工业大学学报, 2009, (11): 253-255.

第13章

省级电信计费系统定级实例

电信计费系统是一个庞大的系统，涉及中国电信目前提供的所有业务，不但要做到准确地完成各项业务的费用计算，还要及时回收资金、最大程度地减少欠费，提高企业资金的利用率，最重要的是计费系统掌握着电信公司运作的大多数企业数据，其中蕴涵着企业经营态势、客户群分布特征及消费习惯、各项业务发展状况等非常有价值的信息，有待进一步挖掘和利用[1]。随着我国信息系统安全等级保护的深入推进，关于电信计费系统的定级工作也在逐步深化、细化。本文拟就电信计费系统的信息安全等级定级工作进行了初步的尝试，通过对某省电信计费系统的描述分析，运用前面提出的计费系统安全评价指标体系和综合评价方法，计算了省级电信计费系统的安全等级值，从而举例验证该定级方法的可行性和有效性。

13.1 省级电信计费系统概述

13.1.1 系统总体描述

某省分公司是中国电信在国内的分支机构，下辖11个市分公司，183个县(市)分公司、区域营销中心，拥有自有营业厅1 990余个，要经营GSM/WCDMA移动电话、固定电话、宽带等基础通信产品和信息应用、信息内容、系统集成等综合信息服务产品，电话客户规模超2 500万户，2010年全年电信业务总量为1 386.8亿元人民币，电信主营业务收入为378.5亿元人民币。

某省电信集中计费结算子系统主要完成全省长途局、关口局、集中业务平台采集的计费原始数据的标准化处理及上传下发，完成与省内其他电信运营商话音类、短信类业务的网间结算，配合完成中国电信各省公司之间漫游类业务摊分，生成互联互通类业务报表及综合统计指标等工作[2]。

根据省结算中心提供的数据可以看出，省结算中心每个月平均要处理的长途话单量约为 1.2 亿张，网间结算为 4.2 亿张，其他几个部分的业务处理可以折算为 5 000 万张话单，在系统的高峰期，可能会有 20%的业务处理量的增长。

13.1.2　系统主要业务

某省电信公司的计费系统采用了模块化的设计思想，具有数据采集、计费结算处理、数据分发、系统数据管理、审核校验、统计分析、查询服务、备份恢复、系统监控调度管理这 9 个模块，其结构如图 13-1 所示。

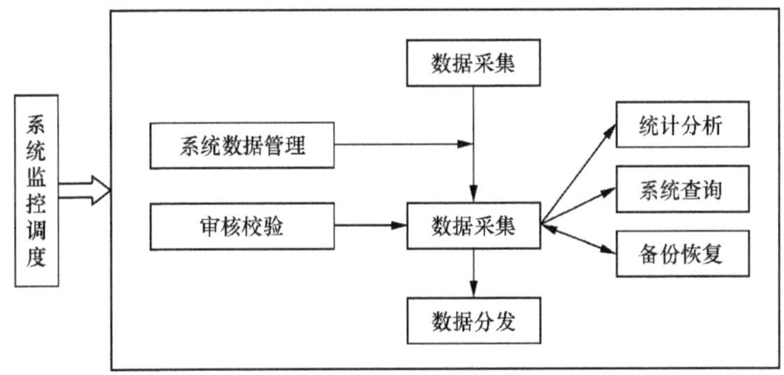

图 13-1　省级电信计费系统功能模块

每个模块的主要功能如下。

① 数据采集：从全省 11 个本地计费中心采集原始话单数据，并将它准确传送到省计费结算中心集中处理。

② 预处理：主要是对原始话单进行数据提取、差错校验和格式标准化等处理。

③ 计费结算：它根据通话类型等标准确定计费结算类型，将预处理的文件进行话单分拣，并根据计费结算标准对话单进行计费结算，生成计费结算报表，是整个系统的核心功能。

④ 结算对账：每月各运营商间要交换结算数据报表，通过系统读入其他运营商提供的原始话单数据，与我方原始话单数据按参数指定条件进行核对，并进行相应的分析、对比，找出产生差异的原因并指导修改结算数据，最终完成结算工作[3]。

⑤ 数据分发：将生成的计费结算数据和统计报表通过通信网络发往各个

本地计费中心及其他需要使用相关结算数据的信息系统。

⑥ 统计分析：通过对话单数据的提取，生成业务流量、话务流量、结算结果等各种统计报表和图形分析。

⑦ 查询服务：负责对计费结算系统各种类型的数据、服务的查询。

⑧ 备份恢复：提供各类计费结算数据的备份和恢复，从而确保整个系统的安全和可靠。

⑨ 系统数据管理：提供完善的参数管理、系统检测、操作权限管理、数据库管理以及对计费结算各个环节提供完善的日志管理。

⑩ 审核校验：一是对原始计费数据的审核检查，分拣出各交换机的异常数据和错误话单；二是贯穿于整个计费结算过程中的稽核排错。

⑪ 系统监控：对整个结算系统进行全面集中的管理。

13.1.3 系统安全性能分析

计费中心的核心信息资产是所存储的客户信息和通话记录等敏感资料[4]。其主要的对外接口（按照风险从高到低排列）。

网上营业厅、省公司内部办公系统、计费办公管理区、集团公司内其他业务系统。

对应的网络安全风险如下。

① 网上营业厅的主要风险：对 Web 网站的 DoS/DDoS；业务系统应用模式上仍然存在一些对安全考虑不周的地方，存在引起与客户发生经济和法律纠纷的可能。

② 内部办公网络风险：部分终端设置双网卡，跨接办公网络和计费网络；无统一的防病毒措施；无对内部人员的审计机制。

③ 计费办公管理区的风险：对从办公区登录进入核心主机区域的管理策略上有不完善，存在外来人员借机蓄意登录进入核心主机的可能。人员维护时采用存在安全缺陷的一些维护方式（Telnet 等），存在数据（包括用户名、口令等）被截取和侦听的风险。

④ 集团公司其他业务系统是直接进入计费核心主机区域的唯一一条通路，存在直接入侵的风险。

通过上述网络结构和业务功能分析，可以看出各种威胁对计费业务应用带来的风险程度。其中操作失误、拒绝服务、电源中断和滥用授权等这几种风险较大。而计费业务系统的计费服务器、销账服务器、核心路由器以及核心交换机作为计费业务系统最重要的组成部分[5]，其重要性要远高于其他网络设备和服务器。对于具有恶意的攻击者来说，对这两个核心部分进行攻击，其引起的破坏力是非常可观的。因此，这几台设备受到的威胁也要高于其他系统。这就导致这些核心设备的风险要远高于其他网络设备，这需要计费业务系统的网络管理员在今后的维护过程中对这些系统给予更高的重视[6]。

13.2　安全等级定级计算过程

13.2.1　计算社会影响力等级

（1）隶属度

根据对定级计算的整体框架，按照前面所选取的隶属函数和隶属贴近程度分级定义，社会影响力等级各个因素隶属于各个级别的隶属矩阵见表 13-1。

表 13-1　社会影响力各指标隶属矩阵

指标	1 级	2 级	3 级	4 级	5 级
系统机密性	0	0.000 3	0.025 6	0.4	1
系统完整性	0	0	0.001 6	0.2	1
系统可用性	0.000 3	0.062 5	0.4	1	0.4
系统所属类型	0.062 5	0.5	1	0.5	0.625
业务信息类型	0.010 1	0.129 6	0.6	1	0.6

因此，得到隶属矩阵为

$$\boldsymbol{\mu}=\begin{pmatrix} 0 & 0.000\,3 & 0.025\,6 & 0.4 & 1 \\ 0 & 0 & 0.0016 & 0.2 & 1 \\ 0.000\,3 & 0.062\,5 & 0.4 & 1 & 0.4 \\ 0.625 & 0.5 & 1 & 0.5 & 0.\,625 \\ 0.0101 & 0.129\,6 & 0.6 & 1 & 0.6 \end{pmatrix} \tag{13-1}$$

把隶属矩阵$\boldsymbol{\mu}$归一化以后得到社会影响力等级模糊关系矩阵为

$$\boldsymbol{R}_1=\begin{pmatrix} 0 & 0.000\,2 & 0.018 & 0.280\,5 & 0.701\,3 \\ 0 & 0 & 0.001\,3 & 0.166\,9 & 0.834\,4 \\ 0.000\,2 & 0.014\,0 & 0.219\,2 & 0.547\,7 & 0.219\,1 \\ 0.029\,4 & 0.235\,3 & 0.470\,6 & 0.235\,3 & 0.029\,4 \\ 0.004\,3 & 0.055\,4 & 0.256\,4 & 0.427\,4 & 0.256\,4 \end{pmatrix} \tag{13-2}$$

（2）指标权重

专家组评分确定社会影响力等级的 5 个因素各自的权重见表 13-2。

表 13-2　社会影响力等级权重计算示例

访问对象因数	因数					求和
	机密性	完整性	可用性	所属类型	业务信息	
1	0.25	0.15	0.3	0.15	0.15	1
2	0.2	0.1	0.35	0.1	0.15	1
3	0.25	0.1	0.25	0.2	0.2	1
4	0.15	0.2	0.3	0.2	0.15	1
权重（α_1）	0.2125	0.162 5	0.3	0.162 5	0.162 5	1

（3）社会影响力等级

根据$\alpha_i=\frac{1}{k}\sum_{j=1}^{k}\alpha_{ij}$，可得$\alpha_1$=0.212 5，$\alpha_2$=0.162 5，$\alpha_3$=0.3，$\alpha_4$=0.162 5，$\alpha_s$=0.162 5，可得权重矩阵$\boldsymbol{\alpha}$ =（0.212 5，0.162 5，0.3，0.162 5，0.162 5），再计算$\boldsymbol{X}=\boldsymbol{\alpha} * \boldsymbol{R}_1$，并进行归一化处理，可得社会影响力等级的综合隶属度$\boldsymbol{T}$=（0.005 5，0.051 5，0.187 9，0.358 6，0.396 6）。根据表达式，可计算出社会影响力等级为p_1=42.27%，由表查等级取值范围可得该系统等级为 3 级。

13.2.2　计算服务重要性等级

（1）隶属度

根据指标计算框架，按照前面所选取的隶属函数和隶属贴近程度分级定义，服务重要性等级各个指标隶属于各级别的隶属矩阵见表 13-3。

表 13-3　服务重要性各指标隶属矩阵

指标	1 级	2 级	3 级	4 级	5 级
信息系统服务范围	0.005 5	0.051 5	0.187 9	0.358 6	0.396 6
业务依赖程度	0.129 6	0.6	1	0.6	0.002 0
调节因子	0.5	1	0.5	0.062 5	0.002 0

因此得到隶属矩阵为

$$\boldsymbol{\mu}=\begin{pmatrix} 0.005\,5 & 0.051\,5 & 0.187\,9 & 0.358\,6 & 0.396\,6 \\ 0.129\,6 & 0.6 & 1 & 0.6 & 0.002 \\ 0.5 & 1 & 0.5 & 0.062\,5 & 0.002 \end{pmatrix} \tag{13-3}$$

把隶属矩阵 $\boldsymbol{\mu}$ 归一化以后得到服务重要性等级模糊关系矩阵为

$$\boldsymbol{R}_2=\begin{pmatrix}0.005\,5 & 0.051\,5 & 0.187\,9 & 0.358\,6 & 0.396\,6\\ 0.052\,7 & 0.244\,0 & 0.406\,6 & 0.244\,0 & 0.052\,7\\ 0.242\,2 & 0.484\,4 & 0.242\,2 & 0.030\,3 & 0.001\end{pmatrix} \tag{13-4}$$

（2）指标权重

专家组打分确定服务重要性等级的 3 个指标各自的权重见表 13-4，假设有 4 位等级保护评估专家[6]。

表 13-4　服务重要性等级权重计算示例

访问对象因数	因数			求和
	信息系统服务范围	业务依赖程度	调节因子	
1	0.3	0.5	0.2	1
2	0.35	0.45	0.2	1
3	0.4	0.4	0.2	1
4	0.35	0.4	0.25	1
权重（β_i）	0.35	0.437 5	0.212 5	1

（3）服务重要性等级

根据 $\beta_i=\dfrac{1}{k}\sum_{j=1}^{k}\beta_{ij}$，可得 β_1=0.35，β_2=0.437 5，β_3=0.212 5，可得权重矩阵 $\boldsymbol{\beta}$ =（0.35，0.437 5，0.212 5），再计算 $\boldsymbol{Y}=\boldsymbol{\beta} * \boldsymbol{R}_2$，并进行归一化处理可得服务重要性等级的综合隶属度 $\boldsymbol{G}$=(0.765，0.227 7，0.295 1，0.238 7，0.162)。根据表达式，可计算出服务重要性等级为 P_2=46.9%，由表查等级取值范围可得该系统等级为 3 级。

13.2.3　系统安全等级

以上分别求出该系统社会影响力等级为 3 级，服务重要性等级为 3 级。最终，该系统等级=max（社会影响力等级，服务重要性等级）=max(3, 3)=3 级[7]。

根据《电信网安全防护体系的定级对象划分及建议安全等级》中的建议[8]，关于省级业务运营支撑系统的安全等级为 2 级、3.1 级，与实例中的计算结果相符[9]。

13.3 本章小结

本章通过对某省电信计费系统的描述分析，运用前面提出的计费系统安全评价指标体系和综合评价方法，计算省级电信计费系统的安全等级值，从而验证了该定级方法的可行性和有效性。由于企业所处的环境以及整个信息安全系统的复杂性，整个系统的信息资产、所受威胁以及各种资产的脆弱性是一个非常复杂的结构[10]，对于系统中这些风险要素之间复杂的关系也是以后需要进一步研究的课题。

参 考 文 献

[1] 陶英. 省级电信集中计费账务系统的设计与实现[D]. 北京: 北京邮电大学, 2003.

[2] 赵庆兰，范九伦，刘建华. 我国电信数据网安全评估指标获取方法[J]. 现代电子技术, 2007.

[3] 孟令江. 省级电信计费结算系统体系结构研究[D]. 哈尔滨: 哈尔滨工程大学, 2004.

[4] 陈军. 莆田电信企业信息安全体系的研究[D]. 南京: 南京邮电大学, 2008.

[5] 毛景雷. 电信计费系统软件的分析与销账子系统的实现[D]. 南京: 东南大学, 2005.

[6] 卢畅. 舟山市电子政务网等级化安全体系的研究与实现[D]. 杭州: 浙江工业大学, 2009.

[7] 方勤. 基于《信息安全技术信息系统安全保护等级定级指南》的定级量化模型研究及实践[D]. 重庆: 重庆大学, 2008.

[8] 魏薇. 电信网络安全等级保护的研究[J]. 电信网技术, 2007, (9): 21-25.

[9] 田慧蓉. 电信网安全防护体系研究及标准化进展[J]. 电信网技术, 2007, (9).

[10] 黄田. 浅谈企业信息系统的安全[J]. 电脑知识与技术, 2010, 6 (20): 5461-5462.

第14章 我国信息安全等级保护制度的创新和发展

14.1 信息安全等级保护是国家制度性工作

信息安全等级保护是我国信息安全保障的基本制度，是网络空间安全保障体系的重要支撑，是应对强敌 APT 的有效措施。

美国国防部早在 20 世纪 80 年代就推行安全等级划分准则。2003 年，美国发布《保护网络空间国家战略》，提出按重要程度不同分五级保护，并通过了《联邦信息安全管理法案》（FISMA），要求 NIST 制定分类分级标准[1]。2005 年变成强制性标准（FIPS200），要求联邦机构无条件执行。2013 年 2 月 12 日，奥巴马发布了《增强关键基础设施网络安全》行政令，按此令 NIST 于 2014 年 2 月 12 日提出了《美国增强关键基础设施网络安全框架》，按风险程度不同分为 4 个等级，实行识别、保护、监测、响应、恢复全过程的风险管理[2,3]。

我国等级保护工作有序推进。1994 年，国务院发布《中华人民共和国计算机信息系统安全保护条例》（国务院令第 147 号），为我国信息系统实行等级保护提供法律依据。依据国务院 147 号令制定发布了强制性国家标准《计算机信息系统安全保护等级划分准则》（GB17859-1999），为等级划分和保护奠定了技术基础。国家有关部委多次联合发文，明确了等级保护的原则、基本内容、工作流程和方法、实施要求和计划等。目前国家各部门都按信息系统定级备案、整改建设和测评进行推进，国家重点工程的验收要求必须通过信息安全等级保护的测评。2015

年 6 月，第十二届全国人大常委会第十五次会议初次审议了《中华人民共和国网络安全法（草案）》。现将《中华人民共和国网络安全法（草案）》在中国人大网公布，向社会公开征求意见。其中，第十七条，国家实行网络安全等级保护制度。网络运营者应当按照网络安全等级保护制度的要求，履行下列安全保护义务，保障网络免受干扰、破坏或者未经授权的访问，防止网络数据泄露或者被窃取、篡改等。

保障网络运行安全，必须落实网络运营者第一责任人的责任。据此，草案将现行的网络安全等级保护制度上升为法律，要求网络运营者按照网络安全等级保护制度的要求，采取相应的管理措施和技术防范等措施，履行相应的网络安全保护义务[4]。

14.2 科学定级，全面建设

14.2.1 定级

准确划分定级系统，从保护信息和计算两维资源出发，根据在国家安全、经济建设、社会生活中的重要程度，以及系统遭受破坏后的危害程度等因素确定等级。经各大单位、行业提出，专家评审，主管部门备案[5]。

定级系统的特征：业务处理流程的完整性，软/硬件设备相对的独立性，安全管理责权的统一性，多级互联隔离性[6]。

14.2.2 虚拟化技术典型架构

① 制定安全方案，按照《信息安全等级保护管理办法》、《计算机信息系统安全保护等级划分准则》（GB17859-1999），参照《信息系统等级保护安全设计技术要求》（GB25070-2010）[7]。

② 开展安全建设，参照《信息安全等级保护实施指南》《信息系统等级保护安全设计技术要求》等技术标准，从技术和管理两个方面进行安全建设。

③ 开展等级测评工作：选择等级测评机构；制定测评方案；开展测评工作；出具测评报告；专家评审。

④ 整改工作进一步完善。

14.3　主动应对，积极防御

14.3.1　设计原则

从技术和管理两个方面进行安全设计。

① 可信：针对计算资源（软/硬件）构建保护环境，以可信计算基（TCB）为基础，层层扩充，对计算资源进行保护[8]。

② 可控：针对信息资源（数据及应用）构建业务流程控制链，以访问控制为核心，实行主体（用户）按策略规则访问客体（信息资源）[9]。

③ 可管：保证资源安全必须实行科学管理，强调最小权限管理，尤其是高等级系统实行三权分离管理体制，不许设超级用户[10]。

14.3.2　结构框架

安全管理中心支持下的计算环境、区域边界、通信网络三重防护结构框架，类同于美国“曼哈顿”计划[11]，如图 14-1 所示。

（1）计算环境

典型应用子系统：安全保护环境为应用系统（如安全 OA 系统等）提供安全支撑服务。通过实施三级安全要求的业务应用系统，使用安全保护环境所提供的安全机制，为应用提供符合要求的安全功能支持和安全服务。

节点子系统：节点子系统通过在操作系统核心层、系统层设置了一个严密牢固的防护层，通过对用户行为的控制，可以有效防止非授权用户访问和授权用户越权访问，确保信息和信息系统的保密性和完整性安全，从而为典型应用子系统的正常运行和免遭恶意破坏提供支撑和保障。

（2）区域边界

区域边界子系统：区域边界子系统通过对进入和流出安全保护环境的信息流进行安全检查，确保不会有违背系统安全策略的信息流经过边界，是信息系统的第二道安全屏障。

（3）通信网络

通信网络子系统：通信网络子系统通过对通信数据包的保密性和完整性进行保护，确保其在传输过程中不会被非授权窃听和篡改，使得数据在传输过程中的安全得到保障，是信息系统的外层安全屏障。

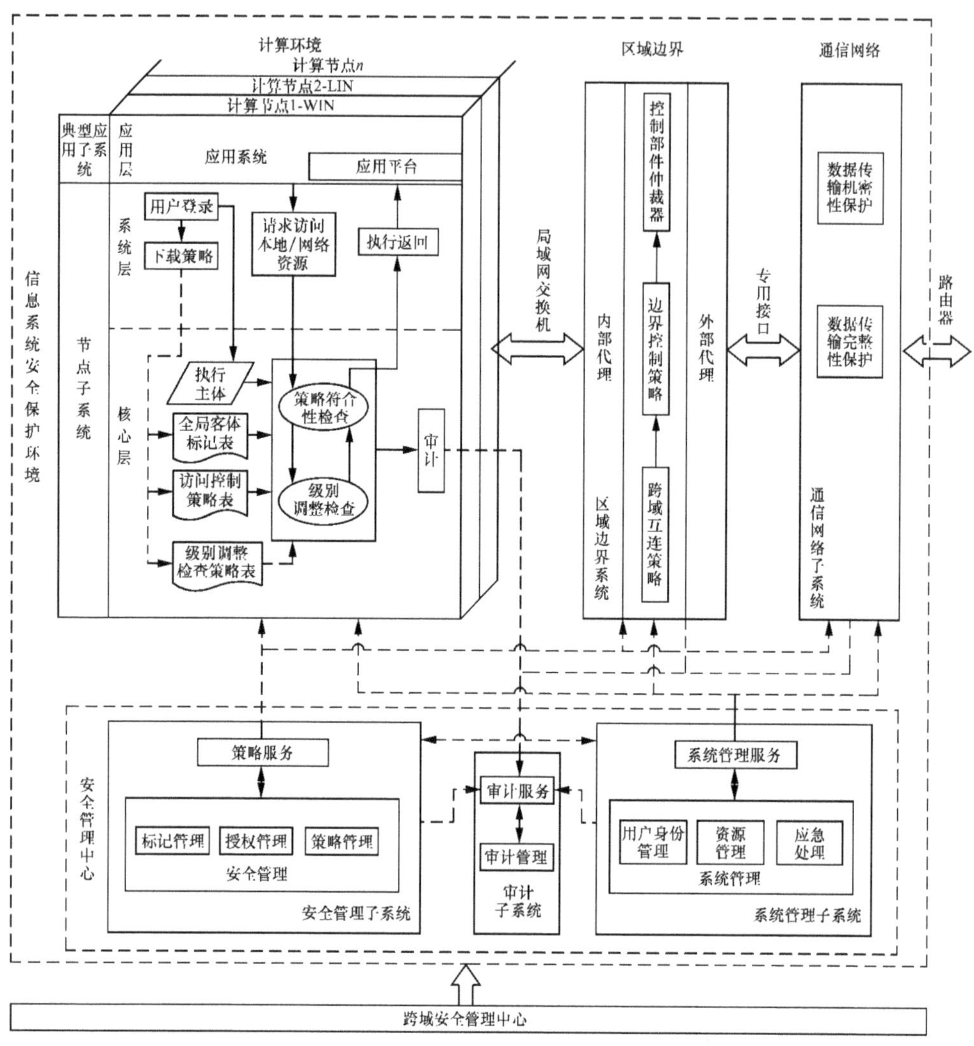

图 14-1　保护环境框架

（4）管理中心

安全管理子系统：安全管理子系统是信息系统的控制中枢，主要实施标记管理、授权管理及策略管理等。安全管理子系统通过制定相应的系统安全策略，并且强制节点子系统、区域边界子系统、通信网络子系统及节点子系统执行，从而实现了对整个信息系统的集中管理，为信息系统的安全提供了有力保障。

审计子系统：审计子系统是系统的监督中枢，安全审计员通过制定审计策略，强制节点子系统、区域边界子系统、通信网络子系统、安全管理子系统、系统管理子系统执行，从而实现对整个信息系统的行为审计，确保用户无法抵赖违背系统安全策略的行为，同时为应急处理提供依据。

系统管理子系统：系统管理子系统负责对安全保护环境中的计算节点、安全区域边界、安全通信网络实施集中管理和维护，包括用户身份管理、资源管理、应急处理等，为信息系统的安全提供基础保障。

14.3.3　安全防护特点

（1）整体防御、分区隔离

加强定级对象信息系统整体防护，建设管理中心支持下的计算环境、区域边界、通信网络三重防护体系结构，实施多层隔离和保护，以防止某薄弱环节影响整体安全，在可信计算技术支持下做到：病毒染不了，木马注不上，黑客进不来，有效净化网络环境。

（2）积极防护、内外兼防[12]

重点做好操作人员使用的终端防护，把住攻击发起的源头关，严格执行强制访问控制，有效防止非法操作。

（3）自身防御，主动免疫

可信环境内保护资源主动免疫，使非法攻击者进不去，进去后拿不到，拿到后看不懂，想篡改也改不了，想赖也赖不掉，避免网络封堵的被动局面。

（4）纵深防御、技管并重[13]

加强技术平台支持下的安全策略管理，实现管理人性化和与业务流程有关的管理。对系统资源、人员授权、审计追踪进行全面管理。实现人、技术、管理的纵深防御。具有预警、应急处理能力。

14.4　做好新型计算环境下信息安全等级保护工作

云计算、物联网、工业控制、移动互联网、大数据等都是通过网络以服务的方式提供给用户的计算模式，组成了新的计算环境和信息系统，都可以用等级保护制度进行安全防护体系建设[14]。

下面以云计算为例，构建等级保护技术框架[15]。

信息系统云是指其信息处理流程在云计算中心完成。因此，云计算中心负有安全保障责任，也有信息系统用户的行为安全责任（宾馆模式）[16]。

云计算中心可以同时运行多个不同安全级别的信息系统。云计算中心安全级别不低于承运最高等级信息系统的级别。

云中心一般由用户网络接入、访问应用边界、计算环境和管理平台组成（如图 14-2 所示），可形成虚拟应用、虚拟计算节点以及虚拟（逻辑）计算环境，由此构建可信计算安全主体结构。

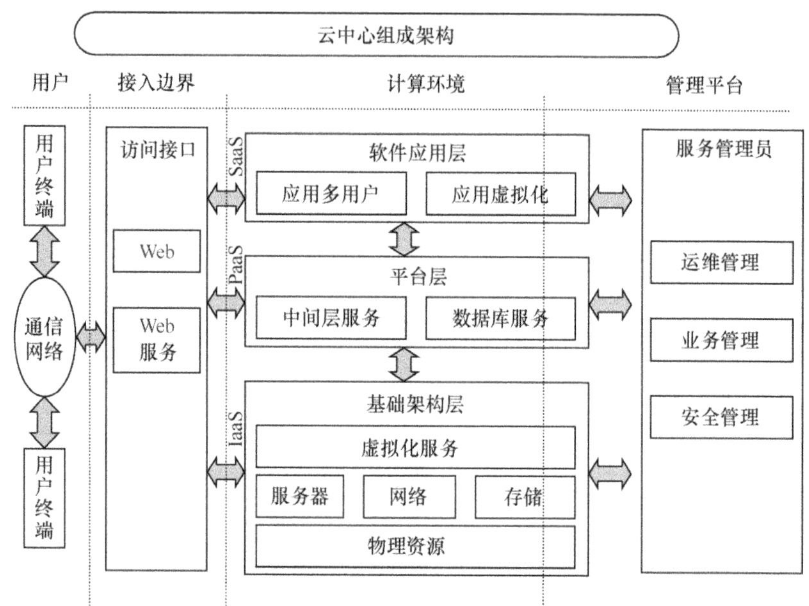

图 14-2　安全对策框架

可信计算是指计算处理结果与预期的一致，中间过程可控制管理、可度量验证，实现主动免疫计算。

在安全管理中心支撑下的可信计算环境、可信边界、可信通信网络三重防护架构[17]如图 14-3 所示。

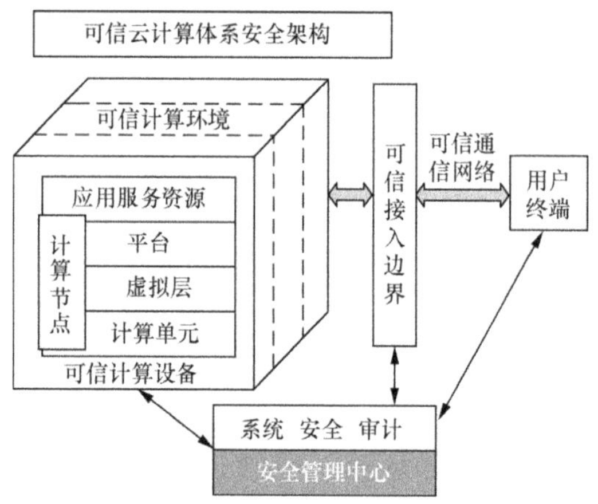

图 14-3　可信云计算体系安全架构

可信云计算环境，从基础设施可信根出发，度量基础设施、计算平台，验证虚拟计算资源可信，支持应用服务的可信，确保计算环境可信。由用户确定主体/客体关系，制定访问控制策略，确保控制流程可信，具体如图 14-4 所示。

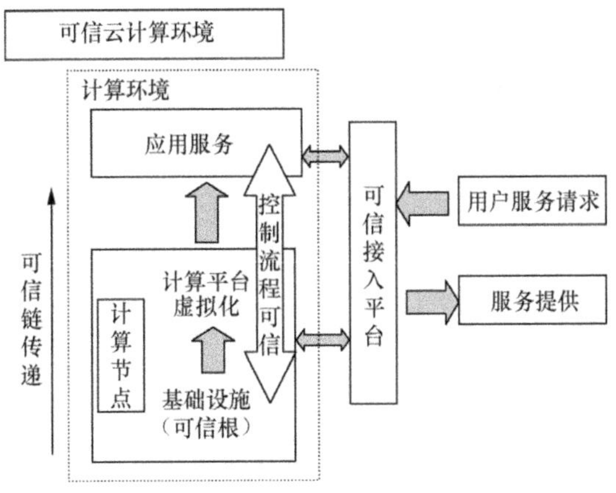

图 14-4　可信云计算环境

可信云计算应用边界，就是验证用户请求和连接的计算资源可信，如图 14-5 所示。

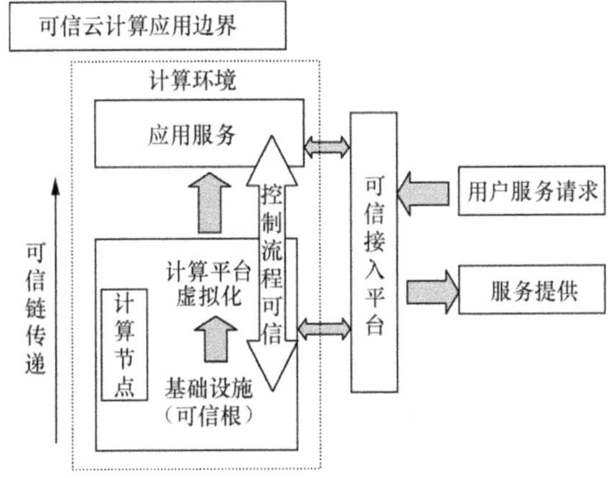

图 14-5　可信云计算应用边界

可信云计算通信网络，就是保证用户与云中心通信的安全可信，如图 14-6 所示。

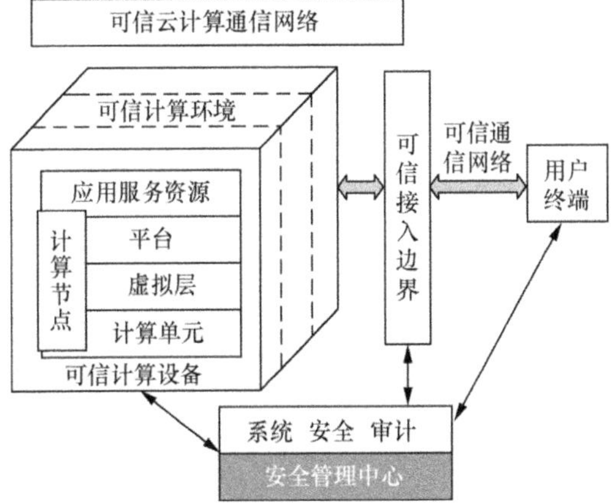

图 14-6　可信云计算通信网络

可信云计算安全管理，系统管理保证资源可信（中心）、安全管理负责授权和策略（用户）、审计管理负责追踪和应急处理（双方），如图 14-7 所示。

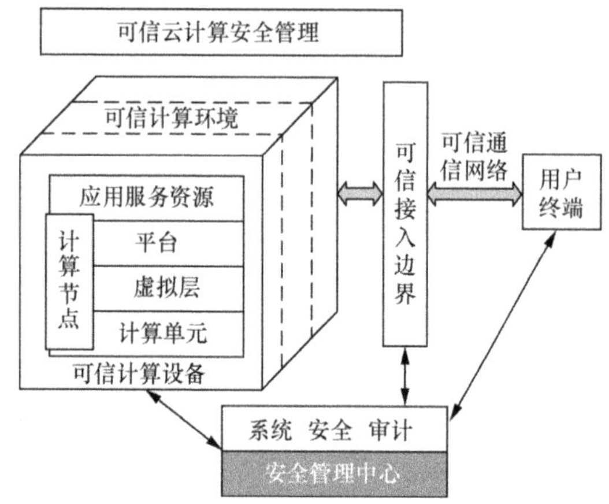

图 14-7　可信云计算安全管理

14.5　本章小结

本章对新形势下的等级保护进行了研究，创新与发展了等级保护三重保护结构，特别是对云计算下的等级保护进行了一个较为直观和全面的介绍。

参 考 文 献

[1] GB17859-1999. 计算机信息系统安全保护等级划分准则[S]. 1999.

[2] 赵战生. 中美等级保护工作的比较思考[J]. 信息网络安全, 2008, (9).

[3] 辜碧容. 关于美国信息系统等级保护和信息产品策略的研究[J]. 福建电脑, 2011, (2): 1-3.

[4] 沈昌祥. 推进国家信息安全等级保护制度建设保障信息安全促进民族产业发展[J]. 网络安全技术与应用, 2002, (7): 39-40.

[5] 北京市信息安全等级保护办公室. 积极探索 开拓创新——北京市全力推进首都信息安全等级保护工作[J]. 信息网络安全, 2007, (12): 23-24.

[6] 沈昌祥. 创新和发展我国信息安全等级保护制度[J]. 网络安全技术与应用, 2016, (4): 2-4.

[7] 信息安全等级保护管理办法（公通字[2007]43 号）[Z]. 2007.

[8] 李勇. 基于可信计算的应用环境安全研究[D]. 郑州: 解放军信息工程大学, 2011.

[9] 刘德生. 基于主体偏好知识的临近空间信息资源主动访问控制策略研究[D]. 长沙: 国防科学技术大学, 2007.

[10] 李瑜, 马朝斌. 高安全等级信息系统中的权限分离模型[J]. 山东大学学报: 理学版, 2012, 47(11): 18-23.

[11] 张俊兵. 对美国信息系统等级化保护的探讨[J]. 网络安全技术与应用, 2005, (6): 6-9.

[12] 沈昌祥. 高安全级信息系统等级保护建设整改技术框架[J]. 中国人民公安大学学报:自然科学版, 2009, (1): 11-13.

[13] 潘耘, 刘牧群, 周志洪. 高校财会信息安全保障体系的研究[J]. 实验室研究与探索, 2014, 33(12): 268-272.

[14] 郭启全. 国家信息安全等级保护工作的开展与实施[J]. 警察技术, 2007, (5): 54-56.

[15] 王德文, 宋亚奇, 朱永利. 基于云计算的智能电网信息平台[J]. 电力系统自动化, 2010, 34(22): 7-12.

[16] 田静. 云计算环境下用户行为安全认证机制的研究[J]. 计算机安全, 2014, (12): 47-49.

[17] 姚洪磊, 史宏. 互联网环境下铁路信息安全等级保护设计方案研究[J]. 铁路计算机应用, 2015, (2): 33-37.

第15章

基于云环境的等级化安全管理研究

15.1 云计算时代等级保护面临的挑战

云计算是一种虚拟的计算资源池，它通过互联网以按需自助、动态伸缩的方式为用户提供所需的资源，包括硬件、平台、软件和信息服务。

云计算存在如下几点优势：随时随地访问IT资源、灵活地扩大或缩小资源范围（资源优化），快速请求驱动的调配、降低总体运营成本。与传统的服务方式相比，云计算改变了信息技术的供给和使用方式，引起了业界的广泛关注。

15.1.1 云计算的定义

所谓云计算，就是指包括云应用、云平台以及涉及一切基础设施的综合体。

云计算正处于发展之中，不同的组织从不同的角度，对云计算都有不同的理解。Google的云计算类似于服务平台的概念。亚马逊（Amazon）的云产品，是将基础设施作为服务提供给用户使用，让用户在其上安装自己的应用。SalesForce是从SaaS网站SalesForce.com发展起来的，它提供一个统一的接口，让用户搭载SalesForce的服务，扩大自己的生态环境。基于整个互联网提供中间件，这是IBM云计算的根本出发点。

美国国家标准与技术研究所（National Institute of Standards and Technology，NIST）定义了云计算的5个关键特征、3种服务模型和4种部署模型，该定义被业界广泛采纳。其中3种服务模型如下。

① 软件即服务（SaaS）：提供给用户的能力是使用服务商运行在云基础设施之上的应用。

② 平台即服务（PaaS）：提供给用户的能力是在云基础设施之上部署用户创建或采购的应用，这些应用使用服务商支持的编程语言或工具开发。

③ 基础设施即服务（IaaS）：提供给用户的能力是云供应处理、存储、网络以及其他基础性的计算资源，以供用户部署或运行自己的软件，包括操作系统或应用。

云计算硬件架构和软件架构两个方面共同构成了云计算架构的通用模型，该模型实现了基于 IaaS、PaaS 和 SaaS 这 3 层的对应关系，如图 15-1 所示[1]。

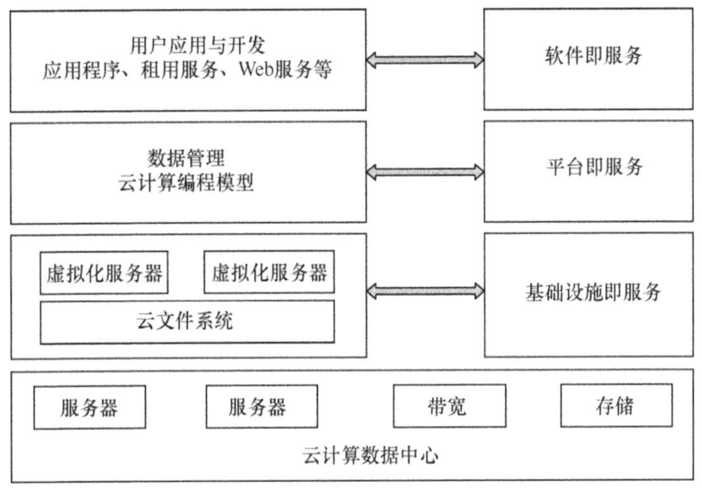

图 15-1　云模型及其对应关系

15.1.2　云计算安全

1. 云计算的安全风险

欧洲网络与信息安全局（European Network and Information Security Agency，ENISA）将云计算环境的风险分为策略和组织型风险、技术型风险和法律风险三大类。

美国的信息技术咨询公司 Gartner 发布了《云计算安全风险评估》报告，列出了云计算的七大主要安全风险，见表 15-1[2]。

表 15-1　Gartner 列出的云计算七大安全风险

风险	描述
特权用户接入	云服务供应商的管理员处理用户敏感信息的风险
可审查性云服务	供应商拒绝外部审计和安全认证的风险
数据位置用户	不知道其数据存储位置，可能造成隐私风险

（续表）

风险	描述
数据隔离多租户	共享资源，数据隔离不当可能造成风险
数据恢复云服务	供应商是否具有足够的数据备份和恢复能力
调查支持云服务	供应商对不恰当或非法行为难以提供取证支持
长期生存性服务	稳定性、持续性及其迁移

CSA 发布了《云计算关键领域安全指南》，目前更新到了最新版本 V3.0，主要从攻击者角度归纳云计算环境可能面临的主要威胁，提出 13 个关键安全关注域。CSA 还发布了一份云计算安全风险简明报告，将安全指南浓缩为 7 个最常见、危害程度最大的威胁，见表 15-2[2]。

表 15-2　CSA 列出的云计算七大安全威胁

威胁	描述
滥用和恶意使用云计算	利用云服务发送垃圾邮件或传播恶意代码等恶意活动
不安全的接口和 API	接口质量和安全没有得到保障以及第三方插件的安全
不怀好意的内部人员	从组织内部发起攻击，如果公司使用了云服务，威胁将会进一步放大
基础设施共享问题	攻击者获取 IaaS 供应商的、非隔离的、共享基础设施的、不受控制的访问权
数据丢失或泄漏	云中不断增长的数据交互放大了数据丢失或泄漏的风险
账户或服务劫持	攻击者获得云服务用户的凭据，导致云服务客户端问题
未知的风险	未知的安全漏洞、软件版本、安全实践、代码更新等

由于用户、信息资源的高度集中，云计算带来的安全事件后果与风险也较传统应用高出很多。2011 年，谷歌、索尼、微软等国际知名公司的云计算服务频频出现重大故障，导致成千上万客户的信息服务受到影响，进一步证实了各界对云计算应用安全的担忧。

云计算的技术、资金门槛非常高，在全球真正能自主研发、提供云服务的公司屈指可数。以云计算中心形式存在的基础设施垄断也可能造成国家信息安全隐患。如果未来国家的全民数据都高度集中在国际公司的云计算中心，那么，国家信息更存在“去国家化”的风险，大量的信息聚合后若被进行别有用心的分析、挖掘，国家信息安全将受到严峻考验。一旦国际公司或服务提供商以某种理由停止服务，将会造成灾难性的影响。

2. 云计算的安全模型

（1）CSA 云服务安全模型

从服务模型的角度，CSA 提出了基于 3 种基本云服务的层次性及其依赖关系的安全模型，并实现了从云服务模型到安全控制模型的映射。该模型显示 PaaS 位于 IaaS 之上，SaaS 位于 PaaS 之上。在该模型中，供应商所在的等级越低，云服务用户所要承担的安全能力和管理职责就越多。具体而言，比起 IaaS 模式，SaaS 模式中的云供应商要提供更多的安全措施和承诺。

（2）云立方体模型

从安全协同的角度，Jericho Forum 提出了云立方体模型。云立方体模型很形象地归纳了现有云产品的各种排列组合，提出了用以区分云从一种形态转换到另外一种形态的 4 种维度（物理位置、所有关系、边界状态、运行管理者），不同的云计算形态具有不同的协同性、灵活性及其安全风险特征。云服务用户需要根据自身的业务和安全协同需求选择最为合适的云计算形态。

15.1.3　等级保护面临的挑战

信息安全等级保护制度是我国提高信息安全保障能力和水平，维护国家安全、社会稳定和公共利益，保障和促进信息化建设健康发展的一项基本制度。其核心内容是对信息安全分等级，按标准进行建设、管理和监督。等级保护工作划分为 5 个规定动作：定级、备案、测评、建设整改和监督检查。

云计算作为多种传统技术（如并行计算、分布式计算、网格计算、虚拟化等）的综合应用与商业实现的结果，信息安全的基本属性与安全需求不变，涉及信息资产、安全威胁、保护措施等的信息保障安全观不变。因此，云计算也应该遵循信息安全等级保护制度。但云计算本身的特点，给等级保护工作带来了一定的挑战，见表 15-3[2]。

表 15-3　云计算为等级保护带来的挑战

考量因素	传统信息技术	云计算	挑战
供应商与用户	安全责任明确	安全责任模糊	等级保护工作责任归属
复杂度	低	高	定级困难
可扩展性	不可扩展	动态伸缩	定级困难
系统边界	确定	不确定	定级困难
基础设施对用户的透明度	透明	不透明	用户对其信息管控能力较弱

（续表）

考量因素	传统信息技术	云计算	挑战
数据集中度	低	高	信息泄露的危害性大大增强
虚拟化程度	低	高	安全隔离技术有待提高
服务模式	单用户	多用户	不同安全等级和敏感度的系统共存；供应商拒绝测评的风险
数据地域性	强	弱	监管难
厂商分布	国内、国外多家厂商	国际厂商为主	监管难，可控性、可管理性减弱

挑战 1：等级保护工作的责任归属。根据公通字[2004]66 号文，信息安全等级保护工作是按照谁主管谁负责、谁运营谁负责的原则来展开。当前各种云产品，在服务模型、部署模型、资源物理位置、管理和所有者属性等方面呈现出多种不同的形态和消费模式，云服务供应商和用户的安全控制职责分工界限并不明确，可能互相推诿，等级保护制度得不到执行。

挑战 2：云产品和云服务的等级保护定级问题。根据公通字[2007]43 号文，定级工作是由信息系统所有者进行自主定级。云计算分离了数据与基础设施的关系，对于云计算用户而言，他们很难掌握敏感数据在云数据中心的安全防护现状，对其危害程度难以界定，加上云的复杂度较高、动态伸缩性强、系统边界不确定，将造成定级工作开展困难。

挑战 3：开展等级保护测评的问题。根据公通字[2007]43 号文，第三级信息系统应当每年至少进行一次等级测评，第四级信息系统应当每半年至少进行一次等级测评。云计算中数据集中度极高，信息泄露的危害性大大增强；云服务采用多租户共享基础设施的模式，而虚拟机之间的安全隔离技术还很不足，云服务供应商可能担心泄露其他用户的数据，而拒绝配合等级保护测评工作。

挑战 4：等级保护整改的问题。涉及等级保护整改工作时，云用户可能由于云服务供应商资质不足而更换新供应商，如果原供应商对整改持消极态度，对云用户的数据不进行合理处置（例如不销毁数据或保留备份数据等），云用户对此无从知晓。

挑战 5：等级保护工作的监督难问题。目前云计算技术主要掌握在几家国际厂商手中。云计算应用地域性弱、信息流动性大，信息服务或用户数据可能分布在不同地区甚至不同国家，在政府信息安全监管等方面可能存在法律差异与纠纷。这使得等级保护的监督工作更难开展。

为了构建适应等级保护的要求混合云环境，首先要做的工作就是确定等级保护在云环境中的适用范围[3]。

将云环境划分为公有云和私有云，对其进行对应层次结构的分离，可得到以下适用范围[4]，如图 15-2 所示。

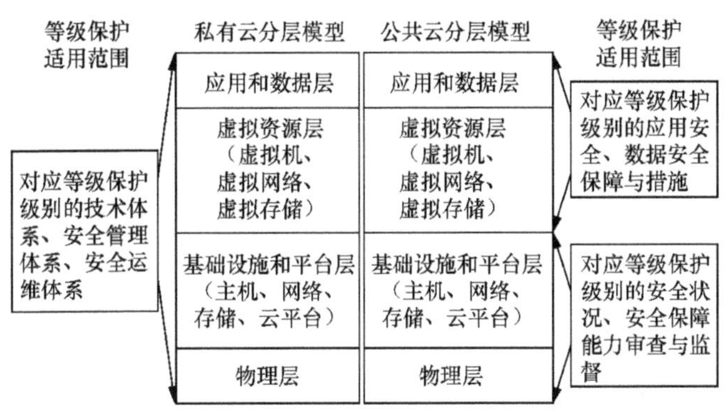

图 15-2　云环境的适用范围

针对以上挑战，可以考虑以下几点对策。

对策 1：健全法律法规。加强对云服务供应商的资质审核，尤其在重要行业、重要领域要进行严格管控。供应商必须取得相关资质，方能提供服务。为四级以上信息系统提供服务的资质每半年审查一次，为三级以上信息系统提供服务的资质每年审查一次。加强云计算领域的立法工作，明确要求云服务供应商的安全防护责任。云服务供应商的安全责任大小，取决于其提供服务的模式，比如 SaaS 模式供应商承担的安全责任大于 PaaS 模式，PaaS 模式供应商的责任又大于 IaaS 模式。

对策 2：完善各项标准。针对云计算领域，完善等级保护技术标准、管理标准。云服务供应商在技术方面，应遵循等级保护基本要求中的技术要求，完善云数据中心的物理安全、网络安全、主机安全、应用安全和数据安全等；在管理方面，应遵循等级保护基本要求中的管理要求，在安全管理制度、安全管理机构、人员安全管理、系统建设管理和系统运维管理做出合理的规划并执行。根据云计算中等级保护标准来度量云服务供应商的安全服务能力，对供应商资质进行分级，不同等级供应商对等级保护工作的参与程度不同。各个等级的信息系统，可以分别对应于不同等级的供应商。

对策 3：科学合理定级。根据等级保护级别对云服务供应商提出安全需求，要求云服务供应商就数据安全、应用安全、虚拟化安全提供尽可能详细的信息，进行专业风险评估之后，准确、合理地进行定级。信息系统先自主定级再交由云服务供应商托管。当信息系统发生改变时，需要重新定级，并且重新确定资质合格的云服务供应商。在签订服务协议时，应注意供应商达不到预定级别的安全防护，造成用户损失时，对用户的赔偿条款。另外，需考虑定级发生变化时，用户更换供应商的情况，应当事先规定原供应商的义务和责任。

对策 4：发展云计算安全技术。加强云计算环境中的数据隔离、身份鉴别、权限管理、数据加密、监控审计和灾备恢复等安全技术。

对策 5：自主研发平台。加大对云计算领域的研发和投入，早日建成国有自主知识产权的云计算平台，对于云计算中的等级保护工作将有很大的推动作用。

在云计算环境中实施等级保护制度，要重点关注两个方面：一方面，国家、政府需要充分利用法律手段规范云产业中各方的安全职责；另一方面，信息安全行业应该积极针对云计算中的等级保护进行研究，有针对性地完善等级保护的技术标准、管理标准。同时，通过提高云计算安全技术，研发自主知识产权的云计算平台，为云计算时代的等级保护工作提供重要技术保障及安全可控的实施环境。

15.2 改进型信息系统安全等级保护能力测评模型

云计算是一种新型的计算模式，它以服务的形式为用户提供各种计算资源，如硬件资源、存储资源和应用程序等[5,6]，具有缩减 IT 成本，提高企业业务运营效率等优势，是当今学术界和产业界研究的热点和焦点。虚拟化作为数据中心领域最为重要的技术之一，目前已成为云计算的基础技术，包括服务器虚拟化、桌面虚拟化和应用虚拟化等。虚拟化能帮助在不同业务层面上实现弹性架构和资源池化，一方面可以大幅提升存储计算等各种硬件资源的利用效率，另一方面还可明显提升服务的开通时间、可用性以及灾难恢复等能力。虚拟化技术在支撑云体系存在的同时，其安全性也越来越受到人们的重视。对于云计算，国内外很多研究机构已经进行了标准化的研究，对云整体安全也做了大量的安全标准研究，但是专门针对虚拟化技术的安全研究并不是很多，而且虚拟化技术也是由企业推动，并没有形成统一的建设标准，所以对虚拟化技术的安全评估更成为一个难题[7]。

15.2.1 虚拟化技术典型架构

目前，主流的虚拟机主要包括 I 型（Bare-Metal，即裸机型）和 II 型（Hosted，即宿主型）两大类，如图 15-3 所示，图中 VMM 即 Hypervisor[8]。I 型虚拟机主要应用于服务器虚拟化，如 VMware 的 ESX 和 ESXi（现都包含在 vSphere 中）、Microsoft 的 Hyper-V、Citrix 的 Xen 等；II 型虚拟机主要应用于桌面虚拟化，如 VMware Workstation。服务器虚拟化环境中，Hypervisor 是核心，不仅作为虚拟层直接安装在硬件上，实现对硬件资源的抽象，它还是一个管理控制程序，负责对硬件资源的调度、所有 VM 的管理并响应 VM 请求。

目前主要的虚拟化技术包括全虚拟化（Full-Virtualization）、半虚拟化

（Para-Virtualization）以及硬件辅助虚拟化（Hardware-Assisted Virtualization）等[9]。其中，典型的全虚拟化产品是 VMware ESX/ESXi 等，半虚拟化产品有 Microsoft Hyper-V 和 Xen，而硬件辅助虚拟化则更多描述借助 Intel-VT 和 AMD-V 技术的虚拟化形式[10]。

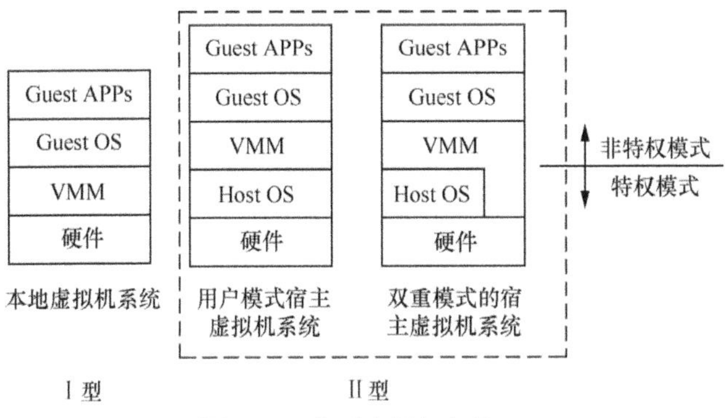

图 15-3　典型虚拟机架构

15.2.2　虚拟化技术安全风险分析

由于虚拟化技术引起的 IT 架构的改变，在对于信息安全带来某些有利因素的同时，也带来新的安全问题，目前，世界上公认的几个比较值得关注的虚拟化安全问题包括：虚拟机管理机安全、VM ESCAPE、DoS 攻击、基于虚拟机的 Rootkit 恶意攻击等[6]。信息系统的安全关系到社会的稳定[11]。

为对虚拟化技术面临的安全风险做分析，本节将建立一个风险分析模型，在此模型下，信息系统采用完全虚拟化技术，用户使用的所有计算资源（如存储、内存、网络等）均被放置在云端，用户通过“瘦客户端”或者普通终端的 Web 页面访问云端，由云端的虚拟化管理层对用户进行身份验证，并分配相应的计算资源。在此模型下，将虚拟化环境划分为用户接入层、虚拟化管理层、VM 层，如图 15-4 所示，对每层面临的安全风险进行分析[12]。

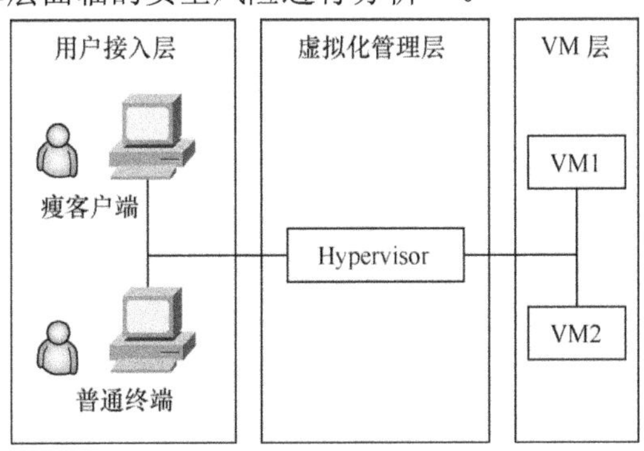

图 15-4　虚拟化环境层次分析模型

1. 用户接入层

在虚拟化环境下，用户可通过“瘦客户端”或者普通终端的 Web 与云端建立连接，实现对所拥有虚拟资源的访问。在此层面上可能的安全风险有以下几个方面。

（1）终端安全

“瘦客户端”一般采用删减和加固过的 Windows 和 Linux 系统，由于其删减了很多不必要的服务和程序，可供攻击的漏洞大大降低，所以人们往往忽视其安全性。作为一个操作系统，“瘦客户端”也具有被攻击的风险，恶意用户有可能利用“瘦客户端”存在的漏洞，监控用户的界面，获取用户的键盘信息等。

（2）身份认证

云安全服务提供商必须采取手段强化认证、访问控制，使用户能可信、可控、安全地在云端建立与自己对应的 VM，单一的密码访问已经不能满足要求。

（3）通信加密

如果用户在接入云时，通道中传输的数据为明文，很容易被劫持和篡改。为保证用户接入云时通道的完整性和机密性，应对通道进行加密。

（4）连接安全

用户在与 VM 建立连接后，当用户关闭“瘦客户端”浏览器或者注销使用的 VM 时，Hypervisor 不及时关闭相应的连接，就会导致资源的浪费。当用户数增多时，还可能导致无法为后来用户提供服务。

2. 虚拟化管理层

虚拟化管理员在整个云服务体系中处于核心管理位置。Hypervisor 不仅作为虚拟层直接安装在硬件上，实现对硬件资源的抽象，还是一个管理控制程序，负责对用户身份进行验证，对硬件资源进行调度，管理所有的 VM 并响应 VM 请求。虚拟化管理层主要面临以下安全风险。

（1）Hypervisor 本身的安全性

由于 Hypervisor 在整个虚拟化环境中所处的位置，使其成为攻击者的首选目标，攻击者只要通过 Hypervisor 的漏洞获得 Hypervisor 的权限，就会对整个虚拟化环境造成极大的危害。Hypervisor 是一套软件程序，只要是软件就无法从根本上阻止漏洞的产生，所以 Hypervisor 的自身加固的重点是对漏洞攻击和漏洞利用的防御上。

（2）Hypervisor 特权威胁

管理人员通过 Hypervisor 对物理资源进行虚拟化，并将虚拟资源分配给用户，在操作的过程中，管理员具有很大的权限。在传统的信息系统中，管理人员如果操作失误或者进行主动的破坏性操作，影响的仅是一个系统的安全，而在虚拟化环境下，由于用户数据完全放在云端，由管理人员危险操作引起的风险将更大。

如管理人员恶意删除用户 VM 导致用户数据的丢失，或者将用户的 VM 授权给自身生成的新用户，导致用户数据的泄露，这些都将给虚拟化环境带来新的威胁。

（3）资源分配威胁

在默认情况下，Hypervisor 生成的所有 VM 对物理主机提供的有限资源有相同的使用权，新添加的 VM 将竞争使用物理主机提供的资源以提供工作负载。因此，不太重要的 VM 可能会约束重要的 VM 使用相应的资源，这会导致重要 VM 的崩溃。重要 VM 的崩溃和物理服务器在分布式拒绝服务攻击时崩溃的情形非常像。

（4）负载均衡

VM 在运行过程中，根据租户的需要，必须像动态资源一样随时被调配，因此，VM 需要随时移动或改变其用途，以担负计划中或当下临时发生的按需负载。如果虚拟机管理层在各台 VM 运行的过程中不能保持应有的负载平衡，而产生"负载一边倒"的情况，可能会使得一些 VM 的资源占用率太高；而另一些则长久保持闲置的状态，影响工作效率，同时也加快负载率过高的那些 VM 的损耗。

（5）计算资源虚拟化带来的未知风险

Hypervisor 提供的虚拟化资源，如存储、网络、内存是虚拟化的魅力所在，但同时又因为虚拟资源的灵活性给其实际运行过程中带来新的问题。在云计算环境下，为虚拟网络适配器选择 NAT 或者桥接的链接，配置应该能够自动工作，但是如果网络中存在 IP 限制，即防火墙或者应用中对 IP 进行访问控制，那么每个 VM 必须在网络上单独配置。如果企业有更强的安全需求，如传统计算环境中 VLAN 划分和在交换机上配置访问控制列表，那么在虚拟化环境下，也需要进行相应的配置，这增加了管理的难度。

在由传统的计算环境向虚拟化的云计算环境迁移的过程中，原有的一些与物理计算资源结合紧密的安全应用将随着环境的改变而失去作用，带来新的安全风险。比如企业从传统的计算环境迁移到虚拟化的云计算机平台时，原有的客户端监控管理系统是以硬盘序列号作为客户端的唯一标识来进行策略的下发和日志的收集，在平台迁移到虚拟化环境时，由于使用虚拟的存储，其属性与物理硬盘属性完全不同，原有的监控管理系统将不能完全适应，如果要使虚拟的存储具有和物理硬盘相同的属性，将增加 Hypervisor 的管理难度。

3. 虚拟 VM 层

（1）数据集中风险

云计算环境下，将大量各种端点上分布的数据集中在云端，利于数据的集中备份和恢复，同时也将风险集中了，增加了一次入侵可能带来的不良后果。技术的发展使得便携式存储设备的容量达到了 TB 级。理论上，用户可一次性通过便携式设备将数据中心的 VM 镜像复制下来。另外，物理上的数据集中存放，在发生自然灾害的情况下，会引起更大的数据丢失风险。

（2）逃逸威胁

逃逸，即虚拟机逃逸，是指在已控制一个VM的前提下，通过利用各种安全漏洞，进一步拓展渗透到Hypervisor甚至其他VM中，逃逸攻击已被认为是对虚拟机安全最严重的威胁之一。攻击者一般通过访问和控制Hypervisor上层的VM，再以它为跳板逐步尝试并达到逃逸的目的。典型的逃逸模式有下列3类。

① 从已控VM到Hypervisor。由于对已控VM具有完全的操作权，如果Hypervisor各组件中存在漏洞，且漏洞可以从VM中触发，则攻击者完全可能开发相应的漏洞利用程序，并实现在Hypervisor中以高权限执行任意代码或导致Hypervisor拒绝服务。攻击者的身份可能是网络上的普通黑客，利用远程渗透手段获取VM1控制权，进而实现逃逸；也可能是恶意的VM租户，以用户身份直接攻击Hypervisor（或VM供应商）。相比之下，后者尽管发生概率小，但对虚拟化环境产生的威胁却更大。

② 从已控VM到Hypervisor，再到其他VM。以第1种逃逸模式为基础，在获取Hypervisor之后，攻击者可以截获、篡改和转发其他VM对底层资源的请求或各VM之间的通信，并结合对应的安全漏洞实施攻击，最终逃逸到其他VM中。

③ 从已控VM直接到其他VM。该逃逸模式利用了VM的镜像漏洞复制问题。同一个Hypervisor创建的VM几乎源于相同的镜像，这使得原始VM镜像中的安全漏洞也在不断地复制和传播。攻击者在充分收集已控VM特点及脆弱性的基础上，从网络中通过适合的渗透手段对其他VM进行攻击，从而实现逃逸。

逃逸是目前最严重的虚拟化安全威胁，攻击者可以在获得Hypervisor权限后，在Hypervisor上或其他VM上安装后门程序，或者Hypervisor中有的漏洞尽管无法执行任意代码，但却可能导致Hypervisor出现异常，进而使得单个甚至是所有的VM都宕掉。此种情况若出现在大型服务器中，后果将是难以想象的。

（3）VM镜像的安全性

在虚拟化数据中心里，管理人员常需维护大量的VM，这些VM的状态有活动的、休眠的或备份的。VM既作为独立操作系统，同时也是真实物理硬盘中的一部分内容，其镜像文件的安全问题包括以下几个方面。

① VM镜像文件的完整性保护，使之不被病毒修改。

② VM镜像文件的机密性保护。

③ 病毒扫描与特征库升级。活动状态的VM可通过基于代理（Agent）的传统方式进行病毒扫描，但这并不适用于休眠和备份状态的VM镜像的检测，这些VM中病毒特征库很容易过期，或者受病毒的感染。另外，如果对同一物理机上众多VM同时进行病毒扫描，也可能因资源竞争而导致整机性能的严重下降。

④ 补丁检测与升级。活动状态下VM补丁方式与传统物理系统中类似，直接将VM系统的自动更新开启即可。但在休眠和备份状态下，为VM镜像进行补

丁扫描和升级则是个问题。

⑤ VM 镜像传播与脆弱性复制。将 VM 备份恢复成用户新租用的 VM 时，VM 镜像中原有的安全隐患或脆弱性会轻易复制到新的 VM 中，这一点也是传统安全防护难以捕捉的。

（4）动态迁移

动态迁移，即将正在运行的虚拟机从一台物理服务器移动至另一台物理服务器，而不影响最终用户。在动态迁移过程中，如何保障 IT 环境始终保持正常运行，保证传输安全，提供灵活性和可用性，成为动态迁移的关键问题。

（5）残余信息保护

数据中心在对 VM 进行回收、注销，并分配给新用户使用时，新用户可能在使用的虚拟存储中恢复出原有的数据。

15.2.3　虚拟化技术的等级保护基本要求

信息系统等级保护制度是我国对重要的信息系统实施保障的主要依据，是一套完整的信息系统安全评估机制[13]。鉴于信息系统等级保护制度在我国信息系统进行安全评估中的重要作用，以及其作为一种成熟的标准体系，符合我国的信息化建设实际，并对信息系统的安全建设具有很强的指导意义。将信息系统等级保护的框架应用到虚拟化技术中，对虚拟化技术进行安全评估，也将具有很强的现实意义。

虚拟化技术相对于传统的基于物理计算资源的信息技术而言，在数据备份和快速恢复方面具有很强的优势，同时由于其带来 IT 架构的改变，带来了新的安全问题。按照信息系统等级保护的基本要求架构，将虚拟化技术带来的新的安全问题归到五大技术保障类和五大管理保障类中，增加基本要求的控制点或者增加控制点的要求项，为虚拟机技术的安全评估提供新的思路。本章将给出虚拟化系统中对应等级保护第三级的基本要求。

1. 虚拟化系统等级保护第三级技术要求

（1）物理安全

新增控制点如下。

① 异地备份。应采用全备份与增量备份相结合的方式对云计算数据中心的数据、应用、配置等关键资源进行异地备份，确保异常灾难情况下实现数据中心的快速恢复，并提供服务。

② 链路安全。应采用冗余线路、快速恢复等措施保障云虚拟化终端接入的链路安全性。

③ 存储隔离。根据用户等级、应用重要性、流量特征的不同，对虚拟化环境

中的存储区域进行模块化的划分，以支持虚拟化环境下资源的快速分配、调度和回收。

（2）网络安全

增强控制点如下。

① 结构安全。对物理网络和虚拟网络的划分应提供明确的文档说明，并符合实际的数据传输安全策略。

② 访问控制。应在“瘦客户端”与虚拟 VM 之间、虚拟 VM 与应用之间部署防火墙，同时采用虚拟防火墙与物理防火墙相结合的方式，确保每个层的网络流量都被监控到并且访问是安全的。

③ 边界完整性检查。检查的范围应包括物理网络和虚拟网络两个方面。

④ 入侵防范。应增加对同一物理主机上虚拟 VM 之间通信的入侵检测，防止攻击者占领一台虚拟机后，并以此为跳板，入侵同一服务器上的其他虚拟机。

新增控制点如下。

① 通信保密。应采取技术手段实现用户终端到数据中心虚拟 VM 之间的网络传输加密，防止通信被窃听、篡改和破坏。

② 网络管理。应采取技术措施对整个物理网络和虚拟网络的运行情况进行监控和管理，包括网络设备的运行状况以及网络中的带宽使用及流量数据。

（3）主机安全

增强控制点如下。

① 恶意代码防范。应设置每台虚拟机资源占用的上限，以防止针对虚拟 VM 的 DDoS。应通过技术手段保证 VM 从休眠转为活动时和从备份恢复出来供用户使用时，病毒库代码以及 VM 补丁保持最新。应采取措施对物理硬盘中存储的大量的、各种状态的 VM 镜像进行保护，使之不能被恶意的病毒修改。

② 资源控制。应使用并正确配置 VMM，对虚拟资源进行优化管理，根据应用重要程度和用户特征及需求，对虚拟化的网络、存储、内存等虚拟资源进行合理分配，防止不太重要的虚拟机占用太多资源而约束重要的虚拟机，并导致重要虚拟机的崩溃。

③ 身份鉴别。在虚拟化环境中，用户对虚拟 VM 的访问其实包含两个过程：用户用“瘦客户端”向 VMM 提交访问申请；VMM 根据用户包含用户名、密码的请求判断其能够访问的 VM，并使其与之建立连接。所以在虚拟化环境中，身份鉴别应增加对用户访问请求在传输过程中的安全性。

④ 剩余信息保护。应采取技术措施在虚拟资源回收时，对数据进行清除，保证新的用户在使用相同的物理资源时，不能从当前分配的虚拟磁盘中恢复出原来的数据。

新增控制点如下。

① VM 镜像安全。应采取技术措施保障用户 VM 镜像的安全性，使得用户新租用的 VM 经过了安全配置，病毒库代码以及补丁保持最新状态。应对用户 VM 镜像文件进行加密或者标记，使其只有用户本身才能访问。

② 动态迁移。应采取技术措施保障正在运行的虚拟机从一台物理服务器迁移到另一台时，最终用户的访问不受影响，IT 环境始终正常运行。

③ 数据隔离。应采取技术措施实现虚拟机与宿主机间以及虚拟机之间的存储访问数据隔离，防止恶意的虚拟机用户非法访问其他用户的数据，保证用户数据的访问安全。

（4）应用安全

增强控制点如下。

① 访问控制。应采取技术措施对用户 VM 进行标记，并依据用户访问权限严格控制用户对 VM 的访问，当非法用户访问未授权的 VM 时，标记应能对用户进行验证，并拒绝访问。

② 剩余信息保护。在用户完成应用访问，释放占用的虚拟资源时，应对虚拟资源进行数据清除，保证给下一个用户使用时，数据不会被恢复。

新增控制点如下：Hypervisor 安全。在虚拟化环境中，由于 Hypervisor 是核心管理控制程序，负责对硬件资源进行调度，应将 Hypervisor 作为一个应用进行单独的安全性核查。Hypervisor 本身的安全等级不能低于整个系统的安全等级。

（5）数据安全

增强控制点如下。

① 数据完整性。应采取技术措施对系统中的虚拟镜像文件进行保护，如果虚拟镜像文件的完整性被破坏，能够及时检测到，并能够迅速恢复。

② 数据保密性。应采用加密或者其他保护措施实现系统中虚拟镜像文件的保密性。

③ 备份和恢复。应将 Hypervisor 的数据，如安全配置、访问策略等内容作为关键数据进行备份，并实现异地备份。

新增控制点如下。

① 用户数据隔离。应采取技术措施使得在多租户的情况下，对用户存储的数据进行有效的隔离，防止越权访问导致的数据泄密。

② 数据访问控制。应在虚拟化层实现对虚拟存储资源的管理，并定义不同的访问控制策略，用户无法访问其没有权限的虚拟存储资源，每个虚拟存储资源之间是互相隔离的。

2. 虚拟化系统等级保护第三级管理要求

（1）安全管理制度

增强控制点为：管理制度。应专门制定关于 Hypervisor 的管理制度，如管理员的设置和职能等。应对用户、虚拟资源进行分类、分级，对不同的用户类型分配不同类型的虚拟资源，明确用户享有的服务质量、带宽、性能、存储标准。应增加对虚拟 VM 的创建、使用、回收和注销等操作的流程与规定。应明确租户与虚拟化管理员的责任边界以及安全事故认定的标准。

（2）安全管理机构

增强控制点如下。

① 岗位设置。应专门设置虚拟化管理人员，并明确管理人员的职责、分工和技能要求。

② 人员配备。应根据系统规模和管理模式设置虚拟化管理人员，人员数量必须进行控制，既要防止人员过多而引起的虚拟资源管理混乱，又要防止人员过少而不能形成相互监督的机制。其中虚拟资源的管理人员和审核人员不能由同一个人担任。

③ 授权和审批。应对虚拟资源的关键操作，如创建、注销和分配权限等建立审批程序。

④ 审核和检查。应定期对虚拟化管理系统进行检查，查看虚拟资源分配的合理性，虚拟资源的安全配置是否与制定的安全策略相符。

（3）人员安全管理

增强控制点为：安全意识教育和培训。应对虚拟化环境中的租户和管理人员进行针对性的培训，使其明确各自的权限和职责，以及出现不符合安全标准的操作后应负的责任。

新增控制点为：多租户管理。应对使用虚拟化环境的租户进行分类和登记，制定虚拟资源分配策略，根据租户的不同等级分配相应的虚拟资源和访问权限。

（4）系统建设管理

增强控制点如下。

① 系统定级。系统不能使用公有云和混合云模式，只能使用团体云和私有云模式。

② 安全方案设计。增加在虚拟化环境下的安全方案描述，包括网络安全、虚拟化安全、数据安全等。

新增控制点为：外包服务管理，关键应用不能采用外包服务管理。

（5）系统运维管理

增强控制点如下。

① 资产管理。应建立虚拟资源，如网络、存储、内存等的管理和分配制度，并对重要的虚拟资源（如虚拟机镜像文件等）进行标识。

② 监控管理和安全管理中心。应同时对物理网络和虚拟网络进行监控和管理。

③ 恶意代码防范。应采取措施使得在 VM 从休眠状态转为活动状态时，以及用户使用恢复出的 VM 时，对 VM 进行恶意代码库的升级和扫描，确保 VM 安全后再分配给用户使用。

15.3　基于云安全模型的信息系统安全等级保护测评策略

实践中可以看到，云安全技术具有较强的技术要求，尤其是物理资源、网络、主机以及应用和数据信息安全。云计算中心以虚拟技术居多，基于等级保护的要求，对云计算信息系统难以开展安全等级保护测评，具有非常重要的作用[14]。

15.3.1　云安全服务模型

云产品在部署模型、服务模型以及资源物理位置和管理属性方面，呈现出较大区别的形态模式，安全风险特征、控制职责范围也存在着较大的差异性。基于此，需基于安全控制角度健全和完善云计算模型，实现云服务架构到安全架构的有效映射，从而为风险识别、决策以及安全控制提供重要参考[15]。

基础设施即服务主要有计算机网络设施、网络设备、主机以及服务器等硬件平台；在基础设施建设过程中，首先是将硬件资源抽象起来，并且将这些资源有效地纳入基础设施逻辑节点中，向用户提供可统一编程应用程序接口，然后让用户通过应用程序对应用程序编程接口进行调用，从而实现物理设备的相互应用。对于 IaaS 层而言，其关注的主要安全问题是网络基础设施环境、物理、环境、主机以及网络连接设备和系统虚拟化等方面的安全。

对于云安全管理中心而言，基于云安全服务所提出的云安全管理概念，对用户、安全事件以及资产等进行统一监管，集中审计分析研究。同时，通过高效化、专业化支撑平台，以及先进的监测工具，预警安全事件，并且及时对安全状态进行掌控，从而发现基于云计算环境的病毒传播、网络攻击以及异常行为等事件，为应急响应、预警和事件调查提供技术方面的支撑。同时，还要采取有效的主动防护措施保护用户数据信息，并且对云计算中心进行全面安保[16]。

15.3.2　基于云安全模型的信息安全等级测评

所谓云安全模式下的信息安全等级测评，主要是基于云安全中心模型、云安全服务模型以及云安全领域的不同要求，得出一个安全模型，并且在信息安全等级保护基础上确定其所处位置。云安全模型的一端与等级保护技术要求相连接，另一端则与等级保护管理要求相连接。实践中，通过云安全信息中心建模操作，全面分析安全模型下的云安全核心基础，并且得出安全等级测评模型，以此来开展相关测评工作。基于以上分析，认为将在云安全模型中有效地嵌套云安全等级保护建模，即可实现与云信息安全等级相关的测评操作，对安全模型下的控制项实施细粒度分析。

云认证及其授权：对于云认证、授权而言，其重点在于全面查看登录认证、程序运行授权、服务认证以及敏感文件授权等事项。云访问控制过程中，基于访问控制模型对是否为强制访问、自主访问以及角色型访问控制进行确定，以便于能够采用不同的方式和方法对其进行有效的分析。对于云安全边界与隔离而言，主要是全面了解安全隔离机制、安全区域划分以及硬件安全技术支撑等问题。对于云安全存储而言，可将数据信息存储成加密格式，而且用户需将数据信息独立出来，区分开来。在恶意代码防范过程中，可了解是否有恶意代码检测、攻击抵御策略。同时，还要具备安全管理功能，对所有物理/虚拟硬件、软件以及网络资源等加强管理，管理测评要求与等级保护管理要求应当保持一致。对于网络安全传输而言，主要了解计算机网络安全传输是否采用加密的方式。对于网络配置及其安全策略而言，应当使访问控制、资源分配确实有效，而且还要以统一、安全可靠的方式进行定义，并且有效解决、执行实践中的相应安全策略。

15.4 美国国防部等级化云计算安全体系分析与启示

2012 年 7 月 11 日，美国国防部首席信息官对外发布了《国防部云计算战略》[4,17]。该战略将把国防部目前的网络应用程序转变为一个企业云环境，创建一些部门核心数据中心，并对商业服务加以利用，从而使国防部现有的网络应用从重复、繁琐、成本高昂的状态转变到一种最终状态，其目标是创建一种更灵活、更安全且费效比更高的服务环境，从而对不断变化的任务需求进行快速响应。

该战略确定了实现国防部企业云环境分阶段同时实施的 4 个步骤。

① 鼓励采用云计算，建立联合管理体系以推动向国防部企业云环境转型。

② 优化数据中心整合，对旧有的应用程序和数据进行整合并虚拟化。

③ 建立国防部企业云基础设施，创建国防部核心数据中心。

④ 国防部提供云服务，并利用外部提供的云服务，如商业服务来拓展国防部

之外的云服务。国防部企业云环境是国防部实现联合信息环境（JIE）目标的关键组成部分，它将与情报机构领导的计划紧密结合，并支持与国防部传统和非传统合作伙伴在联合全球情报通信系统及其他网络上的信息共享。国防部正利用联邦风险和授权管理计划（FedRAMP）来应对向云环境转变所面临的诸多挑战，包括赛博安全风险、连续运作、数据迁移、资金供应、网络连接和带宽等问题，并制定相应的风险减缓措施。云计算战略的实施将使得任务效能得到提高，IT 效率得到提升，网络安全得到增强。

此外，国防信息系统局（DISA）还被任命作为企业云服务的代理方，在全新的云计算战略指导下，帮助确保信息的互操作性及使命任务的顺利完成。鉴于云计算服务特别是商业云计算服务可能会带来很多新的安全风险，2014 年 12 月 15 日，DoD 发布首席信息官备忘录《采购和使用商业云计算服务新指南》，要求各部门在采购商业云计算服务时，至少要满足美国联邦政府的云计算服务安全管理制度 FedRAMP（联邦风险和授权管理计划）所列出的安全要求以及国防信息系统局（DISA）的云计算安全要求指南。为落实该备忘录的要求，国防信息系统局（DISA）于 2015 年 1 月发布了《国防部云计算安全要求指南》（第 1 版），取代了 DoD 此前发布的各类云计算安全文献。2015 年 4 月，亚马逊 AWS 通过了 DoD 的云安全审查，成为第一家获得国防部 PA（初始授权）的商业云服务商，且其级别达到国防部除涉密信息以外的最高级（第 5 级）。

15.4.1　美国国防部云计算安全管理的制度基础

1. FedRAMP 制度[11]

FedRAMP 的基本工作思路是由第三方评估机构根据相关标准对云计算服务进行安全风险评估，联合授权委员会根据评估结果对云服务商进行审查，对通过审查的云计算服务给予 PA，各联邦政府部门均可在初始授权名单内根据自身需求选择云计算服务，对云服务商进行运营授权（ATO）。由于各部门可共享安全评估与审查结果，从而避免了重复评估和审查。这实际上是一种“白名单”机制。

FedRAMP 明确要求联邦机构从 2014 年 6 月起，必须采购和使用满足安全审查要求的云计算服务。截至目前，FedRAMP 共认定了 27 家从事云计算服务安全评估的第三方机构，并已有 11 家云计算服务商的 12 项云计算服务通过了安全审查。

2. DITSCAP 制度

美国军事信息系统的安全评估和授权制度（DITSCAP）规定，国防部各部门的信息系统要符合军方信息系统安全标准的要求，并经该部门最高管理层组织评估和进行授权之后，信息系统方可运行。

云计算系统当然也不例外，但这会出现与联邦信息系统一样的问题：多个部门对同一个云平台进行重复授权。为此，美国国防部参考了 FedRAMP 的设计思想，统一由国防信息系统局对军事领域拟使用的云计算服务进行审查（即授权），审查的标准正是《国防部云计算安全要求指南》。

15.4.2 美国国防部云计算安全管理框架

1. 国防部云、联邦政府云、商业云均可在军队使用

从管理角度，《国防部云计算安全要求指南》将云服务分为 3 种：国防部云服务（国防部拥有和运行的云服务）、联邦云服务（联邦政府拥有和运行的云服务）和商业云服务。三者皆可用，但根据可承载的业务和数据敏感度的不同，安全要求也不同。

2. 以信息敏感级为依据，提出 4 个级别的安全要求[3]

根据《国防部云计算安全要求指南》，机密级以上的信息不适用于目前的云计算安全管理框架。机密级（含）以下的云可以迁移到国防部云、联邦政府云或商业云上，相关安全要求与信息的敏感级有关。

低级别信息可以迁移到高级别云上，但高级别信息不可迁移到低级别云上。

根据信息敏感级的不同，《国防部云计算安全要求指南》定义了 4 个级别的信息（对原有的 6 个级别做了合并，为方便其编号仍沿用了以前的惯例）。

① 第 2 级：包括公开发布的信息和不受控的非涉密信息。

② 第 4 级：受控非涉密信息，如隐私信息。

③ 第 5 级：除一般受控非涉密信息之外的其他高度敏感但非涉密信息，以及非涉密的国家安全系统信息。

④ 第 6 级：秘密级和机密级信息。

3. 以 FedRAMP 为基础，建立 FedRAMP+

美国国防部云计算安全管理以 FedRAMP 为基础，针对军方的需求进行补充（如应对 APT 攻击等），即 FedRAMP+。对于已经通过 FedRAMP 审查的云服务商，接受国防部 FedRAMP+审查时的流程将大大简化。国防部之所以如此高度采信 FedRAMP，是因为 FedRAMP 的 3 个参与方（总务管理局（GSA）、国土安全部（DHS）、国家安全局（NSA））之中，NSA 已经代表国防部深度介入了 FedRAMP。

FedRAMP+安全基线来自于 FedRAMP 的中级基线（FedRAMP 的低级基线在国防部中不再使用），但在此基础上新增了 44 项安全控制要求。

4. 仍可利用 FedRAMP 已批准的第三方机构

对 FedRAMP+的要求进行评估时，军方不排斥 FedRAMP 已认定的第三方机构，也可由国防部认定的第三方机构承担评估任务。但国防部保留了最终决策权，

规定由国防信息系统局云安全控制评估员负责对总体风险做出研判，以此为国防部临时授权提供决策支撑。同时，国防信息系统局云安全控制评估员做出的风险研判要列入国防部云服务目录，供国防部所有人查阅。

5. 持续监督和变更控制由国防信息系统局负责

国防部非常重视对云服务商的持续监督和变更控制，这一权限牢牢掌握在国防部手中。考虑到为军方提供云服务的平台，有的只通过了 FedRAMP，有的先通过 FedRAMP，之后又通过了 FedRAMP+，有的未进行 FedRAMP 审查而直接通过了国防部审查，且各个云已拥有的授权状态各不相同（联邦初始授权 PA、联邦运营授权 ATO、国防部初始授权 PA、国防部运营授权 ATO 等），持续监督和变更控制的流程稍有不同。但最终国防信息系统局要对持续监督和变更控制总体负责。

15.4.3　重点技术要求

1. 法律管辖权

法律管辖权意味着对数据和设施的最终控制权，《国防部云计算安全要求指南》规定，国防部数据必须存储在美国具有排他性法律管辖权的地方。具体是，美国 50 个州、哥伦比亚特区及美国海外属地的非国防部控制的地域内，可以存储国防部的公开信息和一般受控非涉密信息。敏感的受控非涉密信息和秘密、机密信息则只能存储在国防部控制的地域内（即云服务平台必须位于国防部所辖边界之内）。

2. 隔离

为了防止多租户情况下的信息泄露，《国防部云计算安全要求指南》对第 5 级（高敏感受控非涉密信息）和第 6 级信息（秘密和机密信息）提出了以下隔离要求。

第 5 级信息只能存储在专用基础设施内，不得使用公共服务提供商的服务。具体是，仅国防部私有云、国防部社区云或联邦政府社区云可处理第 5 级信息；各个租户或业务系统之间至少要实现虚拟/逻辑隔离；必须与非国防部或非联邦政府租户进行物理隔离。

第 6 级信息必须在专用云基础设施中存储和处理，且专用云基础设施必须位于已授权可处理涉密信息的场所内，且授权的处理密级要等于或大于实际处理的信息密级。处理第 6 级信息的设施需要拥有设施安全许可证，并经过人员安全审查程序。具体是，只有国防部私有云和社区云，或者完全独立或与机密级网络相连的联邦政府社区云，才能处理第 6 级信息。各个租户或业务系统之间至少要实现虚拟/逻辑隔离，且必须与非国防部或非联邦政府租户进行物理隔离。

3. 人员安全

《国防部云计算安全要求指南》从两个方面提出了人员安全要求。

一是岗位分类。要求云服务商落实国防部的人事管理制度，明确云服务商所有相关人员的岗位风险。特别是，凡是能够接触受控非涉密信息或涉密信息的人，必须满足国防部人事管理制度中规定的“关键敏感”或“高风险”岗位安全要求。

二是背景调查。第 4 级和第 5 级信息均属于受控非涉密信息，该类信息所在的云平台相关人员必须满足 FedRAMP 中级基线、FedRAMP+增强型控制以及国防部的人员安全政策要求，并接受人事管理局（OPM）政策规定的背景核查。在国防部内部，这种对“关键敏感”岗位进行的最低背景核查，称为“单一范围背景调查（SSBI）”或者“‘高风险’岗位背景调查（BI）”。对第 6 级信息，能接触此类信息的人还必须拥有相应级别的安全许可证。

4. 数据存储安全

《国防部云计算安全要求指南》从 4 个方面提出了数据存储安全要求。

一是加密要求。除第 2 级外，4、5、6 级的数据必须由 FIPS140-2 认证的静态数据加密措施进行保护。

二是发生数据泄露后的处置要求。国防部的任何一类业务所有者都必须采取措施防范数据泄露的不利影响，以保护已泄露的数据、虚拟系统和网络，以及云基础设施。

三是数据恢复和销毁要求。云服务商要支持业务所有者恢复和移除云服务商基础设施上存储的数据，并确保在成功恢复和转移数据之后，云服务商基础设施内的数据可被及时销毁或删除。

四是介质和硬件的重用与破坏要求。存储过国防部数据的介质或其他硬件必须得到妥善处理，未经国防部同意不得重新使用或转让给第三方。

5. 网络体系结构

《国防部云计算安全要求指南》从 5 个方面提出了网络体系结构的要求。

一是云访问点要求。国防部规定，用于存储敏感数据的商业云服务必须通过云访问点（CAP）与国防部客户连接。在 CAP 处，国防部则集中部署了有关安全设备。

二是对网络平面、用户/数据平面、管理平面的要求。针对国防部辖区外的非国防部云服务商，以及国防部辖区内的国防部与非国防部云服务商基础设施，《国防部云计算安全要求指南》分别给出了数据流、控制流的网络拓扑要求。

三是“纵深防御”要求。分别在 SaaS、IaaS 及 PaaS 下，云平台要实施纵深防御策略，如对静态和传输数据进行加密、对操作系统进行加固等。

四是域名安全要求。国防部的所有信息系统必须使用授权的 DNS 服务器，不得使用公共或商业 DNS 服务器。此外，所有国防部系统必须以.mil 为域名。

五是国防部自身的体系结构要求。例如，在 SaaS 下，要遵照国防部白名单，对各类服务/应用程序进行注册；在 IaaS、PaaS 下，虚拟机之间的信息流动必须可控。

15.4.4　分级网络安全管理模式对比

美国国防部对云计算服务采取了分级网络安全管理模式，各级的对比见表 15-4。

表 15-4　美国国防部云计算安全要求分级对比

级别	具体内涵	适用的安全控制	物理位置要求	连接要求	隔离要求	人员安全要求
2	公开信息，或非关键性的业务信息	FedRAMP 的中级基线	美国境内、美属地区或国防部辖区	互联网连接与公共社区进行虚拟或	逻辑隔离	国家机关检查和询问（NACI）
4	受控非涉密信息，或非受控、非涉密但与关键业务相关的信息	第 2 级基础上，增加对“受控非涉密信息”的特定安全要求	美国境内、美属地区或国防部辖区	通过统一的 CAP（云访问点）连接 NIPRNet（非安全 IP 路由网）	与公共社区进行虚拟或逻辑隔离，在各个租户的系统之间采用强虚拟隔离方式	单一范围背景调查（SSBI）、国家机关法律检查和信用调查（NACLC）、保密协议（NDA）
5	高度敏感的受控非涉密信息，国家安全系统中的非涉密信息	第 4 级基础上，增加对国家安全系统和高敏感信息的特定安全要求	国防部辖区	通过统一的 CAP（云访问点）连接 NIPRNet（非安全 IP 路由网）	与联邦政府公共社区进行虚拟或逻辑隔离，使用专用的多租户基础设施，与非联邦系统进行物理隔离，在各个租户的系统之间采用强虚拟隔离方式	

（续表）

级别	具体内涵	适用的安全控制	物理位置要求	连接要求	隔离要求	人员安全要求
6	秘密信息与机密信息	第5级基础上，增加对涉密信息的安全要求	国防部辖区	通过统一的CAP（云访问点）连接SIPRNet（机密级IP路由网）	与联邦政府公共社区进行虚拟或逻辑隔离，使用专用的多租户基础设施，与非联邦系统和非涉密系统进行物理隔离，在各个租户的系统之间采用强虚拟隔离方式	机密级人员许可证、保密协议（NDA）

15.4.5 启发与建议

一是在涉密系统、要害信息系统大力推进云计算技术应用。涉密系统、要害信息系统不是云计算的“禁区”。相反，云计算技术不但有利于减少IT投资，还能够有效实现“终端不留密”、统一桌面配置等涉密系统的强制安全要求，管理成本大大降低。从美国军方的实践看，利用商业云计算服务处理高敏感的非涉密信息是完全可行的，也不必排斥利用私有云处理涉密信息。当然，这对网络安全提出了更高的要求，《国防部云计算安全要求指南》为我国制定高安全等级云计算标准提供了借鉴。我国已经颁布了GB/T 31168-2014《信息安全技术云计算服务安全技术要求》，但这项标准不适用于高敏感或涉密系统，可以在此基础上扩充物理位置、隔离、人员安全、网络体系结构等要求，使之具有更广泛的适用性。

二是抓紧将我国党政部门云计算服务网络安全管理制度延伸到其他重要领域。美国军方的云计算安全管理框架以FedRAMP制度为基础，针对军方的特定要求做了流程上的微调和标准上的扩展。参照FedRAMP制度，我国已印发《关于加强党政部门云计算服务网络安全管理的意见》（中网办发文[2014] 14号），要求在党政部门建立云计算服务安全审查机制，并提出“鼓励重点行业优先采购和使用通过安全审查的服务商提供的云计算服务”。美方的实践证明不需要另起炉灶，党政部门的云计算服务安全审查结果可以在更大范围内得到采信。

三是突出重点，结合已有标准构建云计算安全标准体系。云计算技术本质上不是一种新技术，而是应用模式创新。云计算特有的安全风险主要来自信任问题，即客户的业务和数据在迁移到云服务商的平台后如何保持对服务商及其平台的信任。《国防部云计算安全要求指南》的主要安全关注均与信任模型有关。美国国防部也指出，《国防部云计算安全要求指南》只是军方云计算安全标准体系的一部分，其余标准仍是边界防护、操作系统加固等已有安全标准。在构建我国云计算安全标准体系时，没有必要把传统计算模式下的网络安全标准推倒重来，而是应该聚焦云计算技术引用的不可控、不可信等新安全风险，并加大对已有标准的规范性引用。

15.5　云计算虚拟化环境中的安全等级保护实例

云计算就是将原本分散的资源聚集起来，再以服务的形式提供给受众，实现集团化运作、集约化发展、精益化管理、标准化建设。如果在电力行业进行云数据中心的建设，同时在安全方面还需要参考等级保护的相关要求进行整改，那么就有这样的问题：云数据中心在引入虚拟化技术后，不同业务的边界延伸到服务器内部，这使得分级分域隔离的等保建设思路面临无法落地的尴尬[18]。对此，这里提出一个简易可行的办法，保障云数据中心依然可以实施等级保护的分区分域隔离。

15.5.1　云计算在电力行业的应用

在电力行业，云计算是智能电网建设的重要支撑。随着智能电网技术的不断发展，未来电力系统中数据和信息将呈现爆炸性地增长，这无疑为系统的运行和高级分析带来巨大的挑战。电力系统现有的硬件设施和计算能力已难以适应未来电力系统在线分析和实时控制所要求的计算能力和存储要求。云计算具有分布式的计算和存储特性，易扩展和管理，特别适合解决智能电网技术带来的一系列新问题[19]，因此，在智能电网技术领域引入云计算，在保证现有电力系统硬件基础设施基本不变的情况下，充分整合系统内部的计算能力、存储资源、数据资源，从而大幅提高电网的在线分析和实时控制能力，为智能电网建设提供有效的支持，云计算在电力行业的应用无疑具有极其重要的研究价值和意义。

电力云总体架构可以总结为“六大服务层次和三大保障体系[20]”。

① 电力云物理设备层。该层主要包括计算机、存储设备与网络设备等硬件资源，同时通过嵌入式云端技术、物联网技术等，将各类物理资源接入网络中，实现物理资源的全面互联，为电力云虚拟资源封装和电力云资源调用提供接口支持。

② 电力云虚拟资源层。该层主要是将接入网络中的计算机、存储设备与网络设备及各类电力资源汇聚成虚拟电力资源，并通过电力云服务定义工具、虚拟化工具等，将虚拟电力资源封装成云服务。

③ 电力云 IaaS 管理层。该层通过内部流程自动化与资源管理优化，包括数据管理、负载管理、资源部署、资源监控与安全管理等，从而向外部提供动态、灵活的基础设施层服务，包括系统管理、用户管理、系统监控、镜像管理与账户计费等。

④ 电力云 PaaS 管理层。该层主要面向电力云服务的综合管理提供各种核心管理和服务功能，包括用户管理、系统管理、云服务管理、数据管理、云服务发布管理服务。同时，面向云请求端提供云任务管理、海量数据存储与管理、高性能搜索与调度管理等服务。

⑤ 电力云 PaaS 服务层。该层是具有通用性和可重用性的软件资源的集合，为电力云应用提供软件开发套件（SDK）、应用编程接口（API）、数据即服务（DaaS）等应用服务环境，通过优化的云中间件，能够更好地满足电力业务应用在可伸缩性、可用性和安全性等方面要求。

⑥ 电力云业务应用层。该层是云上应用软件的集合，对于智能电网信息平台而言，这些软件包括电力安全生产与控制、电力企业经营管理和电力营销与市场交易等领域的业务软件，以及经营决策智能分析、管理控制智能处理与业务操作智能作业等智能分析软件。

⑦ 电力云标准体系。相应的电力云标准规范集，包括硬件资源接入标准规范、数控设备接入标准规范、软件资源的集成规范和用户与终端交互操作标准规范等。

⑧ 电力云安全体系。电力云安全体系从组织、制度、流程、标准和信息安全技术等方面，对电力企业的云计算安全建设进行统一的规范。

⑨ 电力云管理体系。在集中统一的电力云管理模式下，按照管理任务科学设置或调整组织机构，划分任务、角色、岗位，合理配置管理资源，达到人、工具、流程的有机融合。

从我国国情出发，电力云的建设应以社会用户服务需求为导向，以先进信息、通信和控制技术为手段，以满足经济社会可持续发展为目标，以智能电网网络架构为基础，构建贯穿智能电网的发电、输电、变电、配电、用电、调度 6 个环节，实现信息的全面采集、流畅传输和高效处理，支撑电力流、信息流、业务流的高度一体化，建立信息共享透明、集成规范、功能强大的业务协同和互操作平台，实现海量信息的可靠存储与管理，充分挖掘信息的潜在价值，提升智能分析和决策支持水平[21]。电力云平台应用如图 15-5 所示。

通过对电力企业的业务研究发现，电力云主要的应用场景集中在五大能力建设中，分别是客户服务能力、电网运营能力、电网发展能力、价值创造能力和发展支持能力。应用范围包括：一是电力云的海量数据处理能力有助于找到复杂互联系统的最优解决方案，从而为电网安全分析、系统恢复、潮流计算等提供服务；二是可以利用传感器对发电、输电、配电、供电等关键设备的运行状况进行实时监控和数据采集，并通过电力云平台对数据整合分析，遇到电力供应的高峰期之时，能够在不同区域间进行及时调度，平衡电力供应缺口，从而达到对整个电力系统运行的优化管理；三是可以以智能电表作为电力云网络的路由器，推动电力部门以其终端用户为基础，进行通信、宽带业务或传播电视信号，实现电力营销的互动服务；四是可以充分整合电力系统现有的业务数据信息与计算资源，建立业务协同和互操作的信息平台，从而有效解决现有系统信息信息孤岛的问题，提高工作效率，增强管理能力；五是可以向管理层提供一站式决策支持服务，不仅可以对信息资源进行整合，增强数据的标准化，提升数据的关联度，还可以帮助企业形成上下级单位数据交换的高速公路。

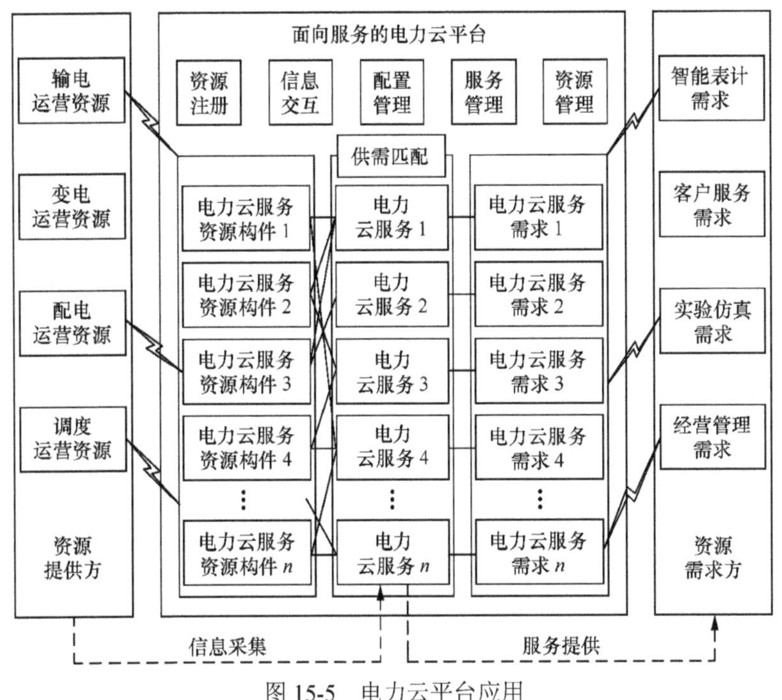

图 15-5　电力云平台应用

可以将这些主要的应用场景按云计算技术架构（IaaS、PaaS、SaaS）和应用场景标准（面向大计算的应用、集中管理、业务协同、基于互联网的服务）两个维度进行划分和部署。

15.5.2　云计算虚拟化带来的边界挑战

对于云数据中心，在实施等保的过程中，防范安全区域边界环境的攻击，往往是个难点，区别于传统攻击方式增加了“虚拟化”层面的部署，边界受攻击面也随之增加，为此必须要考虑 3 类方向的攻击。

① 由外向内的攻击，由外部网络向云数据中心内部发起的攻击。

② 由内向外的攻击，由云数据中心向外部网络发起的攻击。

③ 由内向内的攻击，云数据中心内部同一台物理服务器 VM 之间的攻击。对于由外向内的攻击和由内向外的攻击，采用传统网络环境中网络设备、服务器等物理设备之间较成熟边界安全控制机制即可实现（这就是常说的云数据中心南北向流量），但对于由内向内的攻击这种特殊的新环境（这就是常说的数据中心东西向流量），由于在云计算环境中同一台物理设备中各 VM 间的网络通信都是采用虚拟以太网交换技术 VEB 在虚拟化平台内部来处理，各 VM 之间的网络流量不会经过物理网络环境，也就是说，在物理网络安全设备上对这部分不可见网络流量检测、分析和控制措施将完全失效。这样的后果就是在各 VM 之间可能形成的隐蔽信道而被攻击者利用。因此，如何解决 VM 之间流量可见性问题，是需要探讨的。目前业界面对该问题主要有两类思路。

1. 安全设备虚拟化

把安全设备虚拟化部署到虚拟环境中，使其在虚拟平台内部解决流量可视化的问题，在虚拟平台内部做防护。对此，VMware 已经有了解决思路，它把对虚拟环境下安全问题的研究方向集中在了其数据中心虚拟化平台 VMware vSphere 的两个套件上：VMsafe 和 vShield。

VMware VMsafe 是一组特殊的应用程序通用接口组件（API），专门构建于 VMware ESXi 中。利用它可以使合作伙伴或者第三方安全厂商开发相应的虚拟化安全产品（如虚拟化防火墙、虚拟化 IDS/IPS 等）。这些虚拟化的安全产品直接部署于 Hypervisor 上一个具备特殊权限的 VM 中，该 VM 可以直接访问 Hypervisor 中的数据，因此，即可用来监视和控制各 VM 之间接收和发送的网络流量。

VMware vShield 是为了保护虚拟化数据中心平台 VMware vSphere 免遭攻击和误用而基于 VMsafe API 开发的关键安全组件，可以理解为保护 VM 以及分析虚拟平台内部网络流量的虚拟化防火墙。安全管理员可以利用 vShield 各个安全模块部署配置虚拟机环境中的各项安全策略。此类方案的缺点为：安全设备占用服务器的资源，且受制于虚拟操作系统，因此在灵活性上有很大的制约。

2. 云计算虚拟环境内部流量牵引至物理网络

如果能把虚拟平台内部的“不可见”流量牵引至物理环境，那么这部分流量对于传统安全防护设备来说就“可见”了，就可以采用传统的安全防护措施处理虚拟平台内部的攻击。而且这样做的好处是安全设备不会占用服务器自身的计算资源，且安全设备有着更高的可扩展性，从而实现更经济、更有效的安全隔离与防护，这种思路在业界也已经有了多种方案。

（1）vSwitch 引流方案

在 VMware ESX/ESXi 环境下，可以使用内置的 vSwitch（虚拟交换机）来实现流量牵引。vSwitch 由 VMware ESX/ESXi 内核提供，是一个虚拟化的交换机，主要用于同一台物理服务器 VM 之间的互联。由于一个 ESX/ESXi 环境下可以配置多个 vSwitch，每个 vSwitch 可以使用一块或多块物理服务器的物理网卡，但是一块物理网卡只能对应一个专属的 vSwitch。ESX/ESXi 部署后会默认安装第一台虚拟交换机 vSwitch0 用于虚拟机主控台。利用 vSwitch 的上述特性，如果为同一个物理服务器上的多个 VM 分别配置不同的 vSwitch，那么每一个 vSwitch 之间的通信流量肯定都是相互隔离的。如果一个 vSwitch 上的 VM 需要与同一台物理服务器上另一个 vSwitch 上的 VM 通信，那么这部分流量就必须经过所对应的物理网卡，从而将流量牵引至物理网络，这样就能使用传统的网络安全防护机制来对 VM 之间的流量进行监控与防护。

（2）VEPA 引流方案

利用 vSwitch 与物理网卡配合的方式可以牵引出虚拟平台内部不同 vSwitch 下 VM 之间流量，那么同一个 vSwitch 下各 VM 之间的网络流量如何处理，是否能够牵引出物理网络？这又是一个新问题。

目前业界已经有了边缘虚拟桥接（EVB）标准，即 IEEE 802.1Qbg 标准。标准中的虚拟以太端口汇聚器（VEPA）技术就是解决将 VM 之间产生的网络流量全部牵引至与服务器外部上联的物理交换机进行处理转发。也就是说，在 VEPA 环境下，虚拟环境内部 VM 之间网络通信流量不会再采用 VEB（可理解为 vSwitch）机制在虚拟化平台内部来处理，而是被强制牵引至服务器物理网卡外部，由网卡上联的 VEPA 交换机接收并处理后才转发回虚拟平台内部。与 vSwitch 技术方案类似，VEPA 牵引流量的方案采用纯软件方式即可实现。

（3）VN-Tag 引流方案

除了 VEPA 技术之外，Cisco 的私有虚拟化网络控制协议 VN-Tag（目前是 IEEE 802.1Qbh）也能够实现将虚拟平台内部 VM 之间流量牵引至外部物理交换机来处理转发，实现方式主要是在传统以太网帧基础上增加 VNTag 帧头以标识每个 VM 所绑定的虚拟接口。但是与 VEPA 技术方案不同的是，VN-Tag 技术的实现会受到服务器物理网卡和交换设备硬件支持的制约。

作为一种新兴的计算模型，云计算具备可靠性高、数据处理量巨大、灵活可扩展以及设备利用率高等优势，特别适合智能电网建设对信息技术的要求。因此，在智能电网技术领域引入云计算，能在保证现有电力系统硬件基础设施基本不变的情况下，对当前系统的数据资源和处理器资源进行整合，从而大幅提高电网实时控制和高级分析的能力，为智能电网技术发展提供有效的支持。云计算的虚拟化安全解决方案与电力行业的结合既保障了云计算的安全性，又适合电网这样的大型企业建设，并满足了国家等级保护的要求。将云计算安全引入电力系统，在现有电力内网的基础上构建电力云是一种需要，也是一种趋势。

15.6 本章小结

本章对云计算下的等级保护的特点、存在的问题和当前的研究状况，等级化云安全模型和云安全等级化测评策略进行了分析、研究，最后对美国国防部的云安全架构和电力系统云安全模型两个实例做了一个较为直观和全面的介绍。

云计算因其对 IT 独特的管理和使用方式，具有强大的魅力，成为 IT 技术发展的方向之一，国内外已经有相当多的企业和机构对其进行研究，已经有成熟的产品推出，面向用户提供云服务。随着云计算的发展，其安全性也一直是人们关注的问题，已经有大量关于云计算的安全框架研究。

云安全快速发展的条件下，基于云安全模型的信息系统安全等级保护方法也在不断的完善，如何应当云计算虚拟化技术的漏洞以及数据泄露和共享访问模式问题，成为需要深化研究的要点。本章将虚拟化技术的安全问题映射到中国的信息系统等级保护制度框架下，对信息系统等级保护基本要求的控制项进行了增强和扩充，对信息系统等级保护制度在云计算环境下的安全评估具有借鉴意义。

我国的“十二五”规划纲要已将云计算列为“新一代信息技术”产业的重要组成部分，云计算的优势不可小觑，发展前景一片光明。信息安全等级保护是我国的一项基本制度，云计算应遵循等级保护的技术体系和安全管理体系。

参 考 文 献

[1] The US Department of Defense (DoD). The cloud computing security requirements guide (SRG) [EB/OL]. https: //publicintelligence.net/dod-cloud-security/, 2015.

[2] 江雪, 何晓霞. 云计算时代等级保护面临的挑战[J]. 计算机应用与软件, 2014, (3).

[3] 周亚超, 左晓栋.《云计算服务安全能力要求》国家标准解析[J]. 信息技术与标准化, 2014, (8): 58-61.

[4] 赵锋, 美国国防部发布《国防部云计算战略》[J]. 指挥信息系统与技术, 2012, 3 (4): 67.

[5] 刘谦. 面向云计算的虚拟机系统安全研究[D]. 上海: 上海交通大学, 2012.

[6] 杨冰, 张保稳, 李号, 等. 面向云计算中虚拟化技术的等级保护要求研究信息安全与通信保密, 2014, (2): 106-111.

[7] 沈昌祥. 云计算安全与等级保护[J]. 信息安全与通信保密, 2012, (1): 16-17.

[8] SMITH J E, NAIR R. 虚拟机之系统与进程的通用平台[M]. 安虹, 张昱, 译. 北京: 机械工业出版社, 2009.
[9] 林昆. 基于 Intel VT-d 技术的虚拟机安全隔离研究[D]. 上海: 上海交通大学, 2011.
[10] 文思群. 虚拟机系统的信息安全特性研究[D]. 成都: 电子科技大学, 2010.
[11] 王惠莅, 杨晨, 杨建军. 美国云计算安全 FedRAMP 项目研究[J]. 信息技术与标准化, 2012, (8): 34-37, 45.
[12] 杨冰, 张保稳, 李号, 等. 面向云计算中虚拟化技术的等级保护要求研究[J]. 信息安全与通信保密, 2014, (2).
[13] GB/T 22239-2008. 信息系统安全等级保护基本要求[S]. 2008.
[14] 沈昌祥. 云计算安全与等级保护[J]. 金融电子化, 2012, (1): 12-14.
[15] 潘一飞. 基于云安全模型的信息系统安全等级保护测评策略[J]. 中国新通信, 2014, (3).
[16] 赵继军, 陈伟. 一种基于云安全模型的信息系统安全等级保护测评方法[J]. 信息网络安全, 2013.
[17] 孙召龙. 美国国防部云计算安全指南分析[J]. 信息技术与标准化, 2015, (12): 42-46.
[18] 周晓芬. 云计算虚拟化环境中的安全等级保护[J]. 信息安全与通信保密, 2014, (2): 64-66.
[19] 陈洪锋, 杨红鹏. 云计算托起电力智能化[J]. 中国电信业, 2012, (12): 75-77.
[20] 李伯虎, 张霖, 王时龙, 等. 云制造——面向服务的网络化制造新模式[J]. 计算机集成制造系统, 2010, 16 (1): 1-7.
[21] 王德文, 宋亚奇, 朱永利. 基于云计算的智能电网信息平台[J]. 电力系统自动化, 2010, 34 (22): 7-12.
[22] Cable Television Laboratories, Inc. DCAS system overview technical report, OC-TR-DCAS- D02-060912 [R]. U.S. : Cable Television Laboratories, 2006.
[23] MOON J, KIM J, PARK J, et al. A dynamic conditional access system for Iptv multimedia systems [C] // Systems and Networks Communications, ICSNC'09, IEEE, 2009: 224-229.
[24] 朱圣才. 基于等级保护的云安全研究[C]// 全国信息安全等级保护技术大会会议, 2013.
[25] 冯斌, 孙强强, 赵铭. 一种混合云环境下适应等级保护要求的安全策略[J]. 电力信息与通信技术, 2014, 12 (10): 124-127.
[26] 李满意, 沈昌祥. 构建可信计算环境下的大数据安全保障体系[J]. 保密科学技术, 2015, (9): 4-7.

第16章

等级化安全管理支撑平台设计

等级保护的概念和安全要求复杂，管理人员如果没有专业的安全知识和能力很难执行，这使得等级保护存在很高的技术门槛，推广难以实现。研制一套等级保护管理支撑工具，将等级保护、风险评估、安全体系等设计方法进行融合和升华，构建一套基于知识库的等级化安全体系管理支撑平台，将等级保护复杂的规则、复杂的安全措施要求和设计操作流程以知识库的形式存入系统，构建基于知识库的等级化安全体系管理支撑平台，使等级保护真正做到可实施、可操作[1]。

等级化安全体系管理支撑平台可用于协助用户对信息系统进行识别和描述，明确保护对象，对信息系统的子系统进行划分，确定用户信息系统以及子系统的安全等级，进行等级保护评估、测评、安全设计规划、运维管理、废弃处理、安全监控等[2]。

系统主要基于平台模型构建、知识库建立和管理、安全等级确定，等级保护评估、安全监控功能的实现。

16.1 平台系统设计原则

等级保护支撑平台定位于展示等级保护支撑平台的基本功能、结构及工作模式，为等级保护支撑平台的后期建设提供参考依据。因此，采用以下设计原则完成首要功能。等级保护支撑平台的首要功能是定级与评估。为在项目过程中探索等级保护支撑平台的主要工作模式，并可以展示后期平台的功能效果，原型系统要完成整体支撑平台的首要功能。原型系统能够为现有业务系统进行分类、定级，并能够对当前系统的保护能力提供评估。

辅助等级保护支撑平台的策略库建设。由于现有业务系统复杂多样，要先提取等级化、有针对性的策略库，在等级化的探索阶段有一定难度。因此，原型系统基于《GBT20271-2006 信息安全技术信息系统通用安全技术要求》，建立业务系统的通用安全技术策略，并提供模板和建立接口，为等级保护支撑平台的策略库建立提供辅助支撑。

为后期的迭代过程提供基础。由于等级保护概念新、资料少。要完整地实现一个系统有很大难度。因此采用迭代的方式，首先设计原型系统，并在原型系统设计时，从能够确定的内容着手，制定合理的工作模式，然后在后期迭代过程中，随着等级保护理解的不断深入，进一步丰富系统内容。

系统结构灵活，可扩展性强。为便于后期迭代过程的开发维护，原型系统在设计时要求结构合理，设计灵活，能够提供较强的扩展性，便于功能、内容的进一步丰富。

16.2　系统构架

等级化安全体系管理支撑平台主要由等级保护框架设计、知识库管理和等级保护审计三大部分组成，通过科学的方法论、丰富的知识库和开放的用户接口解决来自设计等级保护安全体系，管理维护等级保护安全体系及检查等级保护建设是否符合相关标准等相关问题[3]，主要架构如图 16-1 所示。

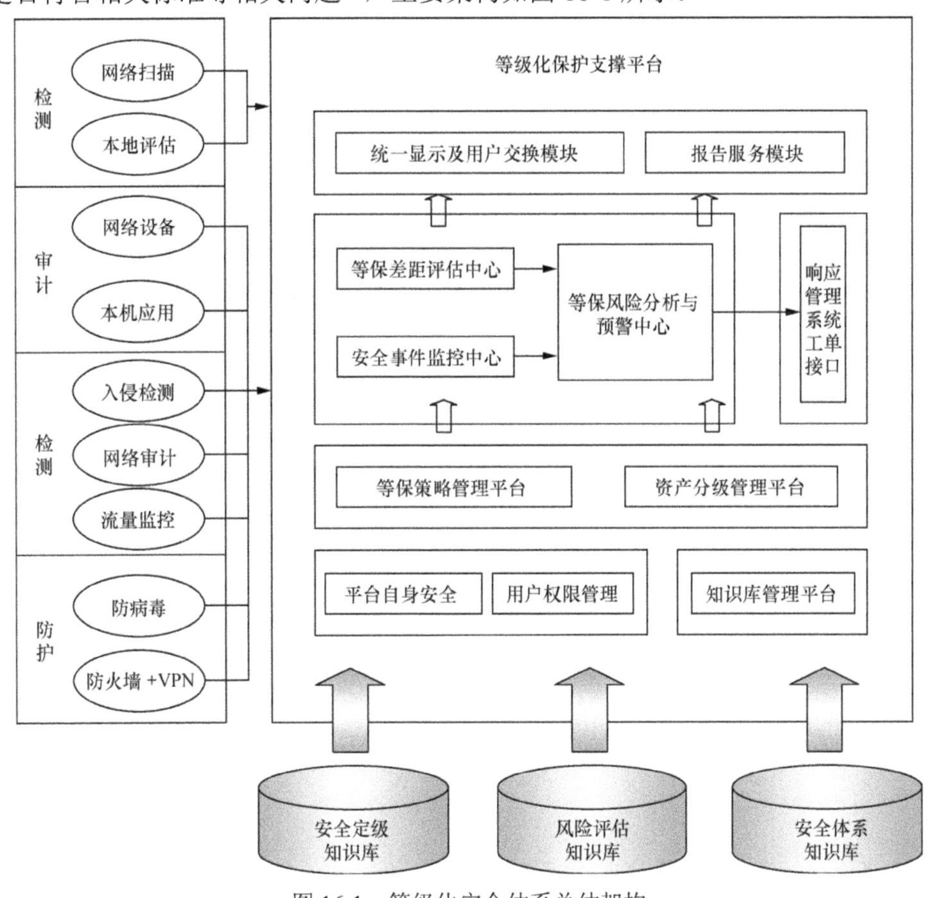

图 16-1　等级化安全体系总体架构

等级化安全体系管理支撑平台针对保护对象进行等级保护设计，在等级保护设计过程中，通过丰富的知识库进行标准化，同时，等级保护设计的每一个步骤和结果都可以通过等级保护审计进行标准的符合性检查。通过这样的一系列步骤，最终实现等级化安全体系的建设[4]。

16.2.1 系统角色

系统用户角色主要分为 3 类。

系统维护人员：完成系统用户管理、界面风格设定、数据采集等功能。

安全服务人员：完成等级化定级过程、保障能力评估过程以及相关的知识库管理功能。

任务管理人员：完成任务管理、跟踪任务状态以及相关统计、审查功能。

16.2.2 架构分层描述

支撑平台系统架构分为 3 层：数据共享层、业务服务层、用户交互与工具层。

1. 数据共享层

数据共享层由功能插件容器、数据访问管理、数据资源管理、数据共享接口和管理控制台 5 个模块组成。

功能插件容器：提供功能插件规范，符合规范的功能插件能够被纳入到功能插件容器中，用以提供针对不同数据来源、不同监控设备的接入能力。

数据访问管理：提供对功能插件容器中插件的管理，对符合插件规范的插件进行加载、卸载、启用、停用等操作；对来自于上层模块的数据资源访问和设备监控操作请求进行调度和管理；对数据资源访问的任务执行状态进行监测并记录数据资源访问日志。

数据资源管理：提供统一的数据资源访问接口管理功能，使功能插件能够通过适当的协议（如 SNMP、Telnet、JDBC、JMX、Web Services 等）与共享的资源对象或者监控设备建立数据获取通道；提供数据资源安全管理功能，实现对数据资源访问的授权和安全控制。

管理控制台：提供基于 B/S 模式，对数据共享层进行管理操作。管理控制台通过统一的业务服务层进行集中的管理界面发布和访问。

2. 业务服务层

业务服务层通过数据统一访问接口获取数据，并根据用户需求进行建模，在逻辑上形成数据模型层，以此为数据支撑，实现用户的业务逻辑[5]。

数据模型主要包括定级、评估、系统 3 类模型，这些基本数据相互关联，融入等级化定级、评估过程，为等级化安全建设过程提供数据支撑。

业务服务层依据用户需求，基于数据逻辑模型，实现了平台系统服务、定级服务、评估服务三大类服务接口[6]。

平台系统服务接口用于实现平台系统的通用服务，包括用户管理和任务管理，以辅助完成业务功能。

定级服务接口用于实现等级化安全体系建设中的定级过程服务，帮助定级分析人员完成资产梳理、保护对象框架建立、策略定制等功能。

评估服务接口用于实现等级化安全体系建设中的运维过程服务，辅助评估人员分析现有保障能力，实现系统状况跟踪、评估系统变动对等级化防护造成的影响等功能。

3. 用户交互及工具层

根据用户的不同功能需求，将用户交互分为系统数据管理应用、安全服务过程管理应用和知识库查询 3 类，分别实现界面上的业务逻辑。

由于等级化安全体系建设概念很新，过程复杂，对用户的专业性水平要求很高，因此，在用户使用上提供了如拓扑图、Wiki 等合适的工具，提高了用户的工作效率。

4. 用户身份管理

用于实现对用户账号管理、用户认证管理、用户鉴权管理、用户审计管理，保障平台的自身安全。

16.3　功能构架

16.3.1　功能分解

等级保护管理支撑平台，主要是辅助用户完成目标单位保护对象的分类梳理，对保护对象进行级别制定并定制相关防护策略，对当前防护措施进行评估，同时对保护对象进行安全事件的实时监控，通过对发生的安全事件进行分析，得出当前防护措施的防护强度。

依据等级保护的问题域，从系统设计角度，系统功能分解如图 16-2 所示。

保护对象类别管理主要完成保护对象类型管理和保护对象属性管理两大功能。保护对象类型采用两级方式进行划分，将保护对象划分为某大类下面的具体小类，方便用户的保护对象梳理。保护对象属性管理完成对保护对象相关定级属性的管理，相关定级属性包括保密性、完整性、可用性、不可否认性、可跟踪性等[7]。

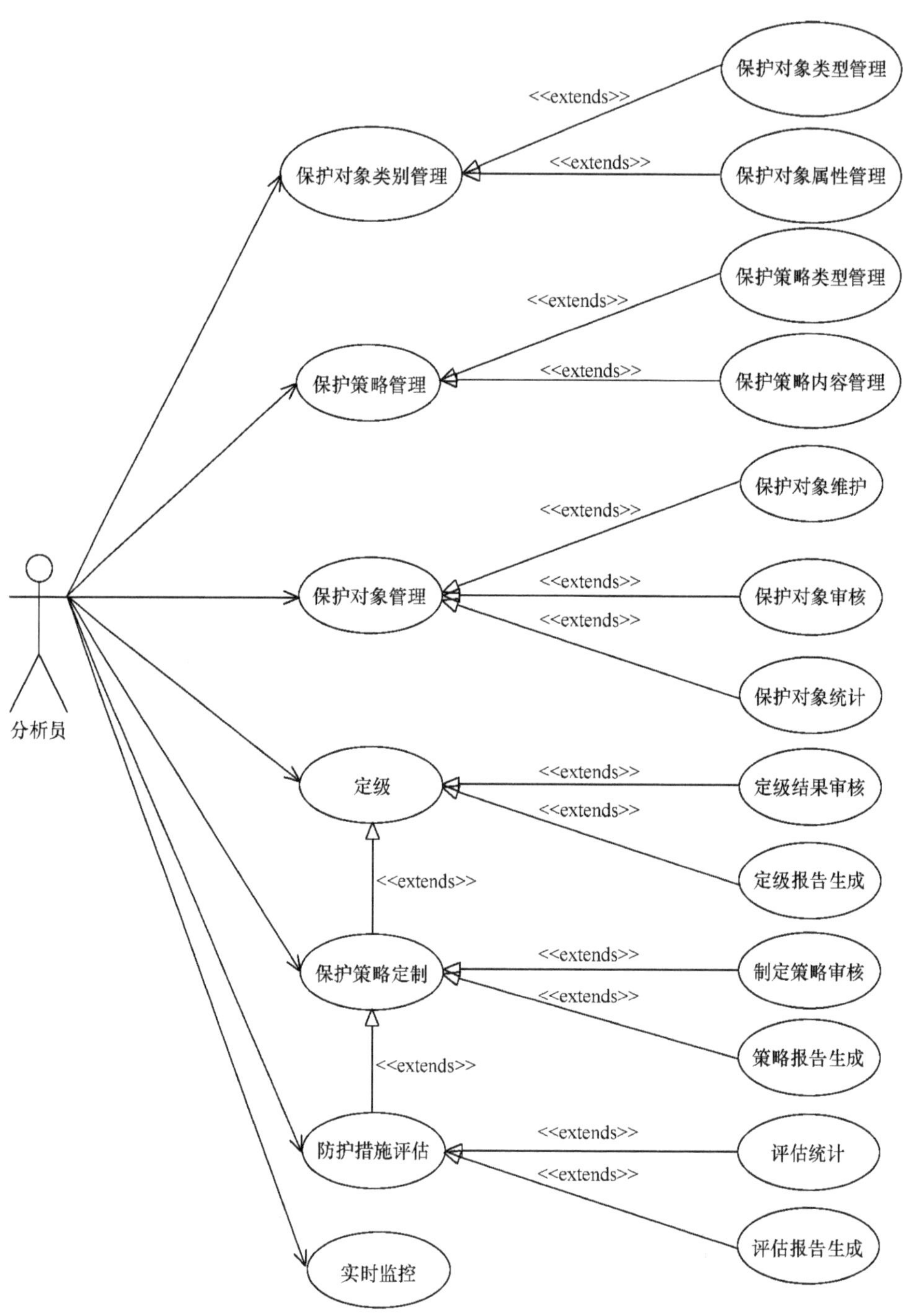

图 16-2　等级化安全体系功能分解

保护策略管理完成保护对象相关保护策略的类别管理和内容管理两大功能。保护策略类别管理包括保护策略的类型管理和保护策略级别管理两类。保护策略类型主要根据保护策略的保护目标进行划分，如针对数据库的保护策略、针对信息系统的保护策略等。保护策略级别管理主要完成保护策略等级的划分，如用户自主控制级、系统审计保护级、安全标记保护级、机构化保护级和访问验证保护级等[8-12]。

保护对象管理主要为用户提供管理工具，对目标单位的保护对象进行梳理，完成保护对象的维护管理、审核及统计功能。

定级主要辅助用户对保护对象各类定级属性进行级别评价，并根据评估结果对保护对象的级别进行估算，给出保护对象的定级建议，同时相关人员对定级建议进行审核评定，确定最终的定级结果。

保护策略定制依据目标保护对象的定级结果以及保护对象的类型，为用户提出相关保护策略，用户根据目标保护对象的特定需求，按需修改策略，并由相关人员对保护策略进行进一步审核确认，最终生成适合该保护对象的保护策略。

防护措施评估辅助用户完成对目标保护对象当前防护措施的评估。用户根据当前防护手段，与系统提供的目标保护对象应有的策略进行比对，系统采用比对结果，结合保护策略的权值确定当前防护措施的防护级别。

报告生成功能主要根据各类报告模板，生成报告文档，供用户审阅。包括定级报告、策略报告以及评估报告。

统计功能主要提供各类统计条件定制，供用户了解各类统计数据信息。

保护对象类别管理和保护策略管理是系统的全局模块，是定级任务、保护策略定制和防护措施评估完成的前提条件。保护对象管理基于保护对象类别的分类，对目标单位的保护对象进行梳理维护，并提供保护对象的各类统计功能。保护对象是等级保护的目标主体，保护对象管理是等级保护过程的基础功能。基于保护对象管理、保护策略管理及保护对象管理，系统通过定级、保护策略定制、防护措施评估以及实时监控 4 个功能体现等级保护的全过程。

16.3.2　功能划分

根据等级化安全管理的需求，支撑平台主要分为 4 个方面的业务需求。

系统定级：分析信息系统各项安全相关信息，对系统进行保护对象框架划分，并根据安全属性进行等级化定级。

等级化保护策略制定：根据系统的等级要素，制定系统相应等级的保护策略，同时根据系统的特殊需求，对策略进行定制，满足系统的各类安全要求。

等级化保护能力评估：对系统现有的保护措施进行评估，并根据等级化的保护策略进行量化考评。

安全监控：以信息资产为核心，实时收集网络中各类设备的安全信息，在进行关联分析后，可以直观准确地展示组织当前的安全风险状况，同时降低安全风险的方法，并结合工单来管理和跟踪安全事件处理过程，建立主动防御体系，有效降低安全风险；对系统的变化进行有效监控，实现等级变动的快速响应[13]。

16.3.3 功能架构

根据支撑平台的功能划分，支持平台的功能模块划分如下。

1. 定级域功能模块

定级域功能模块主要帮助定级分析人员完成单位资产的梳理、安全属性的识别，为资产定级并定制等级化保护策略的功能。包括了单位信息管理、资产信息管理、保护对象框架划分、定级算法模块、保护策略定制功能模块。

单位信息管理：对定级对象的所属单位信息进行管理。由定级分析人员通过访谈等形式获取单位信息，然后根据平台系统专家知识库给出的单位信息模板管理单位详细信息，并能够根据现有单位信息对专家知识库进行改进。

单位资产管理：支撑平台依据第三方资产管理库，获取相关单位的资产列表，并分析其安全属性，形成资产等级化信息库。定级分析人员对单位要定级的对象进行分析，梳理相关的资产，获取资产的安全属性，与支撑平台的资产进行比对，得出合适的资产列表，并管理单位资产库[14]。

保护对象框架划分：平台系统根据专家知识库，结合资产安全属性，对资产进行保护对象框架划分。定级分析人员根据相关资产信息对框架进行改进，同时可以对专家知识库进行修订。

定级算法模块：在保护对象框架划分基础上，分析所属资产的安全属性，配合定级分析人员给出相关安全属性的等级定义，并在此基础上给出保护对象的等级。

2. 策略域功能模块

平台系统根据保护对象框架的属性、保护对象所定级别以及相关资产的属性，给出保护策略建议。定级分析人员可以根据特殊情况对保护策略进行修订。主要分为策略管理模块、策略制定模块。

策略管理模块：等级化安全策略涉及等级、技术、管理等多个方面。策略管理模块对安全策略进行合理的编码、分类、存档，提供了策略的增删、修订功能，并对策略的类别、来源等进行有效管理。

策略制定模块：根据对应保护对象的级别、安全属性以及包含的资产自身风险情况等多种因素，参照策略制定标准，给出保护对象的保护策略建议。分析人员可以在此基础上，根据保护对象的特殊情况，对策略进行定制，从而制定合理的保护措施。

3. 评估域功能模块

评估域功能模块辅助定级分析人员在保护对象框架的基础上，对相关资产风险进行分析，从而评估保护对象的现有安全保障能力。主要分为资产风险管理模块、安全保障能力评估算法模块。

资产风险管理模块：平台系统根据资产的基本信息，匹配风险知识库，得出资产相关的风险。用户可以根据现实情况，对资产的风险通过该模块进行修订，从而确定相关资产的风险。

安全保障能力评估算法模块：根据用户确定的资产风险，参照风险与等级化保护策略之间的关联关系，计算保护对象的安全保障能力。

4. 监控功能模块

监控功能模块主要完成对等级保护对象对应系统的监控，自动发现系统变动，根据专家知识库判研对系统等级的影响，帮助用户及时进行响应。主要包括监控工具配置模块、数据采集模块、影响判研模块。

监控工具配置模块：平台系统的监控主要依托第三方产品进行。监控攻击配置模块完成对第三方工具进行配置管理，以达到用户需要的监控效果。

数据采集模块：提供多种通信通道，与第三方产品进行连接，并根据用户设置，采集相关监控数据。

影响判研模块：根据采集数据，配合专家知识库，对数据进行分析判断，得出所监控的系统变动对其级别造成的影响，并通告给用户，帮助用户作出及时响应。

5. 等级保护审计模块

等级保护审计模块实现等级化安全体系建设是否符合等级保护标准和规范的审计工作，主要将等级化标准和要求转化为评估和审计表。通过等级保护审计模块对系统设备配置、安全技术措施核安全策略措施等进行自动评估得出等级保护建设标准和相关要求的差距，为进一步实施系统安全建设提供依据。

6. 知识库模块

等级化安全体系管理支撑平台通过知识库管理来维护和管理等级保护设计过程中的各种标准知识库。主要包括等级保护知识库、风险评估知识库和安全体系知识库。

等级保护知识库：根据业务特点、使用范围和安全属性等特性建立一套便于使用的等级保护知识库，分为系统描述知识库、系统分类知识库、定级要素知识库、系统定级规则库、等级安全指标库 5 个子库。

风险评估知识库：风险评估是构建等级化安全体系的重要环节，根据业务特点、使用范围和安全属性等特性建立一套便于适合等级化风险评估的风险评估知识库。分为主机评估知识库、网络评估知识库、应用评估知识库、管理评估知识库和评估报告模板库 5 个子库组成[15]。

安全体系知识库：根据业务特点、使用范围和安全属性等特性建立一套便于适合等级化安全体系设计的安全体系知识库，包括安全域知识库、安全措施知识库、解决方案模板库、安全策略模板库和安全规划模板库等。

7. 跨域功能模块

跨域功能模块主要为定级域模块和评估域功能模块提供共有的功能支持，以提高用户的效率。该模块包括知识库管理模块、任务管理模块、报表模块、统计模块、日志模块。

知识库管理模块：平台系统针对系统建设相关文档、定级过程指南、保护对象框架划分原则、策略制定原则、风险评估用例等指南性信息，采用知识库的方式进行管理，并提供 Wiki 系统便于用户查询。

任务管理模块：平台系统针对定级、评估过程繁杂和关联性强的特点，提供了任务管理模块。将定级、评估过程定义为任务，提供过程管理。用户可以根据过程提示，进行业务操作，并且可以查询任务状态，及时对任务进行调整。

报表模块：对于定级、评估过程，最后的产出是相关的定级报告、等级化保护策略保护和保障能力评估报告。报表模块对这些报告统一管理，提供报表模板管理、报表生成等相关功能。

统计模块：提供各类与级别、风险等相关的统计功能。

日志模块：提供操作等日志记录、查询功能。

16.4 数据架构

数据架构主要分为两部分数据模型。

业务数据模型：主要根据业务需求构建，用于描述业务中相关数据信息及其之间的关联关系。

技术数据模型：主要根据平台系统技术需求构建，用来描述搭建平台系统时所需的数据信息。

16.4.1　业务数据模型

根据等级化安全管理支撑平台业务的需求构建业务数据模型，用于描述业务中相关数据信息及其之间的关联关系。

等级化安全体系建设主要围绕目标系统进行保护对象框架划分，对保护对象定制保护策略，针对保护对象包含的资产进行风险分析，实现等级化的定级、评估。结合这一过程，梳理其中的数据信息及其关联关系，得出平台系统的主要业务数据模型，如图 16-3 所示。

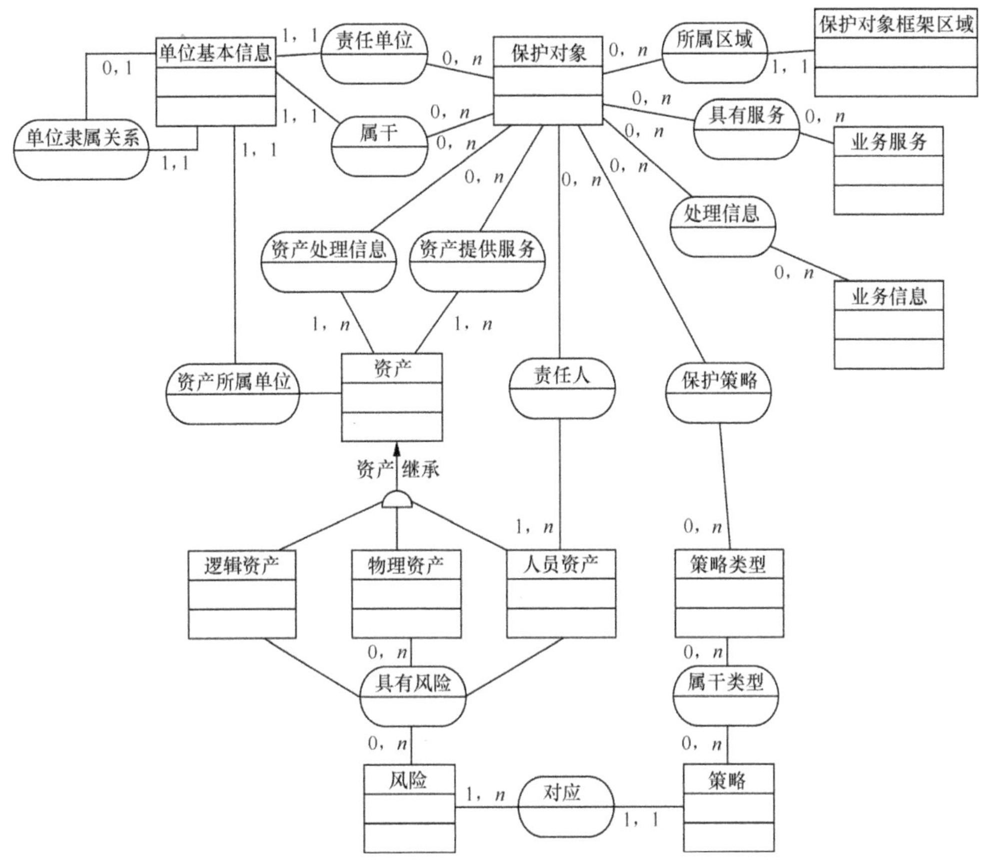

图 16-3　系统的主要业务数据模型

根据保护对象的业务服务类型和业务信息类型，并结合保护对象所关联的资产属性，计算保护对象的等级。

根据保护对象的区域类型及处理信息、具有服务的属性，制定保护对象的保护策略类型。

用户根据资产具有风险，比对保护对象的保护策略，对当前保护对象的安全保障能力进行评估。

为辅助用户完成业务过程，平台系统提供了多种辅助功能，包括任务管理、系统动态监控等。其中任务管理的业务数据模型如图 16-4 所示。

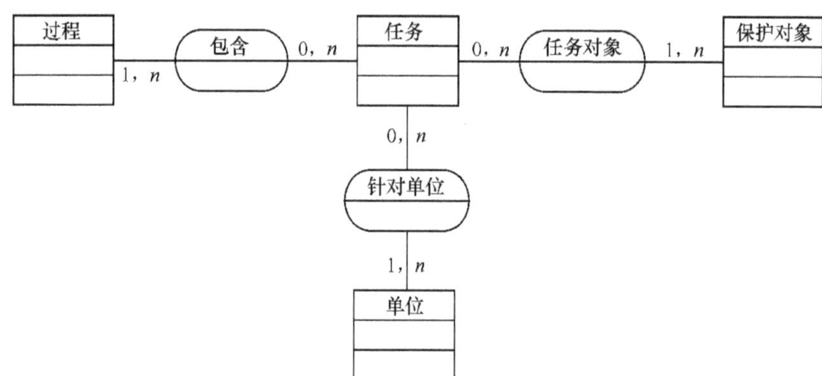

图 16-4 任务管理的业务数据模型

一项任务可能针对多家单位的某个保护对象实施等级化安全建设任务。而任务包含的过程为过程管理提供数据支撑。

系统动态监控业务数据模型如图 16-5 所示。

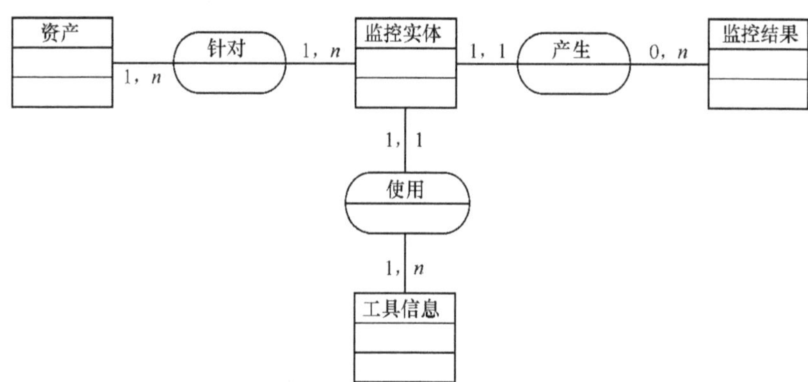

图 16-5 系统动态监控业务数据模型

用户通过配置监控工具，对资产进行实时监控，产生的监控结果为影响判研模块提供数据支持。

16.4.2 技术数据模型

为更好地为业务服务，平台系统提供了拓扑展现功能，使得用户能够直观地看到保护对象框架及其包含的资产。其数据模型如图 16-6 所示。

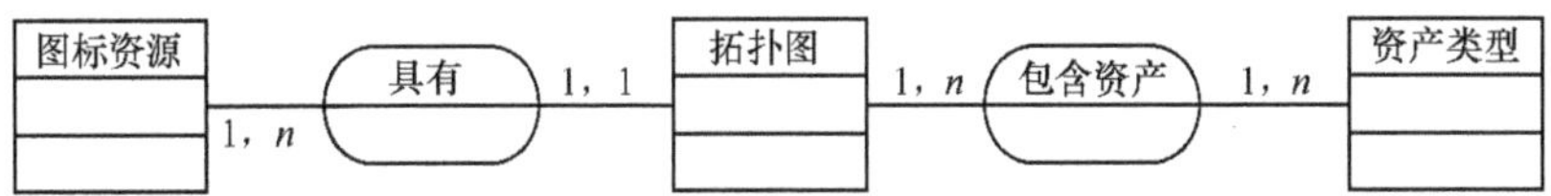

图 16-6 系统的主要技术数据模型

16.5 技术架构

根据平台系统设计原则，为便于系统的后期扩展维护，平台系统技术上采用分层架构方式，做到功能、数据与用户交互相互解耦。技术架构如图 16-7 所示。

数据模型层面采用 ORM 技术，实现数据库表与对象的映射，为上层应用提供统一接口，便于对数据的操作管理。

业务逻辑层面采用控制翻转和依赖注入技术，体现“你不用来调用我，我去调用你”的思想，实现业务逻辑模块的动态管理，便于业务逻辑的更改替换。

用户交互层面采用控制与展现分离技术，相对固定的交互逻辑单独实现，而上层展现可以采用多种技术以达到良好的展示效果。

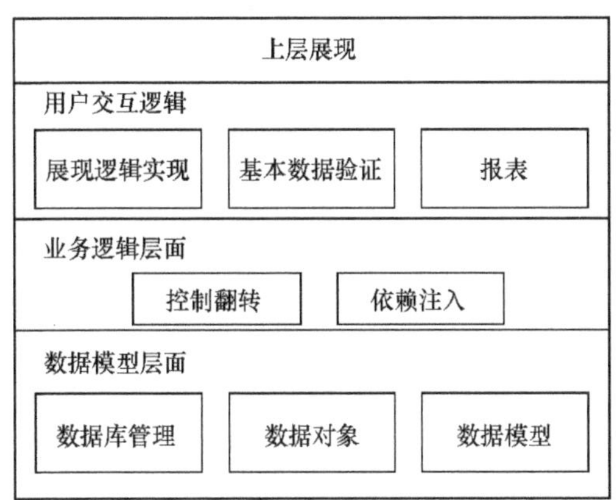

图 16-7 支撑平台技术架构

16.6 系统设计

等级化安全体系管理支撑平台依靠 3 类知识库进行构建，分别为安全定级知识库、风险评估知识库和安全体系知识库[16]。安全定级知识库依据定级标准规范构建，描述了系统定级要素、定级规则、定级规范流程以及定级指南等各个定级环节，为等级化的级别制定提供基础支撑。风险评估知识库包含信息系统的各类威胁和脆弱，并提供评估用例、方法，为等级化的评估提供支撑。安全体系知识库包括安全策略、保护框架划分指南等与安全防护相关的各类要素，为等级化安全策略、保护对象划分以及监控对象制定等功能提供支撑。

等级化安全体系管理支撑平台使用大量的检测、审计等功能来分析并监控保护对象。平台基于功能复用的思想，这类功能由第三方工具提供。平台实现了大量的接口，如 Socket、SOA 服务、消息队列等，与第三方工具做到无缝连接。

16.6.1 系统功能设计

根据各个功能涉及的问题域各个层面的内容及相关目标数据，将系统功能分包为五大模块，分别为保护对象管理模块、定级模块、策略管理模块、防护措施评估模块、实时监控模块。

1. 保护对象管理模块

（1）功能描述

保护对象管理模块是等级保护支撑平台的基础模块，用于保护对象类型的维护与保护对象的管理，从而帮助用户了解本单位的保护对象的基本信息。

用户可以根据本单位保护对象特点，将保护对象分为若干大类及若干小类，用于保护对象的类型识别。保护对象管理功能实现单位保护对象列表，提供增删查改功能。同时，可以根据单位、类别进行查询统计。

（2）详细设计

根据保护对象管理模块功能描述，其设计数据流如图 16-8 所示。

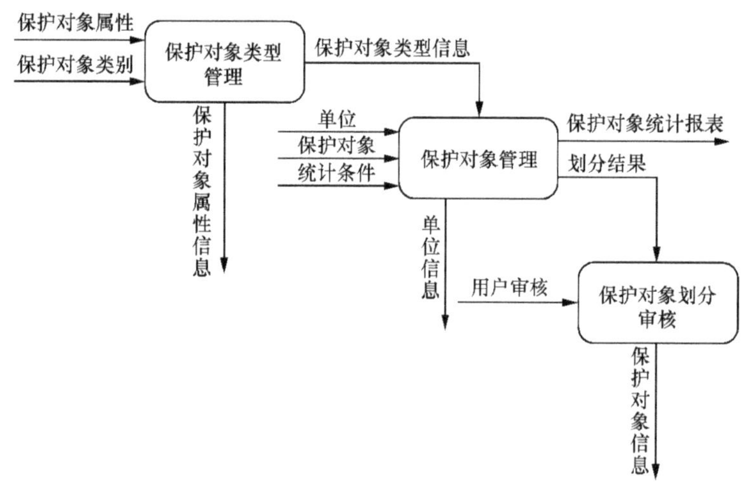

图 16-8 保护对象管理模块设计

用户从单位基本情况梳理保护对象的属性及类别，并使用保护对象类型管理功能进行管理维护，生成系统内部的保护对象属性及类别信息。用户分析目标单位的保护对象基本情况，使用保护对象管理功能，按照保护对象类型信息进行分类管理。

保护对象的管理是等级保护中保护对象框架划分的具体实现，其在等级保护整个过程中处于基础地位，因此保护对象框架划分合理与否直接影响了后期的全部工作，因此，系统提供了保护对象划分审核功能，对保护对象的划分结果进行用户审核，经由专家审核人员确认后，才最终生成保护对象信息，为后期工作提供正确合理的基础信息。

同时，系统可以根据相关统计条件对单位保护对象进行各类统计，生成统计报表。

2. 定级模块

（1）功能描述

定级模块是等级保护平台的主要功能模块之一，主要用于辅助用户完成保护对象与其相关定级属性关联及属性评级，并由相关部门或者人员对定级结果进行审核，进一步对保护对象的级别进行认定，进而提供保护对象的定级建议。

（2）详细设计

根据定级模块功能描述，其设计数据流如图 16-9 所示。

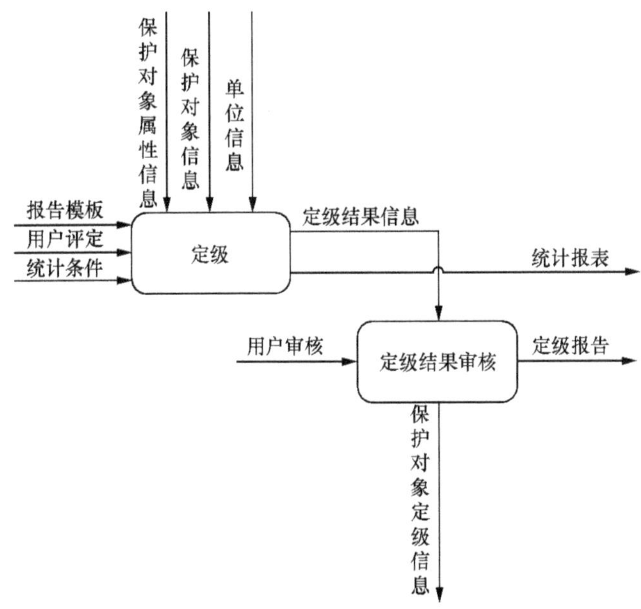

图 16-9　定级模块设计

系统通过定级功能对目标单位的保护对象与其相关属性信息相关联，为用户提供级别制定的交互接口。用户根据保护对象的实际等级要求，评定各类属性的级别。系统根据用户评定向用户提交目标保护对象的建议级别。用户参照目标保护对象的特殊性，接受或修改系统提供的级别，形成定级结果信息。

为确保定级工作的有效性和定级结果的合理性，定级模块提供定级结果审核功能，为单位审核人员提供对定级结果的审核，经过审核人员认定后，该保护对象的定级结果才是有效的，才能进行等级保护的进一步工作。

同时，定级模块提供定级报告生成及统计报表功能，用户可以根据不同查询条件，对目标单位的保护对象定级情况进行统计，同时，系统根据报告模板生成各类报告文档，供用户审阅。其中包括，根据单位信息进行统计，生成单位所有保护对象定级简报；根据单位内部级别信息进行统计，生成单位内容该等级保护对象定级报告等[17]。

3. 保护策略模块

（1）功能描述

策略模块主要完成定级策略相关的功能，包括策略类别管理、策略内容管理、保护对象的策略定制功能，实现策略的维护及保护对象的策略定制，并最终经过审核人员确认后，为保护策略实施提供有力依据。

（2）详细设计

根据保护策略模块功能描述，其设计数据流如图 16-10 所示。

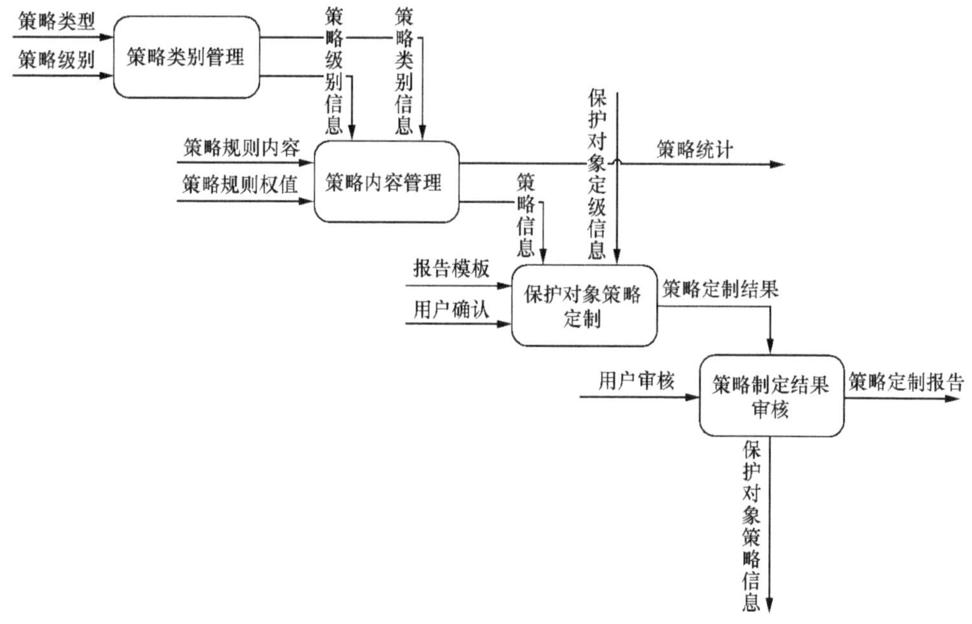

图 16-10　保护策略模块设计

保护策略模块的基础功能是策略类别管理。用户根据策略的类别与分级特征，对具体策略进行分类，使用策略类别管理对其进行维护管理，为策略的有效管理提供类别支持。

策略内容管理为用户提供交互接口，帮助用户根据策略的级别和类别进行分类管理，同时提供按照级别或者类别的统计功能，帮助用户了解当前策略的数量信息。

保护对象策略定制功能是等级保护问题域中的核心工作模块之一。系统根据保护对象的定级信息，依照保护对象的类型与级别，为用户提供目标保护对象的保护策略建议。用户可以根据目标保护对象的特殊需求，对策略建议进行修改定制，形成保护对象初步的保护策略结果。

为避免保护策略定制的盲目性，系统提供策略制定结果审核功能，初步结果经由审核人员进一步审核确认后，才能最终形成保护对象的策略信息。

同时，系统可以使用报告模板生成策略定制报告，供用户审阅。

4. 评估模块

（1）功能描述

评估模块根据保护对象的定制策略，对当前实际的防护措施进行比对，依照策略的权值对当前防护措施进行合理评价。

（2）详细设计

根据评估模块功能描述，其设计数据流如图 16-11 所示。

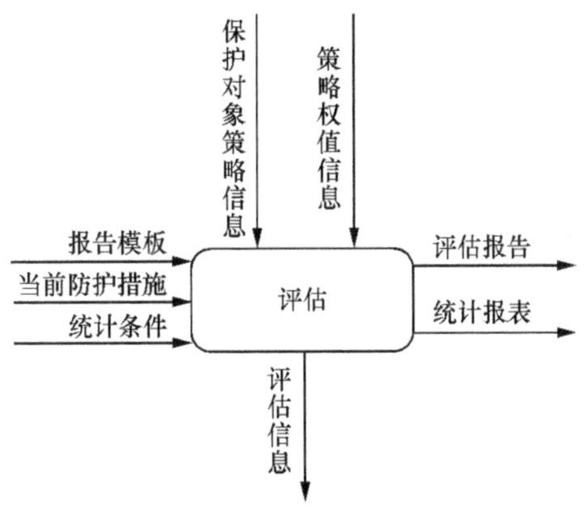

图 16-11　评估模块设计

评估模块读取目标保护对象的策略信息，为用户提供评估交互接口。用户根据目标的已有防护手段，按照应有防护策略进行逐一比对。系统根据用户的比对结果，结合相关策略的权值信息，对当前防护措施的有效性进行估算，最终生成评估信息。同时，系统根据报告模板生成评估报告，提交给用户审阅。

评估模块提供各类统计条件，并生成统计报表，供用户使用。包括单位整体保护对象评估简报、某一保护对象评估详细报告等。

5. 实时监控模块

（1）功能描述

实时监控对保护对象产生的各类告警等安全事件进行采集、过滤、整理，形成用户可识别的告警结果，为用户提供保护对象实时状态检测功能。同时，系统提供事件处理功能，对各类事件进行关联性分析，依据保护对象的保护策略，为用户提供告警的应急响应建议。

（2）详细设计

根据实时监控模块功能描述，其设计数据流如图16-12所示。

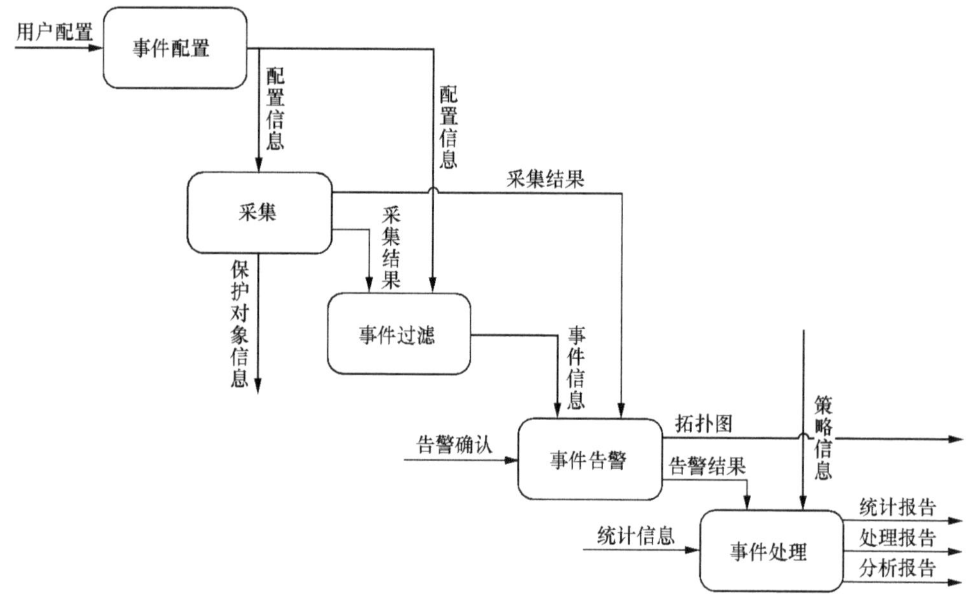

图16-12　监控模块数据流

事件配置为用户提供配置交互界面，完成监控模块的监控任务配置、告警阈值配置以及采集器的工作方式配置等功能。监控任务主要实现监控单位、监控目标的确定等工作。告警阈值配置为事件过滤提供门限值，从而提高关键安全事件的可识别度[18]。

采集功能由分布式采集机和采集服务器完成。采集服务器接收事件配置模块下发的监控任务，控制分布式采集机对目标事件进行实时监控。另外，采集模块对目标保护对象进行扫描识别，形成保护对象的类别及物理拓扑信息，为用户提供直观的展示界面。

事件过滤功能依据用户的阈值配置，对分布式采集机采集上来的各类告警信息进行初步判断分析，对满足监控任务及门限值的告警事件，封装成系统内部的事件通告报文，发送给事件告警模块。

事件告警模块根据采集的拓扑物理信息，提供拓扑编辑功能，为用户提供拓扑展示。同时，告警模块分析采集服务器传送来的事件报文，在拓扑图上展示告警信息。另外，事件告警模块提供告警确认功能，由用户确认告警后，取消告警显示。

事件处理完成对安全事件的深度分析功能。该模块依据分析规则，在告警信息库中检索相应告警信息，对告警关联性进行分析判断，从而形成保护对象当前安全防护强度、防护弱点的深度分析报告，同时根据保护对象的防护策略信息，形成处理建议，为用户的应急响应提供有效依据。

16.6.2　数据模型设计

1. 数据流程

根据等级保护的工作流程，分析过程中涉及的数据，得出过程数据流程如图 16-13 所示[19]。

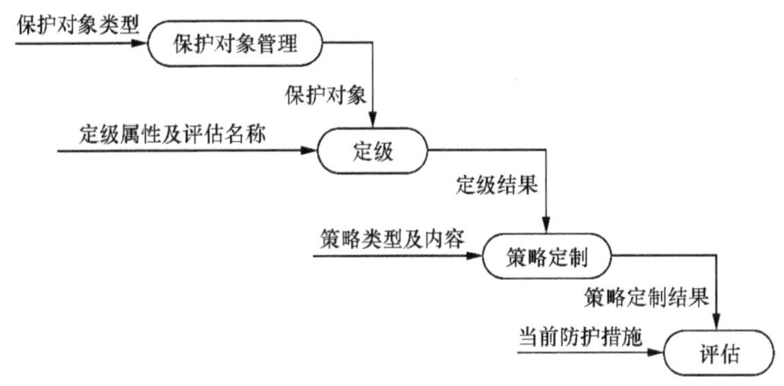

图 16-13　平台数据流程

通过分析数据流程，各个功能的输入输出数据见表 16-1。

表 16-1　平台各功能输入输出数据表

功能名称	输入	输出
保护对象管理	保护对象类型、各类实际保护对象	保护对象表
定级	定级属性、评估名称	定级结果
策略定制	策略类型、策略内容	策略定制结果
评估	当前防护措施	评估分数

2. 数据概念模型

依照过程数据流程，设计数据概念模型如图 16-14 所示。

等级保护管理支撑平台的数据概念模型以保护对象和策略为中心构建。概念模型的约束如下。

保护对象按照大类别和小类别进行划分，一个保护对象属于一个大类及一个小类。

保护对象大类与保护对象小类间是一对多的关系，即每个保护对象大类包含若干保护对象小类，每个保护对象小类属于一个保护对象大类。

保护对象和单位间是一对多的关系，即每个保护对象属于一个单位，一个单位可以包含多个保护对象[20]。

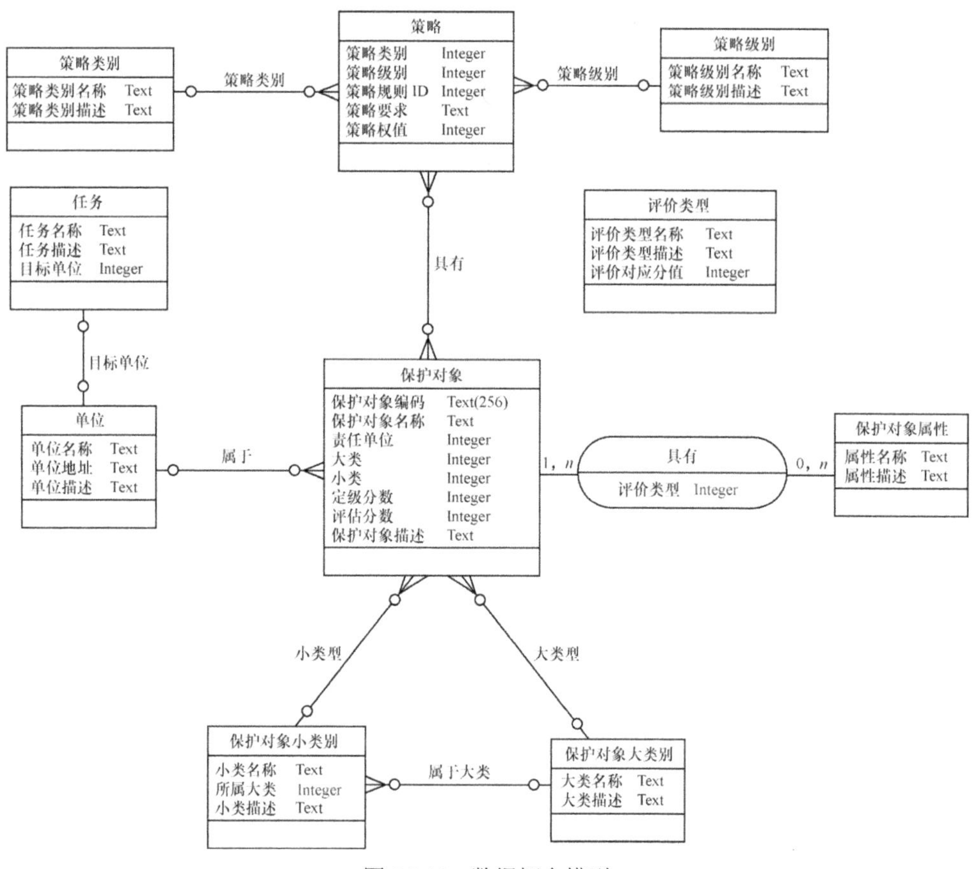

图 16-14　数据概念模型

保护对象评估时对应的属性评价类型采用评价类型表存储，每一个评价类型都具有评估分值。

策略按照策略类别进行分类，类别包括对数据库的防护策略、对信息系统的防护策略等。

每个策略具有一个级别，一个类别的策略下面具有多个级别的策略规则集合。

策略的具体内容由策略规则内容描述，每一个规则内容都具有相应权值。

每一项任务具有一个目标单位，两者是一对一的关系。

3. 物理模型

根据数据概念模型，建立数据物理模型如图 16-15 所示。

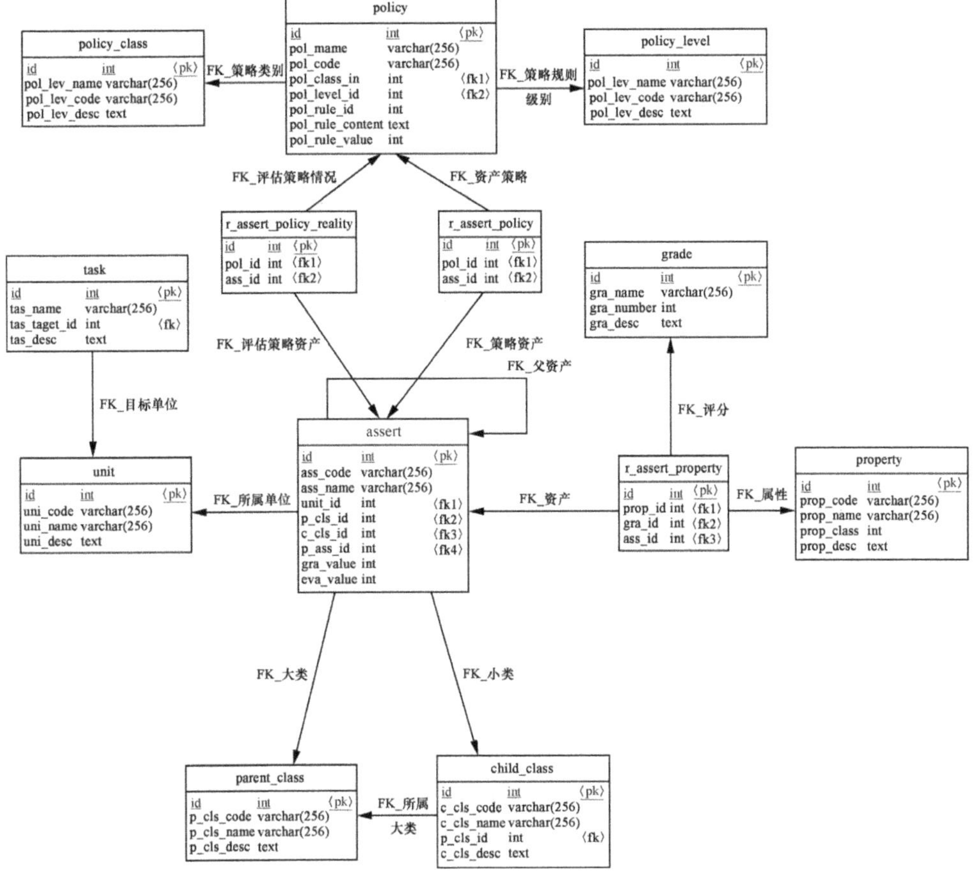

图 16-15　数据物理模型

在物理模型当中，各个数据库表的详细描述见表 16-2～表 16-14。

表 16-2　策略（Policy）表

属性名	类型	是否外键	描述
id	int	主键	
pol_name	varchar（256）	否	策略名称

（续表）

属性名	类型	是否外键	描述
pol_code	varchar（256）	否	策略编码
pol_class_id	int	是	与策略类别 id 关联
pol_level_id	int	是	与策略级别 id 关联
pol_rule_id	int	是	规则 id 号（顺序增加）
pol_rule_content	int	否	规则具体内容
pol_rule_value	int	否	规则的权值

表 16-3　策略类型（Policy_Class）表

属性名	类型	是否外键	描述
id	int	主键	
pol_cls_name	varchar（256）	否	策略类别名称
pol_cls_code	varchar（256）	否	策略类别编码
pol_cls_desc	text	否	策略类别描述

表 16-4　策略级别（Policy_Level）表

属性名	类型	是否外键	描述
id	int	主键	
pol_lev_name	varchar（256）	否	策略级别的名称
pol_lev_code	varchar（256）	否	策略级别编码
pol_lev_desc	text	否	策略级别的描述

表 16-5　保护对象（Assert）表

属性名	类型	是否外键	描述
id	int	主键	
ass_code	varchar（256）	否	保护对象编码
ass_name	varchar（256）	否	保护对象名称
unit_id	int	是	关联到所属单位 id
p_cls_id	int	是	关联到保护对象大类 id
c_cls_id	int	是	关联到保护对象小类 id
p_ass_id	int	是	关联到父保护对象 id
gra_value	int	否	定级分数
eva_value	int	否	评估分数

表 16-6　单位（Unit）表

属性名	类型	是否外键	描述
id	Int	主键	
uni_code	varchar（256）	否	单位编码
uni_name	varchar（256）	否	单位名称
uni_desc	Text	否	单位描述

表 16-7　保护对象大类（Parent_Class）表

属性名	类型	是否外键	描述
id	int	主键	
p_cls_code	varchar（256）	否	保护对象大类编码
p_cls_name	varchar（256）	否	保护对象大类名称
p_cls_desc	text	否	保护对象大类描述

表 16-8　保护对象小类（Child_Class）表

属性名	类型	是否外键	描述
id	int	主键	
c_cls_code	varchar（256）	否	保护对象小类编码
c_cls_name	varchar（256）	否	保护对象小类名称
p_cls_id	int	是	关联到所属大类 id
c_cls_desc	text	否	保护对象小类描述

表 16-9　属性（Property）表

属性名	类型	是否外键	描述
id	int	主键	
prop_code	varchar(256)	否	属性编码
prop_name	varchar(256)	否	属性名称
prop_class	int	否	属性所属类别 id（暂时没有类别，该字段为保留字段）
prop_desc	text	否	属性描述

表 16-10　定级（Grade）评价名称表

属性名	类型	是否外键	描述
id	int	主键	
grad_name	varchar（256）	否	定级属性评价名称（如重要、不重要等）
gra_number	int	否	评价名称代表的数值
gra_desc	text	否	评价名称描述

表 16-11 任务（Task）表

属性名	类型	是否外键	描述
id	int	主键	
tas_name	varchar（256）	否	任务名称
tas_target_id	int	是	关联到目标单位 id
tas_desc	text	否	任务描述

表 16-12　保护对象属性定级关联（R_Assert_Property）表

属性名	类型	是否外键	描述
id	int	主键	
prop_id	int	是	关联到属性 id
gra_id	int	是	关联到定级评价名称 id
ass_id	int	是	关联到保护对象 id

表 16-13　保护对象与策略关联（R_Assert_Policy）表

属性名	类型	是否外键	描述
id	int	主键	
pol_id	int	否	关联到策略 id
ass_id	int	否	关联到保护对象 id

表 16-14　保护对象与实际防护措施关联（R_Assert_Policy_Reality）表

属性名	类型	是否外键	描述
Id	int	主键	
pol_id	int	否	关联到策略 id
ass_id	int	否	关联到保护对象 id

依据数据流程，将数据库表与功能输入输出映射见表 16-15。

表 16-15 数据库表与功能输入输出映射

功能名称	输入	输出
保护对象管理	Task、Unit、Parent_class、Child_class	Assert
定级	Task、Unit、Grade、Property、	Assert、R_Assert_Property
策略定制	Policy_Class、Policy_Level、Policy、Assert	R_Assert_Policy
评估	Policy_Class、Policy_Level、Policy、Assert	R_Assert_Policy_Reality

16.6.3 数据编码设计

数据编码为系统内部重要信息的标识，为系统实现提供统一、规范的操作对象。系统中编码均采用字符形式存储。

1. 保护对象相关编码

（1）保护对象类别编码

保护对象类别分为两级。采用基于信息系统构架的资产分类框架进行类别划分[21]。第一级编码采用两位数字型字符存储，若编码位数不足两位，则第一位为“0”；第二级编码采用两级数字型字符存储，第一级为二级所属的一级编码，第二级编码与第一级编码相同，两级编码间使用“-”分隔。具体编码见表 16-16。

表 16-16 保护对象类别编码

<table>
<tr><th>一级编码</th><th>一级分类名称</th><th>二级编码</th><th>二级分类名称</th><th>三级编号</th><th>三级分类名称</th></tr>
<tr><td rowspan="5">01</td><td rowspan="5">业务数据</td><td>01-01</td><td>电子业务数据</td><td></td><td></td></tr>
<tr><td>01-02</td><td>其他介质业务数据</td><td></td><td></td></tr>
<tr><td>01-03</td><td>操作规程</td><td></td><td></td></tr>
<tr><td>01-04</td><td>数据安全产品</td><td>1-4-1</td><td>数据加密产品</td></tr>
<tr><td></td><td></td><td>1-4-2</td><td>移动及固定安全存储设备</td></tr>
<tr><td rowspan="13">02</td><td rowspan="13">应用平台</td><td>02-01</td><td>应用软件</td><td></td><td></td></tr>
<tr><td>02-02</td><td>程序代码</td><td></td><td></td></tr>
<tr><td>02-03</td><td>技术文档</td><td></td><td></td></tr>
<tr><td rowspan="4">02-04</td><td rowspan="4">用户安全产品</td><td>2-4-1</td><td>身份鉴别产品</td></tr>
<tr><td>2-4-2</td><td>安全、保密授权产品</td></tr>
<tr><td>2-4-3</td><td>访问控制产品</td></tr>
<tr><td>2-4-4</td><td>抗抵赖产品</td></tr>
<tr><td rowspan="6">02-05</td><td rowspan="6">安全支撑系统及设施</td><td>2-5-1</td><td>CA 系统</td></tr>
<tr><td>2-5-1</td><td>基本输入输出系统安全产品</td></tr>
<tr><td>2-5-2</td><td>操作系统安全产品</td></tr>
<tr><td>2-5-3</td><td>数据库安全产品</td></tr>
<tr><td>2-5-4</td><td>证书授权认证产品</td></tr>
<tr><td>2-5-5</td><td>应用支撑安全产品</td></tr>
</table>

（续表）

一级编码	一级分类名称	二级编码	二级分类名称	三级编号	三级分类名称
03	存储介质	03-01	备份介质		
		03-02	纸制记录		
04	组织与制度	04-01	系统管理员		
		04-02	普通用户		
		04-03	业务合作单位		
		04-04	管理制度		
		04-05	管理安全产品	4-5-1	备份与恢复产品
				4-5-2	计算机取证产品
				4-5-3	应急设施产品
				4-5-4	审计产品
				4-5-5	入侵检测产品
				4-5-6	非法外连与接入监控产品
				4-5-7	风险评估产品
05	主机平台	05-01	客户终端	5-1-1	硬件
				5-1-2	操作系统
				5-1-3	技术文档
		05-02	应用服务器		
		05-03	数据服务器		
		05-04	外部设备		
		05-05	信源加密设备		
06	网络平台	06-01	路由器		
		06-02	交换机		
		06-03	PDS		
		06-04	网络安全产品	6-4-1	防火墙（含安全网关）
				6-4-2	网络隔离产品
				6-4-3	远程访问安全产品
				6-4-4	虚拟专用网（VPN）及安全协议产品
				6-4-5	安全路由器（交换机）
				6-4-6	安全服务器

（续表）

一级编码	一级分类名称	二级编码	二级分类名称	三级编号	三级分类名称
06	网络平台	06-04	网络安全产品	6-4-7	安全终端
				6-4-8	网关型防病毒产品
				6-4-9	网络型防病毒产品
				6-4-10	单机型防病毒产品
		06-05	网络密码产品	6-5-1	链路密码机
				6-6-2	IP 密码机
07	基础环境	07-01	计算场所		
		07-02	电力保障		
		07-03	空调		
		07-04	通信设施		
		07-05	消防设施		
		07-06	安防设备	7-6-1	环境安全产品
				7-6-2	设备安全产品

（2）单位编码

采用递增的 3 位数字型字符存储。如单位一编码为 001，单位二编码为 002。

（3）保护对象定级属性编码

采用递增的二位数字型字符存储。例如，保密性编码为 01，完整性编码为 02，可用性编码为 03，不可否认性编码为 04，可跟踪性编码为 05。

（4）保护对象编码

保护对象编码如图 16-16 所示。

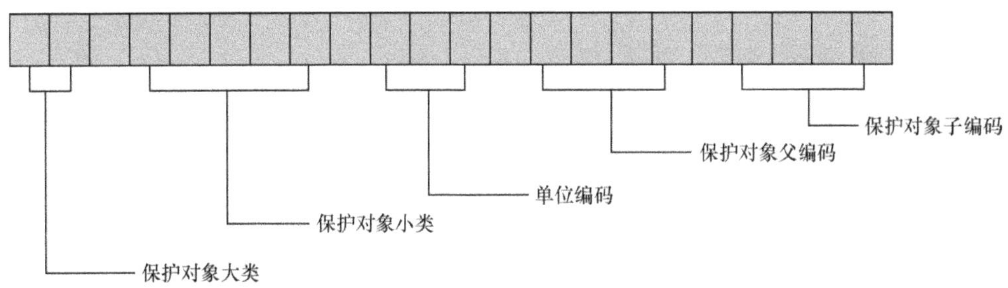

图 16-16　保护对象编码

保护对象编码依次为保护对象大类、保护对象小类、单位编码、保护对象父编码和保护对象子编码，每组编码间使用“-”分隔。其中，保护对象大类、保护对象小类、单位编码采用各自的编码规范，保护对象父、子编码采用递增型 4 位数字型字符表示，并与保护对象 ID 后 4 位对应。如果某保护对象没用上级保护对象，则父编码为“0000”。例如，单位一的某个保护对象，其类别属于基础环境中的通信设施，其上级保护对象 ID 为 2，自身 ID 为 5，则编码为 07-04-01-0002-0005。

2. 策略相关编码

（1）策略级别编码

采用递增的二位数字型字符存储。例如，用户自主控制级编码为 01，系统审计保护级编码为 02，安全标记保护级编码为 03，机构化保护级编码为 04，访问验证保护级编码为 05。

（2）策略类别编码

采用递增的二位数字型字符存储。例如，针对数据库的保护策略编码为 01，针对信息系统的保护策略编码为 02。

（3）具体策略编码

具体策略编码如图 16-17 所示。

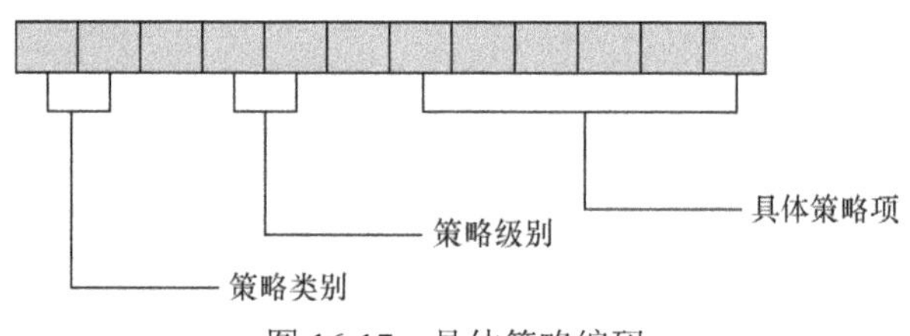

图 16-17　具体策略编码

具体策略编码依次为策略类别、策略级别和具体策略项，每组编码间采用“-”分隔。其中，类别和级别采用各自编码规范，具体策略项采用 6 位数字型字符表示，与具体策略项 ID 后 6 位一致。例如，针对信息系统的保护策略中，安全标记保护级的某项策略，其在数据库中 ID 值为 300，则编码为 02-03-000300。

16.6.4　系统接口分析与设计

1. 系统内部接口

（1）模块间接口

系统内部各模块间的接口主要采用数据库表共享的方式实现，将各模块在系统实现的依赖关系解除。但是由于等级保护问题域当中各个工作流程的依赖关系，各个模块在业务逻辑上的依赖关系无法解除。

保护对象管理必须在保护对象类型已经确认的情况下才能进行；策略内容管理必须从属于某一个策略级别和策略类型；定级工作必须在完成保护对象的梳理，并且确认了定级属性后才能够进行；而必须完成定级和策略内容管理后才能进行策略定制工作。最终的评估要依靠目标保护对象的定级结果和策略定制结果确认后，才能对现有防护措施进行评估。系统在处理模块间问题域依赖关系上，在遇到依赖关系不满足情况时，用户可以查询相关内容，但是不能进行插入操作，同时系统将提示用户增加失败的原因。模块依赖如图 16-18 所示。

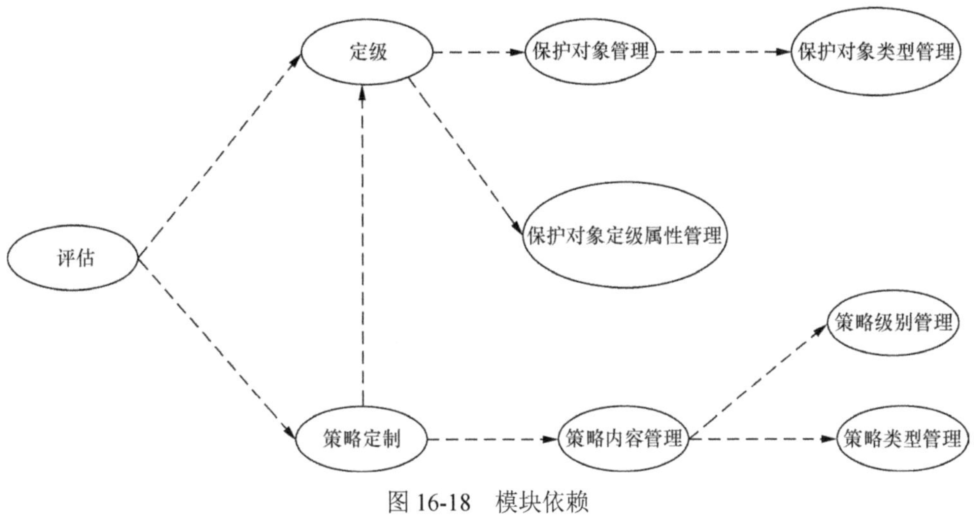

图 16-18　模块依赖

（2）模块内部接口

模块内部采用 3 层架构方式进行设计实现，分别是数据持久层、业务逻辑层和用户交互层。模块设计如图 16-19 所示。

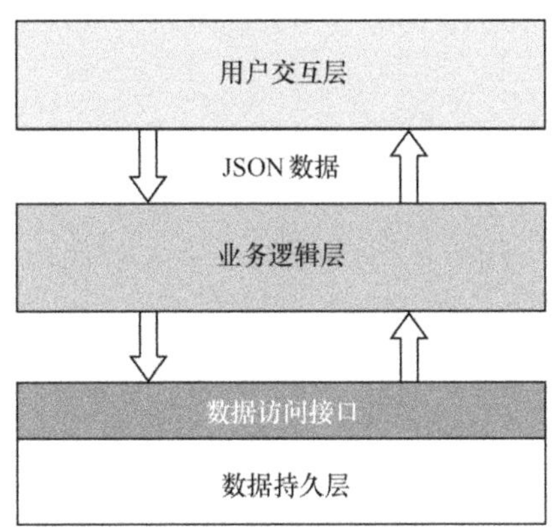

图 16-19　模块设计

数据持久层采用 ORM 方式对数据库表映射为对象，同时提供统一的数据访问接口，对上层提供数据读写控制。业务逻辑层调用数据访问接口，以数据库实体对象为操作对象进行操作，实现模块内部的业务逻辑。业务逻辑层对上与用户交互层间通过使用 HTTP 协议传输 JSON 数据的方式进行交互，使得业务逻辑层和用户交互层间完全解耦，方便模块的扩展。

2. 系统外部接口

等级保护管理平台的外部接口主要分为对外和对内两个部分。

对外接口主要提供管理平台的等级化支撑功能。包括保护对象的定级结果查询、保护策略查询、评估结果查询以及监控事件处理工单。其中，定级结果查询、保护策略查询、评估结果查询以 WebService 的形式，为外部系统提供服务接口，供外部系统调用，完成相关查询操作[22]。监控事件处理工单主要以消息队列的形式，将事件处理的需求发送到消息队列当中，供相关的管理系统订阅接收，并进行处理。

对内接口主要是调用第三方安全检测设备的接口，实现系统与风险分析、弱点管理系统的数据共享。系统提供威胁、脆弱与防护策略间的映射功能，将风险分析系统的威胁、脆弱分析结果转换为防护策略的强度分析结果，从而为评估提供有效依据。

16.6.5 知识库设计

等级化安全体系管理支撑平台通过知识库管理来维护和管理等级保护设计过程中的各种标准知识库。主要包括等级保护知识库、风险评估知识库和安全体系知识库。

（1）等级保护知识库

根据业务特点、使用范围和安全属性等特性建立一套便于使用的等级保护知识库，分为系统描述知识库、系统分类知识库、定级要素知识库、系统定级规则库、等级安全指标库 5 个子库。

（2）风险评估知识库

风险评估是构建等级化安全体系的重要环节，根据业务特点、使用范围和安全属性等特性建立一套便于适合等级化风险评估的风险评估知识库。分为主机评估知识库、网络评估知识库、应用评估知识库、管理评估知识库和评估报告模板库 5 个子库。

（3）安全体系知识库

根据业务特点、使用范围和安全属性等特性建立一套便于适合等级化安全体系设计的安全体系知识库，包括安全域知识库、安全措施知识库、解决方案模板库、安全策略模板库和安全规划模板库等。

16.7 本章小结

本章提出了设计一个等级化安全管理支撑平台来落实等级保的护实施。从平台设计目标、系统总体架构、功能架构、数据架构和技术架构等几个方面介绍了平台的组成及功能，最后详细介绍了系统的设计。

参 考 文 献

[1] 李文生, 刘科全. 联想网御等级化安全体系管理支撑平台[J]. 计算机安全, 2006, (7): 3-4.

[2] 卢畅. 舟山市电子政务网等级化安全体系的研究与实现[D]. 杭州: 浙江工业大学, 2009.

[3] i 博士. 等级保护 适度安全: 制定适度的安全措施[J]. 中国经济和信息化, 2006, (24).

[4] 联想网御科技有限公司. 联想网御等级化安全体系管理支撑平台[J]. 电力信息与通信技术, 2006, 4 (9): 106-107.

[5] 张俊韶. 基于数据仓库技术的农行客户管理系统的设计与实现[D]. 成都: 电子科技大学, 2014.

[6] 刘威, 乔立红, 杨建军. 基于服务的制造数据管理[J]. 计算机集成制造系统, 2009, 15 (7): 1342-1348.

[7] 戴迎春, 赵忠文. 基于信息安全属性的脆弱性分类方法[C]// 全国信号和智能信息处理与应用学术会议, 2012.

[8] 汪普庆. 现代信息技术下数据库的安全性研究[J]. 南昌: 南昌高专学报, 2011, (2): 170-172.

[9] 罗炜. 湖南省检察院信息安全保障系统研究[D]. 长沙: 中南大学, 2010.

[10] 温铂, 马占卿. 国内外计算机信息系统安全的研究综述[J]. 呼和浩特: 内蒙古教育: 职教版, 2012, (7): 70-71.

[11] 李杨, 聂晓伟, 杨鼎才. 一个基于等级保护的有效风险评估方法[J]. 计算机应用研究, 2005, 22 (7): 39-41.

[12] 肖军模. 计算机信息系统安全等级划分准则解读[J]. 解放军理工大学学报: 自然科学版, 2000, 1 (5): 46-50.

[13] 李宁波. 安全管理平台中多源数据关联分析和风险评估的研究[D]. 北京: 北京大学, 2008.

[14] 董磊, 李秀峰, 李晓冰, 等. 运营商安全资产管理技术研究[J]. 网络安全技术与应用, 2014, (9): 15-16.

[15] 袁浩, 张佳鑫, 闫雪, 等. 基于 ISO/IEC 27002 信息安全风险评估知识库的构建[J]. 现代企业教育, 2009, (20): 179-180.

[16] 刘莹. 基于知识库的信息安全风险评估技术研究与软件实现[D]. 济南: 山东轻

工业学院, 2009.
[17] 公安部信息安全等级保护评估中心. 信息安全等级保护政策培训教程[M]. 北京: 电子工业出版社, 2010.
[18] 李鹏. 网络实时性能监控系统的设计与实现[D]. 哈尔滨: 哈尔滨工业大学, 2008.
[19] 任大勇. 数据模型设计[J]. 微型机与应用, 1990, (6): 16-17.
[20] 张丹平, 周玲元. 数据库原理及应用[M]. 北京: 高等教育出版社, 2007.
[21] 诸葛理绣, 王军华, 周晨. 基于信息系统架构的信息资产分类与关系识别[J]. 计算机系统应用, 2009, 18 (7): 162-164.
[22] 张晓春, 李勇华, 陈中育. 基于 Web Services 的信息查询系统[J]. 计算机与现代化, 2007, (9): 15-17.

附录1

信息系统安全等级保护备案表

备案表编号：□□□□□□-□□□□□

信息系统安全等级保护备案表

备　案　单　位：＿＿＿＿（盖章）＿＿＿＿

备　案　日　期：＿＿＿＿＿＿＿＿＿＿＿＿

受理备案单位：＿＿＿＿（盖章）＿＿＿＿

受　理　日　期：＿＿＿＿＿＿＿＿＿＿＿＿

中华人民共和国公安部监制

填　表　说　明

一、 **制表依据**。根据《信息安全等级保护管理办法》（公通字[2007]43号）之规定，制作本表；

二、 **填表范围**。本表由第二级以上信息系统运营使用单位或主管部门（以下简称“备案单位”）填写；本表由四张表单构成，表一为单位信息，每个填表单位填写一张；表二为信息系统基本信息，表三为信息系统定级信息，表二、表三每个信息系统填写一张；表四为第三级以上信息系统需要同时提交的内容，由每个第三级以上信息系统填写一张，并在完成系统建设、整改、测评等工作，投入运行后三十日内向受理备案公安机关提交；表二、表三、表四可以复印使用；

三、 **保存方式**。本表一式二份，一份由备案单位保存，一份由受理备案公安机关存档；

四、 本表中有选择的地方请在选项左侧“□”划“√”，如选择“其他”，请在其后的横线中注明详细内容；

五、 **封面中备案表编号**（由受理备案的公安机关填写并校验）：分两部分共11位，第一部分6位，为受理备案公安机关代码前六位（可参照行标GA380-2002）。第二部分5位，为受理备案的公安机关给出的备案单位的顺序编号；

六、 **封面中备案单位**：是指负责运营使用信息系统的法人单位全称；

七、 **封面中受理备案单位**：是指受理备案的公安机关公共信息网络安全监察部门名称。此项由受理备案的公安机关负责填写并盖章；

八、 **表一04行政区划代码**：是指备案单位所在的地（区、市、州、盟）行政区划代码；

九、 **表一05单位负责人**：是指主管本单位信息安全工作的领导；

十、 **表一06责任部门**：是指单位内负责信息系统安全工作的部门；

十一、**表一 08 隶属关系**：是指信息系统运营使用单位与上级行政机构的从属关系，须按照单位隶属关系代码（GB/T12404-1997）填写；

十二、**表二02系统编号**：是由运营使用单位给出的本单位备案信息系统的编号；

十三、**表二05系统网络平台**：是指系统所处的网络环境和网络构架情况；

十四、**表二 07 关键产品使用情况**：国产品是指系统中该类产品的研制、生产单位是由中国公民、法人投资或者国家投资或者控股，在中华人民共和国境内具有独立的法人资格，产品的核心技术、关键部件具有我国自主知识产权；

十五、**表二 08 系统采用服务情况**：国内服务商是指服务机构在中华人民共和国境内注册成立（港澳台地区除外），由中国公民、法人或国家投资的企事业单位；

十六、**表三 01、02、03 项**：填写上述三项内容，确定信息系统安全保护等级时可参考《信息系统安全等级保护定级指南》，信息系统安全保护等级由业务信息安全等级和系统服务安全等级较高者决定。01、02 项中每一个确定的级别所对应的损害客体及损害程度可多选；

十七、**表三 06 主管部门**：是指对备案单位信息系统负领导责任的行政或业务主管单位或部门。部级单位此项可不填；

十八、**解释**：本表由公安部公共信息网络安全监察局监制并负责解释，未经允许，任何单位和个人不得对本表进行改动。

表一　单位基本情况

<table>
<tr><td>01 单位名称</td><td colspan="6"></td></tr>
<tr><td>02 单位地址</td><td colspan="6">__________省（自治区、直辖市）__________地（区、市、州、盟）
__________县（区、市、旗）</td></tr>
<tr><td>03 邮政编码</td><td colspan="2"></td><td>04 行政区划代码</td><td colspan="3"></td></tr>
<tr><td rowspan="2">05 单位负责人</td><td>姓名</td><td></td><td>职务/职称</td><td colspan="3"></td></tr>
<tr><td>办公电话</td><td></td><td>电子邮件</td><td colspan="3"></td></tr>
<tr><td>06 责任部门</td><td colspan="6"></td></tr>
<tr><td rowspan="3">07 责任部门联系人</td><td>姓名</td><td></td><td>职务/职称</td><td colspan="3"></td></tr>
<tr><td>办公电话</td><td></td><td rowspan="2">电子邮件</td><td rowspan="2" colspan="3"></td></tr>
<tr><td>移动电话</td><td></td></tr>
<tr><td>08 隶属关系</td><td colspan="6">□1 中央　□2 省（自治区、直辖市）　□3 地（区、市、州、盟）
□4 县（区、市、旗）□9 其他__________</td></tr>
<tr><td>09 单位类型</td><td colspan="6">□1 党委机关　□2 政府机关　□3 事业单位　□4 企业　□9 其他__________</td></tr>
<tr><td>10 行业类别</td><td colspan="6">□11 电信　□12 广电　□13 经营性公众互联网

□21 铁路　□22 银行　□23 海关　□24 税务
□25 民航　□26 电力　□27 证券　□28 保险

□31 国防科技工业　□32 公安　□33 人事劳动和社会保障　□34 财政
□35 审计　□36 商业贸易　□37 国土资源　□38 能源
□39 交通　□40 统计　□41 工商行政管理　□42 邮政
□43 教育　□44 文化　□45 卫生　□46 农业
□47 水利　□48 外交　□49 发展改革　□50 科技
□51 宣传　□52 质量监督检验检疫

□99 其他__________</td></tr>
<tr><td rowspan="2">11 信息系统总数</td><td rowspan="2">个</td><td>12 第二级信息系统数</td><td>个</td><td>13 第三级信息系统数</td><td>个</td></tr>
<tr><td>14 第四级信息系统数</td><td>个</td><td>15 第五级信息系统数</td><td>个</td></tr>
</table>

表二（ / ）信息系统情况

01 系统名称			02 系统编号				
03 系统承载业务情况	业务类型	□1 生产作业 □2 指挥调度 □3 管理控制 □4 内部办公 □5 公众服务 □9 其他________					
	业务描述						
04 系统服务情况	服务范围	□10 全国 □11 跨省（区、市） 跨_____个 □20 全省（区、市） □21 跨地（市、区） 跨_____个 □30 地（市、区）内 □99 其他_____________					
	服务对象	□1 单位内部人员 □2 社会公众人员 □3 两者均包括 □9 其他_____					
05 系统网络平台	覆盖范围	□1 局域网 □2 城域网 □3 广域网 □9 其他_____					
	网络性质	□1 业务专网 □2 互联网 □9 其他_______					
06 系统互联情况		□1 与其他行业系统连接 □2 与本行业其他单位系统连接 □3 与本单位其他系统连接 □9 其他					

07 关键产品使用情况	序号	产品类型	数量	使用国产品率		
				全部使用	全部未使用	部分使用及使用率
	1	安全专用产品		□	□	□ _____%
	2	网络产品		□	□	□ _____%
	3	操作系统		□	□	□ _____%
	4	数据库		□	□	□ _____%
	5	服务器		□	□	□ _____%
	6	其他 ______		□	□	□ _____%

08 系统采用服务情况	序号	服务类型		服务责任方类型		
				本行业（单位）	国内其他服务商	国外服务商
	1	等级测评	□有□无	□	□	□
	2	风险评估	□有□无	□	□	□
	3	灾难恢复	□有□无	□	□	□
	4	应急响应	□有□无	□	□	□
	5	系统集成	□有□无	□	□	□
	6	安全咨询	□有□无	□	□	□
	7	安全培训	□有□无	□	□	□
	8	其他______		□	□	□

09 等级测评单位名称	
10 何时投入运营使用	年 月 日
11 系统是否是分系统	□是 □否（如选择“是”请填下两项）
12 上级系统名称	
13 上级系统所属单位名称	

表三（ / ）信息系统定级情况

<table>
<tr><td rowspan="8">01 确定业务信息安全保护等级</td><td>损害客体及损害程度</td><td>级别</td></tr>
<tr><td>□仅对公民、法人和其他组织的合法权益造成损害</td><td>□第一级</td></tr>
<tr><td>□对公民、法人和其他组织的合法权益造成严重损害
□对社会秩序和公共利益造成损害</td><td>□第二级</td></tr>
<tr><td>□对社会秩序和公共利益造成严重损害
□对国家安全造成损害</td><td>□第三级</td></tr>
<tr><td>□对社会秩序和公共利益造成特别严重损害
□对国家安全造成严重损害</td><td>□第四级</td></tr>
<tr><td>□对国家安全造成特别严重损害</td><td>□第五级</td></tr>
<tr><td rowspan="5">02 确定系统服务安全保护等级</td><td>□仅对公民、法人和其他组织的合法权益造成损害</td><td>□第一级</td></tr>
<tr><td>□对公民、法人和其他组织的合法权益造成严重损害
□对社会秩序和公共利益造成损害</td><td>□第二级</td></tr>
<tr><td>□对社会秩序和公共利益造成严重损害
□对国家安全造成损害</td><td>□第三级</td></tr>
<tr><td>□对社会秩序和公共利益造成特别严重损害
□对国家安全造成严重损害</td><td>□第四级</td></tr>
<tr><td>□对国家安全造成特别严重损害</td><td>□第五级</td></tr>
<tr><td>03 信息系统安全保护等级</td><td colspan="2">□第一级　□第二级　□第三级　□第四级　□第五级</td></tr>
<tr><td>04 定级时间</td><td colspan="2">年　月　日</td></tr>
<tr><td>05 专家评审情况</td><td colspan="2">□已评审　　□未评审</td></tr>
<tr><td>06 是否有主管部门</td><td colspan="2">□有　　□无（如选择“有”请填下两项）</td></tr>
<tr><td>07 主管部门名称</td><td colspan="2"></td></tr>
<tr><td>08 主管部门审批定级情况</td><td colspan="2">□已审批　　□未审批</td></tr>
<tr><td>09 系统定级报告</td><td colspan="2">□有　　□无　　附件名称________</td></tr>
<tr><td>填表人：</td><td colspan="2">填表日期：　年　月　日</td></tr>
</table>

备案审核民警：　　　　审核日期：　年　月　日

表四（ / ）第三级以上信息系统提交材料情况

01 系统拓扑结构及说明	□有	□无	附件名称________
02 系统安全组织机构及管理制度	□有	□无	附件名称________
03 系统安全保护设施设计实施方案或改建实施方案	□有	□无	附件名称________
04 系统使用的安全产品清单及认证、销售许可证明	□有	□无	附件名称________
05 系统等级测评报告	□有	□无	附件名称________
06 专家评审情况	□有	□无	附件名称________
07 上级主管部门审批意见	□有	□无	附件名称________

附录 2

信息系统安全等级保护定级报告模板

信息系统安全等级保护定级报告

一、XXX 信息系统描述

简述确定该系统为定级对象的理由。从三方面进行说明：一是描述承担信息系统安全责任的相关单位或部门，说明本单位或部门对信息系统具有信息安全保护责任，该信息系统为本单位或部门的定级对象；二是该定级对象是否具有信息系统的基本要素，描述基本要素、系统网络结构、系统边界和边界设备；三是该定级对象是否承载着单一或相对独立的业务，业务情况描述。

二、XXX 信息系统安全保护等级确定（定级方法参见国家标准《信息系统安全等级保护定级指南》）

（一）业务信息安全保护等级的确定

1. 业务信息描述

描述信息系统处理的主要业务信息等。

2. 业务信息受到破坏时所侵害客体的确定

说明信息受到破坏时侵害的客体是什么，即对三个客体（国家安全；社会秩序和公众利益；公民、法人和其他组织的合法权益）中的哪些客体造成侵害。

3. 信息受到破坏后对侵害客体的侵害程度的确定

说明信息受到破坏后，会对侵害客体造成什么程度的侵害，即说明是一般损害、严重损害还是特别严重损害。

4. 业务信息安全等级的确定

依据信息受到破坏时所侵害的客体以及侵害程度，确定业务信息安全等级。

（二）系统服务安全保护等级的确定

1. 系统服务描述

描述信息系统的服务范围、服务对象等。

2. 系统服务受到破坏时所侵害客体的确定

说明系统服务受到破坏时侵害的客体是什么，即对三个客体（国家安全；社会秩序和公众利益；公民、法人和其他组织的合法权益）中的哪些客体造成侵害。

3. 系统服务受到破坏后对侵害客体的侵害程度的确定

说明系统服务受到破坏后，会对侵害客体造成什么程度的侵害，即说明是一般损害、严重损害还是特别严重损害。

4. 系统服务安全等级的确定

依据系统服务受到破坏时所侵害的客体以及侵害程度确定系统服务安全等级。

（三）安全保护等级的确定

信息系统的安全保护等级由业务信息安全等级和系统服务安全等级较高者决定，最终确定 XXX 系统安全保护等级为第几级。

信息系统名称	安全保护等级	业务信息安全等级	系统服务安全等级
XXX 信息系统	X	X	X

附录 3

涉及国家秘密的信息分级系统备案表

涉及国家秘密的信息系统分级保护备案表

单位名称	
涉密信息系统名称	
系统密级（保护等级）	□ 秘密　□ 机密　□ 绝密
系统联接范围	□局域网 □城域网 □广域网（跨____个省或地）
系统安全域划分和安全域密级确定	□未划分安全域 □划分安全域（共有____个，其中绝密级____个，机密级____个，秘密级____个，内部级____个）
系统主要承建单位	
系统投入使用时间	
系统运行管理部门	
系统安全保密管理部门	
系统分级保护实施情况	□已经实施　□正在实施　□计划____年实施

填报日期：　　年　月　日　　　　填报单位：（盖章）

填表说明：

1. “系统密级”依据《涉及国家秘密的信息系统分级保护管理办法》和国家保密标准 BMB17-2006 确定。

2. 涉密信息系统一般应划分安全域，同一系统内的不同安全域根据所处理信息的重要程度，可分别确定密级。

3. 表中“□”项，确认划“√”。

4. 填报多个涉密信息系统，可复印此表。

国家保密局制

名词索引

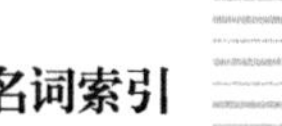

名词索引

www.ingramcontent.com/pod-product-compliance
Ingram Content Group UK Ltd.
Pitfield, Milton Keynes, MK11 3LW, UK
UKHW062004290726
14090UKWH00022B/1376